多賀宗隼著

慈圓の研究

吉川弘文館 刊行

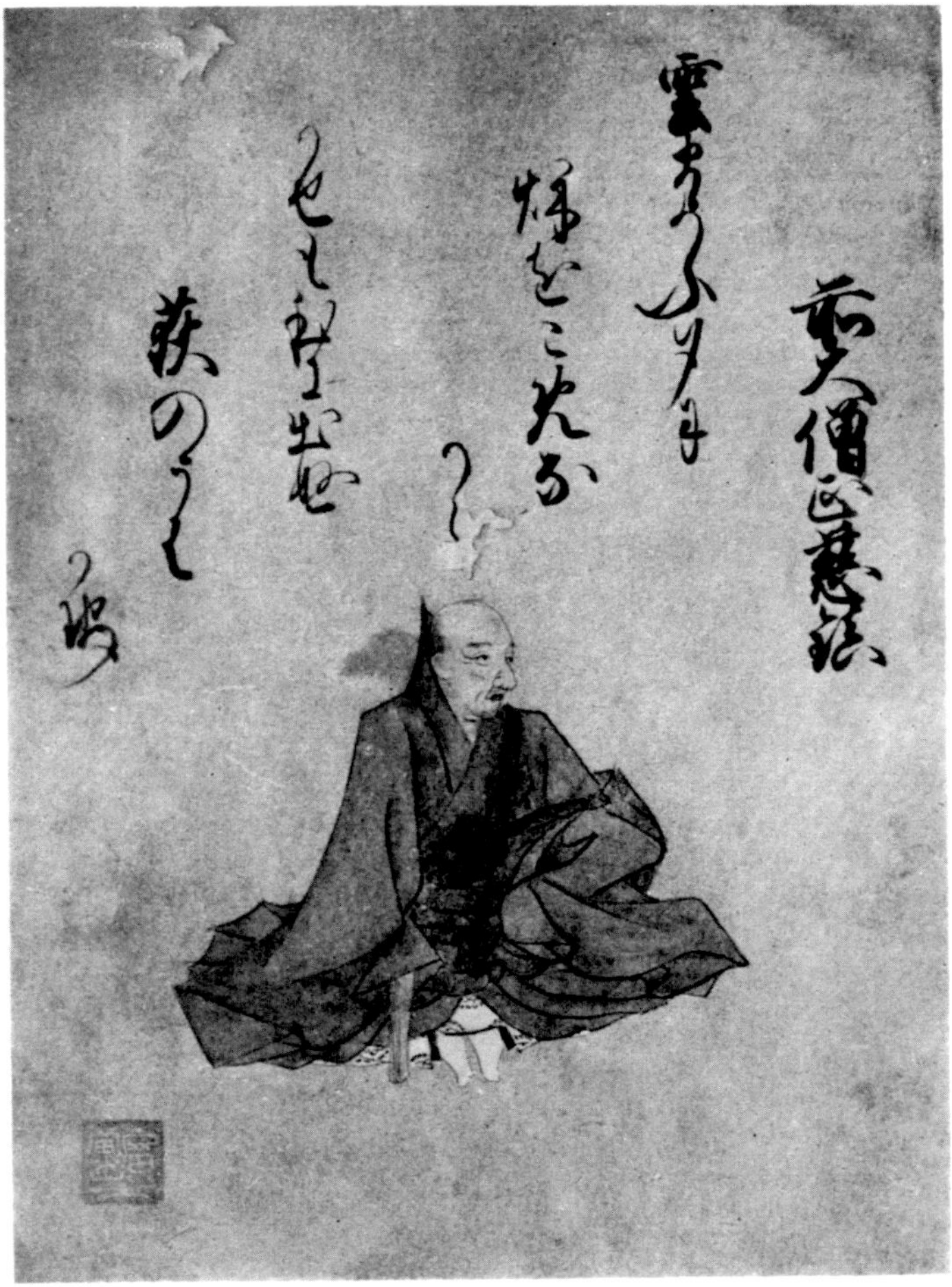

慈　円　肖　像

伝住吉具慶筆。江戸初期の写しであるが、面貌は個性的で単なる想像画でなく、確かな拠りどころがあると考へられる。記入の歌は中院通茂（従一位内大臣、宝永七年薨）と伝へられてゐる（東京 大輝秀穂氏蔵）。

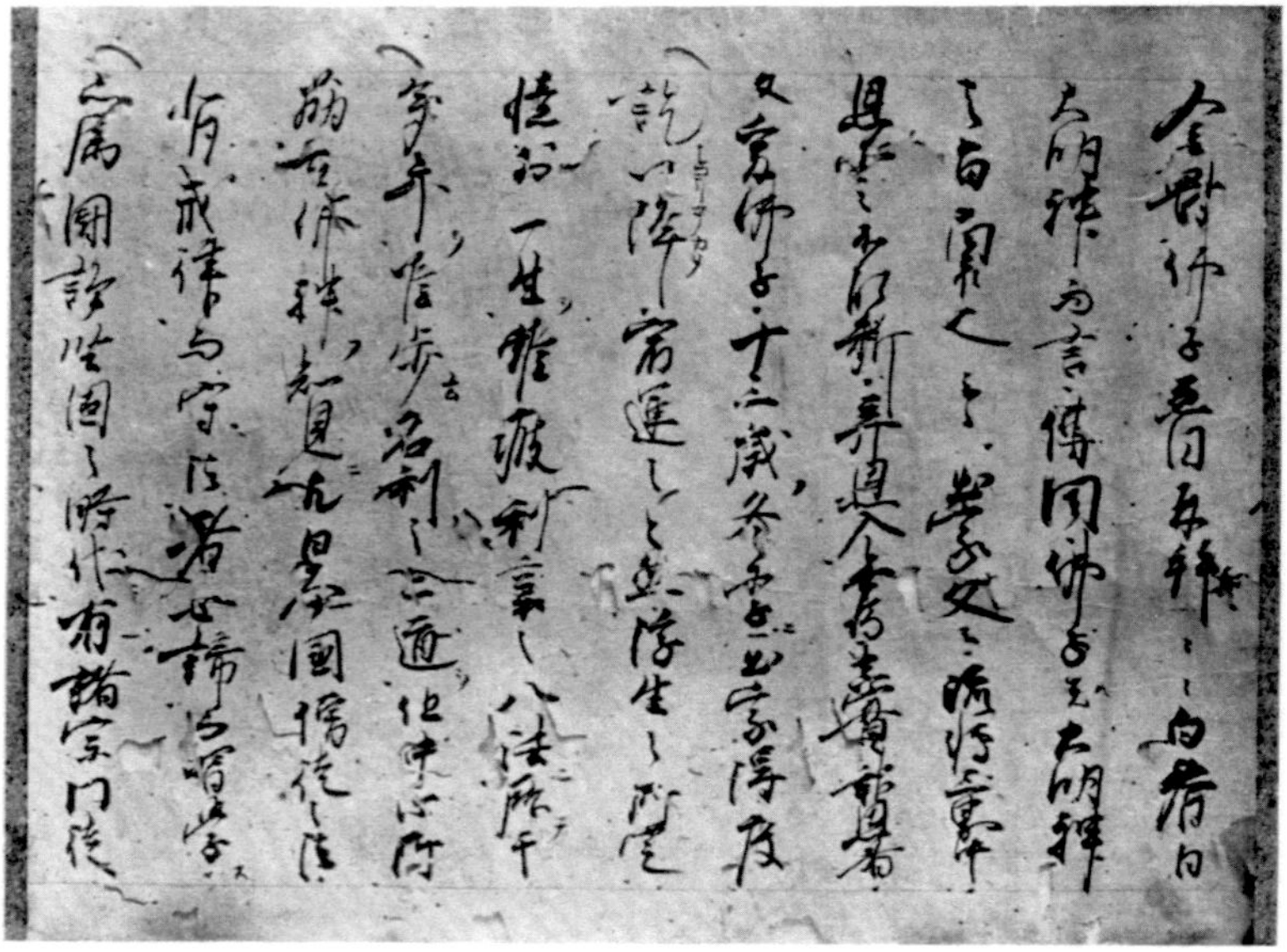

慈円筆蹟　「春日表白」　曼殊院蔵

序

今日慈円の研究を行ふに当つては、従来の慈円観をめぐる諸事情の因由に、一言ふれておくことが必要と思はれる。

慈円の伝としては、早くその入寂直後に成立したかと考へられる『慈鎮和尚伝』がある。それは蓋し門人の直接の見聞にもとづくものである。その生涯を世・出世に亘つて大観すること明晰であり、これを暢達の筆に托して、短篇ながら頗るすぐれた伝記であり、従つてまた信憑すべき資料としても推すことが出来る。作者の名を逸したことが惜しまれる。また新古今集の名匠としての盛名は、やがて尊円親王の家集撰集の企を起して、『拾玉集』の名も親王によつて選び定められた。が一方『愚管抄』は、時に慈円の作に擬せられつゝ未確定のうちに数百年を経過し、正に慈円の著なることが確認せられたのは今日から約五十年前のことであつた。こゝに慈円研究の新たな出発点があり、上の三書は今日の研究の輪廓を象徴するものとも観られよう。新しい研究の累積による着実急速な発展を遂げたその後の状況は周知されてゐる通りである。

著者の研究がこの先学の流れをくむものであることはもとよりであるが、この方面にやゝ専心しはじめたのは昭和二十一年ごろ、即ち終戦直後のころであつた。こゝでとくに新史料の追加蒐集と整理とに志して、関係史料の御所蔵の向について史料を拝見することゝなつた。この間、諸方面から、終始渝らぬ御好意を頂き、数々の貴重史料に恵まれた。昭和四十六年、青蓮院本を底本とした『校本拾玉集』をまとめ得たことも、その中間報告ともいへよう。その外各種の新史料を入手しつゝも、身辺の事情意に任せず、今日やうやく本書に辿りついたのは甚だ遅蒔に失するのであるが、しかし、著者がこの書の起稿の意を固めた最後的な支へが、これ迄に入手した幾多の新史料であつたことはこゝで明らかにしておきたい。いまこの小著を世に問ふに際して、この大きな恩恵を与へられた、京都青蓮院門跡をはじめ、東京大学史料編纂所、京都大学史学研究室、同大学図書館、曼殊院門跡、叡山文庫、南渓蔵、四天王寺、陽明文庫の御好意に衷心深謝の意をさゝげるものである。

次に、右の昭和二十一年当初のころから、引きつゞいて著者の史料調査、及び研究について絶えず啓蒙と指導との労を惜まれなかった故赤松俊秀氏の御好意が切に偲ばれる。京都の事情に不案内の著者は、調査の方途や貴重史料の所在などについて氏より多大の便宜と示教とを与へられた。加ふるに研究についても常に新しい見解を提示され、新説を以て著者の入洛を待ちうけてゐられた趣を語られたこともあつた。氏の慈円研究については『鎌倉仏教の研究』正続編の二冊にその一端が収められてゐるが、それ以外に直接に教へを蒙ったことも少くなかつた。本書に於ても、重要な問題について氏に負ふ所の多いことはたやすく看取せらるゝであらう。小著の成るのを待つてゐて下さつた氏に対し、長年に亘るこの学恩に報いる機を永く失つたことは、著者の堪へがたい悲しみ憾みとするところである。こゝにこの小著をまづ氏の霊前にさゝげたいと思う。次に、学友故塩見薫氏から多々、直接の御示教にあづかつたことは忘れがたい。氏の遺された研究資料をも後に夫人からお預りした。その内容を充分に理解しえなかつたことは遺憾であるが、夫人の御好意にあつく御礼を申上げたい。

度々の京都方面出張に際して、なほ御世話になった向が少くないが、就中、学友山口平四郎君には終戦後の特殊事情の中で御迷惑をかけたこと、大津在住の従兄森田豊氏御一家には度々御好意にあづかつたことはこゝに特筆してお詑びとお礼の言葉にかへたいと思ふ。

次にまだ御面識を得ないが、星野喬氏には、慈円の和歌の言葉の解釈について懇篤な教示を賜はつた。こゝであらためて御礼申上げたい。

なほ本書に関連して宝月圭吾氏、林健太郎氏及び以前の勤務先であつた大正大学の櫛田良洪氏から御配慮を賜はり、同大学図書館も種々便宜を与へられた。併せて厚く御礼申上げる次第である。

本書の世に出る運びに到ったのは、この煩はしい出版を敢て引受けて下さつた吉川弘文館のお蔭である。衷心御礼を申上げたい。

なほこの出版は昭和五十四年度文部省科学研究費（研究成果刊行費）によるものである。

昭和五十四年十一月

多賀宗隼

目次

はじめに

この小論は、慈円（久寿二〈一一五五〉―嘉禄元〈一二二五〉、諡慈鎮）の一生を、とくにその信仰・思想、およびそれに基づく業績を主として闡明論究し、併はせてその歴史的意義を問はんとするものである。

一個の人間とその業績とは、つねに歴史の中にある。歴史は時間・空間的に限りなき関連に於て展開する人間活動の全体の動向でありその大勢である。個人はすべて歴史全体の中に活動し、彼の独創もその上にのみ築かれる。

この歴史と個人とをつなぐ無数の大小の導管の中、何を以て最も重要な本質的なものに選ぶか、その選択の仕方がその研究に立向ふ上の決定的な重要問題となり、基本的規制となるのである。

一般に、この歴史的世界に生を享けた一個の人間が、その出発と成長に対する最も基本的な規制力として、その素質、その出自、乃至直接的環境及び幼時からの教育等が考へられる。そして、それら全体は、彼の属する「時代」の大きな力の中におかれてゐる。もとよりこれらは、本来相互に密接に相関連するものであるが、いま慈円を考へるに当つても、凡そ以上の観点から具体的な分析と研究の緒を求めて、而して後にこれを綜合的に観察してみよう。

貞応三年八月、慈円七十歳の秋、重病の床に自ら筆をとつて彼は氏神に一通の願文を捧げた。「春日表白」とよばれるこの願文は、春日社に仏法王法の相即と興隆とを祈つたものであるが、中に己が一生の感慨を次の様に告白してゐる。

爰仏子十三歳ノ冬季ニ出家得度訖以《ショリコノカタ》降宿運之令レ然、浮生之所レ定、憶ニ於一生ヲ一雖レ疲ニ利哀之八法ニ一歴ニ于多年ヲ一唯歩ム二名利之二道一但中心所レ萠在ニ仏神ノ知見一歟、

慈円はこゝに、己が一生が、事実上名利の世界に終始した、しかし、心中常に離れなかつたのは仏神の知見であつた、としてゐる。即ち彼は、生涯名利の道を歩み続けたが、しかも仏神に随順しようとの理念は忘れることがなかつた、としてゐるのである。

慈円示寂の一年前、七十年の長い波瀾の生涯を省みて氏神にその心緒を吐露したこの表白は、何等、矯飾を認める余地のない真率の叫びとして受けとられ、そこに慈円の、一生の本質に関しての自らの率直な説明があると考へることが出来る。

この発言に関連しても、我々として第一に注目するのは、彼が関白の子として生れ、その兄もまた多く摂関に到つてゐる、即ち当時の貴族の最高層に出自してゐることであり、そしてそれが、これを頂点としこれを包んでゐる貴族階級全体の運命、その利害と強くつながつてゐることである。

これとならんで、一方、慈円のうちには、なほ世間的なものに満されぬ何ものかがあつた。名利の生涯を名利の一生としてこれを自覚・批判し反省する立場もまた、人間本具の要求にもとづくのであるが、この心を啓発し教導長養して、その中にこそ人間本来の姿があり、人間救済の光の存することを教へるところに、仏法本来の使命がある。仏

法も、本来、一人一人の心に夫々に具はつたものとして、その人とともに生れついてゐるのであるが、この心を、即ちまた仏の心にして同時にその教へなりとし、この仏法の維持と弘布とを自らの使命とするものが即ち僧であり、この道とこの人の存する所に寺院が生れる。寺院は三宝を紹隆し護持し拡充してその光を発するに必要な社会的施設である。

満たされぬ心、仏法への希求をうけとめるのは、即ち寺院であり、寺院の教育である。即ち寺院での生活と修行、思想と信仰の習得と練磨、要するに仏者としての一面もまた第一の生活とならんで、慈円の生涯にとつて最も重要な、本質的な意味をもつ第二の面をなしてゐるのである。

叙上の観点から、我々は、まず慈円の生涯を、貴族の一員としての面と、僧侶の一人としての面とから、夫々、考察することゝする。即ち全体を二の部に分ち、第一は、貴族出身者、詳言すれば、摂籙家の一員としての面を中心として考察する。もとより出家者の行動であるが、同時に、摂籙家の利害を離れえぬ限り、本質的には貴族の一員としての行動に外ならぬからである。かくて、こゝでは外面的な経歴や活動や世間的な業績の面を主たる対象とする。第二は仏者として、比叡山延暦寺の一人の僧としての面に即して主として内面的精神的な活動・教学・信仰・思想の面を主要題目として取扱ふ。これを踏へて、以上の二面が、本来一のものとして如何に具体的に存するかを究明することが、本論稿の究極の目的として期待する所である。

第一部　生涯と行実

第一章　摂籙家の成立

藤原氏の摂政は良房に、関白は基経にはじまる。この官職は、藤原氏の奈良時代以来長年にわたる他氏諸勢力との競争・他家排斥の努力を累ねた結果、平安時代前期に獲られたものであった。とゝもに、藤原氏はまた爾後もこれを確保し勢力を維持するために、一層その努力をかさねる。良房は応天門焼失事件を通じて大伴氏を政界から却け、基経の子時平は菅原道真の左遷によつて藤氏の政権独占の勢を強化した。忠平の子師輔・師尹等は源高明の擡頭をおさへ、所謂安和の変に醍醐天皇に出自する源氏を政界から追却して、重ねて藤原氏の威力を政界に印象づけた。この段階で他氏排斥運動は藤原氏にとつて成功裡に終止符を打つて、政界頂点での勢力争ひは藤原氏の兄弟・叔姪相競ふ内訌の段階に入る。即ち忠平の子実頼・師輔・師尹の兄弟及びその家系の間の勢力競合となり、摂政実頼ののち、師輔の子伊尹が摂政となつて勢をのばした。伊尹の歿後、その弟のうち兼通・兼家がその地位を相争つたが、その間柄はもはや骨肉たるをわすれた仇敵の如くであつた。兼通は先んじて摂政となつたが、病篤きに及んでも弟兼家に摂政を伝へることを拒否すべく、死を賭して参内して最後の除目を行ひ、実頼の子左大臣頼忠を関白とし、兼家の右大将をやめて治部卿に降し、師尹の子済時を右大将として、やがてなくなつた、といふ執念のほどは長く語りぐさとなつて今日に伝はつてゐる。同じ一門骨肉の争ひは、兼家の子道隆・道兼・道長兄弟に於て、一層激しくもえ上つて必死の闘争が展開されたことも、周知の史実である。

摂政・関白は、凡そ以上の様な露骨な反目軋轢と優勝劣敗との渦の中でかちとられた独占的地位であつたのであり、仔細にその過程をみれば、それがいかに不断の緊張の中に立つたかが知られるのであるが、それは、いうまでもなく、朝廷・天皇との最も緊密な血縁的のつながりに支へられての上のことであつた。即ち聖武天皇以来の前例、とくに良房以来の朝廷との外戚関係が不断に保持されてきたのであり、外戚関係こそは、その運命を決する第一条件であつた。道隆・道兼・道長の抗争に於て道長が最後の勝利を占めたのも、その関係での勝利に基づいたことは云ふまでもない。そして、道長に於ては、摂関の勢力と栄幸とは前後にその比を見ず、その権勢は絶頂に達したと認められたのであり、その子孫たる摂関家の人々は、その勢威と好運とを常に回顧し、その再現を翹望し、これを以て努力の目標とした(『玉葉』文治五年十一月二十八日、後述)。道長以後、摂政・関白の地位はその子孫にかぎるものとする習慣が固定し、いはゆる摂籙家がこゝに確立したとすることが出来る。摂籙家内の競争に於て勝利者たる為には、あらゆる政治的努力・政界活動が要請されるが、この努力を最終的に生かすものとして、女子の入内、皇子の誕生が第一条件であり、その祈りに対して、一族をつくし僧俗にわたつての努力が捧げられる。摂籙家の氏社・氏寺の加護・利生の願も、畢竟、この一点に集注したとするも過言ではないであろう。

かく観てくると、摂籙家の顕栄といふ私的なものが、朝廷・国家・政治といふ公務と不可分に結びついて存するのである。摂籙家の一員としてこの体制をいかに受け取り、またこれといかに関連せんとするか。こゝに彼の一生の行業の出発点と一課題とが存するのであつた。

第二章　九条家

藤原氏の摂政および関白が平安前期にはじまり、その地位が後期に入つて摂籙家として確立して行つた跡を上に一瞥したのであるが、本来天皇の代理であり、或は輔佐であるこの地位は、時に天皇と対立し、若しくは天皇を圧したこともあり、平安朝末期に到つて、それらを動機として院政も起った。かくして平安末以来、公家貴族の政界における勢力関係は次第に複雑さを加へ、天皇・院・摂関は夫々政界の諸勢力の拠点として互に控制し、その間の相互関係が政局の帰趨を決するといふ情勢を馴致した。

保元から承久までの七十年間は、天皇・院・摂関に代表されるこの公家政権に対して、さらに新しい政界の拠点として、武家政権が加はり、漸次確立しゆく過程であり、同時にその後の長い公武対立時代の初頭に当つてゐる。従来の律令制にもとづく公家貴族政権とは全く異つた体制であり、その中に育まれた特殊の思想・感情・倫理・風俗・体質・外貌を備へた武士と武家社会・政治との出現が、旧勢力を根底から揺がしたことは当然である。この新旧勢力の隆替期、新時代の急激な展開に際して、旧勢力は、その内部の事態が益〻錯綜すると同時に、この新事態と新勢力とをいかなるものとして認識し、いかなる態度を以てこれに対処すべきかの問題を加重せられたのである。

この新事態のもとにおいて、摂関家はとくに著しい変貌を遂げる。従来、摂籙の地位が常にいはゆる摂関家一族の間の争ひの目標となりながら、しかも結局は、一系に帰して終局的分裂を免れてきた。それが平安時代に於ける事実

慈円関係略系(一)

藤原忠実
- 忠通
  - 恵信（永久二—承安元）興
  - 覚忠（元永元—治承元）寺
  - 聖子 皇嘉門院（保安二—養和元）
  - 呈子 九条院（天承元—安元二）
  - 基実 近衛（康治二—仁安元）
  - 基房 松殿（天養元—寛喜二）
  - 育子（久安二—承安元）
  - 兼実 九条（久安五—承元元）
  - 道円（仁平元—嘉応二）寺
  - 信円（仁平三—元仁元）興
  - 兼房（仁平三—建保五）
  - 慈円（久寿二—嘉禄元）山
  - 最忠（未詳）山
  - 尊忠（？—建保元）山
- 頼長—師長

〔註〕（　）内は生没年。右から生年順に配列してある。多賀稿「関白藤原兼実の兄弟について」（『日本歴史』一四四号）参照。

であつたが、保元乱以後、摂関勢力は衰退の時代に入るとともに、その分立抗争は武家勢力とからみ合ひ、その結果、分立は分裂となつて遂に帰一せず、やがては五摂家の出現といふ事態に到る端を開いたのである。

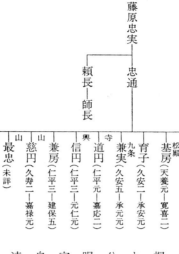

保元乱は関白忠通と弟頼長とが摂関の地位をめぐる政争に武力を導き入れたところに起つたのであり、とくにこの乱に主導権を握つてゐた忠通が、公家政治に武力、兵力を用ふるの俑を作つたといふべきである。これを武士よりみれば、武士は自己の武力が公家貴族の政争を決する所以であるといふ、新時代の新事実に開眼する機会をここでつかんだのであつた。が、さらに進んで、公家の頤使のもとに唯々として働く時代をのりこえて、やがて自分自身の為に働く次の時代を拓いて行つた。平治合戦は武士勢力発達途上の、この新しい段階をよく示してゐる。

平治乱での勝利を地盤として、平氏の制覇がなしとげられるが、この六波羅時代の初頭、関白忠通が世を去つたあと、その三子が夫々摂関を競望した。基実・基房・兼実の三異母兄弟によつて、近衛家・松殿家・九条家の勢力が構成せられるのであるが、平氏の存在と介入によつて、これら摂関家間の紐帯は弱められ、疎隔はひろげられ、その間に踰えがたい障壁がきづかれて行つたのである。のみならず、同様の関係はさらに平氏失権後は源義仲、そしてまた関東に成立した武家政権の出現によつて次第に抜きがたいものとなつて行つた。

我々はいまこの大きな歴史の転換期に際し、慈円を生んだ摂関家の一たる九条家が、いかにして構成され、いかなる態度を以てこの時代に臨んだかを先づ考へねばならない。

新しい摂関家としての九条家の成立は、保元から承久に到る七十年間の過程をもつのであり、これを代表する人物は、まづその創始者藤原兼実であり、二男良経がそのあとをうけ、その子道家に到つてその形を整へ、はつきりした姿が名実ともに備はつたと観ることが出来やう。

近衛家・松殿家・九条家の称は夫々その生活の根拠たる邸第等の名にもとづく。近衛第は基実が母より伝領した所であり（『玉葉』嘉応二年四月十八日）、松殿は基房が造つて住した邸の称である（『玉葉』承安三年十二月十六日）。九条家の称は、兼実が伝領した九条の地に住し、また新たに邸をきづいたのにもとづくのである。

九条の地は、都が平安初期以来、東及び南に向つて開けつづけたことの必然の結果として、かなり早くから発展し、東寺以東の地には早く貴顕の住宅・寺院が甍を競ふに至つた。就中、藤原忠平の法性寺建立はその勢を促すに力あり、摂関家代々の手あつい保護が加へられるとともに、盛大な法会や賀儀がこゝに催され、その信仰生活がこゝに華やかに展開されることゝなつた。さらにまた摂関大臣たちの隠棲所となり、菩提寺となり、そしてその土地と相ついでたてられる堂塔坊舎とは、摂関家の大切な財産として子孫に伝へられた。のみならず、この地は都より奈良及び宇治方面への交通路に当つて、庶民の往来も頻繁であつた。九条の称を以てよばれた最初の貴族は右大臣藤原師輔であり、また関白教通の子太政大臣信長もこゝに邸や堂をいとなみ、太政大臣伊通もこゝに住んで九条大相国とよばれた。白河院の権臣藤原為房がこゝに堂を営んで子孫に伝へたことも、これにつけ加へられる。平安朝最後の関白藤原忠通は、晩年法性寺に隠棲して法性寺関白とよばれたが、また、夫人宗子の請に任せて、同寺内に最勝金剛院を営んだこともとくに注目される（『九条文書』）。

兼実は父忠通より法性寺を伝へ、同じく晩年をこゝに送つて、後法性寺関白とよばれた。またこの九条の地に月輪殿をきづいて月輪関白とよばれたことも人の知る所である。

兼実は関白忠通の息男として久安五年に生れた（『玉葉』文治四年二月二十日）。母は従四位上藤原仲光女で加賀とよばれた女房であり、忠通晩年の寵女であつた（『兵範記』久寿三年二月十日）。永暦元年二月十五歳で叙従三位、爾後累進して長寛二年閏十月内大臣、その後二年にして仁安元年十一月右大臣に到つた。その後約二十年間にわたつてその職に留つてゐる。即ち政界に第一歩を印した時は、恰も六波羅時代の開幕に際会して居り、右の二十年間の殆どは平氏全盛の間を覆うてゐるのである。

異母の長兄基実は兼実に六歳の、同じく異母（基実とも異母）の兄基房は五歳の年長であり、政界登場に兼実に一歩を先んじて、夫々大臣、関白に到り、年齢相遠からぬ三兄弟が雁行して廟堂に立つてゐた。彼等は今や一方に於て、政界支配に乗り出した武士の政権、平清盛を中心とする平氏一門の新興勢力に対抗しつゝ、他方、互に執政の地位を争つたのである。が、数百年の栄光と権勢の歴史を背後に負うだけに、この新時代、新事態に処せんとする苦心と努力とは実に云ひつくし難いものがあつた。

彼等摂関家の人々にとつて、最も重しとした所、そして最も保ち難かつたのは、摂関家の面目、「家」の矜恃であつた。「雖二末代一随レ家棄レ名事能可レ有二用心一」（『玉葉』治承二年十二月三十日）「抑此関白（基房）之時、家貽二瑕瑾一職付二大疵一」（同、治承三年十一月十六日）等の語は彼等平生の志向をよく示してゐる。この志向は平氏に対する時のみならず、皇室に対するときにも劣らずに敏感である。後年、頼朝が東国に勃興してその勢力拡張に乗り出したころ、誤つて兼実の東国における所領を、それと知らずして神社に寄進したことがあつた。これに気づいた頼朝は書状を以て兼実に詫び、その代りとして八条院御領所の預所職を呈上せんことを申出た。兼実は憤慨禁ずる能はず、これに返書して、自分が女院の預所となることは甚だ見苦しく凡そ「家之習」になきことゝ云ひ、さらに加へて、祖父忠実・父忠通が同様の立場を院・天皇に対してすら拒んだことを挙げ、その時、鳥羽院に奏した忠通の語として、「自二累祖大織冠一至二微臣一数十代之間、苟為二朝之管轄身一居二摂籙之任一、且蒙二君之恩容一且伝二家之余慶一、所二領掌一漸以有レ数、然而未レ聞下補二領家之職一知二行田舎一之事例上、然則於レ有二御用一者更以不レ可二執申一、於二上下之沙汰一者已為二家之瑕瑾一、故不二肯受一者、于レ時公家有二恥色一不二再仰一耳」（『玉葉』元暦二年九月二十五日）となし、兼実自身も亦何等これと異る事なきを強調してゐる。

家の誇りを思ひ、家の恥を誡むることかくの如くであつた。それだけにこの激動期に処せんとする彼等の困難は大であつた。ひたすらに力を以て押し通さうとする新興勢力に対して、いかにしてこの理想主義を貫かんとするか。今後、平氏に対し、さらに義仲・頼朝と、次々に押し寄せてくる武家勢力を向ふにまはして、いかに処して行くであらうか。

九条家とは、摂関候補者としての兼実を中心とし代表として、その周囲に集合する親族集団に外ならない。兼実は大臣として閣議を構成する一員であり、朝廷・国家の政治に対して直接責任を負ふと同時に、家族集団の長としてその期待にこたへる責任を負ひ、その浮沈が彼の一身にかけられてゐる、といふ地位にある。而してこの集団側よりする兼実への協力と奉仕と支援とは兼実の政治活動にとつて極めて大きな力であり、兼実側より云へば、よくこれを養成するとともに、これを強力に指導し統率し得るか否かに、己が将来と九条家の運命がかかつてゐるのである。

次にこの九条家はいかに構成され、そしていかにして結束したか。所謂親族集団の内容と内部の組成とを考へなければならぬ。このことについて我々は、その最も主なものとして、㈠兼実の同母兄弟の関係、㈡兼実の外戚関係者、及び㈢子女、の三を挙げたい。

第一に、兼実は四人の同母兄弟の長兄である。即ち三井寺の道円法印、太政大臣兼房、そして末弟に叡山の慈円の三弟があり、いづれも二歳づつの年齢差である。二番目の道円ははやく三井寺に入つて法印に到つた。兼実はその法器に望を嘱して将来を期待したが、不幸夭折した(二十歳)。その時の兼実の落胆と慟哭とは、兼実の日記ににじみ出て今日なほ我々の情を動かすものがある(『玉葉』嘉応二年八月二十九日)。次の兼房は、兼実の推挽もあり、のち太政大臣に到つてゐるが、兼実の敬愛を鍾めるには及ばなかつたやうである(『玉葉』寿永二年十一月十九日、建久二年三月二十八日)。三人の弟のうち、兼実が生涯にわたつて最も敬意を払ひ、最も恃みとし、而して事実上兼実と九条家との勢力発展と繁栄の上に最も大きな貢献を致したのは、末弟の慈円であつた。慈円は、恐らく兼実の方寸にもとづいて、早く叡山に登り、引つゞき兄の推挙後援を得て要職を歴任し朝野の尊信を博して兼実の最もよき協力者となつたのみならず、その歿後は出家の身を以て九条家の大黒柱となり、九条家の遺孤を助けて、以て兼実の期待に十二分にこたへる所があつた。兼実は慈円を俟つに常に敬意を以てしたやうであり、日記の文字にもその敬重のほどが仄見えてゐるやうに思

慈円関係略系(二)

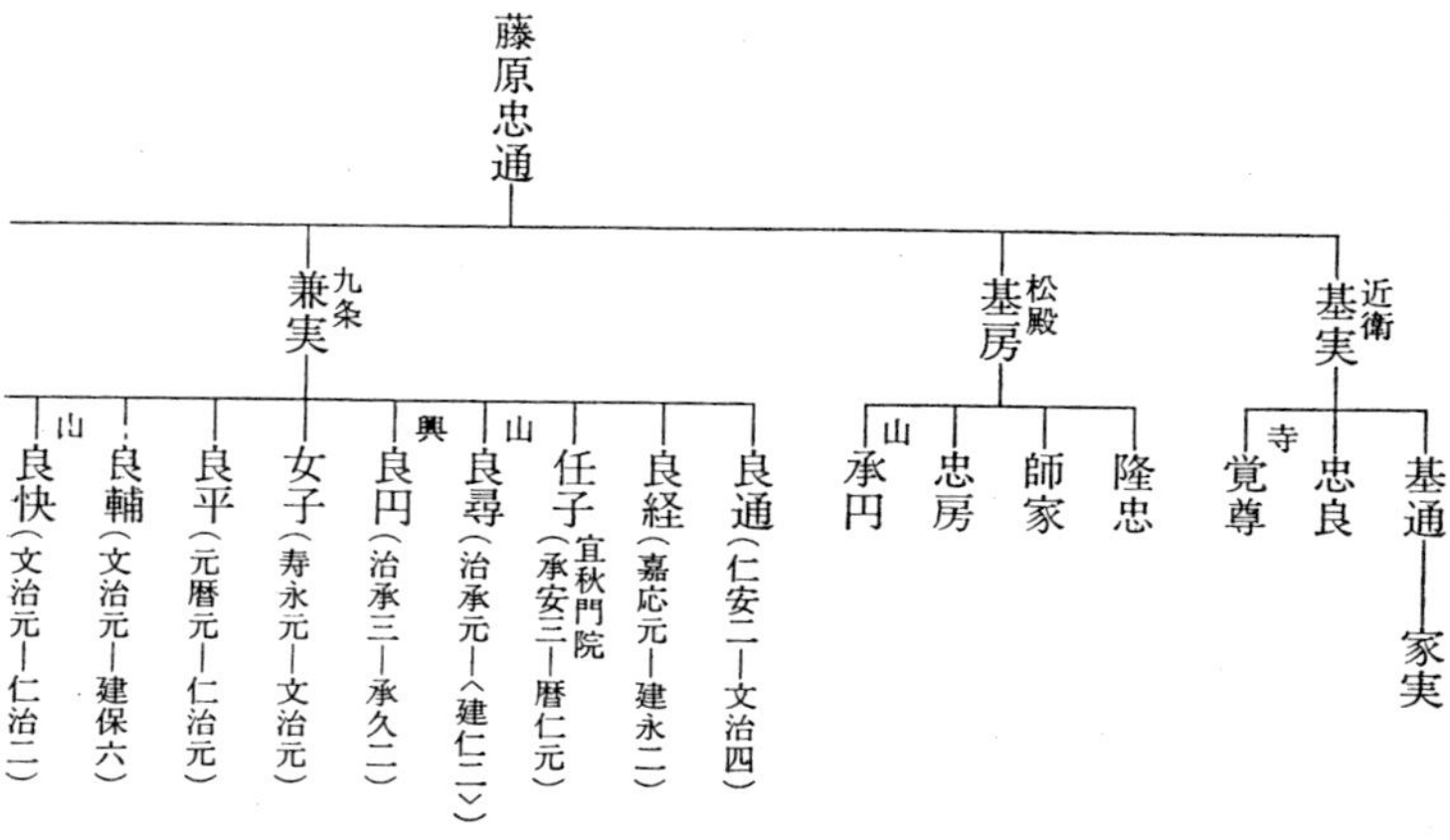

はれる（『三長記』建久七年十一月二十六日条に兼実の慈円に対する態度や関係を評して、「御連枝之中殊令レ奉レ憑給」とあるのは、ここに参考さるべきであらう）。

九条家構成の第二の力として、兼実の妻妾の一族にも注目せねばならぬ。多くの妻妾中、その点で先づ目を惹くのは藤原季行女、即ち長男良通、二男良経の母、即ち恐らく正夫人であり、『玉葉』に「女房」とよばれて最も頻繁に見えてをり、兼実と一生形影相伴ふ人であるが、この夫人の兄弟に覚乗なる興福寺の住侶があり、同寺に竹林房なる房を有してゐた。この僧は兼実の生涯を通じて、世・出世につけて兼実の家族のために犬馬の労をとり、またとくに南都方面の情報の蒐集伝達、興福寺当局や別当などと兼実との間の周旋連絡、或はまた九条家の人々の信仰行事の助成などに労を惜まなかつた（多賀稿「藤原兼実について(上)」『日本歴史』二四六号）。文治のころ、この覚乗が兼実のために「最上吉夢」を見た（『玉葉』文治元年十二月二日）といふのは、覚乗が兼実の栄達を熱願してゐたことの証左であらう。次に覚乗の兄弟に玄季なる僧あり、また兼実のために活動してゐる（刊本『玉葉』安元二年十月五日、また文治元年十一月一日条に「玄秀」とあるのは或は「玄季」の誤であらう）。また仁和寺の信助阿闍梨は兼実の実母、女房加賀の兄弟である（『尊卑分脈』）。彼

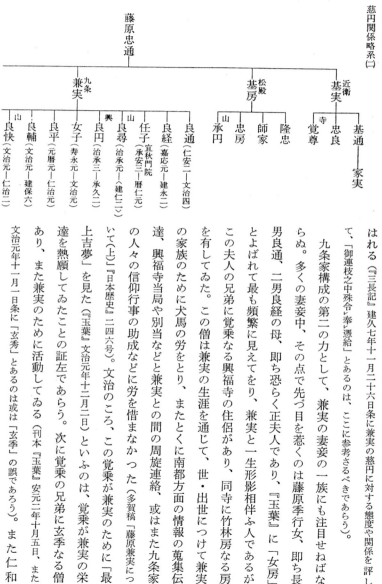

醍 良海（文治三—建保六）
仁 良恵（建久三—文永五）
高野禅林寺 兼房 ─ 兼良
寺 道誉
山 兼円

は仁和寺の外、高野山にも往来した真言宗の僧であるが、兼実の家族の病に際して祈つてをり、また兼実の身の上に心をよせて「吉夢」をみてゐることは覚乗同様である（『玉葉』安元二年八月一日、安元三年二月十七日、治承二年正月五日、治承三年九月七日）。

以上の三人に、比叡山の慈円をも加へて、それぞれ寺院方面の情報の提供者として、兼実にとつて欠くことの出来ない触手としての役割を果したのである。兼実が各方面にはりめぐらしてゐた情報網中の、最も有力にして信頼すべきものであつた。

第三に、そして最も重要な要素として、よき子弟、よき後嗣をもつことであり、それこそ九条家の現在及び将来の命ともいふべきであつた。兼実は幸にして数人の賢息をもつことが出来、それら子弟の為に能ふかぎりよい教育を授け、同時に生活上の資を備へるに極力配慮してゐる。

まづ教育に於ては、和漢の学、仏教の理論・信仰について、とくに碩学識者をえらんで幅ひろい研磨につとめさせてゐる。大陸の経史の学、わが国の律令の学、公家の有識の学、仏典の講読、真言の読誦を基とし、而して作歌・作詩の道がその主なるものである（『玉葉』治承四年十一月七日、寿永二年十一月十四日、寿永三年正月二十七日、文治元年八月二十七日）。この教育への深い関心と配慮とは、子弟のすぐれた素質をよく導いて、良通・良経・良輔等は、いづれも政治上の識者たるのみならず、詩文歌道に於ても令名を残したのである。

これと平行して兼実は、子弟の将来に於ける地位・生活・勢力の方面についての用意に於ても、劣らぬ熱意を示したのであつたが、このことに於てとくに注目されるのは、その子弟を出来るかぎり女院と結びつける努力を重ねてゐることである。

『今鏡』がこの時代、即ち六波羅時代前期について「五所の女院」がおはすと指摘してゐる通り、八条院・高松院・九条院・皇嘉門院・上西門院が並び在したのである。兼実は自分の子弟を次々にこれら女院の猶子としてゐる。長男良通ははやく皇嘉門院の猶子としてゐる。良通は門院の殊寵を蒙り、その元服等の儀はすべて門院の沙汰として行はれた。門院は兼実に向って「小童（良通）自二襁褓之昔一偏致二撫育之礼一、専為二我嫡子一、非二汝之子息一」（『玉葉』承安五年三月六日）とさへ云はれた程であり、崩御に際しては「大将（良通）事之外無二思置事一」（『玉葉』養和元年十二月四日）と遺言された、と兼実は記してゐる。次男良経は幼にして鳥羽院皇女たる高松院の猶子となつた。その袴着のときには女院より装束を賜はつてゐる（『玉葉』安元二年三月十日）。三男良輔は八条院の養子となつた（『玉葉』文治二年二月四日）。良輔が八条院の女房三位局の所生（『玉葉』元暦二年九月二十日）であるといふ縁によると思はれる。さらに、後年（建久三年一月十七日）生れた男児（夭折の為、名を詳にしない）を、兼実は殷富門院の猶子としてゐる（『玉葉』建久五年八月二十八日）。

子弟を門院と関係づけることはもとより兼実に止らず、近衛家・松殿家が先鞭をつけてをり、要するに当時の常套的な手段に外ならなかつた。近衛家は早く高陽院（鳥羽后、藤原忠実女）と結びついてをり、基実は門院の猶子となつてその所領を伝へてゐる（『愚管抄』、『吉記』寿永二年十二月二日、『近衛家所領目録』）。松殿家に於ても基房の子隆忠が、上西門院の猶子となつてゐる（『玉葉』寿永元年七月九日）。近衛・松殿・九条三家が競って女院との結びつきを求めてゐることは明らかである。抑ゝ女院は、一条天皇の時、皇太后藤原詮子が院号を賜はり上皇に准ずる待遇を与へられたるに始まる（『日本紀略』正暦二年九月十六日、『女院小伝』）。かくて女院は多くの所領を朝廷より賜はつたのであつた。高陽院は鳥羽后として寵を得ること深くなかつたが（『今鏡』「をとこやま」）、多くの所領によつて生活は保証された。八条院は鳥羽院の寵姫であり、その莫大な所領は政治史上にも大きな意味をもち、大きな波瀾をまき起したほどであった（中村直勝氏『新日本文化史』吉野時代、七九頁以下に詳細な研究がある）。皇嘉門院また多くの所領をもち、兼実は門院と最も親しく、その所領はのちに九条家に伝へられてゐる（『九条文書』）。女院との結びつきが所領関係に於て大きな意味をもつことは明白であるが、なほ官位の昇叙等に於ても所謂「院宮申文」が叙位除目の儀に提出されて大きな力ともなつたのであり、総じて云へば門院は政界背後の政治的経済的黒幕として隠然たる力となり得たのである。以上のことは、之を広くいへば、基実・基房・兼実三兄弟は夫々に、その一家一族のものを政界宮廷寺院等の要所に配して有力者との結びつきを確保し、この力を執政の地位の獲得の一点に集中して行ったのである。

以上兼実を中心としての九条家の構成を一瞥したのであるが、兼実はこれらの人と力とをよく結束して行った。その趣は、たとへば、

法印（慈円）被㆓帰来㆒、今日密々被㆑参㆓故入道殿（忠通）御墓㆒、所㆑依㆓余示㆒也、（『玉葉』元暦元年六月九日）

法印（慈円）・大将（良通）・中将（良経）等来、申刻相㆓伴件人々㆒、僧都（信円）同㆑之、先詣㆓故殿御墓所㆒、余乗㆓手輿㆒、他人々自㆓他道㆒歩行、（同、元暦元年十一月三十日）

前者は兼実の指定によつて慈円が父忠通の墓参を行った例である。後者は兼実が慈円・良通・良経及び異母弟信円等を率ゐて同じく墓参してゐるのであるが、兼実は手輿、他は歩行であった。いづれも兼実が中心になつてゐるのであり、些事とはいへ、九条家の人々の中心に立つて指導的地位に在る兼実の姿をよく示してゐる。

兼実はかゝる準備をとゝのへつゝ、正しい政治と天下太平の実現を期して宮廷に立つたのである。彼の常套語を以てすれば、「政道反素、社稷安全」（『玉葉』元暦元年九月二十三日）「祈㆓社稷安全、仏法興隆等㆒」（同寿永二年九月十一日）「天下

政可レ反二淳素一之趣也」（同、文治二年十二月十日）を期望したのであつた。この期望を実現する為に、種々の能力、資力、その他の準備が要求されることは云ふまでもないが、その実現の為の殆ど絶対的ともいふべき第一の条件と考へたのは、伝統的に皇室の外戚の地位の獲得といふことであつた。幸にして一女子（任子）を恵まれた兼実は、この誕生以後は、この女子の入内にすべてを賭けて進むことが出来た。後に後鳥羽天皇の摂政であつたとき、任子の入内についての祈に関して次の如くにのべてゐるが、それは即ちこの年来の祈願が何に集注されてゐたかを明らかにしたものであつた。

此日入内祈、立二三墓使一、此事雖レ無二先規一殊有レ所レ思、所二告申一也、就中於二木幡一者雖二他事先規已希一、思二先年夢告一所二祈申一也、（中略）多武峯ハ氏之始祖也、万事可レ祈レ之、淡海公者我氏王胤出来給始也、其後継レ踵不レ絶、御堂者累祖之中為二帝外祖一之人雖レ多、繁華之栄莫レ過二彼公一、宇治殿以後絶而無二此事一、為レ取二其始終一尤可レ祈二申此両所一歟、入内之本意只在二皇子降誕一者歟、所レ憑只御社御寺之霊応也、（『玉葉』文治五年十一月二十八日）

九条家の第一の光は入内の望みであり、その実現の暁には次の望みは只だ皇子降誕にある。今後積み重ねる九条家のすべての願と努力とが最後的に生かされるか否か、九条家のすべては、終局的にこの一点につながつてゐるのである。

かくして、兼実にとつての当面の問題は、当然政局担当の立場を獲得することであるが、この目的を達するためには、新興の武士勢力との関係に如何に対処すべきかの問題が最も重要であつた。武士勢力が新時代の第一の実力者への途を上昇しつゝある以上、それはいふまでもない。が、その際大切なことは、次々に交代登場する武士の諸勢力の中について、選択を誤らないことであつた。一朝その見通しをあやまれば、没落者と運命をともにしなければならない。しかもその巧みな選択は摂籙家の面目を傷つけるものであつてはならない。この理想に即して最も現実的な選択こそが否応なしに兼実に課せられた問題であつたのである。

第三章　九条家と平氏

平治乱の勝利を足場にして、平氏はいかにして公家政治に介入して行ったか。

清盛は乱の翌永暦元年正三位参議右衛門督、翌二年権中納言となって、早くも政治の枢機に参ずる地位に到った。恰もこの時は、二条天皇即位の第三・四年に当つてをり、院政は先帝にして今上の父たる後白河院がみてゐられた。これは当時の院政の普通の形態であつたが、たゞこの場合は、二条天皇が親政への強い意欲をいだいてゐられ、その点で院と対立し衝突することがあつたのであり、従来多く天皇が院政に対して拱手されたのとは大分趣を異にしたのである。元来、二条天皇の即位をめぐつて複雑な宮廷内の事情があつたことが伝へられてゐる（『山槐記』永暦元年十二月四日）。即ち太政大臣伊通の直話として、鳥羽院寵妃美福門院が、二条天皇を襁褓のうちから養育せられたので、その即位をのぞまれたが、父君の在すをさしおいて皇子の即位される先例なし、といふことで、天皇の即位を将来に実現する為に、後白河天皇の即位といふ運びとなつたのだ、といふことであつた。これらの事情もあり、院と天皇の間にわだかまりを避け得なかつた様であつた。

天性聡明不羈の二条天皇は、周囲を多く顧慮されることなく自らの意志を貫かれるといふ風であり（『今鏡』「花園のにほひ」）、院の近習嬖臣は天皇に却けられ、院が平時忠・信範等の官爵を進めらるゝや天皇はこれを聴許されず、却てその官を奪ひ藤原長方・重方に与へられる（『源平盛衰記』）といふ有様であつた。「政事に長じ孝道に短なり」とは時人の天皇評であつたといふ（『玉葉』嘉応元年四月十日条に「今上（二条天皇）於レ他者、可レ謂レ賢、至孝之儀已闕」といふ時人の評をのせてゐる。『盛衰記』の云ふ所と同じ意味であらうか）。

平氏の政界進出は、第一に、かゝる天皇と院との対立、そしてまた摂関家の分立を有力な手がかりとして行はれてゆくのである。

平氏一門の進出が公家貴族政治家に圧迫を加へることは必然であるが、しかし一方、当時の清盛としては出来るかぎり無用の反感を避け、柔軟にして協力的な方針と態度を忘れなかつたことがまづ注目される。

第一に、朝廷に対しては清盛は、天皇方と院方と、いづれにも偏せぬやう注意してゐる。永暦元年のころ、天皇が美福門院の御所八条院に居られた時、院御所もこの附近にあった。院は桟敷から大路を見てゐられたが、天皇の外戚として権威をふるつた藤原経宗及び惟方がその桟敷に囲ひをめぐらして、外の見えぬやうに妨害した。世をしろしめすのは院ではない、といふいやがらせであった。院は激怒され二人の逮捕を清盛に命ぜられた。清盛は二人を捕へて流罪にした。が、経宗は翌々年召還され、やがて右大臣に還補された。天皇に対する遠慮の故であつた。惟方もついで召還された。また天皇に対して平氏一門は敬意を払つて、押小路東洞院の御所のまはりに平氏の人々の邸をおかせて、朝夕に伺候させてゐた。恐らく清盛の配慮に出でたのである（『百錬抄』『愚管抄』）。

『愚管抄』は、清盛は内心では院が政をみられることを歓迎してゐなかつた、と忖度してゐる。しかし清盛は院の御意を迎へるべく細心の注意を払つた。妻の妹上西門院の女房小弁殿が院に入つて皇子（高倉天皇）を生んだのは、清盛のまだ権中納言の時であり、即ち政界での地位がなほ受身であつた清盛にとつて、院に近づくよき手づるが出来たのである。

清盛は内大臣・太政大臣と進み（仁安元・二年）、仁安三年には出家して入道相国となつた。ともに院への接近の機会も多くなり、院はこれを喜ばれた。嘉応二年四月十九日受戒のため南都に赴かれたとき、清盛も供奉して同じく受戒してゐる。嘉応二―三年にかけて法皇は度々清盛の福原山荘に御幸になつた。嘉応三年即ち承安元年にはその女徳子の高倉帝への入内を実現し、翌承安二年には中宮宣下があつた（『玉葉』）。

平治乱後安元ごろまで、清盛四十三歳から五十九歳ごろまで約十七、八年間は院と清盛との間は極めて協調的な空気が支配してゐる。

朝廷に対すると同様、摂関家に対しても、はじめ平氏の態度は極めて穏和であり協調的であつた。乱後四年、清盛は長寛二年四月十日、摂政基実の夫人としてその女を納れたのは、まだ皇后宮権大夫従二位権中納言の地位にあつた彼が権力への拠点を求めての方策であつたことは云ふまでもない。即ち清盛は、まづ近衛家との握手を実現して、宮廷政治への緒をつかんだのである。

然るに思ひもかけず、その後わづか三年にして基実は二十四歳の短い生涯をとぢた。清盛は政界に大切な手づるを喪つた形であるが、この困惑をたくみに利用して転禍為福の道ををしへ、且つ、みづからの出世の途ともしようとしたのが正四位下参議藤原邦綱であつた。かねて摂関家の家司としての経歴をもち（『兵範記』保元二年十一月九日）、その内情に通じてゐた邦綱は、故基実の摂関領の分割を提言し、清盛はこれにもとづいて所謂殿下渡領と近衛家領とを分離して、前者のみを次の関白基房に伝へることゝし、後者は近衛家にとゞめて基実未亡人（白川殿、清盛女）の保管にゆだね、基実の子基通（当時七歳）の成長を待たしめることゝした（『愚管抄』）。

清盛は近衛家にまづ差し出した手を、次に松殿家、九条家その他にものばし、両家との婚姻を通じて出来るだけ広い結びつきを有力貴族に求めて、それらとの協調・協力を実現しようとした。彼は多くの子女を持つてゐたので、藤原兼雅、藤原隆房、藤原信隆を婿とし、さらに兼雅の妹を基房に嫁せしめた。

九条家に対しても清盛は、むしろ執拗に同じ方針を貫かうとする。治承元年のころ、その女を藤原隆房の養女として兼実の長男良通に嫁せしめんとし、平氏との結合をよろこばざる兼実はこれを一旦辞退したが（『玉葉』治承元年十月十日）、清盛はなほ諦めず、治承四年に到つて兼雅の女即ち清盛の外孫にあたる十一歳の女を良通に嫁せしめた（『玉葉』治承四年六月九日）。兼実は清盛の意にさからふの危険を慮つて、意をまげて之を承諾するの外なかつたのである。

平氏政権が、一面に於て出来るだけ柔軟な協調的方針を公家貴族に対して示したことは明らかであるが、他方、平氏の進出がその分だけ公家の後退と侵害とを来すことを避け得ないことはもとより、また平氏の権勢の強化とゝもに専権的・専制的傾向の強められたことも必然である。宗盛の子が四歳で従五位下に叙せられるといふごとき非常識も押し通された（『玉葉』承安三年正月六日）。翌年には五歳で侍従になつてゐる（同四年一月二十四日）といふ状況も生れてきた。時とゝもに反平氏感情は当然鬱積する。治承元年の「鹿谷事件」はその最初のあらはれであつた。それは清盛の機敏な処置で一時は大事には到らなかつたが、問題は次第に内攻してゆくのである。

治承三年十一月の政変は、かくして二十年にわたる院・公家貴族・摂関家と平氏との、表面上の協調のかげに蔵せられ累積されたものが噴出したものであつた。

治承三年三月十一日、清盛の子重盛が歿するや、法皇はその知行国越前国をその子維盛のうけついだのを没収（『玉葉』治承三年十一月十五日）、又、基実未亡人盛子が夫の歿後伝へてゐた摂関家領・文書を基房が手に入れんとしたのを文持せられた。さらに基房の子八歳の師家を中納言として基実の息二位中将基通を超越せしめる（『玉葉』治承三年十一月十五日）など、殆ど清盛の存在を忘れられたかの行動が相ついだ。

清盛はこゝに断乎たる決意を示し、十一月十九日、関白基房をやめて備前に流し、太政大臣藤原師長の職をうばひ、以下四十人の朝官をとゞめて朝廷改造を断行し、人々を仰天させたのである。

このことの、摂関家にとつて、いかに重大事であつたかは殆ど云ふを要しない、未曽有の椿事であつた。摂関と公家政治との権威は一朝にして地に堕ちたのであり、そのことが公然と天下に宣言せられたものであつた。それは保元乱につぐ摂関の第二の失権であり、摂関が武士の下風に立つたことを白日のもとにさらしたのである。兼実が、

抑此関白（基房）之時、家貽二瑕瑾一職付二大疵一、於二乱代一者天子之位摂籙之臣太以無レ益、（『玉葉』治承三年十一月十六日）

と記してゐるのは、そのことを自ら認めたものであり、

天下日本国ノ運ツキハテヽ大乱ノイテキテヒシト武士ノ世ニナリニシ也、ソノ後、摂籙ノ臣ト云者ノ、世中ニトリテ三四番ニ下リタル威勢ニテキラモナク成ニシ也、

といふ『愚管抄』の後年の歎声も即ちこの事態に発してゐるのである。

この政変が摂籙家にとつて堪へ難い屈辱であることは論を俟たない。が、注目されることは、処罰を受けた当の基房にとつては、これによつて政治生命を絶たれ（『玉葉』治承三年十一月二十二日、この二十一日に出家）て、爾後「入道関白」となつた。その為に、その後の希望の一切を子師家にかけ、そしてその希望はむしろ執念とよぶべきものになつたことである（『玉葉』寿永三年二月十一日）。が、このことについてはなほ後にのべる。兼実にとつても屈辱感は同様であつても、他方、現関白の失脚が政界進出の一機会として映ずるといふ一面も無視しえない事実であつたやうである（後述）。

しかし、この事変後近衛基通が平氏の支持下に執政となり、兼実の望みは空しくなつた。その後清盛の他界、平氏の都落など政治的激動期を通じて院のもとに近衛基通は引きつゞき摂政の地位に在つた。

第四章　九条家と源義仲

寿永二年七月平氏の都落ちに代つて源義仲・行家が都の軍事力を握つた。安徳天皇の西遷によつて朝廷では新帝の擁立を急ぎ、摂政交迭の議も起つた。基房は直ちにこの機をとらへようとした。十二歳の長男師家を摂政に宛てようとし、東国に漸く勢を養ひつゝあつた源頼朝の援助推挙までも依頼しつゝ（『玉葉』後述）、院に懇請した。その熱心さは、恰も虐を病んでゐた身を起して院参した程であつた（『玉葉』寿永二年八月二日、寿永三年二月十一日）。併し、後白河院は当時の執政近衛基通を絶対的に親任支持せられたので、基房の望みは実現する余地がなかつた。頼朝も勿論推挙を拒んでゐる。このころ基房は摂関について次のやうな意見をいだいてゐたと『玉葉』（寿永二年九月六日）は伝へてゐる。

　先於二摂籙職一者、非二家嫡一者、雖レ及二二男一未レ有下及二三男一之例上、而下官（兼実）当仁之由世間謳歌、太不当也云々、

基房はかゝる言葉を源行家に送り、又院にも同じ趣を奏してゐるといひ、それに対して兼実は、それは理にも当らず前例にも違う、と日記に記してゐる。もし事実基房がかゝる言をのべたとすれば、それは甚だ非常識といはざるをえないであらう。とともにこの動揺の時期に機会あらばと兼実の方でも幾分食指が動いてゐた、それを抑へようとした基房の言であつたかもしれない。

　しかし基房が、この問題で焦りに焦つて、その希望実現の為には殆ど手段をえらばず前後をかへりみない程であつたことは、寿永二年十一月のいはゆる法住寺合戦後のどさくさに乗じて、見得も外聞も面目も忘れたかの態度でこの

希望を遂げたといふ事実に、よく示されてゐる。義仲は院を幽閉し摂政基通を停め、師家を以てこれにかへた。即ち基房は義仲に依つてその地位を師家の為に獲得したのであるが、無理と不合理とは何人の目にも明らかであり、人々の指弾嘲笑が二人に集中したことは当然である。師家は年わづかに十二歳、官も権大納言であつて大臣に到つてゐなかつた。やむを得ず、一時内大臣を藤原実定から借りて、その上で摂政となつた。時人はこれをかる（借）の大臣と綽名した（『愚管抄』、『延慶本平家物語』、『玉葉』寿永二年十一月二十三日、『吉記』同二十一日）。基房は一時得意の境にあつた。「万事松殿押沙汰」（『玉葉』寿永二年十一月二十七日）といふ日が幾日かつづいたが、やがて来たものは義仲の急速な没落であつた。この基房の行動に対して、後白河院もまた、始終これを不快とせられて取り合はれなかつた。『玉葉』寿永三年二月十一日の記事は、叙上の事情と経過とをのべて甚だ明晰であるとともに、とくに基房の心事に立ち入っての説明も極めて興味深い。

伝聞、入道関白（基房）・院御気色殊不快云々、内々仰云、禅門（基房）示㆘遣摂政可㆓推挙㆒之由於頼朝之許㆖去年七月乱之後事云々頼朝答㆘不㆑能㆓口入㆒之由㆖云々、又仰云、去年七月当時摂政（基通）有㆓可㆑被㆑改之儀㆒時、入道（基房）挙㆓十二亜相（師家）㆒、朕不㆑許、存㆓右府（兼実）当仁之由㆒、而禅門（基房）申云、摂政若入㆓右府（兼実）之家㆒者、永可㆑留㆓彼家㆒、不㆑可㆑雪㆓我恥㆒、仍不㆑可㆑被㆑改㆓本人㆒、且依㆓此申状㆒、無㆓動揺㆒、而禅門（基房）又申云、然者一所庄々少々可㆓分賜㆒云々、朕答云、摂政氏長者無㆓改易㆒者、何及㆓所領之違乱㆒哉者、今当㆓義仲乱逆之時㆒、補㆓十二之摂政㆒領㆓数百之庄園㆒、是則朕先日依㆑示㆓摂籙家領輙難㆑分之由㆒寄㆓事於此勅言㆒不㆑遣《違イ》㆓一所㆒押領云々、次第甚所㆓欝思食㆒也云々、

執政への競望は、治承三年の失脚配流の「我恥を雪」がんとする焦慮に発してゐるのであり、その達成の為にはな

ほ未知数の関東の推薦をも突然依頼するを辞せず、さらに義仲の法皇御所焼打の暴挙の利用をも敢てし、剰へ資格の不足を官職の臨時的借用を以て仮に補足し、以て十二歳の摂政を実現させるなど、前後をかへりみず官規を無視し人の嘲をも意に介しない、殆ど目的の為に如何なる手段をも敢て辞せぬ、といふ如き態度は、時の識者の支持を失ふことは余りにも当然である。この後、松殿家が摂籙の競争圏から脱落して了つた経緯は明らかではないが、この非常識にして早急な行動が、その躓きとなつたのではなからうか。

右の記は兼実の筆であることを思へば、彼が基房のこの行動、この焦燥に深い注意を払ひ、そこに反省と教訓とをくみ取つたことは疑ひない。眼前に来るものを手当り次第にとりあげてこれにたよらうとすることの恐ろしさと醜さを、兼実が、しみじみと思つたことは、『愚管抄』の次のことばをこゝに読み合せてみれば、手にとるやうである。

九条殿ハウルセクソノ時トリ出サレスシテ、松殿ニナリケルヲハ、事カラモ十二歳ノヲモテ方コソアサマシケレト、松殿ノ返リナリタルニテコソアレ、イミシく〱トテ我レノカレタルヲハ仏神ノタスケト悦ハレケリ、

先にふれた様に、兼実もこの機会に、といふ下心がないわけではなかつた。それだけに義仲に手を出さず深入りしないでよかつた、といふ気持は強かつたであらう。兼実としては、天下の形勢を広くみつゝ次の機会を期待する事となつた。

九条家を率ゐて執政の地位を追求する兼実の立場を、以上、平氏時代から義仲時代までの期間について概観した。慈円は少くともこゝに到るまでの期間、この九条家の一員として行動したのであり、少くともその生活の大部分は広い意味でこの九条家の方針に沿うてゐたのである。

第五章　慈円の出家

慈円の出生についてはわづかに知り得る所をさきにのべた。父は関白藤原忠通、母はその寵女五位藤原仲光女加賀である。保元元年、二歳で母に別れ、のち十歳で父に後れるのである。

その後十歳までの間の消息はほとんど知られない。たゞ、母に二歳で別れたゝめ、藤原経定の未亡人の手で育てられたことだけが知られてゐる。後年（建永元年、慈円五十二歳）慈円自ら草した「大懺法院条々起請事」（『門葉記』所収、後述）に、大懺法院所属の荘園を挙げてゐる中に、松岡（下総）・志度（讃岐）・加々美（甲斐）・淡輪（和泉）の四庄を列記し、之を説明して、「件四箇所小僧養育禅尼通季卿女経定卿室相伝領也、逝去之時故所二譲与一也」云々とのべてゐる。経定は大炊御門大納言藤原経実の子、左大臣経宗の兄に当り（『尊卑分脈』）、保元元年正月歿してゐる。保元元年、慈円二歳で母を喪つて、未亡人になつたばかりの経定夫人に托せられたのである。こゝに到つた経緯の詳細は明らかにしがたいが、この経実・経定、そしてその子頼定にわたつて、家領が豊かであつたことが、『玉葉』治承五年三月十八日条で知られる。

伝聞、堀川宰相頼定卿薨逝云々、経実孫、経定子、無二指芸業一、為レ朝非二殊要人一歟、相伝之家領有レ数、頗其家富云々、

このことはまた、右の大懺法院の起請に記されてゐる通り、経定夫人が逝去のときに慈円に四ケ庄も譲つてゐることも相応する所である。慈円（道快）が摂籙家の生れであつたといふだけでなく、さらに幼時の養育に当つたのも家計

豊かな婦人であつたのであり、旁々、何不自由のない豊かな幼時を送つたものと想はれる。後にみる様なその濶達明朗な性格の一面も、それらの点と関連するところ少くなかつたであろう。

この婦人をめぐつて、いま一つの点が注目される。慈円も記してゐる通り、この夫人は西園寺流の祖通季の女である。即ち公通の姉妹で、実宗の伯(叔)母に当る。実宗の子が即ち後に権勢一世を傾けた西園寺公経である。慈円は、この婦人の撫育の恩を謝すること深く、「起請」の先の文につゞけて、

而彼恩難レ報、今廻二向三宝願一以二此功徳余薫一、必為二彼菩提之資粮一、件年貢宛下置就二当寺一所レ修之月忌遠忌等用途上了、

とし、右の四荘園の年貢を大懺法院に修する所の忌辰の用に宛て、以て禅尼の菩提の資とすると規定し誓言してゐるのである。この禅尼への報恩謝徳の念と、後年の慈円の西園寺公経への親炙乃至協力・援助・庇護の手厚さとは無関係とは考へられない。

その他には、十歳までの間については、何等伝へらるゝ所がない。以後における最初の具体的な伝へは、永万元年十一歳で叡山青蓮院門跡の覚快法親王の室に入つたことである(『華頂要略』「門主伝」)。やがて翌々仁安二年十月十五日、十三歳で親王の京都三条白川房で出家して法名を道快と称した。法名は師の一字を与へられたものであらうか。法親王は鳥羽天皇の皇子、初名を行理、また円性といひ、のち今の名に改めた。叡山に青蓮院門跡をひらいた行玄(第四十八天台座主)の資として仁平二年伝法灌頂をうけて同門跡の第二世となつた。白川房はもと青蓮院に属し行玄より覚快が伝領したものであるが、のち道快に譲られ、爾後元久二年、後鳥羽院に進ずるまで数十年にわたつて慈円(道快)の本房としてその生活と活動との本拠となるのである。

道快が出家した動機は何であり、これを決定したのは何人であつたか。年齢からみても自発的であつたかは疑問があり、必ずしも自発的でなかつたと思はせる史料も存する（後述）。管見を以てすれば、それはむしろ彼の同母長兄兼実の発意によるものであつたかと推測する。この出家の儀を記した兼実の日記の筆致、乃至はその儀に対する彼の積極的な態度はこの推測を助けるかと思はれるものがある。彼はこの日、中御門大納言宗家、春宮権大夫藤原邦綱等の公卿殿上人を率ゐてこれに臨んでをり、皇嘉門院に請うて装束を頂いて之を贈つてゐる（『玉葉』）。道快は後年、自分の出家について、

なにゆへに思そむとはあらすとも　衣はすみの色にまかせん（『校本拾玉集』一二一〇。以下『拾玉集』の歌は番号のみ記す）

かねてよりふかき山へのひとりゐの　さひしかるへきけしきをそ思（一二一一）

とよんでゐる。以てそれが自発的なものでなかつたとの回顧と考へるならば、これを思ひたち推進した人として兼実を考へる外ない。兼実の同母弟道円はすでにこの頃三井寺に在つたと考へられるので、重ねて末弟を叡山に入れて、以て自己の両翼として、九条家の為の祈禱にそなへようとした、と想定することは、前述した兼実の政治的意欲と立場とに符合する所であらうと考へられる。

道快が叡山に入つたについてとくに注目すべき一事は、外ならぬ青蓮院門跡に入つたことである。これより先、叡山の門跡として梶井門跡がすでに約百年も前に明快によつて開かれてをり、のみならず、幾多の有力者がその流から輩出してゐる。開立なほ年浅い青蓮院は勢力に於て遠くこれに及ばぬのであるが、道快のためにこの青蓮院門跡がえらばれた機縁は何であつたか。いまこれを明らかにすることは出来ないが、それはともかく、右の一事は道快一生の運命に関係する所極めて大であつたことにこゝで注目しておかねばならぬ。

青蓮院門跡はもと行玄が叡山東塔の自房青蓮房を、久安六年、美福門院御祈願所とし、阿闍梨五口を賜はつて青蓮院と号したにはじまる。

行玄は三昧阿闍梨良祐の資として台密三昧流を学んだ。道快の門流と教学とは主としてこゝに由来するのであり、かくて、後に道快（慈円）はこの良祐と行玄とをともに「祖師」として仰いでゐる。良祐は「祖師三昧阿闍梨」の称を以てよび、その説を伝ふる著作抄物を多く伝受学習してゐる。行玄については「僧中ニハ山ニ青蓮院座主（行玄）ノ後ハイササカモニホフヘキ人ナシ」（『愚管抄』）といひ、またその命日（正月五日）には供養を行つてをり、後にこれを、自ら創始した祈禱所大懺法院（後述）の毎月の恒例仏事に加へてゐる。かくて、青蓮院門流は彼の生活の牙城となり、台密三昧流は彼の信仰の核心とも出発点ともなるのである（後述）。

道快は十三、四歳より、覚快法親王の許で密教を学習して、以てその信仰生活へと発足したのである。嘉応二年八月二十二日附、道快を一身阿闍梨に補することを認可した太政官牒はその間の事情をも伝へてゐる（『門葉記』六七所収）。

太政官牒　延暦寺

応レ授二伝法灌頂職位一事

伝燈大法師位道快

右太政官今日下二治部省一符偁、得二阿闍梨覚快法親王今月七日奏状一偁、件道快出レ自二博陸之貴種一已列二台山之禅徒一、所レ酌者青竜之遺流也、瀉瓶水満、所レ伝者瑜伽之密印也、炙輠燈挑、見二其器量一、尤足二推薦一、望請、天慈依二宣旨一以二件道快一被レ補二一身阿闍梨職一、将レ仰二　聖日之徳輝一者、正三位中納言源朝臣雅頼宣、奉勅、依レ請者、省宜二承知一、依レ宣行レ之者、宜二承知一、牒到准レ状、故牒、

嘉応二年八月廿二日　　　　　　左大史小槻宿禰𦬇

右少弁藤原

嘉応二年、道快十六歳である。「青竜寺」は、わが留学生が東・台ともに密教を受け伝へた長安の名刹である。即ち、道快が覚快より密教をうけてその法器を推されたことがこれによつて明らかにされる。なほ学習開始のことについて後日の回想（吉水蔵蔵慈円自筆自草文書、「仏子一期思惟」の語ではじまる。以下『一期思惟』とよぶ）も「十四五六歳之間入二真言教一受二三部大法一始二不退行法一」といつてゐる。即ちこれから凡そ十六歳までの三、四年間の学習は専ら覚快のもとではげんだのであり、以て密教の一通りを学びをへたのである。十六、七歳から二十歳までは同じく師のもとにありながら自学中心にうつり、又実践行法に向つたと思はれる。即ち後（養和二年）に自ら記してゐる『伝法灌頂記』（後述）の「凡自二十六歳一受法、其年両界諸会行法諳誦修行、于レ今不二廃忘一、於二十七一護摩初行了」の語は、その意味に解せられる。而してこのことは二十歳ごろまで続いたであらう。といふのは『一期思惟』に「満廿歳之時、自心深企《有ゝ》二思慮之旨一申二請師匠一参二籠□江文寺百箇日随分励二修行一、通二利妙経一部一」云々といつてゐる。二十歳で思ふ所あつて新たな方向を目ざすのである。

こゝに「思慮之旨」とあるのは、具体的にその内容を知りがたいが、この時から『妙経』即ち法華研究・修行を思ひたつのである。灌頂をうけ両界諸会の行法を修めた密教の学徒が、いかなる立場から法華をえらび取らうとしてゐるのであらうか。

このことは右の『一期思惟』によつては知りえないが、幸にして同じく吉水蔵はまさにこの「妙経の通利」そのものゝ内容に当るかと考へらるゝ慈円の著書『法華別帖私』一巻を蔵してゐる。慈円自身の奥書によつてそれは慈円五十一歳（元久二年）の時まで引きつゞき書きついでまとめたものなることが知られる。本書の内容詳細については後に譲らねばならぬが、それは法華の密教的行法を説いてをり、とくに三昧阿闍梨良祐の説を中心としたものである。その一例をあげれば、第三十三枚目に「三昧阿闍梨云、奉レ読二法華一之時」と書出してその支度・真言・印明等の方法を具体的にのべ、そして「已上記甚以殊勝甚深〳〵□□甚深、文治第二歳秋付二此記一奉レ読二妙経一、九月中旬偈頌真言等書二出之一、勿レ及二外見一努力々々」と結んでゐる。またその奥書によれば二十一歳から法華の諳誦修行を開始し、爾後三十一年間退転することなく続け、一万日以上に及んだ、毎日一品を誦して三十歳のとき一部（八巻）に通達した、そしていま五十一歳に及んだといつてゐる（四〇三頁）。

これによれば、法華学習は二十歳ころからはじめて、その後一生にわたつての行であつた。彼の思想に於ていかに大きい幅を占めた重要なものであつたかが想望される。なほこの時何故に大原の江文寺をえらんだかは明らかでないが、恐らく同寺が、当時法華や念仏の行者の多くあつまる霊場とされていたことによるのであらうか（『後拾遺往生伝』所収快賢伝、藤原為隆伝、『相蓮房円智記』、『兵範記』嘉応元年十月十三日、『今鏡』「まことの道」）。寺はむしろ貧寒の趣があつたと思はれる（『吉記』承安四年二月十六日）が、さういふ場所を修行にえらんでゐる所に、行法における道快の勇猛精進の趣がうかゞはれよう（神田本『慈鎮和尚伝』）。

この法華学習は、右にふれた様に密教的立場が主であるが、顕教的立場における法華の研究にも当然つながつてゐたと思はれる。慈円が止観の研究につとめたことは、止観を題材によんでゐる和歌（『拾玉集』二九三九―二九四八）にも明らかである。なほ一般的にみて、慈円に於て、顕教が密教と多く軒輊をみないと思はれることは後にのべる通りである。

江文寺での百日の修行に法華に通じた後、ここを去つて叡山に登り無動寺に入つた。密教修行の一般的な課程をふむ為である。即ち『一期思惟』は前文につゞけて「次年孟夏之比攀二登本寺無動寺一始二千日籠山一了、内陣行法供花以下八千枚□（等カ）遂果了」と云つてゐる。

〔註〕　ここに「次年」を、従来承安五（安元元）年（道快二十一歳）と解してゐる（『華頂要略』「門主伝」及び村田正志氏「青蓮院吉水蔵に於ける慈円史料」『歴史地理』昭和二十八年六月号所収）。しかし千日入堂籠山をおへて下京したのが治承三年三月或はその直前（『玉葉』同四月二日条）である。これから逆算して、入山安元元年四月（孟夏）では、あまりに日数が多すぎるのである。無動寺登攀はまさにその翌安元二年四月とすべきである。現に安元元年十一月二十六日には親しく兼実をその邸に訪うてゐる（『玉葉』）のは、恐らくまだ入山してゐなかったことを示すのであり、一方、それ以後治承三年三月ころまで兼実を訪れたあとが『玉葉』には見えないのも、恐らく右のことを証するのであるかと思はれる。

無動寺は叡山の南峰に在り、貞観五年、相応和尚が開いて、草庵として不動明王像を安置して本尊としたに端を発してゐる。延喜十五年、相応に帰依した藤原仲平が、等身の不動明王を本堂に安置してゐる（『相応和尚伝』）。元慶六年、天台の別院となったが、天治元年、青蓮院行玄がその別当となり、またその住房も彼に帰した。所謂南山房である（行玄の管轄以前には梶井門跡に属してゐたと思はれる――後述）。仁平三年、覚快法親王が之を検校した（『華頂要略』）。青年時代の修行地として、後年の慈円にとつて最も重要な且つ懐かしい信仰の揺籃の地として常に回想され、その管領・伝領は後の慈円の最も意を用ゐる所となったのである（多賀稿「慈円と良尋」『史学雑誌』第七〇編八号）。

この千日入堂について『一期思惟』は、内陣行法、供花及八千枚（護摩）などの行法をあげてゐる。それは叡山伝統の行法であるが、常人の難しとするきびしい修行であった。『浄蔵伝』は、浄蔵が十九歳の時三カ年籠山して法華を読誦したと伝へ、また東塔の堂衆（或は堂僧）であった良忍が千日無動寺に詣でて菩提心を祈り、その願成就して後、交衆を断つて大原に住し、習学・造寺・造塔につとめて多年に亘ったと『三外往生伝』は記してゐる。『阿娑婆抄』（百一八不動明王）によれば、この籠山の修行は本尊不動に閼伽を汲み花を供へ、菜食し、また一昼夜の断食を行じつつ明王を本尊とする念誦十万遍、護摩をたくこと八千枚、また不動の三昧耶形たる倶哩迦羅、即ち剣に黒竜の纒繞せる状を描き、これを加持すること一千反、以て外道（魔）を払ふ行法であつた。

この不動の行法は密教学習をへた者の初行であり、仏道生活への入門の行法であつた。その事は慈円の後年の記にしばしば説くところである。まづ、慈円の口伝を弟子の筆記した『四帖秘決』㈠七四に「不動尊ヲ必為ニ初行本尊ノト事、此尊ヲハ菩提心ノ体質也ト習也、依レ之入秘教初門発菩提心ヲニ□也、其意可レ見ニ息障品ニ云々」、即ち大日経息障品によつて不動を以て菩提心を起さしむる明王として仰ぐものである。また同じことを慈円は『法華別帖私』一八二枚に次の通りにものべてゐる。

不動尊ハ此世尊ノ菩提心ノ所現也、菩提心トハ云物ハ一切衆生今更非レ可レ発、本有不変ノ仏性ノ心也、而為ニ諸魔諸障一被レ妨輪ニ廻六道四生一也、此魔障ヲ除滅スレハ自然ニ本有菩提心ハ顕得スル也、除ニ滅此魔一是不動摩訶薩之体也、大日如来現ニ此躰質一開ニ発本有菩提心一、

即ち菩提心は人にとつて外から与へられるものではなく、衆生本有のものである。仏道の基礎は菩提心に外ならぬが、それが諸魔の為に妨げられて発現しえぬ故に人は輪廻するのであるから、大日の教令輪身なる不動の力でこの魔を払ふことによつて、菩提心を発顕すべきであるといふにある。

青蓮院本『拾玉集』は慈円の和歌約六千首ををさめて今日に伝へてゐる一大家集である。その歌のうち最も早いものとしては二十歳ころ、大体千日入堂ごろ以後の詠が存してゐる。我々はこの早期の詠によつて道快の若いころの心境に直接に接することが出来るのであり、現に右にのべた不動の修行についても数首がみられる。

みとせまてみのりの花をささけつゝ　こゝのしなをも願ひつる哉　（一〇一）

は即ち千日入堂修行の意であり、供花の行法を詠じたものである。「ここのしな」は「九品」である。即ち蘇悉地経所説の九品の成就は、仏部、観音部、金剛部について夫々上・中・下成就を配して九種の成就相を説いてゐる（同経分別成就品第十八、円仁著『蘇悉地経疏』第五）。而してこの花をささげた本尊が不動なることを詠じて、

いつとなく動かぬ君に仕へても　心はよもにあくかれにけり　（一〇三）

となし、而して、菩提心の得がたきを歎じてゐるのである。千日入堂の典拠も蘇悉地経（補闕少法品）に、

経二於三年一、若不レ成者、当レ知、此物不レ可二得成一、上成就法限二三年一、若中成就至二第六月一、若下成就不レ限二其時一、

とある三年の大数をとつたものであらう。

道快のこの修行は住山不退の難行苦行であり、心身両面に於て、若き修行者が自らに課した大きな試錬であつた。三伏の炎暑を凌ぎ、凜烈の寒風積雪に耐へること幾度。厳重に規定せられた行法を儀軌の示す所に忠実に滞りなく千日を貫くことは、それだけでも常人の難しとする所である。確固たる目的、不屈の意志が熱烈の信仰に支へられてのみよくなし得る所であり、又健康な肉体の支へをも必要とするのである。

しかも道快の場合にはこの困難に幾倍する困難と危険とが伴つた。当時の叡山が静かな修行の道場ではなく、却て騒擾の巷であり、就中無動寺はその騒擾の一中心をなしてゐた（叡山の「凶悪堂衆等」が寺を騒擾の巷と化せしめ横川や無動寺に籠つた、と『玉葉』治承三年七月二十八日条は伝へてゐるが、それは道快二十五歳、恰も千日入堂のころに当つてゐる）。騒然たる動乱の波が容赦なく道快の身辺に押し寄せてゐたのである。

このころ山門は、一般に、動乱が日常化してゐた。その由来はすでに遠く、所謂堂衆勢力の拡大強化に伴ひ寺内の統制が著しく弱体化してゐたのであり、とくに院政ごろから活潑になつた堂衆の勢力は、次第に学生の勢力をしのぎ、

全山の勢力はこの二に分裂して烈しく相争つた。六波羅時代に入つて、平氏は武力によつて学生を助けて堂衆を抑へんとしたが、これによつて騒動は一層拡大する勢ひを見せ、山内の勢力の分裂抗争は益ゝ烈しくなつた。治承四年のころには座主（明雲）方の学生と堂衆とが対立する中で、別にそのいづれにも与せぬ覚快法親王の一派があり、山内勢力は三分して相争つたと云はれた（『玉葉』同年十二月三日）。この争ひに於て、無動寺はとくに堂衆の拠点となり、「城」がきづかれてゐた（『山槐記』治承三年十月三日、『玉葉』治承三年七月二十八日）という状況であつた。無動寺は叡山中でも騒擾の中心たること由来すでに久しきものあり、これより先、久安三年八月、叡山の衆徒が座主の房を切払はんとしたとき無動寺に押しよせ、無動寺の住侶が武装してこれを禦いでいる（『本朝世紀』同十一日）。当時からすでに三十年を経た安元・治承即ち六波羅時代の半ばに到つて、無動寺をめぐる騒擾はすでに動乱化してきてゐるかの観がある。道快の修行についての後年の彼自身の回想記は、当時の実状を次の様に伝へてゐる。

於レ是満山堂衆与二学徒一有二闘乱事一、両方退散、法華堂禅衆之外無二残人一、又常行堂一人云々、而独身以留二無動寺一遂二大願一了、（『一期思惟』）

即ち学徒・堂衆の全面的衝突がすでに日常化してゐたのであり、それが無動寺を中心に次第に激しい渦と化しつつあつたのである。かくて学徒と堂衆の乱闘に荒されたあとの堂にひとり残つて所期の修行を貫いたのであつた。道快のこの回想が誇張でないことは『源平盛衰記』の伝へによつても知られる。それによれば、山上騒動の為、谷々の講演、堂々の行法も退転し、修学の窓をとぢ、坐禅の床にも塵がつもつて三百年の法燈かゝぐる人もなしといふ様であつた。この時道快と尊円とが交はした和歌の贈答も同書が伝へてゐる。

いとゝしく昔のあとや消えなんと　思ふもかなし今日の白雪

尊円の返しに

君が名そなほあらはれむ降る雪に　昔のあとは埋れぬとも

叡山の法燈をつがんとする道快の道心・修行の上に示した勇猛精進が、人の驚歎する所となつてゐる状がよくうかがはれるのみならず、それらの点については、慈円自身、

しのふへき人もあらしの山寺に　はかなくとまる我こころ哉　（一三三）

とその意中を披瀝してゐる。また『拾玉集』の慈円の歌、

思ふすちいとかくはかり多かれは　心はつねに打みたれつゝ　（一四七）

法の池に流れもいらてはかなくも　心の水のとゝこほるらん　（一七四）

は、修行の困難を訴へてゐる。が、なほこの困難にたへ内外の苦しみを超えて修行をつゞけて、よくその行を支へたものはたゞ仏と仏道との信仰そのものであつた。

説きおける法をたのまぬ身なりせは　かかる心のおこらましやは　（一二八）

これらの詠は、彼が謙虚に、しかも熱烈に菩提心を求めてやまない姿をよく伝へてくれる。彼はあくまで苦難に堪へ、与へられた信仰と修行を自らのものと受けとつて住山不退の苦修練行を貫いて行つたのである。その過程は即ち、本来必ずしも自発的でなかつた出家生活を、学習と信仰と而してとくに行法体験を通じて、あらためて自分のものとして確認した。即ち二十歳、自学自行に入つて以後の三、四年間のこの努力の期間を通じて、回心の時期に到達し得たのである。

よしさらは心のまゝになりななむ　心のほかにこころなけれは　（一一五）

の一首は、或はこの難行の後に到達した新しい心境、即ち回心の風光を伝へたものとすることが出来るであらうか。

以上、十三歳の出家から以後、約十年の出家生活について、その修行・学習・信仰の過程を一瞥したのであるが、それは伝教大師の八条式に規定した十二年の籠山、そのうち初めの六年は聞慧を正として思修を傍とするもの、後の六年は思修を正とし聞慧を傍とすといふ趣旨に、基本的に沿うたものとみて差支へない。そしてそのことは同時にまた、道快が選ばれた学生の一人としての順調な経歴をたどりつつあることを意味するのであり、学生・堂衆の間の争に対する立場もおのづから明らかな筈であるが、それに対する道快の積極的な発言は見当らない。この間に注目されるのは、道快の信仰の立場乃至は意味が、頗る大きな変化を経験してきてゐる、といふ点である。

先にみた通り、その出家は恐らく兼実がきめたものであり、そしてその目的は畢竟して政治的な即ち世間的なものであつた。その限り、それは摂籙的立場を離れないものであつた。出家後も道快がさういふ目でみられてゐたであらうことは、前掲太政官牒所引覚快法親王の奏状に、「出レ自二博陸之貴種一」の語あることもこれを示してゐる。このことは、周囲からさうみられてゐただけでなく、道快自身の心にもその意識がかなりの幅をしめてゐた。

なにことを待にか今はかゝるへき　うき身は藤の末葉なれとも　（一八六）

「藤の末葉」の意識は容易に心から離れなかつたであらう。――そしてそれは恐らく一生離れなかつたと思はれる。が、一方からすれば、彼の出家が、いつまでも兼実の期待するもののみであつたと考へることは出来ない。出家後十年の修行、そこに来た回心、それによつて彼は出世間的な世界、真の信仰の世界を、次第に自心のうちにひろげ深めて行つたであらう。かくして彼の心、彼の信仰のうちにこの二つの世界が共存・定着することとなつた。

彼の心のうちに共住するこの二つの世界の衝突と矛盾と葛藤とが、彼の一生の問題となり、その基底として成長して行つたことは、彼の一生を観察する上の最も重要な視点である。ある意味で彼のあらゆる生活が、この一事とつながつてゐると敢ていつて過言でない程、それは彼にとつて重要な意味をもつてゐる。そのことについては、今後機会あるごとに触れたいと思ふ。

第六章　下山と交衆

無動寺に於ける道快の修行は、恰も堂衆の活動が大規模化し、集団化・組織化されて、一の兵力にまで進展した中で続けられたのであつた。それが彼の修行の妨げとなつたことは云ふまでもないが、一面からみれば、彼が若い時に、否応なしに時代の先端的現実にふれる機会を得たことであり、このことは、とくに彼の如き出自の人にとつて得難い経験であつた。後年の彼の思想形成の上にも極めて重要な意味をもつ力として、彼のうちに潜在するのである。

千日の修行をへたのは治承二・三年の交、恐らく三年の初めである。その四月二日、兄兼実を訪うてその心境と今後の行き方とを語り、「大略世間事無益、有㆓隠居之思㆒由」をのべた（『玉葉』）。兼実はこれを制止してゐるが、道快は動かなかつた。

長い烈しい修行後の第一声が、「世間」の無益の故に「隠居」の思に住する、といふ告白であつた。それだけに極めて根の深い、思ひつめたものであつたことは云ふまでもなく、兼実の度々の制止・誘引にも拘らず、今後二年の長きに亘つて動揺しなかつた。翌治承四年八月十四日兼実訪問の際にも、「籠居」の方針を示して、素志をかへてゐない。それは入堂修行中に詠んだ、

山ふかく身をかくしてん行するゑに　くやしき事やあらんとすらん　（一八八）

の一首ともよく照応して居り、また『一期思惟』も、

後百箇日又有二思慮之旨一、兄弟右府前途事由本意如レ此之間中心思惟云、可レ為二興隆仏法之器一者可レ存二尋常行儀一、
若不レ然者容二身於山林一、遁二世於片山一
と回想してゐる。即ちそれらは一致して「世間無益」といひ、「山ふかく身をかくしてん」といひ、「遁二世於片山一」とのべてゐる。我々はこのことばを如何に解すべきであらうか。

「世間無益」といふとき、「世間」は広狭二様の意をもつ。一般的に世間は出世間に対する。寺院、僧侶の生活に対する俗世の生活である。しかしかかる外形的・形式的区別を超えた、実質的・精神的意味を以てすれば、世間は俗世間に限られない。凡そ俗的なるものは教団と僧侶とを必ずしも除外しない。たとへば既成教団の多く、僧侶生活の少からぬ部分は即ち世俗的であり世間的である。その意味に於ては俗なる故に今「無益」とされる所のものは所謂僧俗を問はない。最後にあげた『一期思惟』の「可レ為二興隆仏法之器一者可レ存二尋常行儀一」をいかに解するかは意見の分れる所であらうが、所謂「興隆仏法」が仏寺堂塔の威容と仏事法儀の盛大とを目標とする限り、仏道の「興隆」も、亦「世俗」の事に渉ること少からず、「無益」とされてゐる面があるとせねばならぬ。即ちここではただひたすら「山ふかく身をかくす」道のみが採られてゐるのであると解すべく、いはゆる遁世の聖の生活のみがここで推賞されてゐるとせねばならぬ。「聖」の性格は極めて複雑であるが、とくにその特色として教団の規約と統制との外にあつて、自由に仏道を行ずることが第一にあげられ、従つてその生活の実態実践は山中の隔離隠遁の生活であり、或は孤独の生活につながらなければならぬ。

道快のかかる主張は、しかも、昨日まで山上で体験したものにもとづいてゐたのであつて、即ち、「為二法性寺座主(道快)沙汰一自二横川一被レ送二根本水一、山上聖人五六人相二具之一奉二受取一之儀同レ迎二料紙一」といふ『玉葉』(養和二年四月

十一日）の伝ふるところは、よくその間の消息を示してゐる。

かくして、当初の道快は「聖」を理想とし、その生活にこそ真の仏道が存するとしてをり、而もその信念が極めて鞏固なものであつたことは疑ふ余地がない。

山を下りてきた道快のこの信念が鞏かつたにも拘らず、結果に於ては遂に彼はこれをすてゝ交衆の道をえらんでゐる。それが如何なる動機に出で、何時ごろから変化を生じたかは知りえない。ただ「聖」に対して、後には頗る批判的になつてゐることに注目し、それによつて彼が、聖をいかなるものと解してゐたかを、彼自身の詞によつてうかゞつてみよう。

『拾玉集』（第五冊）は「前和歌所寄人」と自署ある慈円の一文ををさめてゐる。この署名がこの文章起草の時の慈円を示すものならば、それが建永元年七月以後、即ち慈円四十七歳以後のものなることが明らかであるが、いま「聖」に関係ある箇所を抜いてみると、

仏法するゐになるまゝに（中略）いへを出なからみな俗塵にましはりて心をそらす心をそめさることよ、かゝるまゝには法師のみちにさらに二途のみちをなして遁世のひしりといふものいてきたり、しはしはたうとしときゝこしかとも今はまたひしりといふものはみなさまあしきものなり、かゝるまゝにはかへりてみちもなき心ちしはへれとさりとてはとてこのいたれるまことにせめ出されてふかき山にいりつゝ仏道を思惟し侍中に、（下略）

こゝでは聖に対する非難と敬意とが交り合つてゐる。仏法の俗化に反撥して生れた聖は、はじめは尊いものをもつてゐたが、今では却て醜いものになつて道を喪つて了つた。しかし聖の本来もつてゐた誠の道を求めようとする根本精神には、心を動かされるものがあり、それに倣つて、いま、深い山に入つて仏道を思惟してゐる、と解せられよう。

ひじりといふものはみな「さまあしきものなり」といふのみで説明のないのは遺憾であるが、聖に何等か惹かれつゝなほ慊りないものを見出してゐることは明らかである。結局、聖の形をすててその精神をとるといふところに前掲の一文の趣旨があるやうである。とすればそこで批判され排斥されてゐるのは、その隠遁孤独の生活のもたらす消極的な態度そのものであるとして誤りないであらう。自ら評して「出家ノハジメヨリ遁世ヲノミ心ニカケタル人」（『愚管抄』）といつてゐる慈円として「遁世」はその根本信条であるとすれば、「聖」に於て批判されてゐるのは「遁世」そのものでないことは明らかである。遁世を求め、むしろ閑暇を楽しむことが慈円一生の問題である所以は、後にふれる所であるが、それは以上に於て「遁世」の形式化を排してゐる考へ方とおのづから通ふものがあるのである。

道快の山上の修行、それにつながる下山当時の決心の問題を、純粋に抽象的に精神的・道心的な面のみから考へれば、凡そ右の如くに見て大過ないであらう。が、実際問題としては、道快の心術の動きには、もつと現実的な側面をも加味して考へる必要があるであらう。即ち、この山上の修行をふくむこの期に於て、彼の如き出自の人々のみが享ける、いはゞ特権的な庇護の手が、彼をとりまく人々によつて、あたゝかくさしのべられてゐる、といふ点である。嘉応二年十二月、道快は十六歳のとき、法眼に叙せられてゐる（『玉葉』同三十日）。それは師七宮覚快法親王の公家御祈の賞としてであり、而して兼実の申請によるものであつた。さらに山上修行中、治承二年閏六月二十九日、法性寺座主に補せられたが、これまた兼実が法皇に奏し、関白に請ひ、覚快に依頼したものが実現したのであつた（『玉葉』）。直接に云へば兄兼実や師法親王、ひろく云へばその背後にひろがる公家貴族の庇護と世俗的な期待とに包まれてゐる。それらの事情が道快に対して山中の生活よりも交衆をえらばしむる力に少しもならなかつた、と考へることはむしろ不自然であらう。

道快下山の第一声が「隠居」と「世間無益」とであつたことは、兼実としては意外でもあり、殊に著しく希望と期待とを裏切られるものであつた。兼実が極力これを制止したことは当然であり、その飜意を求むるに全力をつくした。のみならず、当時の兼実としては、とくに道快の協力を求めるべき喫緊の事情に迫られてゐたのである。

即ち道快が下山してその志を述べた治承三年四月の後七ケ月にして十一月の、かの関白基房の流された政変が勃発した。兼実にとつても未曽有の衝撃であつたことは云ふまでもない（『玉葉』十一月十六日以下）。摂籙家全体が暗雲にとざされた思ひであつたが、しかも、一方からみれば兼実として執政への機会とも考へた様に思はれる。即ち基房についで基通の関白就任が決定したとき、兼実はこのことについて、

抑余案レ之、已被レ用二新関白之扶者一歟、世間之人口皆所二察思一也、然而依レ思二故殿（基実）深恩一、雖二自今以後一、如レ此之事不レ可レ存二隔心一、於二身之遺恨一者、全非二彼人之過失一、只可レ顧二宿運一歟、（『玉葉』治承三年十一月二十三日）

とのべて、近衛家の執政は平氏の力によるものであり、「身の遺恨」、即ち自分が執政たりえなかつたことに近衛家がその前途をふさいだものとは考へず、近衛家には責任なしと認め、それは「宿命」の然らしむる所としてゐる。基房の失脚を機として、執政への進出の希望をかけてゐたことがうかゞはれるが、同じ趣は『一期思惟』も之を示してゐる様である。

而天下太以乱、有下移二王城於摂州一流中執政於備州上、爰右丞相（兼実）前途相違之間兼可レ示二始給（終カ）一之由可二祈請一云々、忽始二行法一、七ケ日之中有二夢告一、為二長日行法一不二懈倦一、彼祈請件等巨細不レ能二具録一、

とあり、「前途相違」即ちこの度の不成功により、次の進出の機会の為に道快をして祈らしめてゐるのである。この祈りをはじめたのは十二月七日であり、不動供を行じてゐる（『玉葉』同年十二月六日・七日）。兼実はこの祈りについて「殊

有ニ祈願事等一也」ととくにことわつてをり、続いて「今暁女房為レ余見ニ最吉夢一可レ信々々」と附記してゐる。吉夢は官職・執政に関するものなること想像に難くない。

この兼実の為の政治的な祈禱が、道快が「生涯無益」を思ひつめてゐた時と重なつてゐるのであり、いはゞ兼実の事情の緊迫の状やむを得ずその要求に応じてはゐるが、心はなほ山上にあり、心のみではなく、事実、この後引きつづいて彼の生活の本拠は山上無動寺にあり、山上の修行に精進してゐたのであつた。愈ゝ最後的に下山を決したのは翌治承四年十二月のことであり、この時兼実にその由を報じてゐる。『玉葉』十二月九日条に、

法性寺座主(道快)送レ札云、七宮依ニ無動寺凶徒事一忽被ニ登山一了、件張本不レ能レ被ニ召出一、遂及ニ苛法之沙汰一者、七宮不レ可レ被ニ安堵一、然者又此山籠不レ可レ叶之次第也云々、(ここに道快送レ札云とあるが、これが原文のままの引用ならば、道快起草の文書の現存するものの最も早いものとなる)

無動寺の騒擾依然たるものあり、道快もまたその中で修行をつづけてゐたのであり、同寺の検校として責任者である覚快法親王(七宮)が登山したが之を制するの力なく、強いて之と争へば却てその身辺危険といふ有様であつた。結局この検校のもとに同寺を安全な修行場として確保することは不可能であり、かくて愈ゝ籠山も危険になつてきて修行をつづけることはもはや出来なくなつた、と報じてゐるのである。元来、宮は政治的手腕を欠き、この非常時に座主として最も不向きであり、宮自身もその意欲なきを公言してゐられた。先に安元三(治承元)年五月、宮が明雲の後任として座主に補せられたのは、予め宮の内意を確かめて充分の納得を得てのことではなく、病身でもあつた宮はむしろこの突然の発令を迷惑として固辞せられたが、事情やむを得ず受けられたのであつた。この時、宮が百方辞せんとせられた様は『愚昧記』同月八日条の記に手にとるやうに伝へられてゐる。

宮（覚快）示給云、可レ補二座主一者内々可レ蒙レ仰歟、而未レ有二其事一、付二被レ仰之詞一可レ申二子細一也、全無レ承二仰事一、只人々告示許也、凡齢未レ闌、只今無二天台座主之望一、况於二近日一者哉、明雲門徒広者也、大衆等定弥蜂起歟、無極之不祥也、

かくて治承三年十一月十六日、宮は座主を辞してまた明雲が代つた。即ち清盛の関白基房追放に伴ふ人事であり、これによつて叡山制御の力の強化を計つたのである。宮としては日夜待つてゐた辞職の機が幸に到来したといふに外ならない。

道快から山籠不可能の為に下山するよしの報を得たことは、兼実にとつては待望の朗報であり、渡りに舟の感をいだいた事であらう。強く隠棲を思ひ聖の生活にも惹かれつつも、道快は遂に交衆に踏切つたのであつた。

交衆へと踏切つた道快を待ちうけてゐたのは、兼実等の歓迎をはじめ、貴族たちの温い受容であつた。その趣は先にも指摘した所であるが、治承五年十一月には法印に叙し、極楽寺・法興院の別当職、そして門跡に属する三昧院・成就院の検校職補任など位階・要職が、堰を切つたやうに彼のもとに集つてくる（『玉葉』十一月五日—十日）。この十一月の覚快法親王薨去により門跡の後継者としての任務と責任はその一身に加重せられた。兼実は引きつゞいて無動寺検校を道快——この十一月改名して慈円となつた——の為に確保せんと百方努力した。覚快入滅後、後白河院は長老の故を以て実寛を覚快の後嗣とし、兼実に対しては、次期の慈円就任の約束を以て之を宥められた。実寛は翌寿永元年七月十一日入滅（『玉葉』『吉記』）したので、約束通りに七月二十九日慈円がそのあとを襲つた。兼実はこの宣下をきいて、「尤神妙云々、実悦思無レ極、全不レ劣二自身之慶一」とまで喜んでゐる（『玉葉』同日）。

忘なとおほ宮人にたのめをかむ　たちもそかへる花の都へ　（一八七）

の一首は「千日の山こもりのころおもふ事」をのべた百首のうちに含まれたものである。山上のきびしい修行に専念してゐた時にも、道快が何時も、その出自を忘れず、花の都と、そこで自分を温くとりまいてくれる大宮人に倚る気持が動いてゐたのである。この辺からみれば、彼の下山交衆は必然であり、心の奥底では初めから確定的であつたとさへ云へやう。

われも又もとの都へかへらはや　こしちのかたへかりもゆくめり　（六一三）

少しく後（文治三年）の詠であるが、こゝにもまた畢竟して都を離れ切ることの出来ない慈円の一面がまざ〳〵と示されてゐるやうに思はれる。

安元二年四月、二十二歳の入山より五年余、下山より二年余、二十二歳から二十六歳までの間、学習と思索と修行とに殆ど心身をさゝげつくした。力の限りを試みた末に、何等か、心の眼を開いたのである。山上の新たな苦しい体験は心に動揺を与へた。真の人間の道、まことの信仰生活は何処に、如何にあるべきか。仏道を奉ずる人として、それは殆ど解き難き問題として彼を迷はせ苦しめたのである。

すみわひてにこれる世とはいとふかと　人かすならぬひとにとははや　（三七三）

「人数ならぬ人」は出家であらう。この世を濁れる世とよんで出家した人の真意は何か。彼等は真に世をいとふ中に安住してゐるのであらうか。

はかなしなやまかたつきてすむへきを　なにとうき世にとまる心そ　（三八〇）

世をうき世と観じつゝも、しかもなほこれを捨てきれぬ心がいとはしく、

あとたゆるいはのかけちのおくのいほや　よのうきめみぬすまゐなるらむ　（四九三）

と隠棲をひたすら慕ふのであるが、而も一方、

よしの山思ひいるともかひもあらし　うき世の外のすまゐならねは　（四九二）

と奥山もうき世の中であり、道は別に求むべきであつて、山にこもること自体に意味があるのではない、と反省してゐる。

わか身こそかくしかねぬれかつらきや　おくなる谷もうき世なりけり　（五八五）

も同工であり、かうなると殆ど身のおき所に窮するのであつた。

安住の地は、然らば何処に求むべきであらうか。

思いる心の末をたつぬとて　しはしうき世にめくるはかりそ　（五七二）

せめてなをうき世にとまる身とならは　心のうちにやとはさためむ　（五七三）

定めなき人の世には、山中にも俗世にも安住の地の存しないことは同じなのであり、それは畢竟、心のうちに、己が心のうちにのみ存する。

籠山か交衆か。山中か市邑か。二者択一的な問題をめぐつての心の動揺震蕩を通じて、心性を鍛錬し、まことの道を求めてゆく姿が、これらの多くの詠のうしろに隠見してゐる。そしてそれを通じて、心の安定を目ざしてゐる趣も、同時にその中に感得しうるのである。

なにとなくあらましことゝ思しを　やかてまことのみちになりぬる　（一八一）

は、はじめ単なる予想とし理想としてゐたことが、体験と修行とを通じて、自己のうちなるものとして確認されてゆ

く過程であらうか。

すみ染の袖につゝめるうれしさは　後の世にこそ身にはあまらめ　（六五九）

花の色そよそになりぬる夏ころも　ひとへに今は墨染の袖　（六一七）

にも出家生活のよろこびと心の安住の兆しが仄見える。さらに進んで、

はすのうへの露をのとかになかむれば　かけこし玉もあらはれぬへし　（四九五）

みな人の心のたねのおひたちて　ほとけのみをはむすふなりけり　（四九六）

は、端的に悉有仏性の自信とよろこびとを語つてゐる。恰もこのころ、前述の様に、覚快法親王が入滅され、その門跡のあとをついだ道快は名を慈円と改めてゐる。このことは単なる改名に止らず、同時に新しい自覚を象徴してゐると想定したい。師の与へた名を停めたことは独立自主の立脚地を意味するものであり、上求の道をあゆみつゞけながらも、このころすでに下化の立場を想望し始めてゐるかにみえる点がとくに目を惹くのである。

わたり川われしつむともいかにして　人をたすくるふなよそひせん　（六九三）

いつかわれくるしき海にしつみ行　人みなすくふあみをおろさむ　（六七六）

ことに有名な一首、

おほけなくうき世のたみにおほふ哉　わかたつ杣にすみそめの袖　（四九九）

もこの前後の詠であるが、以前にみられない自信と明るさに満ちてゐる。当時の彼の立場・地位から云つても、年齢・声望から云つても、衆生の救済を云ふ如きは、まさにおほけなきわざであつたといふのが実状である。にも拘らず、衆生の救済を敢て標榜し宣言せずにゐられなかつたところに、当時の彼の抱負がよみとられる。それは、彼が思

はずも、己が本領にふれた一首であつたと云つてよいであらう。

千日籠山修行よりの下山の翌々養和元年、道快は近江葛川息障明王院に七日の断食を行じ法華経一部の諳誦を行つてゐる（『玉葉』治承五年六月十八日）。同じく不動尊を本尊とし、古来修行者の練行の為に集るもの多く、またひろく参詣者を集めて「いづれか葛川へ参る道」と民謡にも謡はれた霊所であつた（『梁塵秘抄』）。嘗て無動寺の開祖相応和尚の修行の地であり、貞観中、比良山中に生身の不動を感見し、それによつて自ら不動像を刻んで無動寺とこの息障明王院との本尊としたと伝へられてゐる（『相応伝』）。また浄蔵も斗藪の途次、葛川行人に値つて修練したといふ（『浄蔵伝』）。道快もまたこゝで倶利迦羅を感見し、その旨を兼実に語つてゐる（『玉葉』養和元年八月十日）。山中の聖の修行、隠棲の生活に一抹の憧憬をもち、魅力を感じながら、結局、交衆にふみきり、兼実の手あつい庇護の下で落ちついて密教の修行に精進してゐる姿がこゝに見られる。それは、云ひかへれば、九条家の傘下に、夫々政治家・僧侶と、自己の道を歩みつゝある二人の同伴・協力の姿である。道快出家の道をえらび進ませた兼実の期待の前に広い道が見え始めたのであつた。

このころの慈円（養和元年十一月改名）の本坊は師からゆづられた三条白河房であつたが（前掲）、また京都西山の「西山之別所」にも住してゐた。その初見は蓋し『玉葉』養和二年正月二十六日条であり、「今日早旦山法印（慈円）来、即被レ向二西山之別所一了」とみえてゐる。西山は即ち善峰寺であり、叡山の別所として無動寺管下におかれた所である（後述）。西山善峰寺の観性は授法の師たるとゝもに、日常生活上に於ては慈円の為に奔走周旋した、最も近い間柄であつて（後述）、慈円が西山に往来したのは専らこの縁によるものであつた。かくて、この頃の慈円の活動は、東山白川と西山善峰寺と北の方叡山と、三の拠点をもつてゐた。治承の末から寿永・元暦の交まで、二十六歳ごろから三十歳ごろまでの四、五年の間、きびしい修行と、新しく董督することゝなつた諸寺の住持・経営・維持と、そしてまた兼実との連絡交渉とに、この三地点の間をいく度か忙しく往き来したことであらう。

こしかたを思ひつらぬるゆふ暮に　山とひこえてかへるかりかね　（三二二）

いはねふみかさなる山をかそへつゝ　遠さかり行都をそ思ふ　（三八三）

この急忙の間に浮んだ感懐であるが、当時の胸中を、眼前に打開けた情景に托した、まことに生々として含蓄に富む佳品である。

第七章　灌　頂

長い修行と深刻な体験から新しい慈円が生れたこと、しかしそれはまた彼の高い出自にもよるものであつたことをいま一瞥した。

慈円が下山交衆に踏切つたとき、最も喜んだのは兼実であつたことも縷説したが、兼実とともに、いま一人、その下山を待ちかまへてゐられたのが、即ち師覚快法親王であつた。

親王は道快十六歳より二十八歳の今に到るまで真言の学習を指導せられ、その基本と大綱とを授けられたのである。そのことを道快（慈円）自ら、「当歳二十八自二十六歳一受法、其年両界諸会行法等暗誦（諳）修行于レ今不二廃忘一、於二十七一護摩初行了、其歳三部経陀羅尼集経等各伝受了」と記してゐる（慈円草「伝法灌頂記」『門葉記』所収）。即ち胎金両部曼陀羅に示された諸仏菩薩についての行法、護摩の作法、大日経・金剛頂経・蘇悉地経及び諸陀羅尼等の、密教のほゞ全般に亘つて親王の下で学習したのである。入山修行は即ちこの教へに基づく実践であつた。

下山とゝもに、宮は道快に灌頂を授けて、一個の阿闍梨として世に立たしめんとせられた。行玄の灌頂二十歳、覚快自身の十九歳に比べて二十八歳の灌頂は著しく遅いが、これは道快の異常な長い修行と、覚快の自らの浅﨟についての遠慮との結果であつた。「伝法灌頂記」に道快自ら「宮之□□（御思カ）慮令レ恐二年﨟不レ至事一給、天台座主之後御得病之刻、御平癒之後必可レ遂之由有二御気色一云云而既空此御流印信絶了歟」と記してゐる。覚快がはじめは灌頂をさしひかへられ、座主となつてからは病を得られた。平癒後直ちにと期せられたが、遂に空しく入滅せられたのであつた。
この遅引について慈円自ら後年、貞応二年十一月の「山王敬白文」（『門葉記』所収）にも「本宗之入壇遅引暨二于三十一」
と回想してゐる。

〔註〕慈円が多く報ゆる暇もなく他界された師覚快を追想し追懐するの情は浅からぬものがあつた。『玉葉』元暦元年十一月四日条に、慈円が、明日が故座主覚快の遠忌に当るので、白川に赴いた、との記事がみえてゐる。『新古今集』巻八に、

覚快法親王かくれ侍りて周忌のはてにはか所にまかりてよみ侍ける　　前大僧正慈円

そこはかと思つゝけてきてみれは　ことしのけふも袖はぬれけり

とあるは、右の『玉葉』の記事と相照応してゐる。また、慈円の語を集めた『四帖秘決』四（吉水蔵蔵本五冊）に、覚快に関する思出が記されてゐる。

抑ミ七宮ノ御時、能性阿闍梨八条女院ノ御所ニ長日ノ□广广ヤラムアリシヲ一月依御請ニ参勤セシニ始テ被召テマイリサマニ宮ノ御前ニマイリテ時金ヲハ打ヘキカ不可打歟ト尋申シヽニ宮ノ仰云广广ニハ打マシトコソ故御房（行玄カ）ハ被仰シカト被仰、憖ニ其時御前ニ祗シテ聞シ事也、只今ノ様ニ覚ル也哀ナル事也、

病の為に、覚快は道快への灌頂を中道坊晴暹に委ねられた。覚快と晴暹との関係は詳かでない。

〔註〕晴暹については『本朝台祖撰述密部書目』に、「『五重教相抄』二　中道坊晴暹作之、奉二慈鎮和尚一依レ之入二密学一歟」とある。なほ『玉葉』元暦元年九月十九日・二十三日条に、慈円及び晴暹が兼実の為に祈つてゐることが見えてゐる。
慈円は親王入滅の翌年養和二年二月八日、この晴暹より胎金両部及蘇悉地につき許可灌頂をうけた（「観性法橋日記」『門葉記』所収）。

覚快法親王の入滅は、慈円の行路に少からず影響する所があつたと思はれる。
第一に、師を敬愛し追慕する念は浅くなかつたが、この師と別れたことが慈円をして新たな行路へと向ふ転機に立

たしめたやうであつた。道快の名を慈円と改めたのが、前述のやうに、この前後であつたことは、それを象徴するかと思はれる。今や覚快の資道快としてではなく、直接に慈悲円満の仏に参ずるの決意を新たにしたのではないかと推測されることは前にのべた通りである。

第二に、師覚快個人への感情との関係は明らかではないが、覚快が恐らく病の故に発表されたと思はれる青蓮院門跡についての処分に、道快が不満をいだいてゐた、と伝へられてゐる。その詳細は、之を知るべき手だてが乏しいが、『玉葉』治承五年九月二十七日条に、

今日招二全玄僧正一、示二合七宮処分一之間、法性寺座主頗有二其怨一之由、風聞之間事、

とあり、『吉記』養和元年十一月六日条にも覚快の病篤きことをのべ、僧事、即ち僧官位の叙任を行はれることを覚快が特に院に奏請したとのべてゐる。即ち、

抑斎月僧事、非二常途事一、而七宮御不予已以獲麟、有下令二申請一給事上、眼前可レ被二宣下一之由、令二奏聞一給之間、枉所レ被レ行也、但於二門跡事一者猶有二霍執一、今日無二宣下一、無動寺事実寛僧正訴申故云々、（下略）

これは僧事と、門跡事と、無動寺事との三の別のことと思はれるので、即ち門跡のことは、青蓮院に属する寺院に専ら関することのみであらう。そのことについては『玉葉』養和元年十一月七日条に、

今日申下七宮門跡事無動寺、三昧院、成就院可レ被二宣下一之由於院上、

とあるによつて知られる。但し無動寺は、先にも触れたやうに、後白河院の御計らひによって実寛が検校することゝなつてゐる。その事を併せて他の二寺三昧院・成就院に関しての宣旨を申し請うたのである。そして『玉葉』養和元年十一月十日条に、

七宮門跡両方事、今日被二宣下一云々、

とあり、こゝで院宣によつて決定された。いかなる決定であつたかは記されてゐないが、この二寺が後に慈円の管領に入つてゐる（『譲進西山宮状案』）によつてみれば、即ちこゝで慈円の管轄となる決定がなされて落着したのであらう。

さて、上にのべた様に覚快は中道坊晴暹を灌頂阿闍梨に指定されたのであつたが、このころ、即ち覚快入滅の一、二年前から兼実はしきりに道快の受灌頂の促進に努力を重ねてゐる。このことについて相談相手にえらばれたのが全玄僧正であつた。全玄と兼実とのつながりは由来が明らかでないが、全玄が嘗て父忠通の邸にしきりに出入してゐる（『兵範記』保元二年七月七日、同十二月二十二日等）ことが考へ合せられよう。兼実は、全玄は道快の師ではないと知りつゝ（『玉葉』治承四年十二月六日）、全玄とその相談を進め（同、治承五年九月六日）、その議を覚快法親王に通じ（同、八日・十七日）てゐる。然るにこの議がまとまらないうちに覚快は他界された。養和元年十一月のことであつたが、その翌養和二年正月二十九日、全玄が兼実を訪うて慈円（道快）の灌頂のことを議してゐるのである。覚快の遺言により、慈円が中道房晴暹より灌頂をうけた（前述）のは、その直後養和二年二月八日であつた。が、同じ年の十一月十二日、慈円は重ねて桂林房全玄から許可灌頂をうけたのである。この時、観性は全玄の嘱をうけてその儀をたすけ、その日の儀を詳細に記録した「受法之間雑日記」一巻を書きのこしてゐる。吉水蔵はこの時の金剛界印信を現蔵してゐる。一部被損してゐる箇所があるが、全文次の通りである。

全玄授慈円金剛界印信

日本国近江州比叡山延暦寺金剛界灌頂道場所

伏検金剛界師資相伝□□次第□□□□（毘盧遮那カ）如来以此金剛界□（最）上□（乗）法付属普賢金剛□□（薩埵）菩薩普賢金剛薩埵菩薩付妙吉祥

菩薩妙吉祥菩薩付属竜猛菩薩竜猛菩薩付属竜智阿闍梨竜智阿闍梨付金剛智阿闍梨金剛智阿闍梨付中天竺国三蔵善無畏及大興善寺三蔵不空智阿闍梨不空智三蔵和尚又以此法附属含光恵果等五人阿闍梨也恵果阿闍梨付恵応恵則惟尚弁弘等十四弟子皆伝大教次阿闍梨位者也恵則阿闍梨付属大興善寺飜経院元政阿闍梨也慈覚大師去承和初持奉綸旨跋渉大洋遠入巨唐遍歴諸方尋訪□□(師宗)辺州僻□(県)無有其人遂得到上都長安城左街軍容□(上)将軍仇士郎即□(聞カ)奏准　勅配住資聖寺爰慈覚大師尋取善則之志巡訪師友以常啼之誠捜覓秘教宿縁所感儻得遇大興善寺元政阿闍梨此阿闍梨即以金剛界伝法灌頂職位伝付慈覚大師矣大師既沐甘露辞師帰国即便聞奏　聖朝感悦賜

（中欠）

降　勅宣聴得大法大師即以此伝法阿闍梨位付嘱於安恵阿闍梨座主安恵阿闍梨伝付長意阿闍梨座主長意阿闍梨伝付玄照阿闍梨権律師玄照阿闍梨伝付玄鑒仁観覚胤尊意義海志全利溢智淵少僧都法眼和尚位智淵阿闍梨伝付明請明請阿闍梨伝付静真阿闍梨又座主贈僧正法印大和尚位尊意阿闍梨伝付平燈平燈阿闍梨伝付静真静真阿闍梨以前後相承之道伝付皇慶阿闍梨皇慶阿闍梨伝付長宴阿闍梨権少僧都法眼和尚位長宴阿闍梨伝付範胤阿闍梨権律師法橋上人位範胤阿闍梨伝付宧厳阿闍梨宧厳阿闍梨伝付全玄阿闍梨権僧正法印大和尚位全玄有宿縁得挹此流方今為令不断絶師迹以此伝法阿闍梨位伝授法印大和尚位慈円已訖昼受三昧耶戒夜入灌頂道場即得法菩薩号正法金剛所願秘教遠敷福利群生法眼遍照倶登極位

寿永元年歳次壬寅十二月六日壬寅　灌頂阿闍梨権僧正法印大和尚位全玄示

以上に於て、慈円の受法の師として覚快（円性）・晴暹・全玄三人との関係の概略が明らかになったが、この法流の関係について『師資相承』は、

皇慶——長宴——良祐（三昧阿闍梨）——行玄——円性
　　　　　　└範胤（三光坊律師）——最厳（大教房）——仁昭——晴暹
　　　　　　　　　　　　　　　　　　　　　　└全玄——慈鎮

と次第してゐる。即ち全玄・慈円の受けた法については、全く先の印信と一致してゐる。

なほこれと相参照すべき一史料として、叡山無動寺本（坂本明徳院現蔵）の『台密受法次第三昧』をあげたい。該書は三昧流について、平安末から鎌倉初期にかけて、受法関係を中心に極めて豊富詳細な説明を与へてゐる。著者を明らかにしえないが、成立年代は内容により鎌倉中期ごろかと思はれる。本書について慈円の周囲をみると、

門流ニハ三昧阿闍梨遇二大原（長宴）・井房（安慶）両師一ニ被レ琢二池上（皇慶）師説一其外諸師有レ之、青蓮院和尚（行玄）・三昧（良祐）和尚ハ三昧・和泉両師ニ御伝受七宮（覚快）准レ之、和尚（慈円）初ハ中道坊（晴暹）次ニ雙林寺（全玄）・西山法橋（観性）等為御師範、門主御受法猶以如レ此、況凡卑之類従二多師一面受口決条云二先縦一云二道理一尤以有二何難一乎、

と、慈円の受法の師として晴暹・全玄・観性の三人をあげて、両師以上から受法することは寧ろ一般の例なることを指摘してゐる。また慈円の受法と灌頂とについて、

近ハ雙林寺座主（全玄）随ツテ二寂大尺房《阿厳阿》灌頂一随二青蓮院和尚《行玄》一受法、依レ之鎮和尚御灌頂ノ者ハ三光房流、御受法ハ三昧流也、然而専号二三昧流一、是則三昧阿闍梨三光坊律師共随二大原井房二人一受法之間本源惟一ナル故也、

即ち慈円受法の法流は三昧流、灌頂は三光房流であり、前掲『師資相承』の血脈と正に符合してゐる。而してこゝでこの両流は相異る二支流であるが、溯れば一法流なる故に、差支なしとしてゐる。以上によつて覚快が慈円の灌頂の師として晴暹をえらんだ理由、及び同じく灌頂に全玄を師とするの相談に応じてゐる理由の一半も明らかになる。

覚快（円性）は病のために自ら授灌頂に当るを得ないことにより、三昧流と兄弟関係にある三光房流の晴暹及び全玄にこれに当らしめたのである。

但し、ここでなほ一の問題として残るのは、俄に慈円の師にえらばれた全玄が、行玄・覚快等といかなる関係にあつたのか、云ひかへれば、行玄の門跡に於ける全玄の地位である。外ならぬ全玄がえらばれた法流上の理由である。全玄の伝は、あまり詳でなく、右の点を究明すべき手段が多くないが、宮内庁書陵部に現蔵せられる『当門跡相承次第并梨本』一巻にその法流に少しくふれて、

行玄附法秘書秘決唯授一人弟子、

と註してゐることは、いま注目に値する。こゝにいふ「秘書秘決」は谷阿闍梨皇慶から伝流せる「桂林蔵聖教法門秘決等」をさしてゐるのであり、何故か行玄はこれを覚快に伝へず、全玄にのみ伝へたものと思はれる。覚快と全玄の関係については、全玄は覚快の弟子といはれ（『山槐記』治承二年十月二十九日）てゐるが、全玄は覚快に二十二歳の年長といふ年齢的関係もあり、行玄が全玄に伝へたものかとも思はれる。即ち覚快の資としては重要な秘書を慈円がうけつぐ道がないため、元来師でなかつた全玄を、こゝで灌頂の師とし、この因みによつて重要な聖教等をも受ける道を開いたものと考へることが出来よう（多賀稿「宮内庁書陵部蔵本・当門跡相承次第并梨本」『古文書研究』六号参照）。

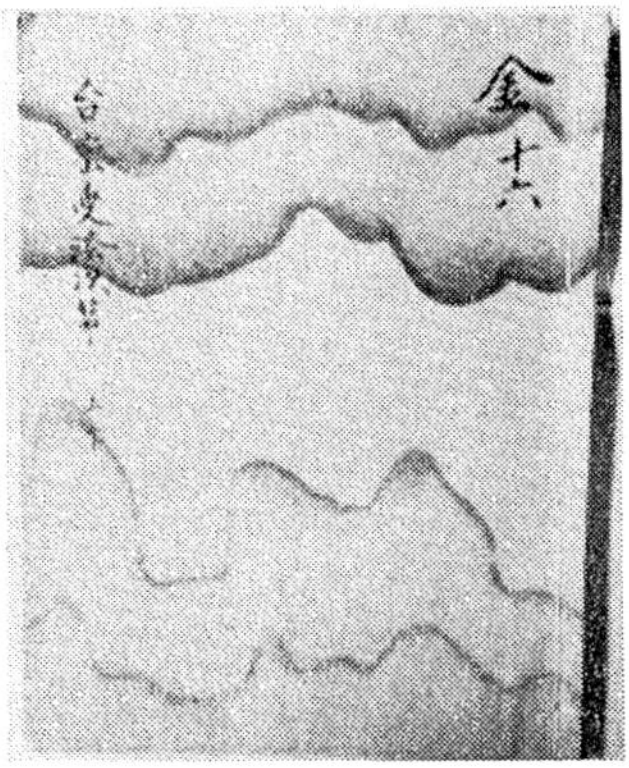

「台密受法次第三昧上下」表紙
叡山無動寺本（坂本明徳院現蔵）

かくして慈円は、慈覚大師十二代の血脈をうけて、仏法興隆の大任を負う一個の阿闍梨として世に出ることゝなつた。『一期思惟』に、

廿九夏勤二仕根本大師御忌日一則知二行寺院四箇所一（無動寺三昧院法性寺常寿院）仰二付法印澄雲一令レ復二旧跡一、

と回想してゐるのは、まさにこの頃のことである。この出発とともに彼の前に開けてきた新しい仕事と責任とが、強い印象の故に、とくに後の記憶にとゞまり記録されたものに外ならない。二十九歳は受灌頂の翌寿永二年である。「根本大師御忌日」は祖師伝教大師の聖忌六月四日の法儀を勤仕して、報恩の思を新たにして、この新たなる出発の幸先を祝ひ抱負を示したものであつた。先掲の「わが立つ杣」の詠は正にこの大師の芳躅を継がんとするものである。この詠は『拾玉集』第一冊の第五の百首をとぢめた一首である。この百首は「日吉百首歌」即ち日吉社にさゝげられたものである。穿つて考へれば、慈円はこの寿永二年六月四日の大師の聖忌を日吉社に修して、この百首歌を奉つたものであらうか。大師が叡山を詠んだ「わか立つ杣」は、かくして、慈円の歌嚢のものとなつた。『拾玉集』はこの語を含んだ歌九首をとゞめてゐる。その二、三をあげれば、

わしの山在明の月はめくりきて　わかたつそまのふもとにそすむ　（二二一二）

ふかき江にあらすやいかにかりにても　わかたつ杣にあまくたりしは　（三一七〇）

鷲の山くもりしかけを思出て　わかたつそまの月をみるかな　（六〇〇七）

仏の正法を霊鷲山から直下に頂戴した叡山の仏法（『内証仏法相承血脈譜』）、その大師の仏法を大師から直ちにうけて、末世の今に広めてこれに応へんとする慈円の意気が、こゝに想見せられるのである。

青蓮院の門流をうけついだ彼の管理のもとにおかれた右の四箇寺のうち、無動寺ははじめ彼の管理外にあつたが、やがてその手に帰したことは前にみた所である。これら四箇寺の管理経営について、『慈鎮和尚伝』（神田本）の伝ふる所は上の自叙伝の記述をさらに具体的に補足するものがある。即ち、

元暦元年以後管二領無動寺三昧院法性寺常寿院等庄園一自書二発願文一割二膏腴資一限二五箇年一賜二執当法眼澄雲一充二
彼寺院修理用途一新造二三昧院一修二復無動寺等一

さらに、『慈鎮和尚伝』（青蓮院本）も同じ趣を伝へてゐる。

正法宣揚・令法久住をめざしての寺院の董督・経営、堂塔坊舎の造営・維持・修復、儀式・法儀・行事・講演・習学・修行の方式・制度の規定整備、僧俗の関係者の生活規定と生活物資の充足、それら全般の責任が今や直接慈円の肩にかゝつてきたのである。慈円は、この時、四箇寺の収入を、房人への給与を停めて、五箇年を限つて、法印澄雲に托して、諸寺の興隆に宛てたが、その為に発願文をかいてゐるのをみても、それが如何に強い決意を要したかが示されてゐる（神田本『慈鎮和尚伝』）。のみならず、その実行についてはなみなみならぬ手腕を要すること云ふまでもない。この困難に自ら任じようとしたところに、我々はその事に当つての熱意と実行力とをみるのであり、そのことは、彼の一生を貫くところとして注目される。即ち寺塔房舎の造営や修復再興のために、爾後、彼の払つた努力の実例は、殆ど枚挙に堪へぬものがある。文治元年七月、地震で三昧院及び無動寺が大破するや、西山にあつた慈円は直ちにこゝに赴いてその善後を講じてゐる（『玉葉』文治元年七月十二日）。三昧院は文治三年六月に供養を行ひ、阿闍梨三口がおかれた（『玉葉』文治三年六月二十三日）。無動寺については、その後の消息についての直接的史料は見当らないが、同じく修復されたと思はれる。また、遙か後年であるが、元久二年十月二日（慈円五十一歳）の比叡山堂塔の大火の対策は、その代表側にあげられよう。この大焼亡の直後、慈円は山に登つて具さに状況を視察し、種々の指示を与へてゐる様が『四帖秘決』に詳細にみえてゐる。さらに建暦二年正月（慈円五十八歳）の第三度の座主還補は、朝命によるこの罹災の善後、堂舎の再建の為であつたのであり、そして仕事を一通りなし終へた時にその職を辞してゐる。このことは『一期思惟』に特に回顧の筆を費してゐる。叡山仏法における彼の「仏法興隆」の一部はかゝる努力であつたといつてよい。

かうして彼は延暦寺興隆の為の第一歩を具体的にふみ出したのである。この時、とくに澄雲をその直接の責任担当者にえらんだのは、彼が当時叡山の修理権別当であつた（『吉記』養和元年十一月二十三日）ことが、その第一の理由であつたであろう。

第八章　九条家と源頼朝

六波羅時代を通じて右大臣に留ること二十年、その間、平氏との不快の接触を重ね、また義仲の失政と暴力とを経験し、その中での基房の焦慮・狂燥を目のあたり見た兼実、しかも「家」の矜恃の念の余りにも強い兼実にとつては、直ちに積極的にこの執政目ざしての競争場裡に加はつてゆくには、控制力が余りにも強かつた。しかし反面からみればそれだけ執政への宿望は強められる。時勢はすでに急転してその宿望は新興勢力たる武士の勢力との関係に於てのみ実現の可能性ありとすれば、問題はいかなる武士勢力と結びつくべきか、の選択の問題に帰する。それは朝家と摂籙との安固と将来とを、永く託するに足るものでなければならぬ。「若有㆓世之運㆒者天下不㆑可㆑棄㆑士、無㆑運者又所㆑不㆑欲㆓一旦之浮栄㆒」（『玉葉』寿永三年正月二十一日）といふ通り、平氏に於て、さらに義仲に於て、「一旦之浮栄」を眼前にみてきた兼実に対して、今や慎重と決断とが同時に求められてきた。

恰もこの時、この待機と緊迫との岸頭にあつた兼実の前にさしそめた光として、関東の源頼朝の政権が登場してくるのである。

兼実の、頼朝への注目、そして交渉、接触、やがて提携までの経過の経緯は極めて複雑微妙かつ目まぐるしい転変の六年を要した。六波羅時代の末年から義仲滅亡直後までのこの期間は、兼実にとつては頼朝・関東の打診の期間であり、平氏・義仲勢力と頼朝勢力との秤量比較を通じて、漸次乗り換へて行つたのであつた。そしてそれもまた、かの治承三年十一月の大政変の翌四年ごろから始まつたことも注目されてよい。

『玉葉』における頼朝関係記事の初見は治承四年九月三日条であるが、それも直接その名は見えず、「謀叛賊義朝子」が年来伊豆国に在つたが、謀叛を企て将門の如く暴虐を振舞つてゐる、と挙兵の噂を聞書してゐる。その名の初見は同十二月六日条に「謀叛之首頼朝」とみえる。ここでは一種の反感と恐怖感との心をかすめるものがあるが、やはり冷然として噂を擦過するのみで、積極的関心は表には出てゐない。が、翌治承五年の記事になると、四月二十一日条に頼朝が奥州の藤原秀衡女を娶るであらうといひ、また頼朝は朝廷に対して反逆の心なく、君の敵を討つことを望としてゐるのに謀叛人視せられてゐるとの頼朝の弁解的主張に触れて、京都に対する頼朝の意向に兼実がやや注目してゐる迹を示してゐる。恰もこれより三月ばかり前、閏二月清盛が歿し、そのあとをついだ宗盛が弱体で、京都の政界は一種空白状態に陥つてゐたので、自然兼実の関東への関心も強められたのであつたらしい。これ以後、頼朝の京都へのよびかけは頻繁且つ積極的となり、兼実側の関東への関心の高まりと相吻合し始める。治承五年八月一日条に、頼朝より院へ密奏のあつたことを記し、古への如く源平相並んで朝廷に奉仕する体制を復活し、東国を源氏に、西国を平氏に任せられて東西の乱を鎮めるよう御試あるべしと申入れたとしてゐる。しかしこのことは、飽くまで源氏を打倒せよとの清盛の遺言を守る宗盛の容るゝ所とならなかつたが、ともかくも、頼朝の京の政界の打診の積極的政策への足がかりがみられる。『玉葉』が同日の記に、平氏の弱体を力説して宗盛の勢ひは逐日減少、諸国の武士敢て参洛せず、と記してゐることも、やはりこの頃の兼実の心中は源平両勢力を秤にかけ始めてゐることをはつきり示してゐる。同九月七日条に頼朝が「雖二平家一於下順二王化一之輩上者可レ施二神恩一、雖二源氏一於下蔑二朝威一之族上者可レ蒙二冥罰一」といふ「最勝親王」（以仁王）の令旨を奉じてゐるとあるのも、右の主張と同じと兼実はうけ取つて「於二意趣一者、頗似レ恐二神威朝憲一歟」と認めてゐる。同じ十月二十七日条には頼朝上洛の噂を書き留め、すでに尾張国に到着してゐるとまでいひ、頼朝についての現実感を深めてゐる。

翌養和二年（寿永元年）『玉葉』には頼朝の名は全く見えてゐない。このことは、恐らく、頼朝が東国経営に没頭してゐたことを示唆するものであらうか。が、寿永二年七月以後、義仲の入京、在京するに及んで、頼朝の朝廷へのはたらきかけ、京都方面への交渉、義仲への圧力などが俄然積極化し、義仲には高圧的に、朝廷には穏和に、その態度を巧みに使ひわけつつ、慎重に事を運んでゐる。義仲に対しては平家追討を怠るの罪を責める（『玉葉』寿永二年九月二十五日）といふきびしい態度を示し、一方十月四日の条にみえてゐる朝廷への合戦注文ならびに折紙では「頼朝蒙二勅勘一雖レ坐レ事、更全二露命一」といふ如く、極めて慇懃鄭重の姿勢を忘れない、しかし、奏状の内容は必しも之に相応せず、神社仏寺領諸院宮博陸領以下については恰も指令するかの如き口吻もよみとれる。これらに接した兼実は「一々之申状不レ斉二義仲等一」（同二日）とし、その政治姿勢を想望して「凡頼朝為レ体、威勢厳粛、其性強烈、成敗分明、理非断決云々」（同九日）として、むしろ畏敬の情の筆端に洩れはじめてゐるを覚える。これより先、義仲の政治にあきたりない情を「所レ憑只頼朝之上洛云々、彼賢愚又暗以難レ知」（同、寿永二年九月五日）と示してゐるにくらべても、兼実の頼朝への傾斜がよく察せられる。恰もこの九日、頼朝が本位を復して謀叛人の名を除かれたことも、これと関連するものとして注目すべきである。

この間、頼朝は関東経営の歩を進めると同時に、その勢力は次第に西にも進出し、富士川の戦に平氏を破つて、その圧力はやがて都に直接に及ばんとしてゐた。この軍事的成功と平行して、京都に対しては、柔軟戦術やがて硬軟使ひわけの戦術を以てこれに複雑な対応を示した。かくて賊名をのぞかれただけでなく、進んで寿永二年十月十四日には、朝廷が東海東山諸国の年貢神社仏寺王臣家の庄園、もとの如く領家に随ふべき由の宣旨を下されたが、それは頼朝の申し出に依るものであつた。地方の実力者としての地歩を固めつつあつた頼朝は、その立場を利用して公家の利害関係に楔を打ちこんだのである。

頼朝の公家・都における声望は急に高揚し、その前途は俄に明るくなる。朝廷は頼朝と義仲との和平を希望されるが（『玉葉』寿永二年閏十月十三日）、頼朝はもとより歯牙にかけず、政治攻勢はやがて軍事攻撃となり、寿永三年正月、義仲は敢へなく戦死した。平氏去り義仲なきあとの都は頼朝の軍事勢力の独舞台となつたことは云ふまでもなく、寿永三年二月、頼朝上洛の噂は二度、三度、京に飛んだ。兼実は義仲の戦死に愁眉を開く間もなく、次には頼朝の人物勢望に期待しても、一方には怖畏の情がきざし始め、清盛・義仲の暴圧の再現をおそれねばならなくなつた。「頼朝若有二賢哲之性一者、天下之滅亡弥増歟」（『玉葉』寿永三年二月二十七日）と、天秤が頼朝に傾くとともに危惧も亦随って増大せざるを得なかつた。

かくして、兼実が頼朝の名を耳にし、その勢力声望を想望してからの心境は、大浪の様に動揺を繰りかへしつつ、軽蔑憎悪から期待、そして畏怖へと傾斜推移して行った。頼期は、寿永三年春の義仲打倒、京都制圧の軍事的成功を足場に、朝廷に政治的に大きく働きかけるに到ったのであるが、すでにこの段階に於ては、兼実のみならず近衛家・松殿家も、頼朝に対して陰に陽に関心をもち、食指を動かし、働きかけて、将来に備へる所があり（『玉葉』寿永三年三月二十九日、同八月二十三日、同十一月二日）、これを頼朝側からみれば、頼朝の方が三家に対して選択権を握ったかの観をさへ呈してくる。かくて、摂関家と頼朝、即ち武家政権との接近がみられたとともに、摂関家への評価が低下するの意を含んでくることは必至であつた。

かくて、武家と摂関家とは、事実上平等に近い立場で、互に触手を出してさぐり合ひを始める。頼朝は腹心や部下や同調者を京都・政界に持つて（『吾妻鏡』治承四年六月十九日、『玉葉』治承四年十二月六日等）、或は京都の人の関東下向を通じて（『玉葉』文治元年二月二日）、公家政界の動向、京都の表裏に通じ、それらにもとづいて、三家のうちから九条家の兼実をえらぶ方針が最後的にうち立てられる。寿永三年四月七日及び同二十四日、頼朝が八幡宮宝前に兼実の名を捧げてゐる（『玉葉』）ことは、彼がこの方針をかためた時日の目安になる。兼実側に於ても、頼朝の妹婿一条能保の関東下向（『玉葉』寿永二年十一月六日）及び再度の下向（同、元暦二年六月六日）などを通じて、単なる噂や想像に止らない頼朝の実状の報告に接してゐるのである。

四—五年にわたる形勢観望、そして最後の一年間のさぐりあひによつて、結局、兼実と頼朝とは協力者として互を選び出した。即ち兼実には執政への途を目標として万年野党的孤立の立場を克服するの要望があり、頼朝は公家政治内部にその勢力と利益との代表者・代弁者を求めてこれを得たのである。

両者の接近と提携までの経緯の大筋は凡そ以上の如くであるが、然らば以上の経緯の意味、即ちそれを通じて兼実が頼朝をえらんだ、えらばざるを得なかつた根本的な理由について、次に考へておかねばならない。

治承三年十一月の清盛による政変に際して、摂政失脚の第一報に「仰天伏地」した兼実は、あらためて「於二乱代一者、天子之位、摂籙之臣太以無益」をしみじみと歎じなければならなかつた（『玉葉』治承三年十一月十六日）。新時代到来の認識を深めつつある姿がそこにある。

新興武力の圧力の強化につれてわき上つてきた公家・摂関の無力感は、しかもそれに止まるものでなく、さういふものよりももつと強い直接的な危機感が、次には下からじわ〱と日常的に足許に押し寄せてくる。それは『方丈記』

が、当時の京の生活を叙して、

京のならひなにわさにつけても、みなもとはゐなかをこそたのめるに、たえてのほるものもなけれは、さのみやはみさをもつくりあへん、

と指摘してゐる、その京の生活のおそろしさであつた。

京の生活は、『方丈記』を待つまでもなく、地方の生産に依存するほかはない。地方と京との流通の確保こそが、中央政府、朝廷、貴族、そして摂籙の威力の最も重要な基礎である。中央の失権は、就中その不調や渋滞としてあらはれてくる。承平・天慶乱の如き地方の争乱も、もとよりさういふ一面をもつ。地方から中央への運上物の渋滞、就中その強奪は、中央貴族の日記に散見してゐる頃にはもはや日常化してゐたであらう。『中右記』永久二年正月十日条に参河国で運上物が盗みとられたと見えて居り、同二月十二日には関白忠実の庄々に強盗のあつたことが報ぜられ、同二十五日条には甲斐国運上物が駿河国住人にうばはれたと報告されてゐる等の例も、さういふ意味を示してゐる。

院政ごろにはなほとにかく散発的で地方的であつたこの種の事件が、保元以後とくに平氏都落ち・義仲入京以後、いはゞ一挙にその姿を京にあらはしてくる。すでに中央で平氏に圧せられ義仲に脅かされて無力化した貴族たちが、地方に対し、己が庄園に対してもその力を喪ひ、運上の方法や途次を確保し、或は懈怠を監督する力の微弱なるは云ふまでもない。而してさういふことの結果が忽ち京の巷の無秩序と彼等の日常生活の破壊の危機としてあらはれてくることももとより必至である。

此日於二御堂一修二弥勒講一年来故女院（皇嘉門院）御時雖レ被レ行二此講一関東北陸御領等依二路塞一用途不通之間被レ止二毎月御講等一之中同以停止、（『玉葉』寿永元年十二月十九日）

凡近日之天下武士之外、無二一日存命計略一、仍上下多逃二去片山田舎等一云々、四方皆塞、（四国、及山陽道安芸以西、鎮西等、平氏征討以前、不レ能二通達一、北陸山陰両道、義仲押領、院分已下宰吏一切不レ能二吏務一、東山東海両道、頼朝上洛以前又不レ能二進退一云々、）（中略）其外適所レ遂二不慮之前途一之庄上《公イ》之運上物、不レ論二多少一、不レ嫌二貴賤一、皆以奪取了、（『玉葉』寿永二年九月三日）

寿永以後、諸国路塞庄園不レ進二年貢一、（同、文治三年二月十九日）

中央と地方とのかかる連絡の杜絶に対して、何等具体的に強力な手を打つことの出来ぬことこそ、彼等にとつての第一の無力感であつた。そしてそれが、彼等自身に止らず、京都の全体にひろがつた非常事態であり、同時にまた治安の危機につながつたことも当然である。

欲レ過二三条烏丸一之処餓死者八人並レ首云云、仍不レ過レ之、近日死骸殆可レ云レ満二道路一、（『吉記』治承五年四月五日）

召使来催云、（中略）又云、飢饉已迫来難二存命一、（同、寿永元年二月二十八日）

従儀師相慶来語之、宰相阿闍梨忠円一日比、餓死了、云々、大略雖レ為二日々事一、有識已上異レ他、仍注レ之、（同、寿永元年三月二十二日）

飢餓に瀕した都はやがて殺人・放火・盗賊横行の巷と化した。

今夜有レ火、押小路高倉也、近日強盗火事連日連夜事也、天下之運已尽歟、死骸充二満道路一、可レ悲々々、（『吉記』寿永元年三月二十五日）

戌剋許新中納言実守亭（大炊御門高倉半作）焼亡、（中略）可レ然家連々有二此難一誠可レ奇之時也、定是放火歟、於レ事難治之世也、（同、二十六日）

京中追捕物取等已及二公卿家一、（同、寿永二年七月三十日）

盗賊はつひに禁中にも侵入した。

伝聞、去比窃盗等乱二入禁中一候二朝餉一之女房等衣裳悉以剝取了云々、

不安に堪へ兼ねた貴族のうちには、たよりを求めて地方に避難するものも少くなかつた。『玉葉』寿永二年十月二十九日条に、藤原雅頼が兼実を訪ねて世上の様子を語り、かつ、

大略獲麟畢之世也、已失二存命之計略一、随二有様一可レ下二向勢州之所知一也、

とのべたとある。

一身の安危のみを思うて都をあとにし得る彼等と、最高の責任の地位に在る摂籙家とは同日に語ることは出来ない。摂籙家としては万策をつくして「諸国路塞」を打開して地方の「運上物」を中央に確保する責任を負うてゐるのである。その為の確実な有力者を地方に求めることなくして足許の不安を払ひのけて眼前の悲惨を救ふことは出来ない。

この非常事態を前にして、平氏は無力を曝露し、やがて西国に落ちて了つた。義仲も京の政局に引まはされて右往左往するだけであり、入京が急であつた為に、後方経営と連絡も無に等しく、却て事態を悪化させ、関東の勢力に対して軍事的にも弱体を示して忽ち没落したのである。

この急を拯うて中央政界と公家貴族の要望にこたへるものとして期待されたのが即ち頼朝であつた。頼朝が挙兵とともに京によびかけた声言の中心は「院宮博陸已下領」（『玉葉』寿永二年十月四日）の東国の所領及び寺社領の保護・保証・還付、年貢とその徴収の監督・送致の確保におかれてゐた。先にみた様に、九条家からだけでなく、近衛家・松殿家からの頼朝へのよびかけも、やはり基本的には同じ要求に基づいてゐた。東海・東山両道は頼朝上洛以前は進退不能（『玉葉』前引）の事実を、すでにはつきり確認してゐたのである。

以上によつて、頼朝との提携が、中央の死活問題であつたことが明らかになつた。が、この問題を通じて、とくに頼朝と手をとりあつたのが九条家であつたのであり、それが頼朝の選択でもあつたことは前述の通りである。九条家と関東勢力・頼朝との協力の素地は、すでに築かれた。あとは、最後の仕上げを待つばかりとなつた。そしてこれを完結する機会は忽ち到来する。即ち頼朝・義経の衝突、頼朝追討宣下がそれである。

義仲打倒、ついで平氏滅亡に殊功をたてた源義経は、その後の兄頼朝の仕打ちに深い不満を懐き、その迫害・追窮に備へて対抗を決意した。相似た境遇におかれた叔父行家と同調協力して、文治元年十月、院に強請して頼朝追討の院宣を得た。十月十八日宣下せられたが、この宣旨をめぐる公家政治家の態度こそ、頼朝にとつて、夫々の向背を的確に知るべき試金石であつたとともに、九条家・兼実のこれへの反対の態度を見極めることによつて、最後的に提携への態度から一歩をすすめて、九条家の執政を奏請してこれに成功したのである（『玉葉』）。

兄基実執政以来二十八年、基房執政以来二十二年、治承三年政変以来七年にして、文治元年十二月、兼実は内覧を命ぜられ、翌文治二年三月、摂政に任ぜられた。右大臣たること前後二十七年、その間、清盛・義仲・頼朝の圧力と試練にたえ、心中深く期する所あり、力めて「家」の誇りを失はず、「一旦の浮栄」にまどはされず、遂にここに到つた。摂政の詔をうけたとき、慈円に向つて述懐したところを、慈円は『愚管抄』に次の様に写してゐる。

治承三年ノ冬ヨリイカナルヘシトモ思ヒワカテ仏神ニ祈リテ摂籙ノ前途ニハ必ス達スヘキ告アリテ、十年ノ後ケフ待ツケツル、

第九章　兼実の執政と信仰

道快（慈円）灌頂前後の京と叡山とは、政情不安の重苦しい空気が垂れこめて、兼実のため、九条家の祈禱と「仏法興隆」とのために交衆を決意した彼の身辺も色濃くその中に包まれた。『一期思惟』はこの期について「其間独身、而或時入㆓堂本寺㆒或時経㆓廻片山㆒随分積㆓行業㆒叶㆑時令㆓修学㆒、此間都鄙未㆓落居㆒」と、依然としてきびしい修行に精進しつつも、このあわただしい世相を凝視してゐる。

富士川の敗戦につゞく平清盛の他界、そして平氏の都落ち、源義仲の入京とその後の一連の政治的軍事的動揺の大波をまともにかぶつたのは叡山であつた。平氏都落ちに際して、後白河院は摂政近衛基通とともに難を叡山の梶井門跡の円融房にさけられた。翌寿永二年十一月の法皇と義仲の衝突、法住寺合戦では明雲座主及び三井寺の円恵法親王が乱戦のうちに仆された。山上に修行中であつた慈円は、この日、兼実の安否を気遣つて、恰も無動寺百日入堂中の怱忙の中をさいて、下京して兄を見舞ひ、そして義仲の許可を得てまた帰山してゐる。その修行は中止退転を許されぬ大願をこめたものであつたので、たとへ義仲の許可がなくとも、万事を顧みず遂行するつもりであつたといふ（『玉葉』寿永二年十二月十日）。その大願とは、即ち、兼実・慈円・観性三人の年来の立願であり、その趣旨は「仏法興隆政道反素」に存した。この時、義仲の許を得て慈円が無事帰山したとの報に接して、兼実は自分のことの様に喜んでゐる（同、十一日）が、この二人の政界・教界の間の緊密な協力態勢がよくうかがはれる（後述）。なほ、これより先、情勢緊迫をみて、兼実が重要書類を山上の無動寺に送り托してゐる（『玉葉』閏十月二十二日）ことなどに照しても、兼実が慈円の存在を通して、叡山を如何に頼もしい依怙としてゐたかを思ふべきである。

慈円は、かうして、動乱の波をくぐり、命の危険をもをかして兼実の為に祈りつゞけたのであるが、義仲の没落、頼朝勢力の京都進出に明るい光を仰ぎはじめるにつれて愈〻精進を重ねてゐる。元暦二年正月——恰も義仲戦死後一年に当るが——奈良から信円が上京してきた（信円は兼実の異母弟であり、早く興福寺に入つたが、九条家とは極めて親しかつた様であり、兼実・良経たちの為に屢〻祈つてゐる）時、祈禱のことを依頼した。それと同時に慈円にも祈りを托してをり（『玉葉』十五日）、そして祈りは十九日に結願してゐる（『玉葉』同日）。この祈りの内容や目的はこゝに明記されてゐないが、『玉葉』同二十二日条に、実厳律師が来たについて祈りを托し、仏前で今日の祈りの意趣をのべてゐるところへ賀茂幸平が夢記を持参した。その趣は「余可レ有レ慶之吉祥也、折節悦思不レ少、仰而可レ仰々々」（同）とあるのは、時節柄からみても、執政に到るといふ内容であつたに違ひない。即ちこのころの兼実の祈願は専らその目的に集中されてゐたことは疑ふ余地がないのであり、上掲の慈円の祈願もその一端であつたのである。

文治元年十二月二十八日、兼実は内覧の宣旨を蒙り、翌二年三月十二日摂政氏長者となり、同年十月長男良通は二十歳で内大臣に任ぜられた。兼実多年の努力はこゝに酬いられ、宿望は遂げられて九条家ははじめて蟄懐をひらいて天日を仰いだのである。しかし、一方からみれば、この長かつた難路の前に彼を待ちうけてゐたのは、高い峠であり苛烈な荆棘であつたことを、兼実は直ちに見出さなければならなかつた。

この時、京都の政局の中心にゐられたのは依然として後白河院であつた。院は文治元年五十九歳、長い政治的経験を有せられ、清盛・義仲の力にも柔軟に対処しつゝ難局を切りぬけて来られたが、この間、摂籙については、とくに近衛家を専ら庇護支持して来られた（『玉葉』寿永二年八月二日、文治二年閏七月十五日）。兼実の執政に近衛家は快からず（『玉葉』文治元年十一月十四日）、一方に於て、法皇は兼実と近衛基通との隔心なき融和を望まれたが（『玉葉』文治二年七月十五日）、その実現は到底不可能であり、対立はたえず表面化する危機を孕んでゐた。

これより先、寿永二年に即位せられた後鳥羽天皇は、文治元年六歳に達せられた。同三年二月二十八日、天皇八歳のとき、すでに記録所が閑院亭内におかれ、藤原定長を執権として（『玉葉』）天皇即位後の政治の準備がとゝのへられた。

しかし、元来、兼実の執政就職は院の勢力に対抗する関東の支持の上に実現したのである。頼朝追討宣下に激怒した頼朝は、奏状を上つて朝廷の改造を要請し、法皇をさして「諸国衰弊、人民滅亡」をもたらす所の「日本第一之大天狗ハ更非二他者一候歟」とまで極言してゐる（『玉葉』文治元年十一月二十六日）。これに対して院は奏状のまゝに朝廷の改造と兼実の内覧とを実現したが、それが表面事なく円滑に行はれたのは、院の並ならぬ堪忍、忍耐に於てであつた。が、院の内心の憤りは想像を絶するものがあつた。「自二関東一恣行二任官解官等一言上之条有二先例一事歟、此上事万事不レ可レ及二沙汰一、只任二彼申旨一可レ被二宣下一者」（『玉葉』文治元年十二月二十七日）と憤怒せられた。それは空前の朝権侵害であつた。嘗ての治承三年十一月の清盛の政変は前太政大臣として天子を奉じての行動であつた。頼朝は、之に対し、先に謀叛人の名を免ぜられたばかり、その後わづか二年のことにすぎず、この年四月二十七日、従二位非参議に到つたばかりであり、未だ一度の上洛をも遂げず、関東の田舎に蟠居する一地方勢力にすぎぬ。名分に生き、官位を生命とする朝廷にとつて、この頼朝の指令に従はなければならぬことは致命的である。法皇は伏見に籠つて政を見られなかつた。「或人云、御忿怒之余令二隠居一給」（『玉葉』文治二年正月十九日）うたのは当然である。

院はとくに兼実に対して、万事頼朝の奏状に任せて処置すべきことを命ぜられた。兼実はこれに対し、院の御意に出でざることを行ふことは本意に非る旨を明らかにし、且つ、兼実が関東と密通するの疑ひをうけることは最も心苦しき所であると述べてゐる。ともに「内求二権臣之媚一、外表二謙退之詞一歟之由叡慮疑思食之条深耻思」と重ねてその衷情を日記にもらしてゐる（『玉葉』文治元年十二月二十八日）。

兼実のこの弁疏を、院が如何に受取られたかは明らかでない。が、この疑惑こそが、院・近衛家と九条家との間に溝を掘つてゐるのである。従つて九条家が自らの立場をすてぬ限り、埋めることの出来ぬ溝であり、そのまゝでは時とゝもに益々その深さをます外はない――しかも、事実この疑惑の念は絶えず兼実につきまとうて、その苦しみは殆どやむ時がなかつた状は、以下のことによつてよく示されてゐる。

『玉葉』文治二年七月十四日条に、この日兼実は大江広元の伝聞を、来訪した藤原光長から聞いて記してゐる。それによれば、近日、大江公朝が関東に下つて、兼実のことを頼朝に悪しざまに告げた、即ち兼実が後白河院を蔑にして己が威を振ひ、院の御領を停廃し、院近習者を解官するなどの振舞あり、これを怒られた法皇が剃頭せず、手足の爪を切らず、寝食せず、持仏堂にこもつて修行せられ、之をひとへに悪道に廻向せんとしてゐられる云々、との趣であつた。

公朝の云ふ所を、頼朝は誇張の気ありとしてゐるが、しかし、それは全く火のない所に立つた煙とは考へられず、むしろ、法皇はかゝる意向をもたれた、とする方が真に近いであらう。それはまたこの頃、一の所の所領の処置について法皇・兼実・幕府の間の対立が表面化してゐる状況にてらしても首肯されるやうである。即ち頼朝は、兼実の執政実現に伴つて、一の所の所領の一部を基通から兼実に渡すことを奏したが、院はこれに反対されたのみならず、却て、兼実がこれを押領したとの疑ひをもたれたこともあつた（『玉葉』文治二年五月三日、七月十五日）。このことで広元は院に召され、寵姫丹後局を通じて院旨を受けたが、その実は院が、傍から局に詞を教へられた。その詞のうちに、兼実の「不忠」のよしをのべられたといふ。即ち、「法皇居二丹後之傍一令レ教二訓其詞一云々、其中ニハ余不忠之由、粗有二其趣等一云々」と。以て当時における院の兼実に対する感情を知るべきである。

院の兼実に対するこの鬱憤と疑惑とは、院の崩御（建久三年三月）まで遂に晴すことが出来なかつた。崩御直前の建久三年正月三日の日記に兼実は記してゐる——時に院は病の床に臥してゐられ、兼実は御祈りを命じてゐたのであるが、この時、院との関係を回顧して、

愚身於二仙洞一疎遠無雙、殆被レ処二謀反之首一、然而中心之襟（潔カ）、上天定照歟、仍偏存レ忠不レ残二所存一可レ達二叡聞一之由示付了、

不忠といひ、謀反之首といひ、院の疑惑は年とともに深まつてゐる様子がみられる。文治二年から建久三年までの七年間の院のもとにおける兼実の執政は、一面かくの如き重苦しさを払拭する由もなかつたのである。

兼実は曽て、平氏時代に長期にわたつて野党的立場におかれる身の孤立を嘆じて「何況以二孤露之身一苟逐二数代之跡一」（『玉葉』治承二年十一月二日）といひ、又「末代之法、孤露之身、於レ事損二面目一」（同、十二月十五日）とくりかへした。今や義仲仆れ平氏亡びて、関東の武家に於てよき伴侶を得て孤独の境を脱することを得たが、そのことが却つて公家政界に於ける九条家の孤立化を、益ゝ深める結果となつた。執政以来六年目の建久二年十一月、その身摂政たるに拘らず、反対党の抵抗と策動にとりまかれ、衷心身に覚えなき疑惑に包まれて、身動きもならぬ己が姿をかへりみて、

次第重々狂乱歟、不レ能二左右一、叙位除目毎度摧二心肝一、実生涯無二其要一事也、雖二自今以後一以二不レ過之事一果懸二其殃一歟、可レ恐可レ慎、

と慨歎し、さらに、

無権之執政孤随之摂籙、薄氷欲レ破、虎尾可レ踏、半死々々、(同、五日)

と孤立無援の寂寥を喞つてゐる。

院政とかくも深刻に対立して、殆ど融和しがたい立場にあつた兼実・頼朝の協力態勢が、その政治理想の実現を次代の政治、当時準備されてあつた、後鳥羽天皇の政治に期待したことは当然であつた。建久元年十一月頼朝が上洛して、兼実と政治を相語つた時の頼朝の語は、そのことをよく示してゐる。

謁二頼朝卿一、所レ示之事等、依二八幡御託宣一、一向奉レ帰レ君事、可レ守二百王一云々、是指二帝王一也、仍当今御事、無雙可レ奉レ仰レ之、然者当時法皇執二天下政一給、仍先奉レ帰二法皇一也、天子ハ如二春宮一也、法皇御万歳之後又可レ奉レ帰二主上一、当時モ全非二疎略一云々、又下官辺事、外相雖レ表二疎遠之由一、其実無二疎簡一、深有二存旨一、依レ恐二射山之聞一、故示二疎略之趣一也云々、又天下遂可二直立一、当今幼年御尊《寿イ》下又余算猶遙、頼朝又有レ運者政何不レ反二淳素一哉、当時ハ偏奉レ任二法皇一之間、万事不レ可レ叶云々、所レ示之旨太甚深也、(『玉葉』十一月九日)

現在は院が政をとつてゐられるので万事任せ奉り、政道反素は院御万歳の後に期してゐるのであり、表面、兼実へ疎略の様を表して院の疑惑をさけるといひ、頼朝の、従つて兼実の真意が那辺にあつたかは、この頼朝の打開け話で余りにも明らかである。

以上、兼実の執政実現後、後白河院崩御まで、文治二年より建久三年までの凡そ七年間の九条家の政治的進出、これに伴ふ政界・宮廷におけるその地位を、兼実を中心に注目したのであるが、それが、これまで兼実と殆ど形影相伴ふ関係を保つてきた慈円の上に直ちに大きな力を及ぼすべきは当然であつた。即ち慈円はこれより摂政・氏長者といふ有力な背景に依拠しつゝ、教界で地歩を固め、同時に九条家の有力な一翼として成長してゆくのであるが、その点について文治二年八月の平等院執印就任、引きつゞいて文治三年五月の法成寺執印の兼務をまづ挙げねばならぬ。これらの諸寺はもともと摂関家建立の寺としてその管理経営は藤氏長者の権限に属し、その別当等の地位の任免も長者の意向にもとづくものであつた（『中右記』康和四年七月三日、長治二年三月四日）。兼実は、氏長者として最初に目をつけたのは平等院であつた。当時の別当は前摂政基通の兄弟たる覚尊であつたが、慈円を改補したのである。即ち八月十日院奏して院より汝の意に在るべしとの御答を賜り、十五日に発令してゐる。改替の理由は必ずしも明確ではなく「彼人（覚尊）於レ事乖二本意一、付二冥顕一遺恨多端、然而於二其条一者全不レ為レ苦、只理運之至、在二此法印（慈円）一」（『玉葉』文治二年八月十五日）といふ如きに過ぎなかつた。要するに長者の意を以て更迭を敢てしたといふに止まるやうである。一方、慈円への兼実の好意が、これまでの慈円の祈禱などにおける協力の労にこたへたものであつたことは云ふまでもなく、「只理運之至在二此法印（慈円）一年臈徳行親昵兼二備彼一身一之故也、何况年来之志、報謝何時哉、当二此時一尤可レ顕二其志一」との兼実の語は、慈円への感謝の念とともに、その人物業績についての高い評価を示してゐる（『玉葉』同日）。

法成寺執印については、当時覚尊が之を兼ねてゐた。兼実ははじめ、「一族の睦」により、これを改易せず旧のままとしたが、翌文治三年五月、慈円に引きつがれた。交替の推進者はやはり兼実である（『玉葉』文治三年五月十九日、二十四日）。覚尊の固辞によると『玉葉』は云つてゐるが、詳細は不明である。しかし、恐らく長者を背景に欠く覚尊としては、不安を感ぜざるを得なかつたと思はれる。

文治三年五月の法成寺執印就任によつて、慈円は九条家、即ち摂籙家出身の僧侶として、及び青蓮院門跡の継承者として、当然任ずべき主な寺院の要職のすべてを兼ねたこと〻なつた。法性寺(治承二年閏六月座主就任、道快二十四歳)、極楽寺(同)・法興院(同)、平等院(文治二年八月執印就任、三十二歳)・法成寺(文治三年五月執印就任、三十三歳)は即ち前者に、三昧院(養和元年十一月、二十七歳)・常寿院(養和元年十一月、二十七歳)・無動寺(寿永元年七月、二十八歳)は後者に属する。右のうち三昧院について、慈円は阿闍梨五口を附せしめられんことを朝廷に請うたが、摂政兼実は之を三口に制限して申請して許可を得、その旨を慈円に通達してゐる(『玉葉』文治三年六月二十二日)。

慈円はこ〻に九条家、即ち摂籙家の勢力を背景として教界に居然たる地位を築き、従つて声望またこれに伴ひ、かくして爾後の教界・官界での活躍の基石がおかれたのである。

兼実・慈円両人にとつて、慈円が公請にあづかつて朝廷の為に祈ることが、大きな目標であり、いはゆる仏法興隆の大願に於てもそれが大きな意味をもつとされてゐたことは、殆ど論を俟たないであらう。直接的に云へば、今まで辿つてきた慈円の僧侶としての経歴、即ち兼実の推挽は公請への一歩一歩に外ならなかつたのである。

法成寺執印就任の後一年、文治四年九月十一日、慈円が後白河院御所に召されて如法経書写の列に加へられた(『玉葉』)。蓋し宮中に請ぜられた最初であると思はれるが、このことは、慈円の経歴の上からみて注目すべき一齣とさるべきであらう。慈円とともに観性も召されてゐるが、慈円の召された理由を『玉葉』は「早筆」の故であると伝へてゐる(このことは、今日に残る慈円の多くの自筆の字体と相応するものがあるやうに思はれる)。

勿論これも兼実の推挙によつたものと思はれるが、ともかくも、これまで専ら九条家と兼実とに捧げられてきた慈円の祈禱が、このころを境として朝廷の祈禱を加へてくるのである。例へば文治五年二月十一日から法皇御悩の御祈りとして西洞院の新御所で不動法を修し、二十五日結願してゐる(『華頂要略』『門葉記』)こと、同年八月六日には後鳥羽天皇の御為に四季秋分護摩を始めてゐることなどが数へられる。

慈円の宮廷接近がその緒をひらき、慈円にとつて、宮廷と教界とにわたる活動が開始されようとする矢先、兼実の女任子の入内問題が具体化し、やがて実現されたことが、慈円の宮廷への結びつきを急速に促進する。

後白河院政の次に来るべき後鳥羽天皇の時代に「政道反素」の望みを托した兼実の前に天皇へのその女任子の入内をめざして、その実現の機が漸く近づいたのである。が、この期待に胸をおどらせてゐた兼実に、思はぬ不幸が突然訪れた。執政の翌々年、文治四年二月の長男の良通の頓死は、兼実を悲歎と失望との深淵におとしいれた。九条家の将来を托した賢息をうばはれた兼実は、殆ど一切をうばひ去られたのである。「仰レ天伏レ地屠レ肝摧レ魂、何世謝二此恨一、何時休二此歎一」（『玉葉』文治四年二月二十日）と慟哭して兼実は出家の素懐をとげようと悲しんだ。

しかし、摂籙家を思ひ、九条家を思ひ、そして良通の妹任子（十六歳）の前途を思ふ兼実は、わづかに自らを支へた。積年の最大の希望であつた任子の当今後鳥羽天皇への入内、それを通じて絶えて久しい摂籙家の外戚の地位（『玉葉』文治五年十一月二十八日）の獲得と外戚政治の実現の期待に、思ひを新たにしてふみ止まったのである。入内については、後白河院の寵姫丹後局所生の女王、ならびに源頼朝の女などが競争者に擬せらるゝあり（『愚管抄』）、困難が予想された。兼実は鋭意任子入内に心をくだき、もとより祈禱にも専心し、そして慈円がこれを依嘱されたことも勿論である（『玉葉』文治五年正月十二日にその祈りとして仏眼護摩を修してゐる。同じく文治五年三月三日の条及び八月十七日の不動護摩も、願意が明記されてゐないが、同じ趣旨であつたと思はれる）。兼実はこの望みが遂げられなければ、良通の中陰の間に出家しようとまで決意した（『愚管抄』）。

兼実の宿望が叶へられて、文治五年四月三日（『玉葉』）入内聴許の院宣を賜はつた時の喜悦は、たとへやうもなかつた。「歓喜之思千回万回也」とその一端を日記に洩してゐる。入内の女子の名を儒者に勘進せしめて「任子」を採用したが、それは『毛詩』の「大任有レ身、生ニ此文王一」の語によったものであった（『玉葉』文治五年十一月十五日）。兼実の切なる希望と期待とは、この一字に籠められてゐたのである。

兼実の喜びは次男良経のよろこびであり慈円のよろこびでもあつた。九条家の中核であり柱であつたこの三人の喜悦の情がいかに大きいものがあつたかは、慈円の家集『拾玉集』が、手にとるやうに伝へてくれる。

入内聴許のしらせに九条家は喜びにわきかへつた。兼実は直ちに一首を慈円に贈らずにゐられなかつたのである。

　文治五年十一月夜大雪降るその朝殿下（兼実）より御詠を給ふ

雪ならぬ春のよしのゝ花はなを　さゆるにほひを見せぬ也けり　（五四五二）

　前庭之桜樹白雪積枝粧似春花猶添寒色所詠吟也

　欲給高和而已　　御判

慈円は直ちにこれに和して、

いつしかと春をしるへきやとなれは　雪にも花のにほひ有けり　（五四五三）

また兼実の詠に、

　子日

けふよりは君にひかるゝ姫小松　いく万代の春かあふへき　（『玉葉集』春上）

と任子の幸先をことほぐとともに、そこにかけた九条家の行末を祈ってをり、文治五年十一月二十八日、使者を祖廟に派して「入内之本意只在ニ皇子降誕一」と祖宗の冥護を仰いでゐる。

文治六（建久元）年正月、つひにこの宿望を実現し、さらに四月中宮冊立を見た。慈円はこの時、立后の御祈りとして平等院で不動法を修してゐる（『華頂要略』）。良経とよろこび交はした様が、また『拾玉集』に伝へられてゐる。

　文治六年女御の入内はてゝ左大将（良経）候はれしかは雪のふりたる
　あした御修法結願して出つとてかたりし歌正月十四日になん

みかさ山君がこゝろの雪見れは　さしてうれしき千世のはつ春　（五四七〇）
吹かへすむかしのかせにいつしかと　かけなひくへき君とこそみれ　（五四七一）

慈円のこの歌に良経はかへして、

みかさ山雪ふりにける跡なれは　こゝろの春のすゑもたのもし　（五四七二）
いゑ《へ》のかせつたふるやとのあたりをは　かけなひくへき道とこそおもへ　（五四七三）

と、九条家の明るい前途を祝ふ心を披瀝してゐる。立后について、慈円はさらに、

　其春如思食入内立后被遂て世の美談也けり

たれかこは見にくる人をとかむへき　花こそやとの主とはきけ　（五四五四）

と祝つてゐる。また左の祝の一首もこの頃のものである。

みかさ山なかむる月は行末の　あきもはるけし秋の宮人　（一四〇〇）

九条家の一人としてその喜びを頒つ慈円はまた任子の叔父であるのみならず、その師でもあった（『玉葉』治承四年十一月七日）。兼実の嘱をうけて任子入内の祈り、中宮冊立の祈りをつとめ、やがて親しく宮中へ迎へられることになった。九条家にあふれる喜悦の情は、春の光に彩られた宮中の端麗さとともに、この歌人の印象に深く刻まれて、今日の我

々の眼前に最も美しく披瀝されてゐる。建久元年の詠、

雲のうへにけふたちそむる春の色は　たちゐる人の袖にみえけり　（一四七九）

ここのへににほふみはしのさくらこそ　ならの都になをまさりけれ　（一四八一）

には春の宮居ののどけさ美しさが溢れて居り、

とことはに春の心やさかゆらん　藤つほに住秋の宮人　（一五二四）

の一首には、春ののどけさに托した祝の心がよくうかゞはれる。なほ、

ほかはをはす宿のものとはここのへの　みはしの花のさかりのみこそ　（一三一四）

は宮廷生活のことさらに花やかな生活を彷彿させ、

法の師は三世の仏をとなへつゝ　ちとせを君にかさねてそ行　（一四八三）

は歳末の宮中の御祈りに参じた時の実感であり、「歳末のころかたぐ御修法勤行の間寸暇なし」と自ら説明してゐる。任子の入内、中宮冊立、そして二男良経は左大将・権大納言、兼実の弟兼房も兼実の推挽によって太政大臣に到った（『玉葉』建久二年三月十日、二十八日）。

これと雁行して、慈円は単に法成寺・平等院の執印たる以上に、今や摂政・中宮の連枝として宮中に公卿殿上人と肩をならべる貴僧であり、出身・経歴・声望いづれよりみても第一流に伍する資格を認められる高僧であつた。前掲の宮中での詠は、慈円の新しい地位・境遇・感情をよく象徴するとともにまた就中新しい活動の世界としての宮中に馴染んでゐる様をよく伝へてゐる。従来の祈禱の道場が多く叡山もしくは西山などの山寺であったのが白川房、平等院などの洛中外の寺房となり、さらに兼実邸などの貴顕の邸に移り、進んで院・内の御所で修法するという道場の移

動の状況も、慈円の経歴と地位と活動の進展の動向を示して居る。こゝに慈円の、宮廷人としての第一歩がふみ出されたのである。しかも慈円の一生を通観するとき、宮廷生活は種々の意味で今後次第に重要な意味を加へてゆくのである。

兼実の執政十一年間（文治二年—建久七年）において、建久三年は一の転機であつた。この年三月の後白河院崩御は政界の空気を一変させ、絶えて久しい天皇親政の復活——白河院政開始以来殆ど百年余（その間、八年にわたる二条天皇の親政があるが）——で記録所設置によつて庶政刷新が期待された。兼実としては、とくに旧来の長い因縁のまつはりついた院政から解放され、幼帝を輔けて政道反素の意気込を新たにした。次の一首はこの時点における得意の状とこの意気込みをよく伝へてゐる。時は建久三年、所は中宮任子の第の歌筵のものであることが、今とくに目を惹くのである。

建久三年中宮御所にて和歌会侍りけるに月契秋久といふことを

後法性寺入道関白太政大臣

これそこのおもひしことく世をはへん　秋の宮にも月をみるかな

（『雲葉和歌集』賀）

この一首は、九条兼実の一生の一頂点を象徴するものであり、道長の「この世をは」の一首にも比べられよう。兼実の執政が実現し、ともかくも順調にすべり出した建久初年は、かくして九条家の得意の時代であつたが、そのことはやがて九条家の政治の方針と姿勢とが自他ともに確認されたことに外ならぬ。具体的に云へば、九条家と関東の武家政権との提携協力が実現・達成され、今後九条家のすべての動きは、その線の上におかれるものと考へられたのである。

建久元年、任子の入内が実現すると並んで、頼朝が初めて上洛して兼実と親しく政治を語り、九条家との従来の親近関係の確認の上に将来の協力を約した（前述）。頼朝はこれまでに平氏を亡し、義経の問題を解決し、守護地頭の設置を実現し、奥羽平定の宿望をとげて、長い内乱に一応の終止符を打つて、ここに新しい平和建設に一歩をふみ出したのであつたが、兼実は従来関東での声望や、朝廷への奏状などを通してのみ知つてゐた頼朝の風貌に接して、初めて親しく相語りその政治方針をきゝ、意見の一致をみた。嘗て頼朝にもし「賢哲之性」（『玉葉』寿永三年二月二十七日）があれば却て危いと危惧の念をいだいたのが、こゝに到つて、その賢哲の性の恃むべきを識つたのであつた。

外戚政治実現の一歩手前まで進んでくるにつけて、兼実が所謂「政道反素」即ち政治の理想が何であつたか、をこゝでかへりみておきたい。日記『玉葉』は、日々の出来事を記すのみでなく、その間彼の理想・思想や批判・願望などその個性と見識とをうかゞふべき文字も散見してゐるが、今とくに、それらの集約ともみるべき一史料として、寿永二年五月十九日附の兼実の願文「奉籠金銅盧遮那大仏生身法身舎利事」の後に附加せられてゐる「廿種願篇目」を瞥見しておきたい。即ち、治承四年十二月の、清盛の東大寺焼亡ののちの同寺復興に際して、本尊盧遮那仏を造立したが、兼実はその像の胎内に舎利を納めて、以て、彼の平素の念願を仏に披瀝して願文をささげたが、その趣旨を二十の篇目にまとめて願文のあとに附録してゐる。即ち左の如くである（「尊経閣所蔵文書」、『平安遺文』四〇八九号）。

終身安穏願　銷怨休愁願　雙身同度願　衆生共利願　神事崇重願　仏法興隆願

薦賢却奸願　崇文偃武願　禁麗好倹願　才芸登用願　治国清廉願　濫望懲粛願

理非糺定願　君臣守礼願　政道反素願　国主善政願　（以下四願欠失）

一身と家族との安穏、世の平和、衆庶の幸福をめざしてこれを仏神の冥護に托し、また名君賢臣を得て善を薦め悪を却け、虚飾を抑へ才芸学問を励して、以て治世の実をあげんとする。言ふ所は、政治家として敢て目新しいものを見出さない。が、我々はいま、兼実が仏法興隆を以て政治理想の一にかゝげてゐる点に注目してみたい。

兼実が慈円を出家せしめ、その地位声望の向上高揚の為に絶大の努力を払ひ、その法験を政治上に期待してきたことは上にくりかへし触れる所あつたが、なほ右大臣の雌伏時代から摂籙就任時代にかけて、絶えず仏法を以て深い接触をつゞけて来た人として、法橋観性の名をここに加へねばならぬ。

観性についての詳細は後に譲るが、『玉葉』における観性の初見は承安三年五月七日、兼実二十五歳に溯る。爾後建久元年十一月観性入寂（『西山上人縁起』『三鈷寺歴代』）、兼実四十二歳まで少くとも約二十年にわたる信仰上の交はりを続けたのであり、慈円の先輩としてその誘掖補導にもその力をさゝげてゐる。先述の慈円灌頂の儀を助けたことはその一端であつた。治承・寿永のころ、慈円が観性の住地たる西山に住してゐたことは前にふれたが、この頃から兼実・慈円・観性は常に仏事をともにし、同じ信仰の道を歩んでゐる。

平氏の没落、義仲の入京をめぐる不安・擾乱・恐怖の世におかれた三人が、相率ゐて現世安穏・後生善処をめざして行つた仏事は多種多様であつた。二十五三昧念仏・法恩講・舎利講（『玉葉』寿永二年八月十五日、三年二月十四日、二十二日、元暦元年十二月二十八日、文治三年三月五日、六日）などが数へられるが、就中、三人が最も緊密に協力して精誠をつくした法儀として、如法経供養を第一に挙げなければならぬ。

如法経は慈覚大師の始修した行事で、法華経を書写供養して結縁者の現当二世を祈り、然る後にこれを地中に埋置して当来の法滅に備へる法儀である（『慈覚大師伝』）。寿永元年九月十四日、兼実は西山の観性の草庵に赴いてこの儀を行つてゐる。それは、こゝに到る数年間に、観性・慈円がしばしば兼実を訪れて、その打合せを行ひつゝ準備を重ねてきたものであつた。

兼実はこの日、車に乗り浄衣を着、供を連れて西山に赴いた。前権中納言源雅頼はこれをきいて結縁の為にこの行に加はつた。十種供養（華・香・瓔珞・末香・塗香・焼香・繒蓋・幢幡・衣服・伎楽——法華経法師品）は兼実が供へ、三年間植えた麻を以て調へた経を供養し、観性が懺法を行ひ、慈円が願主に当つた。仏眼曼荼羅を拝し、経を大神宮・八幡・賀茂・春日・日吉・天王寺六ケ所の銘をかいて捧げた。十九日に、この六部如法経と十種供養とを横川におくり、慈覚大師の法界坊に安置したのであつた。兼実は「誠是非㆓一世二世之宿執㆒、可㆑悦可㆑尊、随喜之涙千行万行」と感激にひたつてゐる（『玉葉』）。

その事あつてから後四年目、文治二年閏七月は兼実が摂政となつてから五ケ月目であるが、この月六日、観性は兼実を訪うて、また如法経について打合せてゐる。彼はかねてその準備ををへ、この日経を書写し、兼実はこれにこたへて精進して念誦・転経した。前回には観性・慈円と西山への行を共にしたが、この度は「職重く官高くして出行容易ならず」とて慈円・観性二人が出行し、兼実は潔斎して之に結縁したのであつた。職重く官高くして心ならずも仏事に疎になり勝ちな兼実も、文治四年九月に観性が願主として行つた如法経には、法皇の御結縁あり、天王寺に御幸、兼実も供奉して下向し、経供養を行ひ、念仏を唱へて、心ゆくまで法味にひたつてゐる。この時、慈円は早筆の故を以て経書写の列に加はり、観性も同じく筆をとつた。法皇は天王寺に十種供養を行はれ、八条院もこれに同行して、その儀を同じくせられた。

兼実は、この仏事参加結縁の為に異常の意気込を示して、摂政として万機の繁務は一日も忽にし難いが、摂政の遠寺参詣は先例少からず、且つ願主観性の精神をよく知つてゐるのは自分と慈円との二人である、いまはたゞ仏神の照覧にまつのみで、人々の思はくは敢てかへりみることなく結縁するのだ、と深い信仰と信念とを吐露してゐる。今回の如法経供養は摂政以下公卿殿上人がこれに列したのみならず、また一般民衆のこれに結縁するものも多く「見聞随喜之輩道俗男女或立或居二于墻一」（『吉記』文治四年九月十六日）、「上下結縁之衆不レ知二何十万一」（『玉葉』同九月十五日）といふ有様であつた。以上によつてみれば、この信仰に集つた観性と慈円とが発起者として法儀万端に心力をつひやし、多年の同行でもあつた摂政兼実を動かし、さらにそれが拡充されて法皇平生の御信仰とむすびつき、それが具現される動機をなしたのであつた。政治的対立をこえて院と兼実とは信仰に於て相契合する所深かつたのであり、この時「法皇動二随喜之叡念一、動二万念之駕（乗カ）一」し給うたに対し、自らも「余又閣二万機之政務一、結二一度之善縁一者也」（『玉葉』）と重ねてその志をのべてゐる。また、この後、文治五年五月、法皇が天王寺に千部法華経を供養せられた時もお供してゐるが、法皇の御信仰ぶりをのべて、去月二十二日より御参籠になり自ら十部経を転読され、毎日三時の護摩を修し給ひ、「凡其外御行業不レ可二勝計一、今日相二当結願一殊所レ被レ修二此大善一也、余雖レ不レ可二必参入一非レ啻随二喜御願一、又結縁之志尤深之故也」（『玉葉』五月四日）と、深い共鳴を示してゐる。

如法経の信仰は、かくして三人を結びつける精神上の紐帯であつたのみならず、宮廷の内外上下の信仰をよぶ原動力ともなつた。この信仰と行事に於て、その核心となつたのは、法橋観性であつたことは上述した所で明らかである。が、この観性は、建久元年十一月十日入滅した（『西山上人縁起』『三鈷寺歴代』）。この指導者なき後は、兼実・慈円二人の協力によつてこれを引きついだ。建久二年九月、慈円が如法経を書いて四天王寺なる聖徳太子の御墓に奉つてゐるのもその遺芳の一例である（『拾玉集』第五冊）。

建久三年八月、慈円はまた旧師観性の旧迹西山の往生院に赴いて如法経を書き、人々に和歌を贈つてゐる。とくに

長年、故人とその行法を共にした兄兼実との間には思出の切なるものがあつた。慈円より、

山てらの秋はむかしにかはらねと　主なき色はこゝろにそそむ　（五六六四）

兼実のかへしに、

山てらの主なき色はきくひとの　よそのむねたにくるしき物を　（五六六五）

また良経のもとへ、慈円より、

人のいふ秋のあはれは主もなき　この山てらのゆふ暮の空　（五六六六）

良経のかへし、

主ありしむかしの秋は見し物を　あれたるてらときくそかなしき　（五六六七）

なほ、如法経をよんだ次の一首が慈円にあることを、こゝにつけ加へておきたい。

如法経かく道場のあかつきに　白象王を見ぬはみぬかは　（一五六五）

蓋し、法華経勧発品に、

是人若行若立読㆓誦此経㆒、我爾時乗㆓六牙白象王㆒与㆓大菩薩衆㆒倶詣㆓其所㆒而自身現、

とあるに拠つてゐるのである。

兼実・慈円・観性は、嘗て、相寄つて「仏法興隆、政道反素」を誓つた仲であり、この「三人之大願已積㆓年序㆒了」と『玉葉』寿永二年十二月十日条に記してゐる。当時は義仲の京都占拠時代の末に当つてゐるが、このころすでに三人一体となつて政治と仏法との興隆の抱負を同じくし、その目的に向つて精進努力すること年久しきに及んでゐたのである。慈円と同じく兼実の為に観性が祈請をくりかへしてきてゐる（『玉葉』寿永三年二月九日、元暦元年九月十三日、文

治元年十一月十五日、文治二年九月三十日、文治三年四月二十六日、文治四年八月四日）ことはその関係を証明するものであるが、今や九条家顕栄の時代を迎へて、漸く彼等の志は伸ぶるを得たのである。文治三年四月二十六日、「今日仰二観性法橋一令レ修二仏眼供一、祈二徳政事一也」（『玉葉』）といふも、先の如法経の場合と同様、観性個人の行法乃至は九条家の私事としての祈請・仏事に托せられた抱負と理想とが、今や摂政といふ地位を通じて、公的なものとして展開してゐる趣がみられる。同時に、之を兼実の側からみれば慈円と観性の信仰、その背後の教団、それらを政治面に吸収して九条家の結束に、また天下の政治に活用しようとする兼実の意図も、こゝに一の成果を示したといへよう。

以上は、兼実・慈円・観性三人の仏法興隆の努力に於ける協力ぶりについて一瞥したのであるが、これについて特に注目しなければならないのは、彼等三人を結びつけた行事、即ちその信仰が右の最後の引用にもみゆる所の「仏眼」に存したといふ点である。即ち、観性の信仰の中心は仏眼信仰にあり、彼における如法経の供養の行事は、恐らく慈覚大師以来のそれと仏眼信仰とを結びつけたものであつた（『玉葉』寿永元年五月四日、十一日、二十五日、九月十四日、等の記に観性の信仰が仏眼であったことは明らかである）。そして、この信仰はやがて慈円の信仰の中核をなす重要な意味をもつに至るものであるが、そのことはさらに後にあらためて詳述したい。たゞこゝでは観性が兼実を導くに仏眼信仰を以てしてゐたこと、同じく兼実の下にあつた慈円が恐らく、二人の関係を通じて仏眼信仰を受け入れたと思はれること、即ち、慈円を中心として云へば観性より仏眼信仰をうけ入れるについて、兼実がその媒介の地位にあつたと思はれることに注目しておきたい。

兼実の執権の実現、平和の到来とゝもにまた九条家内の仏事の復興・整備が注目される。文治三年二月、兼実は本邸の九条堂の舎利講を復興した（『玉葉』同十九日）。これは父忠通の為の、毎月不闕の行事であつたのであるが、寿永以後、戦乱の為に七、八年断絶してゐた。故皇嘉門院は復興を熱望されたが果すに及ばなかつた。今年（文治三年）は未だ充分その機ではないが、とりあへずその儀を行つた。また、毎月の行事中、弥勒講は故皇嘉門院の命日たる五日に行ふ定めであり、その外、十五日の阿弥陀講、十九日の舎利講を復活した。十九日は父忠通の命日である。また文治三年九月には九条堂の懺法を復興した（『玉葉』同十五日）。これまた、故女院の保延以来行つて来られた所であつたが、戦乱のために意に任せぬを歎かれたものであつた。三七ヶ日の旧儀を一七ヶ日につゞめてゞはあつたが、あらためて行ふことになつたのである。後に、文治四年二月（『玉葉』同十日）、これを父母の命日の間、即ち二月十日の母の命日から同十九日父の命日までの十日間に修することゝし、父母の遠忌の儀を整へ、兄弟揃つて丁重の法会を厳修してゐる（『玉葉』文治四年二月九日条）。また、後にみる様に、兼実の発願により無動寺に大乗院を建てたのは建久五年であるが、その供養の慈円の啓白文に「励〻力九〻年于玆〻」とあるによつて、兼実が、これを思ひたち、これに着手したのは文治二年であつたことになる（『門葉記抄』）。大乗院建立の詳細は後にのべるが、この事業はこれら九条家の仏事復興の終着点ともいふべき地位を占めるとともに、また、慈円によつて公的事業の出発点ともなるのである。

寿永元年の灌頂前後から文治・建久の九条家上昇時代まで、二十七、八歳から三十五、六歳までのこの仏法興隆の期に於ける慈円の境遇と地位と活動とを、以前の参籠修行の孤独寂莫の日々と対比するとき、そこに何と大きな変化と急角度の転換があつたことか。籠山修行を以て仏法の第一義に直ちに参じようとする純乎たる求道心。しかもその底に恐らく冥々のうちにたえず動いてゐる都の境涯への思慕。互ひに相容れない両極の間に揺れ動く心にむすばれる葛藤については先にもふれたが、彼が交衆を決意し実際にその歩をふみ出したとき、心中深く秘められたこの問題は果していかに処理されてゐたのであつたか。

聖の生活に価値を認めつゝも、これを批判的にのりこえたことは前に見た。いまや、まことの道は山中にではなく世間にこそ見出さるべきであるとされた。が、言や易く行ふや難し、世間的顕栄に囲まれた人の心が名利に迷うて落堕の途を自ら選ばざるは稀である。貴族高僧と交はり、大寺の高楼堂舎に安住して華やかにして豊かな将来を約束されつゝ、しかも運命と境遇とにわづらはされずに、まことの道を行ふことを、果して自ら保証し得るであらうか。

世の中をいとふ思もさわらひも　もゆるけふりは目に見えはこそ　（六一四）

花の色そよそになりぬる夏ころも　ひとへに今は墨染の袖　（六一七）

日にそへて世にもあらしの身にしめは　苔のころもそ猶ねかはるる　（六三七）

とくみのりきくの白露よるもをきて　つとめてきえんことをしそ思ふ　（六四一）

人は知らず、自らの心に深く秘めた道心はあくまで堅固不動であるのみならず、

思たつみちにしはしもやすらはし　さもあらぬかたにまよひもそする　（六五五）

朝夕にかしらの火をもはらふ哉　うき世のことを思ひたつとて　（六六三）

と頭燃を払ふが如くに修行に精進してやまない。が、その信念と修行との底からさらにそれを押しのけるかの如くに、反対のものが下からふき出してくるのを、抑へることが出来ないのである。

あつさ弓なれしまとゐをよそに見て　あらぬ山路に思いる哉　（六五八）

世をそむく人にとはゝやたれもみな　まことになれはかなしかりきや　（六六〇）

正直に自己心内を反省するとき、そこに求めてゐるのは、なれしまとゐ親しき人々との世間的な親交のあたたかさ

であつて、山上の寒さとさびしさではないのである。まことの道を山上に求めることの、人間的情操にとつてのさびしさ悲しさは否定すべくもないのである。

まことの道が何であるか、どこにあるか、またどこにあるべきか、山中の修行での思索の中心課題であつたこの問題に対して、いま、一歩を進めて交衆にふみきつた刻下の現実の中で、対処し答へようとしてゐるのである。すべての純粋なものを埋没せしめずにおかない現実の中に、世間的地位声望と名利との中でいつまでも衷心の要求を忘れず、高き光を仰ぎつゞけてゆけるであらうか。修行時代以来の心中の大疑団であつた「生涯無益」のもつ問題が新たな装ひで再現したのであり、そこに新たな光をあてようと苦闘してゐるのである。

嘗ての心の動揺をかみしめると同時に、新な反省を加へ己を検証しつゝある彼の、このころの姿を示すものとして、次の一首は最も象徴的であるといつてよい。

くらゐ山さかゆくみねにのほるとて　まことのみちをよそに見る哉　（六八九）

この反省のきびしさが、一方、やがて新たな世界につながつてくることも、こゝに注目されねばならない。自己救済の困難は実は自己一身にとどまるものでなく、法は万人のものである。自己の救済は即ち他の救済につながつてゐる。自利即利他にこそ大乗仏教の本旨がある。上求下化は二にして一であり、一人の仏道の修行はまた衆生とともに手をたづさへてのみ正しく行はれる。右にあげた反省と苦難の告白とともに、

いつかわれくるしき海にしつみ行　人みなすくすふあみをおろさむ　（六七六）

わたり河われしつむともいかにして　人をたすくるふなよそひせん　（六九三）

の詠あることは、彼の社会的地位の向上に依つて新たな装ひを以てあらはれてきた求道心に外ならないのである。

文治・建久の交、九条家執政の初頭のころに、慈円の詠の上に、この下化の立場が、はつきり打出されてゐることは、慈円の世間的地位の上からも、信仰生活・精神生活の上からも最も注目すべき一点である。兼実のための祈請、青蓮院門主としての諸寺管理、そして朝廷の奉仕と、日に繁忙を加へてくる中にあつて、指導的立場に立つ独立の一人格としての慈円の姿が次第にはつきりしてくるのである。この下山交衆の初期の慈円の住居が西山であつたか、白川であつたか、その場所は詳かでないが、鳥獣を友とする山中の生活が、彼の繁忙の何よりの慰めであつたことは、左の一連の詠がよくこれを示してゐる。

朝夕に梢にすたくむら鳥の　てかひになるるみ山へのさと　(五八九)
いほりさすかた山きしのみみつくも　いかかききなす峯のまつ風　(五九〇)
山ふかみ中々友となりにけり　さよふけかたのふくろふの声　(五九一)
しはくりの色つく秋の山風に　梢をちらぬ木のはさる哉　(五九二)
いかにせむ友こそなけれ山のいぬ　こゑおそろしきよはのねさめに　(五九三)
松かえにまくらさたむるかもししの　よそめあたなるわかいほり哉　(五九四)
谷川のをとに月すむみ山辺は　それさへさゆるむささひのこゑ　(五九五)

世間の繁忙の活動につれて、益〻強く山中寂寞の境に惹かれ、求めるのは、慈円の一生を貫いてゐる特色といつてよい。その実例はのちに重ねて見る所であるが、これは、その最も早いものである。右の数首は文治四年に、円位(西行)の勧進によつて大神宮の法楽のためによんだ百首に含まれるもの、この年慈円は三十四歳であつた。下山からは八年目に当つてゐる。

第十章　摂政と座主

建久三年三月後白河院崩御。この年、後鳥羽天皇宝算十一。絶えて久しい天皇の政治の時代が展開したのであり、兼実は摂政として、院の控制なく、近衛家・松殿家の圧力を離れて自己の道を歩む時を迎へた。この年七月、頼朝の為に征夷大将軍の宣下を取計らつてこれを実現したことは、頼朝の支持に報いる所以であつたことは勿論、今後の九条家の方針と性格とを闡明したものといふべきであつた。

建久元年正月十二日後鳥羽院に入内して女御となつた任子は、同四月二十六日中宮となつた（『百錬抄』『玉葉』）。この時以後、慈円は兼実の熱望にこたへて中宮のために祈りつゞける。建久六年八月任子の皇女御産直前まで、内裏に、吉水房に、座主房に、大炊殿に、大威徳法・仏眼法・不動供・七仏薬師法・訶梨底母十五童子等供などの秘法をつくしてゐる（『玉葉』『門葉記』『華頂要略』等）。兼実が如何に任子の為に心力をつくしたかは、とくに建久二年九月二十七日、慈円に命じて中宮の為に普賢延命法を修せしめた際の、趣旨の説明によくうかゞはれる（『玉葉』）。今度中宮御悩あり、慈円等は七仏薬師法を修すべしと申した所、兼実はこれに代へて、とくに普賢延命法を修せしむることゝした。これは「余年来、中宮御祈可レ修二普賢延命一之由中心祈願」し続けて来たによる。丁度そのところへ慈円の坊の人が夢想中に、慈円が中宮の為にこの普賢延命法を修したるに、その際、壇に大瓶あり、不老不死の薬を容れてゐると夢みた。この夢想を聞いて兼実は愈ゝこの法の信仰を強め、使者に急ぎ行ずべきことを依頼した。病を祈禳する七仏薬師法は命を保つ延命法に如かず、故にこの祈りの準備に全力をつくしたのである。邸の寝殿を道場とし、またその一部を慈円の宿所と定め、近辺の人家を指定して伴僧たちの宿舎とする。修法雑事、僧房装束、みな兼実の沙汰ですべてに美をつくした。かくて「余信心猛起、測知必有二霊効一者歟」と意気込んでゐる。

この中宮の御祈りに不日の効験をあらはし、結願とゝもに護摩壇をつとめた伴僧晴暹（慈円受法の師の一人である）が賞として権律師に任ぜられてゐる。慈円が新帝後鳥羽天皇の新しい政治とゝもに、天台座主・権僧正となり、同時に天皇の護持僧となつたのは、兼実の地位と好意とにもとづく推挽によつたのであるが、その機会を与へたのは、右の中宮の為の祈禱であつた。慈円が天皇に近侍する発端であるが、それが如何に重大な意味をもつかは、後年に到つて明らかにされる。

政界の新時代とゝもに慈円をこの地位に据えることは、兼実としては予定の計画であつた。それは慈円の地位の上昇のためにあらゆる手段をつくし、その実現を以て無上のよろこびとしてきた兼実（『玉葉』寿永元年七月二十九日）にとつて、最後の努力、画竜に睛を点ずる所以に外ならなかつたのである。「天台宗の学生、期する所は天台座主のみ」（『新猿楽記』）の語を俟つまでもなく、叡山に学ぶ学生の多くにとつて、座主が最高の栄誉尊貴の地位として敬仰と競望の的であつた。

建久三年十一月、後白河院崩御におくるゝ八ケ月、座主顕真が入滅した。顕真は前回の座主交替に際して、法皇の強い御要請があつて遂に辞退しきれずに大原の隠棲をあとに、その地位についた（『玉葉』建久元年三月六日）。この時の座主交替に際しても、すでに慈円は有力な候補として院議にのぼつたのであるが、兼実はその適任なるを思ひつゝも、「自専之咎」を免れんが為に、強いて推薦することをさし控へてゐる（『玉葉』建久三年十一月二十八日）が、その後、このことについて関東の支持を求め、関東から「如レ此事、不レ知二子細一、只左右可レ在二御定一」(同上)の一札を予め手に入れ、充分の工作は出来上つた。かくて、この顕真の死闕に際しては、慈円の座主就任は殆ど既定の事実の如くに承認せられたのである(同上)。慈円の第一回座主就任はこゝに実現し、同時に権僧正に任じ護持僧・法務を兼ねたが、時に三十八歳。以後五ケ年にわたつて建久七年四十二歳までその職に在つた。

天台座主の地位は、本来顕密の達者たるを以て第一の資格とし(座主宣命)、しかも遙に伝教・慈覚の芳躅をついで叡山三千の徒の指導と統制とに任じうべき碩徳を以て宛てねばならぬことは云ふまでもない。現実はやゝもすればこの理想と乖離し、とくに平安時代中葉以後、政権が延暦寺と密着して行つた結果は、座主の地位は少からず政争の具に弄ばれるに到つた。清盛が明雲を利用操縦し、義仲が俊堯と握手したるが如きはその近き著例であつた。その結果は明雲が義仲に殺され、義仲没落とゝもに俊堯が追放さるゝ如き災厄と醜状とに座主の面目は著しく傷けらるゝに到つた。そのことは、若き慈円の眼前に親しく見た所である(『愚管抄』)。その任の如何に困難であるかは、師覚快法親王の場合をみても、当然弁へてゐた筈である(四六・四七頁)。治承・寿永の動乱は今や昨日のことゝなつて、政情一応安定の兆をみせた時代をむかへ、兄摂政の推挽と公武両政権の支持とを背景にしてゐたとは云へ、はじめてこの重任に擬せられたときの緊張の極めて大きかつたことは当然想定せらるゝ所である。就任直後の、はじめての主上の為の御祈りに、後にのべる様に、つとめて慎重を期し、周囲の状況と識者の意見とに配慮を払ひつゝ事を運んでゐる姿は、とくに我々の目を惹く所である。

慈円の長年にわたる学習と修行とは、こゝに酬いられたのであり、兼実・観性と相誓つた「仏法興隆」への道も、今や大きく開かれようとしてゐる。公私につけ、この座主就任が、慈円にとつて大きなよろこびであつたことは察するに余りある。かねて相善かつた藤原俊成はこれを祝つて雪の朝に一首を贈つてゐる。

みねの雪こゝろの底をききし時　山の主とはかねてしりにき　（五六〇六）

これに対する慈円のかへしは、

いさや雪をかしらのうへにうつすまで　山の主とも思ふへきみか　（五六〇八）

と、座主職を以ておふけなき職として敬重する辞令のうちにも、就任のよろこびを湛へてゐる。後年の回想に「而間卅八任二天台座主一、上臈法印七八人歟、然而天下之所レ推相二当其仁一」（『一期思惟』）とあるも、自信と自得とのうえに喜びをこめてゐる如くである。

熾盛光法・七仏薬師法・普賢延命法・安鎮法の所謂山門四箇大法（『諸法要略抄』）は本来、座主のみの修法であり、また朝廷の為の御祈りである。多年の学習・修行を実地に行じて蘊蓄を傾くべき晴の舞台に立つたことは、彼にとつて此上もない本懐であつた。

これらの法は、所謂瀉瓶の如く授受流伝されるものであり、本来厳重な儀軌の規定をはづれることの許されないものであることは勿論であるが、それとゝもに、自流・他流にわたり、ひろく人々の知識・経験・解釈の吸収と活用にもつとめて、思想と実践に於て創造的であることも、亦欠くことが出来ない。青年時代から行法の勇猛精進を以て目せられた慈円は、この点に於て人後に落ちるものではなかつた。彼の言行録たる『四帖秘決』に多くみえる次の如き文字は、他流にも広く目をひらいてゐた彼の一面をよく照し出すものであろう。

法花法道場観事　東寺ノ定範僧都参入、和尚（慈円）御対面次法花法道場観ヲハイカヽ習タルト被二尋仰一ルヽニ心上ニ可レ観レ之由所レ習也、（第四―十九）

同（承元）四年十二月十三日仰云、三井寺ノ覚朝僧都ニ面謁ノ時申、尊星王ト申ハ観音ニテ御座ト云々、（第四―二九）

とくに三井寺の覚朝とはしば〳〵面晤法談してゐる様である（第四―五六・九六、其他に頻見している）。

建暦二年三月廿五日三井寺覚朝法印参入、和尚（慈円）御対面三ケ条ヲ被レ問ケリ、（第四―五六）

（建暦元年）三月三日仁和寺御室道法被レ修二大北斗法一ヲ為二見聞一ノ参ス二壇所一卿二位堂安楽心院也（第四―四十）

慈円が座主として初めて七仏薬師法を修したのは任命後約三ケ月、建久四年正月、主上（後鳥羽）疱瘡の為であった。恰も先師全玄の中陰（建久三年十二月十日入滅）に当って座主就任の儀礼たる中堂拝堂を延期した時であった。拝堂以前の御祈りを慈円は躊躇したが、廷議はその憚りを要なしとした。慈円は重ねて、かの法は妓楽を伴ふ、諒闇中（建久三年三月後白河院崩）禁中の音楽は憚りあり、中堂に於てこれを行はんには拝堂以前であり進退きはまる、と云ってゐる。兼実は内大臣藤原忠親の意見を徴して、今回は妓楽を省くことゝした。以上が、慈円の七仏薬師法初行に於ける経緯であるが、これを以てしても儀軌定むる所の法儀と、宮廷や貴族の生活習慣などの諸事情との間に立つ阿闍梨の、慎重な配慮や実際的手腕の、いかに必要なるかを知るべきである。

『四帖秘決』（吉水蔵所蔵）

朝廷の為の祈禱者としての慈円の第一歩がかくして踏み出された。任座主後三ケ月目、建久四年正月の詠に、

雲のうへにけふのみ雪を見さりせは　世にふるかひもなき身ならまし（五六七三）

とあるは、多年の蘊蓄を傾倒披瀝すべき機会と場所とを得た、快心の情を表明した

ものであつた。慈円の、朝廷の為の、天下の為の祈禱の生涯がこゝに開ける。この後三十年間、六十五歳ごろまで、山門四箇大法を始め大法四十箇度、その他は挙げて数へ難しとされる多くの祈願を、天皇・院・将軍にさゝげる、慈円の公生涯の発端であつた。若き慈円の「仏法興隆」の宿願の達成途上の一指標として任座主が、「世にふるかひ」であり本懐であつたことは云までもないが、こゝに与へられたものを十二分に活かして、世にふるかひをさらに創造して行くところに、彼の力量があり彼の特色があつたのである。

かくして九条家は、摂政兼実と座主慈円とを二つの中心としてその羽翼を宮廷の内外に、又都と関東に伸したのであるが、我々はこの間に於て九条家のなしとげた二つの事業にとくに注目したい。第一は所謂南都復興事業であり、第二は叡山無動寺大乗院草創である。もとよりその規模に於ては之を対比することは均衡を失してゐるが、しかし、ともに永続的性格をもつて社会的意義少からず、とくに、両方とも九条家と関東との直接的結びつきを媒介した点に於て、九条家にとつて重大な意味を有したのである。

南都、即ち東大寺・興福寺の復興は、その破壊の直後から、朝廷と藤原氏との一日も忘れることの出来ない大事業、そして戦乱に妨げられて徒らに焦慮してきた所であつたが、京都の安定、武家の制覇とゝもに公武両政権の協力のもと、急速にその歩を進めることゝなつた。摂籙家としては興福寺の復興に全力をつくしたことは勿論であるが、比較的財政にめぐまれた同寺の復興は頗る順調であつた。東大寺造営に対して興福寺の提供した助力は頗る多く、もしこの事がなかつたら東大寺の大廈は成らなかつたらうとさへされた（『玉葉』建久二年六月六日）。兼実は彼の支配下におかれてゐた法性寺内の最勝金剛院で、自ら仏師を督促しつゝ興福寺南円堂の諸仏像を刻ませてゐたが、このこともこの事業に対する彼の熱意の一端を示してゐる（『玉葉』文治四年六月十八日）。これらの仏像群は文治五年九月興福寺に渡されたが、同時に書かれた兼実の南円堂復興願文（同二十八日附）は、これらの仏にこめられた願意を明らかにしてゐる。朝廷の力によつて復興をいそいだ東大寺は、財政困難の故に遅々として進まず、後白河院の院宣によつて全国的な勧進がよびかけられ、俊乗房重源その他の指導者有力者の苦心経営の下にその歩が進められた。これに対する関東政権の協力は極めて積極的であり、結局南都復興の大業は九条家の公武協調政策に咲いた花といふべく、九条家の栄達はこの事業の達成とともにあつたといつてもよいであらう。建久五年の興福寺供養、翌六年の東大寺供養は、ひとり寺院や信仰の問題に止らず、また平和回復、公家政治の復興そして武家政治の前進、要するに新しい時代の展開を象徴するものとして迎へられた。「サテ九条殿ハ摂籙本意ニカナイテ、物モナカリシ興福寺南円堂ノ御本尊不空羂索等丈六仏像大伽藍東大寺トハナヲナラヘテツクラレニケリ」と『愚管抄』が特記してゐるのも、単に南都復興をたゝへるのみならず、九条家の事業としてとらへてゐるところにその趣旨があると考へられる。

南都復興が摂政中心の仏法興隆事業であつたに対し、大乗院草創と経営とは座主中心のそれであつた。大乗院の建立は、もと、主として兼実の願に発したものであつた。前述の如く、それは文治二年ごろ思ひ立つたのであり、両人の緊密な協力のもとに完成されるのである。

兼実は皇嘉門院の為に邸を九条殿内に営み（『玉葉』寿永二年十月十八日）、門院の仏事法会を再興したが（前述）、兼実はさらにこれを厳飾して門院の報恩に備へ、且はこれを以て己が順次往生を祈り、併せて家内の安穏、子孫の繁栄を期せんとした。それは先祖の九条師輔が叡山に三昧院を建てゝその護持によつて子孫が繁昌し、天枝帝葉多くその後胤に出てゐる、その芳躅を継受せんとしたものであつた。兄兼実のこの願念を知つた慈円はこれに因んで、当時坊舎も朽ちはてゝ空地となつてゐた、座主寛慶（保安四年歿）の旧大乗房の復興の宿志を遂げんとした。即ち九条家の願念と青蓮院門跡の発展とをこの一挙に托したものであつた。

兄弟二人の九年の拮据の功成つて、建久五年八月十六日、大乗院が落成して供養の日を迎へた。同院は、もとの女院の御所を山上に移建したものであり、女院の御遺髪をこめて供養した弥勒・弥陀・地蔵三体の像を初め、新造の観音・勢至の像、そして慈覚大師・相応和尚以下この地有縁の高僧の真影を安置して、荘厳その美をつくした。新装成つた御堂には良経の筆に成る「大乗院」の額を打つた。供養当日、兼実は公卿五人を率ゐて登山して願文を捧げてその素志を仏前に披瀝し、慈円も敬白文を読み諷誦を修してこれを扶けた。やがて三口の有職がこゝにおかれてその管理・経営に当ることゝなつた（『玉葉』建久五年八月十六日、「大乗院供養願文」『門葉記』所収）。

この大乗院は叡山の南部に位して脚下に琵琶湖を眺める、風光絶佳の地に在つた。慈円は嘗てこゝからの眺めを、

もろこしの人に見せはやからさきに　さゝ浪よするしかのけしきを　（五一〇二）

と詠んでゐる。因みに何時のことか、西行もこゝを訪ねて一首をのこしてゐる。

円位上人無動寺へのほりて大乗院のはなちてにうみをみやりて

にほてるやなきたるあさに見わたせは　こき行跡の浪たにもなし　（五四二二）

慈円のかへしに、

ほのぐとあふみのうみをこく船の　跡なきかたに行こころかな　（五四二三）

大乗院建立は、本来九条家の私事にすぎなかつた。が、慈円は、之を転じて公器として活用する道を講じた。即ちここを叡山教学講究の道場として勧学講を開講し、以て人物養成に未来際を期することゝした。逝くものゝ冥福を祈り、これを供養して以て家門の擁護を祈るも、来るものゝ指導済度を図るも、いづれも大切な仏子の責務として、共

に深い意味を有するのである。

慈円にとつて、仏法興隆の重要な基礎をなすものは学問の奨励であつた。この勧学講開設の趣旨目的もそこにあつたことを、慈円自草の「天台勧学講縁起」（『門葉記』所収）が明らかにしてゐる。「小僧（慈円）被レ授二南山座主職一之後、去建久四五年之比中心思惟云、末代仏法修道陵遅誠可レ愁、愚痴闇鈍之人次第受レ生之故也、不レ儲二教門之方便之説一者争扶二末法衰崩之法一哉」と。当世の学問が衰へたといふ歎きは彼の不断に発した所であつた。「惣シテ僧モ俗モ今ノ世ヲ見ルニ、智解ノムケニウセテ学問ト云コトヲセヌ也」（『愚管抄』附録）といふ現状に対して、その匡救を己が任とし、そこに不断の努力を注いだのである。彼が祈禱行法の研究に不断の精進を続けたことは前述した。又、これも先に一見した様に、法華経の読誦を前後実に三十年をかけて実行してゐることを見ても、彼の学問的努力のほどが知られる。この学問好きの座主が、久しぶりに平和の曙光を仰いだ時代に、その兄が摂籙の地位を獲るに際会して、その援護協力の下に第一に手を染めた仏法興隆の仕事が、即ち勧学講であつた。

勧学講の始行せられたのは、建久六年九月二十三日であつた。この日の『玉葉』はこれを記して、

自二今日一座主（慈円）於二無動寺大乗院一被レ修二勧学講一、以二平泉寺領藤嶋年貢千石一、分二給山上一、上人師等勧二門弟等一行二八講一（有竪義番論義等）以二抜群者一可レ挙二公請一之、可レ令レ致二竪義注記之請文一、第一之仏法興隆也、

即ち、勧学講は叡山の学徒をして学解に励ましむる為の講座であり、その抜群なるものは公請に挙することゝなつてゐたのである。この勧学講の詳細の規定はこの後十三年、承元二年（慈円五十四歳）に草した「勧学講縁起」によつて伝はつてゐる。それによれば、学問の内容を、まづ顕密にわたることを明らかにし、密に於ては三密の儀軌によつて胎金両部の曼荼羅供を行ふこと、顕に於ては浄名疏・大経疏その外南岳・天台・妙楽の章疏を教科に用ふることをあ

げてゐる。第一回講演に於ては、先達四十人講衆六十人都合百人の僧を選んで七日の講を了へた。はじめ六日は論義問答、第七日は両部曼荼羅供であつた。規定はなほ、講の費用、参加学生への給費等の詳細に及んでゐること勿論である。

慈円は曽て座主就任について頼朝の支持を得てゐた（前述）のであるが、この講の開創と維持とについては、積極的にその援助を要請して強力な支持・協力を得てゐる。即ち、建久六年東大寺供養列席のための頼朝第二回の上洛に際しては親しく面晤する機を得た。一度相語るや、一見旧知の如く忽ち相許して互に胸襟を開いた。その状は慈円の家集『拾玉集』の遺憾なく示す所であるが、慈円はこゝに、頼朝より平重盛の遺領であつた平泉寺領越前国藤島庄の年貢千石を山上に分給してこの講に宛てることを承認せられ、朝廷よりその官符を賜うた（「縁起」）。「縁起」の伝ふるこの講料のことは、両人の会見の空気とゝもに『拾玉集』も次の通りに伝へてゐる。

興隆庄藤島庄事申とてこなたかなたにかかるへきなりとつねにそへことに申さるれは

君ゆへにこし路にかゝる藤浪は　わかたつそまの松の末まて　（五八〇四）

頼朝のかへしに、

墨染のたつそまなれば藤島の　ひさしき末も松も《に》かかるか　（五八〇五）

皇嘉門院の仏事は叡山上の大乗院建立となり、勧学講の道場となり、講は関東の支援をひき、つひに朝廷の承認をも得て、計劃成り、講演は順調に滑り出した。こゝに到つて慈円はもはや単に関白の弟としての慈円をのりこえた、叡山の慈円、宮廷の慈円であり、公武を動かす力を備へた慈円たるの実を示した。摂籙家の庇護の下におかれた慈円から、九条家を外からも支へる独立の慈円への進展が、この慈円の第一回座主在任時代、九条家勢力絶頂時代の、彼の生涯上にもつ大きな意義であつた。

建久元年十一月頼朝第一回上洛に際しては兼実は頼朝と相会し、政見と将来の方針について完全な一致をみて協力を誓ひあつた。第二回建久六年三月の上洛に於ては、慈円ははじめて頼朝と相語って肝胆相照すに到つたのみならず、今後慈円は頼朝に深い好意をいだき続け、その人物行業を高く評価するに到つた。寿永・元暦の頃からはじまつた九条家と関東政権との協力体制は、この頃を以て頂点に達するのであり、慈円と頼朝の会見は之を完成したものといふことが出来よう。

両人の初の、そしてまた最後の建久六年の会見は、両人の関係を示すのみならず、また歌人頼朝の面目を今日に伝へるものとしても大きな意味をもつ。頼朝が和歌を作ったことは『吾妻鏡』、勅撰集などにわづかにその迹がみえるが、『拾玉集』は端なくも三十七首といふ大量の頼朝詠をのこしてゐる。即ち慈円との贈答形式であるが、この問答に於て頼朝は慈円と堂々と相対して少しも遜色を示さず、その当意即妙の応答ぶりは、流石の慈円をして「凡此人如レ此贈答之人尤希有歟、羊僧始為二対揚一尤為二珍事一々々」、自分とこれだけに太刀打ちし得る人にはあまり会つたことがない、と感歎せしめてゐる。これはまた一方、自重を以て言動の規準としたと思はれる頼朝をしてこゝに到らしめた慈円の人物を想像するよすがとしても注目に値しよう。頼朝が慈円に対して、

あひ見てし後はいかこのうみよりも　ふかしや人を思ふこころは　（五七五八）

と贈つてゐる程、深く慈円に傾倒した。慈円はこれに、

たのむことをふかしといはゞわたつ海の　かへりてあさく成ぬへき哉　（五七五九）

とかへしてゐる。頼朝が慈円援助に本気でのり出したのも、この辺に関係ありさうに思はれる。

慈円が頼朝に深く動かされたことは、またさらに、彼に統率された武士、さらには頼朝と武士たちとの結束によってつくり上げられてゐる武士の社会・武家政権への、新しい開眼を伴つてくる。それが彼の思想の上に如何に大きな意味をもち如何に深い影響を与へたかについては、後に述べたい。

第十一章　宮廷と草庵

文治・建久の交に於て、九条家時代の一翼を担う慈円が、座主として宮廷に出入してその華やかな生活を楽しんでゐる様は前に一瞥した。当時諸大寺の座主・長者は、一山学生の頂点に坐して精神的敬仰の的であるといふよりも、むしろ宮廷の高級貴族の一員として世間的厚遇を享受する高僧としての面に、より多くの特色がみられるとさへ云へよう。場合により、また人にもよるが、ことに摂籙出身者の場合、殆ど摂籙その人にも劣らぬ厚遇を以て宮廷に迎へらるゝ場合が少くない。院政時代に溯るが永長元年二月二十日、前大僧正覚円が牛車宣をえてその慶賀に参内した時の様を『中右記』は左の如くに伝へてゐる。

　前駈八十人、童子等装束唐物金繡美麗無レ極、増誉法務以下僧綱七人連レ車扈従、各有二前駈一、

覚円は関白頼通の子、摂政師実の同母弟、天台座主・三井長吏であった。下って清盛と深く結んでその政治的手腕を山内にふるった明雲座主の場合について、仁安二年四月任座主の拝堂の為に登山した時の様子を、『顕広王記』（四月十三日）は、「天台座主始登山、本山諸司中綱房官十人為二前駈一、各鏤二金銀一、僧綱六人已講四人連レ車扈従、是又各前駈童子繡二綾羅一」といってゐる。

慈円についても、事情は殆ど変りなく、一例をあげれば、のちに、承元二年十二月、天王寺下向の様子が次の様に伝へられてゐる（『青蓮院文書』）。

御装束黒染布御衣袴香御袈裟御前四人二行松明役越前寺主任舜大夫寺主行守今二人不知名後□二人松明、御輿鳥居前奉ニ搔居一、暫アテ楼門前□如レ前奉ニ搔居ニ自ニ御輿一下御御簾役惣目代実松自ニ中門一入御了、

これらによれば、彼等は宛然宮廷貴族であり、月卿雲客に伍して朝廷の敬重と殊遇とに包まれて宮廷生活を楽しんだのであり、要するに法衣を纏うた雲上人に外ならなかつたのである。

慈円がかゝる晴がましい宮廷生活のよろこびと楽しみとに浸つてゐる情は、先にみた詠にあふれてゐる。慈円の若いころからの仏道修行にとつてもそれが目標の一であつたと考へることも、必ずしも的外れではないであらうことは先にものべた通りである。たしかに、端麗な宮中のたゝずまひ、手入れのとゞいた園池、さういふものに包まれながら催される華やかな行事、或は何とはなき日常の生活や動作の端々まで平和で明るい宮中生活の一一が慈円の豊かな感受性にとつて、快い印象の因であつた。宮中の雅致とよろこびを讃へた先掲の歌に、同じ意味を示すものとしてさらに左の数首を加へることが出来よう。「禁中」の題のうたに、

みよしのゝ山もかひなく成りにけり　御はしの花の春のけしきに　(四〇六六)

たひに出しそのやつはしはわたらねと　心すゝしきみかは水哉　(四〇六七)

宮城野を思いつるそあはれなる　けふ萩のとの秋のにほひに　(四〇六八)

これをみむ人は心そみかくへき　おほはのむくのいにしへの跡　(四〇七〇)

「宴遊」と題して、

ももの花うかふ心の《に》まつ《ち》そみる　あふむのつきの石にさはるを　(四〇七一)

天の川光をかはすほしなれや　けふもてあそふしらきくの花　(四〇七二)

あきのいねのおさまれる代のうれしきは　春のあそひのまり小弓まて　（四〇七五）

「公事」の題のうちに、

あしけなる馬引けふのわかなには　とねりめすこそ便なりけれ　（四〇七六）

あふ坂にけふくる雲のうへ人は　月にのりてそ駒をむかふる　（四〇七八）

宮廷とその生活の情趣をうたつたものは、その伝存する数は少いとはいへ、そのいづれをとつても、宮中に悠遊し愉悦してゐる慈円を彷彿させるに充分である。

以上にみた所を一言にして云へば、慈円は僧侶の殿上人に外ならず、多くの従者を前後に扈従供奉せしめ、自らは綾羅錦繍に包まれ、殿上に貴族政治家たちと袖をつらねて、宮廷的・貴族的生活を満喫してゐたのである。「御修法勤行之間無寸暇」（『拾玉集』第二冊建久元年十二月「詠百首和歌」の奥）といふも、多くの伴僧をしたがへて、身を労し手足を動かすことは少い貴族的忩忙であつたであらう。それは兄摂政と肩をならべて僧界最高の貴族として宮中に奉仕する、華やかな日常であつたことは疑ひないところである。

慈円七十年の生涯の一半は、後にもまたみるやうに、宮廷生活であつた。そしてそれは、慈円の楽しみとする所であり自得する所でもあつた。その点に於て一般の貴族出身のいはゆる高僧と何等異る点は見出されないのである。

慈円が修行時代に於て「聖」の生活に理想を感じ、山中の生活に深い執着を覚えて交衆に踏み切れなかつたことは、上に見たところであつた。が、その後、一旦世間的活動へと踏切るや、特に兄の慫慂によつて九条家の為に祈りつゞけて一路邁進してこゝに至つたのであり、また他をかへりみるに遑なきが如くであつた。

外面的・皮相的に観る限り、まさにその通りであり、とくに、摂籙家中で立ちおくれた九条家が、極めて短い期間にその不如意の立場を清算して俄に順境を開いたに伴つて、慈円の地位も世間的に躍進した。それは、兼実の慈円にかけた大きな期待のみごとな結実であつた。そしてまた慈円自身にとつても、嘗て山中の聖としての修行をあとに交衆に踏切つた、あの日の「仏法興隆」の目標の一の達成であつたことはたしかである。が、さらに大切なことは、慈円がここで思ひを新たにして、来し方を回顧して、あらためて未来への新しい道をさぐり始めてゐることである。即ち九条家上昇期たる文治二年からこの建久三年ごろまでの慈円の和歌が、その生活乃至は心情について以上の様な意味での二つの面の著しい対照を示すものとして極めて興深い。

その第一は、任子の入内決定、入内、およびその後の宮廷の生活をえがいた明朗・華麗な一群の詠であつて、即ちその少からぬ例は上に示した所である。その二は、これとまさに対蹠的な一群である。それは、華やかな世間的栄達顕貴に対して批判的・反省的なものであつて、心の奥深くにそれが抗ひがたく逆流してゐることを示すものであり、しかも歌数に於て多く、力に於て圧倒的である。

たつねいるまことのみちをしらぬまは　雲井のつるにのるよしもかな　（六七二）

は、文治三年、宮廷生活に入る直前のものであるが、やがて来るべき雲上の生活がまことの生活と縁遠いことの予想であらうか。さらに、

身はかりはさすかうき世にめくれとも　心は山にあり明の月　（九九五）

の一首は、その心境を積極的に示してゐる。これは建久元年、恰も任子立后の祈りに従つてゐたころの詠である。また翌二年のころ、

山里に心はかりはうつりゐて　なにとかまよふうき身成らん　（一五二六）

春をへて身はよそなから青柳の　いとふへき世に心みたれぬ　（二一一一）

と、現実に地位の向上するに反比例して愈ゝうき世のいとはしさを痛感してゐる。また同じ頃、

河竹のおきふしおもふことやなに　いかてうき世にたちはなれなむ　（九六九）

世の中をすてはてぬこそかなしけれ　思しれるも思しらぬも　（二一〇二）

世に立ち交はり、得意の境に在りながらも、これを厭ふ心が常にわだかまつてゐた様がよくうかがはれる。建久五年座主在職第三年のころの次の詠にも、同じ思ひは益ゝ熾であつた。

をし返し思しるかな世の中に　なからふるこそうき身成けれ　（一九九〇）

いかにして今まて世には有明の　つきせぬ物をいとふこゝろは　（一九九六）

なにゆへに此世をふかくいとふそと　人のとへかしやすくこたへん　（二〇〇〇）

内心と外相とのかかる扞格は、畢竟、自己心中のことであつて、人のはかり知る所ではない。みだりに人に語るべきことでもない。ことに慈円の場合の如き振幅のひろさは、就中、ひとの窺知を許さぬものがあつた。而して慈円にとつて、この感はとくに深いものがあつた。曽て、若いころ（二十二、三歳）、

うき身にはしゝまをたにもえこそせね　思あまれはひとりこたれて　（一三六）

と詠じてゐる通りであり、彼が一生の好伴侶にえらんだものは即ち和歌であつた。彼の歌はかくて「ひとりごと」が多いこと、独白に「心のうさ」を訴ふるものの多いことが特色として浮び上つてくる。

千代ふともとけてやゝまむ結ひつる　身のうき事はいはしろのまつ　（九六一）

身のうさに人のともをはなれきぬ　まかきの竹よ我をいとふな　（九六八）

なにことをおもふ人そとひととはゝ　こたへぬさきに袖そぬるへき　（九九二）

たえず己をみつめて之を解剖分析し、自ら問ひ自ら答へることを通じてまことの道、まことの自己を求めることは、若い修行時代からの彼の特色としてすでに屢ゝ見てきた所であつたが、それが、世間的地位・名声の向上によつて少しも鈍磨することなく、却て愈ゝ尖鋭犀利を加へてきてゐるのである。しかし一方に於て、前にみた様な青年時代特有の感傷的な反省、不毛の詠歎は漸く消えて居り、代つてこれを超克する健康な努力が兆してゐるやうにみえることは、この期の新しい特色として注目に値しよう。

都にもなをやまさとはありぬへし　心と身とのひとつなりせは　（一四九八）

の一首は建久元年のものであるが、内外の矛盾、理想と現実との扞格を現実に即して処理して行かうとする姿を示してゐる。さう解することによつて、恰もこのころの彼のうちに一の大きな転機の見出さるゝを感ずる。

建久五年、四十歳は任座主以来三年、恰も大乗院を供養した年であるが、この四十歳のころの感懐をのべた詠が、いづれも従来の長い体験の回顧と反省とに立ちつゝ、これを何等か新しい転換への資としようとしてゐる迹をとゞめてゐる。

椎葉のしはしとおもひし世中の　四十の冬に成にけるかな　（一七九八）
よそちまてうれへのをにはつなかれぬ　さてわれゆるせすみ吉の神　（一六二三）
四十まてころもはかりはぬきかへて　心はおなし卯花のさと　（四六一〇）
世の中のふかきあはれをしりながら　よそちはすきぬ住吉のかみ　（一六一〇）
へにけりなよそちの秋はをみなへし　色にそめてし心かへらて　（一二四二）

経にけりな浅ちの末《か京本》の夕露を　心にかけて身は四十まで　（一五四〇）

いづれも、出家の道を何十年か貫いて行きついた一境地にしばし停まっての回顧と感慨であるが、同じくうれへといひ、うの花といひ夕露といふも、青年期の詠を支配したさし迫った思ひつめた調子は消え、世の中のふかきあはれといふ一語にも、現実を冷静に客観視してゐる趣がうかがはれる。出家以来の修行と体験は教学・信仰に裏づけられ、顕密の思想は実践を通じて検証せられ、この両面は相率ゐて彼の人格・思想形成に馳せ参じてゐるのである。「世の中のふかきあはれ」の語を以て、顕教の煩悩即菩提、世間相常住、密教の六大無礙、即事而真に究極する信仰の世界に擬することも、必ずしも無稽ではないであらう。

位山みねにはちかくのほりゐぬ　なをこえすともたち帰りなん　（一九八四）

建久五年第一回座主時代の一首である。若い頃からの目標に到達した、一段落のよろこびと安堵とがみられる（但、下句の意味は如何に解すべきか、なほ充分の理解に到達し得ない）。

建久六年、頼朝と相語つたのは慈円四十一歳の時のことであつた。このころ慈円が摂籙からいはば独立した一箇の慈円となつた趣は、前にみた所である。このことは、右にうかがつた精神的方面、その思想信仰の内面的充実とも相応ずるものがあつた。この期の、右に引いた和歌は、さういふ面を教へてくれるのである。

第十二章　九条家勢力の退潮

九条家の執政と栄達とは、任子の入内につながるべき外戚政治の予想と、関東政権の支持との二本の柱に支へられてゐた。が、この予想の挫折と、そして反対勢力の成長によつて、十二年にわたる九条家の執政は終焉を迎へねばならなくなる。

文治五年から建久六年までの間の兼実の第一の関心は任子の入内、立后、御悩祈禳、御産の御祈りにそゝがれたのであり、これをうけてその中心に立つて精誠を致したのが慈円であつた（『拾玉集』後記所収「祈禱修法一覧」建久元—六年条参照）。兼実は、任子を光明皇后に擬し、藤氏の繁栄の濫觴が光明皇后に在つたことを回顧して、

吉祥御願御本尊早速出来給、（中略）今為二中宮御沙汰一被レ奉二造立一、尤珍重也、此事濫觴光明皇后御願也、我氏繁花之起以二彼皇后一為レ始、今当二中宮后位之時一、再造二立霊像一、実機感時至者歟、南円堂不空羂索、余又造レ之、藤家之中興、法相之紹隆、竊在二此時一者歟、（『玉葉』建久三年正月十日）

と、興福寺金堂の本尊として光明皇后の佳例により吉祥天像を刻んで、かの藤原氏の盛時をこゝに再現しようとの意気込みを示したのである。

然るに建久六年八月十三日、中宮任子が皇女を産んだ（昇子、春華門院）ことによつて、この意気込と希望とが一挙に挫折せしめられた。『愚管抄』がこの時の兼実の想念を伝へて「殿（兼実）ハロヲシクヲホシケリ」と云つてゐるのは、

簡潔なだけに却てその胸中を思はしむるものがある。なほ『三長記』建久六年八月十三日（即ち皇女誕生の日）の条に「抑日来皇子降誕之由、或有二霊夢一、或依三偏天下一同謳二哥之一、亦御祈等超二過先御例一、修法及二卌壇一（御祈等目録在別）其外不レ可二勝計一、寛弘以降藤氏后妃無二此儀一、今有二此事一定皇子御歟之由世推レ之、今如レ此、頗以似二遺恨一」とある。兼実の家司であつた三条長兼（『玉葉』文治三年三月三日）のこの感情は兼実のそれを伝ふるに近きものであらう。四十壇に及ぶ祈りといひ、寛弘以降后妃なきの藤氏祖先の先例に対してこの度こそと思ひつめたことといひ、ここにも兼実の心情がよくうかゞはれる。この十一月、今はなき長男良通のあとをついで二十七歳の壮年を以て二男良経が内大臣に任ぜられたが、兼実としてはこれを率直によろこぶ心のはずみをも喪つてゐたであらう。

宿望破綻に直面して極度の失意の境におかれた兼実に対して、この時大きな衝撃が加重された。同じ十一月一日、天皇の第一皇子（為仁親王）が政敵源通親の養女在子によつて生れたことである。在子の実父前法勝寺執行能円は平氏と縁深く、平氏の都落とゝもに西国にも赴いてゐた人であるが、その妻高倉範子が、娘在子とゝもに留京中に通親がこれと結婚したのであつた（『愚管抄』）。

源通親は、村上源氏を代表する政治家として、兼実と殆ど時代を同じくし、平氏時代から宮廷政治に活躍し、後鳥羽院時代の政界に確固たる地歩勢力を占め、鎌倉時代を通じての村上源氏の繁栄の端をひらいた手腕家である。長く兼実とも接触交渉を重ねたのであるが、この後鳥羽天皇の時代に到つて遂に正面衝突をみるに到つたのである。

抑ゝ村上源氏が、とみに宮廷政治の表に大きな勢力としてその姿をあらはすのは、院政期からである（『中右記』康和四年六月二十三日）が、この勢ひが通親に於て一の頂点に到着したかの観がある。

通親は頗る政治的手腕を備へ機略に富み、権勢をめざして平素あらゆる努力を惜しまず、現実主義に徹した政治家であつた。彼は常に与党的立場を確保して落伍者の地位に甘んぜず、権力の推移交替における即応転身の早さは、人の目を奪ふものがあつた。平氏の興隆に際会するや、早くこれと結んで積極的にこれを支持した。平教盛女を娶つてゐるのはその一である（『尊卑分脈』）。治承三年十一月の政変に、関白基房流罪等の大変で、人々が「心神迷惑、東西不覚」といふ中で、「関白藤氏長者中納言中将等停任」、また「内大臣ニ従二位藤原朝臣基通、関白ニ同人、氏長者同人」と冷静に宣言して清盛の政策に直ちに同調してこれを執行してゐる冷徹な態度は、その代表例にあげられよう（『山槐記』治承三年十一月十六日）。通親はこの政変で関白になつたばかりの基通の許に赴いて文書内覧を促してゐる。基通が、そのことは勅定に在りと答へると、「依㆑事可㆑待㆓勅定㆒、此答不㆑足㆑言、天下弥暗然、無㆑術之世也」と基通の不決断を嘲つて、全面的に清盛の方針への追随を迫り、勅定をさへ憚らなかつたのである（『玉葉』治承三年十二月四日）。しかし平氏が都落するや、勿論都に留つて爾後後白河院の近臣として重要な地位を占め（『玉葉』建久二年六月二十六日）、後鳥羽天皇の践祚にも努力してゐる。義仲についで平氏が亡び平氏の人々がとらへられて、還京した時、平時忠以下の流罪が議せられたが、その議定の上卿の座に坐つたのは通親であつた（『玉葉』元暦二年五月二十一日）が、この頃の彼の関心は、頼朝との間の関係の調整に早くも移つてゐたらしい。文治元年十二月の頼朝の院への奏状が朝廷の改造を奏請したとき、兼実の内覧とならんで通親を議奏の一員に加へてゐるといふ事実のうらに、頼朝の京都・宮廷へのばした触手とならんで、通親の関東への運動が並行してゐたことが想像される。文治初年以来、九条家時代の開幕以後にも、彼は後白河院・近衛家と固くむすびつきつつ、次の飛躍に備へてゐたらしい。建久二年四月一日の除目に、頼朝の腹心である大江広元は明法博士・左衛門大尉に任ぜられた。文筆の士として明経たるべきも、明法博士は先例なく、大尉は近代には稀とせられたが、その叙任は通親の推挙によるものであつた（『玉葉』建久二年四月一日）。兼実はこの格はづれの叙任を非難して、たとへ推挙があつても本人が辞すべきだ、と広元を「師子中蟲如レ食二師子一」と罵り、そしてこの推薦は通親が「追従の為」にしたことだと嘲つてゐるが、通親の頼朝への接近を狙つてゐる様子が、目にみる様である。

通親の京都政界宮廷にのばした触手が漸く九条家を包むかに見えたころ、これと呼応する如くに頼朝の側からの動きも、九条家に対して漸く変調を示してくる。建久元年第一回上洛の際には頼朝は兼実との固い協力を誓ひ、相ともに政の淳素を期した。九条家と頼朝の間は水ももらさぬ交りがつゞくかに見えた。が、建久六年第二回の上洛に於ける頼朝は、また前日の頼朝ではなくなつてゐた。彼の関心は今やその女の入内に集中されてゐた。その為には、彼は兼実をさしおいて、その政敵である丹後局・源通親に接近して、以て入内問題の好転への尽力を期待した。丹後局は前にふれた通り後白河院の寵女である。第一回入京の時とひきかへて、頼朝の兼実への贈物は馬二匹といふわびしいものであり、兼実が「甚乏少為レ之如何」（『玉葉』建久六年四月一日）といぶかつてゐる程であつた。頼朝がその女の入内の希望から源通親に接近しようとした（『愚管抄』）ことが、忽ち、触手をのばしつゝあつた通親の利用する所となつたのである（赤松俊秀氏「頼朝とその娘」『史学雑誌』第七二編一〇号、参照）。

九条家の勢威の頓挫に引きかへ、建久七年三月、在子の皇子誕生、通親の外戚の地位の確立とゝもに、これを拠点として、長年築いてきた通親の反撃態勢が遂に現実の威力を発揮する。建久七年十一月、通親は丹後局及び局の所生の承仁法親王と協力して兼実を排し、兼実はこゝに関白・氏長者を停められ、弟太政大臣兼房及び座主慈円も罷められ、また中宮任子も宮中を退出した。この政変が兼実側にとつてはとくに唐突であり、且つ不自然であつたことは、『三長記』同二十五日の記述にも徴することが出来よう。

関白詔事、上卿土御門大納言（通親）・右少弁親国・蔵人佐朝経等奉行、大内記宗業・大外記師直参仕也、今朝以二頭右兵衛督一令二辞申一給云々、不レ被レ進二御上表一云々、抑殿下（兼実）以二伊尹之曩行一奉レ佐二万機一給、世属二静謐一政及二淳素一、忽納二邪佞之諫一退二忠直之臣一（中略）於戯悲哉々々、巷説縦横記而無レ益、可レ以レ目耳、

代つて近衛基通が関白・氏長者となつた。慈円は御持僧をも辞し、巻数を進じ御本尊を返進した。あとを襲つた座主承仁親王は梶井門跡出身であつた。

関東の幕府も、この政変を傍観して一指をも加へ得なかつた。蓋し、上述の通親との接近の結果であつたかと思はれる。それが九条家と関東政権との関係の全面的変化を意味したか否かは別にしても、このことに対して、慈円が深い不満をいだいたことは疑ひない。後年（承久元年頃）彼が西園寺公経に送つた書状（後述）に、頼朝には二の咎があつた、大神宮・鹿島の御約諾を知らぬこと、そして他の一は「摂籙之家を不レ用しはやと之心発て候し也」と云つた。後者は即ち右のことをさしてゐると思はれる。

この政変を通じて通親の目的は完全に遂げられ、また近衛家の執政が実現して、通親はその下に実権を握つたのである。

思へば、この建久七年の政変、朝政の転換は、極めて重大な歴史的転換であつた。といふのは、この後承久までの二十五年間は、五年間の九条良経の執政時代はあつたにもせよ、結局、京都・宮廷における親武家派は勢力を失つて反武家派が政界を制し続けたのであり、そしてそのまゝ承久乱に突入してゐるのである。

第十三章　後鳥羽院政(一)

――祈禱と和歌――

建久七年の政変後二年の建久九年、後鳥羽天皇は位を四歳の土御門天皇に譲つて院に入られる。かくて後鳥羽院時代に入るのであるが、恰もこのころから、関東の形勢が俄に一変し、その変化動揺が直接間接京都の中央政局に微妙な影響を与へてゆくのである。

院政開始の翌正治元年、頼朝が急逝した。二代将軍頼家、ついで三代将軍実朝が嗣立したが、この二代の間はとくに幕府の動揺期であり、他方から云へば執権政治の胎動期に当つてゐる。頼朝没後の正治二年における権臣梶原景時の謀殺、その後六年目の将軍頼家の横死を皮切りとして、幕府草創の功臣権臣の旧勢力の打倒、それに代る新勢力の進出、それをめぐつての新旧諸勢力の集散離合がくりかへされて、その渦中に北条氏の権勢の強化、執権政治の確立といふ一つの強い流れが貫いてゆく。頼朝没後二十年間、関東はかうして内紛にあけくれたのであり、その結果はおのづから京都にとつて武家勢力の圧力の減退を意味した。京都の平和の回復、社会秩序の一応の確立に一息ついた公家貴族にとつて、その自負と自信とを回復する余裕と機会とが与へられた。後鳥羽院政はさういふ空気の中に展開し、さういふものを象徴する意味をも備へてゐたのである。

土御門天皇の外戚として通親は実権を握らんとしたが、院は独自の方針を以て進まれ、ことに近衛家と九条家とに対してつとめて公平の態度を示され、以て両勢力の間の緊張の緩和を期待せられたのである。『愚管抄』は――親しくその政治に接した慈円は――その点を指摘して、

カヽル程ニ院ノ叡慮ニサラニ〱ヒカ事御偏頗ナルヤウナル事ハナシ、タヽ思召モ入ヌ事ヲ作者ノスルヲ、エシロシメササトラセ給ハヌコソチカラヲヨハネ、カヤウニテアレト内大臣良経ハ内大臣ハサスカニイマタトラレヌヤウニテヲハセシヲ、院ヨク〱思食ハカラヒテ右大臣頼実ヲ太政大臣ニアケテ正治元年六月廿二日ニ任大臣ヲコナハレニケリ、兼雅公辞退ノ所ニ左大臣ニ故摂政（良経）ヲナシテ近衛殿ノ当摂政ナルカ嫡子（家実）当時ノ殿ヲ右大臣ニナシテ通親ハ内大臣ニ成ニキ、

通親は九条家の権を奪ふに成功し、剰へ兼実流罪をさへ提議した（『愚管抄』）程であつた。さすがにそれは沙汰やみに了つた。併し他方、通親は九条家に対して柔軟な態度を示してゐることは、このころ、良経・慈円等としきりに後鳥羽院の御歌会に列してゐたことにも知られ、「サル程ニツネニ院ノ御所ニハ和歌会・詩会ナトニ通親モ良経モ左大臣内大臣トテ水無瀬殿ナトニテ行アヒ〱シツヽ、正治二年ノ程ハスキケルニ」といふ有様であつた（『愚管抄』）。また通親の猶子として入内された在子即ち承明門院の実母範子の妹兼子の夫藤原宗頼は、つとに兼実の家司として仕へてゐる（『玉葉』文治二年四月二十八日等）といふつながりも、九条家と土御門家との間の一の通路としての役割を果したことと思はれる。慈円が「九条殿（兼実）ノ左右ナキ御後見宗頼ハ大納言ニテ、コノ卿二品（兼子）カヲトコニテアリシヲイミシキ事ニテ九条殿ハアラレケリ」（『愚管抄』）と云つてゐるのも、その辺を指摘したものと思はれるが、要するに、通親が九条家に対して硬軟両様の方針を使ひわけしてゐる様子が想はれる。

建久七年十一月以来籠居して、門流の充実に専念してゐた慈円のもとに、正治二年正月二十八日、突然、院使を賜

はり、北斗法を修すべきの命が下つた。慈円は、御請の旨を奉答してゐるが、慈円に親昵してゐた藤原定家はこれをみて、「天下事不思議多」(『明月記』正治二年正月二十九日)と、情勢の唐突の変化をいぶかつてゐる。この祈りは、二月五日慈円が宮中に参じて行つてゐる(『玉葉』)。この直後二月十八日、良経が五年の籠居からはじめて院に出仕して拝謁して居る(『玉葉』正治二年二月十八日)。こゝに到る経緯は明らかでないが、慈円の御祈りは九条家の政界復帰の前ぶれであつたのである。そしてこの時以後慈円の命ぜられた祈りは、修明門院御産・順徳院立坊等のためであつた(正治二年四月八日、同八月十九日、『華頂要略』『門葉記』)ことをみても、この慈円の起用が通親の方寸に出たもの、それと関連があつたものと想はれる。

その意図はともかくとして、慈円にとつてこの事の最も大きな意義は、慈円が祈禱生活に再出発したといふ事実に存する。爾後承久役まで二十年間そしてさらには乱後の数年にわたる慈円の、院や朝廷をはじめとする有力者の為の祈禱の活動が、こゝに開けるのであり、それはまた「仏法興隆」の宿願達成の、最も本格的な面を構成するものでもあつた。

通親は、九条家を政権の座から追放し、右手に近衛関白を擁してこれを操縦し、左手をのべてひそかに九条家の意を迎へて之が利用につとめている。一方、院の意に投ずるに最も力を用ゐ、水無瀬の荘麗な山荘に屢々院を迎へてゐる。而して自らは内大臣に到り、子弟またこれに伴ふ宮廷進出を見るなど、三面六臂の活動は着々とその効果を奏しつゝあつた。然るに建仁二年十月二十一日の通親突然の死によつて、局面が一変する。その死後二ケ月にして良経が摂政となつたことは、もはや通親を憚る必要なく「我意ニマカセハヤ」(『愚管抄』)といふ後鳥羽院の意志が堰を切つて流れ出したことの、最初のあらはれであつた。

院の御配意によつて、良経の摂政となり九条家の勢力の復活の兆があらはれたが、九条家には続く人物なく、良経は廟堂に孤立状態であり、のみならず太政大臣藤原頼実は長年の九条家との対立関係を代表してゐた。頼実は経宗の子。経宗は兼実の二十年間の右大臣時代の左大臣として相対立してきたのであるが、その対立は年齢・官位相ちかい頼実・良経の二人に引きつがれると共にまた次第に深刻化してゐたやうである。とくに頼実が、後鳥羽院の権臣高倉家と結んで摂籙九条家と対抗したことについては、後にふれる。

かくて宮廷での九条家勢力の復活の気運のきざしたころ、建仁元年二月、慈円は座主に補せられた。第二度の就任である。前座主弁雅の死闕を襲うたのであつたが、その推進力は恐らく後鳥羽院であつた。兼実はすでに昔日の勢力なく、建仁二年正月には出家を遂げてゐる（五十四歳、『明月記』『猪熊関白記』）。政界・廟堂における九条家のこの寂寥に反比例して、慈円の九条家に占める地位と任務とは、相対的にも絶対的にも大きく重くなつてゆくの観があつた。第二度の任座主の翌々建仁三年二月には、僧正を経ずして権僧正から大僧正に任ぜられた。初例である（神田本『慈鎮和尚伝』）。かくて、年齢・経歴・威望・識見いづれに於ても、もはや九条家に庇護されるよりも九条家の大黒柱となつて行つたのは当然である。とくに一族の協力者を欠く廟堂の良経、そしてその弟など幼少な後継者は、いづれもこの桑門の叔父の絶大な支援をうけるのであり、政界での九条家の勢力は、今後慈円の力を除外しては考へられないのである。

『新古今和歌集』の成つたのは、元久二年、恰も良経摂政の第二年に当つてゐる。この集の成立は政治的にも文化的にも極めて深い意義をもち、当時の公家文化の端的な象徴であつた。恰もこの頃、良経と慈円とは、院の第一の和歌の伴侶として院に常侍してゐたのである。そのことについて慈円は自ら、「山ノ座主慈円僧正ト云人アリケルハ九条殿(兼実)ノヲトヽ也、ウケラレヌ事ナレトマメヤカノ歌ヨミニテアリケレハ摂政(良経)トヲナシヤウナル身ニテ必参リアヘト御気色モアリケレハツネニ候ヒケリ」(『愚管抄』)とのべてゐる。『新古今集』成立を中心とする前後十年、即ち良経摂政時代から次の近衛家実摂政時代の初年にかけて、院と慈円との関係、その最も重要な一面をとらへてゐる叙述であるが、それについて、いま少しく具体的に観察してみたい。

慈円の院との結びつきは御持僧となつたことに発してゐるが(前述)、この祈禱による以外、これに劣らぬ大きな力となつたものとして、和歌が注目されねばならぬ。

慈円は今日に多くの和歌をのこし伝へてゐる。その最も多くの歌をまとまつた形で伝へてゐるのは家集『拾玉集』であり、就中歌数の多いものとして『青蓮院本拾玉集』をあげなければならぬ(多賀稿「拾玉集諸本の成立」『史学雑誌』第六七編四号、なほ多賀著『校本拾玉集』解説にも収む)。それは五九一七首の歌を含んでゐる。その中から他人の詠五〇三首を除くと、慈円の和歌は五四一四首となる。これらの歌の詠出年代に就いてみるに、大体二十歳より入滅の前年七十歳まで、凡そ五十年間に亘つてゐる。もとより歌の多少は時期により繁簡あり一様ではないが、とにかくこの長い期間を通じてそれは慈円の公私の生活と心境とを精細にえがき続けてゐる。彼の詠の王座を占めたものは当時の歌壇に氾濫してゐた花鳥風月にあらずして、むしろ人間的なものゝ面白さである。人の生活と人の心、その微妙な動きと変化、そこに結ばれる思索と反省、思想と信仰。彼の歌は概して云へば、さういふ心の動きに即したものであり、自然よりも人間を、そして人間の心の直接的な発露を中心としたとすべきであらう。

はなと月と思わたして行くこゝろ　これもさとりのはしとなるらん　(六〇九六)

花をおしみ月をまちしもつゐにさは　三世の仏のをしへなりけり　(四八五八)

わが国は和ことのは法なれは　思ひつらねていのるとをしれ　（五〇三四）

などをみてもうかがはれるやうに、彼の歌は生活と自然と信仰との坩堝であったといってよい。浄几の前に正坐し、晴の歌会に法衣を正して沈思することよりも、むしろ、忩忙の日常生活の場そのものが、彼の本来の歌筵であったとさへ云へよう。今日に伝はる歌の少からぬ部分が、修法や儀式の忙しい合間に、念仏に疲れて一息いれる間の慰みとして、おのづから浮んだのであった。その意味で彼にとつては行住坐臥が歌筵であり、人との交渉、神仏への訴へが歌の材料であり、そして特に人に伝へがたい、微妙な心の隅々を照し出し推し出すことにこそ、歌の本領があった。後にもみる所であるが、彼が生涯の事業の一として祈禱の道場「大懺法院」を建ててその起請を草したとき、その寺規の一条ごとにその趣旨をよんだ歌を挿むことを忘れず、それについて自ら「本願沙門不レ捨二和歌一」とことわつてゐる。彼の歌には法楽歌が多かつた。報恩講・舎利講・阿弥陀講等の諸講の法会の興行は、彼のもつとも力をつくした所であつたが、それらの講演は必ず歌を以てかざられた。宮中の寒の御祈り、四天王寺絵堂の九品往生図にも和歌を添へたこと、墓参葬送がまた詠歌の場であつたことなど、挙げ来れば凡そ慈円在る所和歌在りといふべきであつた。彼にとつては歌は作るといふよりも口を衝いておのづから発するものであり、殆ど出る息にも比すべきものであつた。彼が速詠の大家であり、またそれを無邪気に誇つてゐる（『拾玉集』第一冊、百首奥書）ことも、この生活即和歌の趣を端的に示すものと云つてよい。同じく歌人といふも一字一句の措置洗錬に鏤骨の労ををしまず、一首一首に生命を刻み込むやうな、所謂歌人的態度とは正に対蹠的である。「とさまかうさまにてはつや〳〵いらせらるへからす、能々心をすましてその一境に入ふしてこそ稀にもよまるゝことは侍れ」といひ、また「朦気さして心底みたりかはしき折は、いかによまむと案すれとも有心体出来す、それをよまん〳〵としのき侍れはいよ〳〵性骨もよはりて無正体事侍なり」といふ定家の場合（『毎月抄』）と較べると、その対照は余りにも明瞭である。

みなひとにひとつの癖はありとそよ　これをは許せ敷島の道

が伝へ（『正徹物語』）どほり慈円の作であるか、或は『白氏文集』（人皆有一癖、我癖在章句）にもとづく仮託の説話であるかは別として、まことによく歌人慈円の真をゑがいたものといふべきであらう。

慈円が歌壇に登場し、人々に認められたのは何時ごろからであつたか。『拾玉集』に於て初期のものは嘉応・承安ごろ、慈円（道快）二十歳前後のものであると思はれる。その実例二、三は先にみた所である。文治三年（慈円三十三歳）に成つた『千載集』がその詠九首を収めてゐることは、次の時期の一つの目安になる。撰者藤原俊成は、これより先、治承元年の藤原清輔の卒後（『玉葉』治承元年六月二十三日）、清輔に代つてしば〳〵兼実邸に出入し、兼実邸の歌筵の指導者として仰がれてゐる（『玉葉』治承二年二月二十六日、治承三年二月三十日、同十月十八日、同二十日、寿永二年三月十九日）。慈円は恐らく、これらの関係を介して俊成と交はつたかと思はれるが、建久（三十六歳―）以前、両人の間にはすでに親交が結ばれてゐた。建久三年、慈円が住吉百首を詠じた時、俊成はこれをみて、

神もいかに心にそめててらしけむ　御法の後のことのはの色　（一七〇四）

の一首を贈つてゐる。建久四年には俊成の許へ「倩思禅門（俊成）長㆓此道㆒欲㆑貽㆓十首贈答歌於後代㆒」と消息して十首歌の贈答を行つてゐる。また同六年には俊成よりその子成家の官位昇叙の事につき、兼実への仲介を慈円に依頼するまでに相親しんでゐる（『拾玉集』）。俊成の子定家との交はりも早く、文治五年（慈円三十五歳）のころの百首歌の贈答も今日に存してゐる（『拾遺愚草』）。寂蓮とも文治三年秋のころ、兼実の出題について相共に百首を詠じてゐる。かくて俊成・定家・寂蓮等との歌の上の交はりは、凡そ文治ごろにはすでに成立つてゐたことは明らかである。

後鳥羽院を中心とする歌道興隆時代、いはゆる新古今時代の開幕に当る正治・建仁以後（慈円四十五歳以後）頻繁を極めた院の歌御会に、慈円の列しなかつたことは稀であつたといつてよい。建仁元年七月には院中に和歌所の設置を見（『明月記』建仁元年七月二十六日・二十七日）、慈円もその寄人に加へられた。この年にはその尨大さに於て比類を見ない「千五百番歌合」が仙洞に催されて、慈円も作者及び判者として加はつてゐる。院のもとに開かれた歌御会は凡そこの頃が最盛期であつたと思はれる（多賀著『校本拾玉集』所収「慈円の参加した後鳥羽院の御歌合一覧」参照）。

青蓮院本『拾玉集』第一冊表紙

文明３年筆写。現在最古であるだけでなく，その由来の明確，本文の正確において，最も信頼しうる。とくに現存本中最も多くの歌数（5917首，流布本は4617首）を有するので，慈円研究に欠くことができない（京都青蓮院蔵）。

院が極めて多能多芸でゐられた中にも、和歌に於て天成の風骨を得られた、列聖中の名家であつたことは周知せらるゝ所である。夙に御持僧として親しく宮中に奉仕した慈円は、また和歌に於て院の形に添ふ影となつた。その状を早くも看取して、藤原定家は建仁元年四月二十六日の記（『明月記』）に「座主（慈円）又自レ昼祗候給、和歌事被二仰合一歟、近日無雙相物ニ御座」と評してゐる。慈円の一生にとつて最も華やかな、院との和歌の上の交りの世界が既に展開してゐるのである。

〔註〕右の『明月記』所見の「相物」の語は意味明瞭を欠く。一写本は「桐物」ともよめる字体を示してをり直ちに判定しがたい。

「相物」ならば『愚昧記』安元二年十一月十五日条に藤原邦綱のことを述べて、「邦綱卿日来在二備前国一、今日上洛、但不レ帰二六条家一、在二相物家一（謂相物者則是実定卿妹公能公女也白川殿女房也）（中略）彼女房邦綱卿相物也」とあり、これによれば、相物は即ち愛物であり、愛する人物の意であらう。「桐物」ならば「キリ者・切者」の宛字として才気のある人の意であらうか。

元久二年（慈円五十一歳）『新古今集』が撰進された時、慈円の歌の採らるゝもの九十首を超えて、数に於て西行に次ぎ、現存の人の中では首位を占めた。この集は定家等の撰進に係ることもとよりであるが、しかし院が一生を通じてその精撰に精魂を籠め切継切出を重ねられた（小島吉雄氏『新古今和歌集の研究』）ことを思へば、実質的に御撰とするも敢て誣言ではない。この一点よりしても、院の慈円和歌の評価が如何に高きものありしかは凡そうかゞへるが、なほ『後鳥羽院御口伝』の慈円評は右の評価を裏書するものと云ふことが出来やう。

近き世にとりては大炊御門前齋院、故中御門摂政（良経）、吉水大僧正（慈円）、これら殊勝也、（中略）大僧正おほやうは西行がふりなり、すぐれたる歌はいつれの上手にも劣らす、むねとめつらしき様を好まれき、そしてなほ、

されともよのつねうるはしくよみたる中に最上のものともはあり、

和歌所開闔にも任ぜられた後鳥羽院の近臣源家長は『源家長日記』一巻を今日に残してゐる。本書は凡そ建久七年から承元元年まで前後十二年に亘つての後鳥羽院の和歌と因縁の深い御生活を詳細に記録した回想録である。著者の地位・教養は、この方面に於て重要な資料を蒐集整理するに極めてふさはしいものがあり、その点に本書の第一の長所と特色とがみられる。

本書の内容は極めて多岐にわたつてゐる（石田吉貞・佐津川修二共著『源家長日記全註解』は四十項目に整理してゐる）が、その中でとくに院と慈円との贈答を中心としたものとしては、次の四項がある。

㈠院の寵愛の更衣尾張の死に関するもの（元久元年十月十九日逝去）　贈答歌、院十首、慈円十首
㈡水無瀬御堂供養翌日、尾張の死に関する贈答（供養は元久二年十月二十七日）　贈答歌、院九首、慈円七首
㈢九条良経の薨去をめぐるもの（建永元年三月七日薨）　贈答歌、院十首、慈円十二首
㈣慈円の遁世希望に関するもの（承元元年）　贈答歌、院十四首、慈円十一首

院と慈円との右の贈答のみに限れば、院の四十三首、慈円の四十首となる（本文に欠落が処々に存するために贈答の数が合致しないのである）。その贈答のいくつかを引いてみよう。

㈠は元久元年十月十九日、院の寵愛の更衣尾張がなくなった（『明月記』）時のものであるが、院より、

なけかしと思ひとりにしこゝろには　かはらすなからぬるゝ袖かな

慈円のかへしに、

おもはしと思ふおもひはそれなから　ぬるらん袖よわれいかにせん

また院の御詠に、

わすれなん中々いまはと思ひつゝ　すくる月日のうらめしのよや

かへしに、

これまてもこふるわか身をたのまなん　君はわすれよ我はわすれし

㈡もまた同じく尾張の死に係はるものであるが、元久二年十月二十七日、水無瀬に創造せられた御堂の供養が行はれた、その翌二十八日に贈られたものであつた。それは恰も尾張の一周忌に相当してをり、院はこの日、また涙を新たにせられたのである。

木の葉ちる奥山里に住居して　こゝろにものを思ふころかな

君ならてたれにかつけのをまくらの　かゝる涙のよるの思ひを

と院が贈つてゐられる。慈円はこれに対して、

なかむらんおなし空より時雨きて　山里ならぬ袖もぬれける

と院の御悲しみを分つてをり、また院より、

思ひいつるおりたく柴のゆふけふり　むせふもうれしわすれかたみに

に対して慈円が、

おもひいつる折たく柴と聞からに　たくひしられぬ夕煙かな

の有名な贈答もこの時のものであつた。

なほ院が、

名はくちぬこけのしたにもうれしとや　とふらふかねのをとを聞らん

と故人を弔はれたに対して、慈円からも、

聞人の心は空になりぬなり　のてらのかねのをとそかしこき

やすからぬ身とそ成ぬるあひかたき　のりにあふ身の山田もるころ

と弔意を表してゐる。

以上が院の御悲しみをめぐる贈答であつたに対し、㈢は慈円側の歎が中心になつてくる。良経の薨は建永元年春三月七日、良経は原因不明の突然の死をとげる。廟堂における九条家の唯一の人物といひ、和歌の道の好伴侶といひこ

の賢姪を喪つた慈円の悲しみと失望とは言語に絶するものあり、同じ悲しみを頒たれた院へのうつたへと院からの御見舞とが相ついだのであつた。慈円から、

つのくにの難波も蘆の身を尽し　こやうき事のしるしなるらん
春のよの夢にをとろく名のみして　さめぬは人のこころなりけり

院の御かへしに、

つの国のあしかりけりな頼みこし　人もなきさにいとすみうき
おほかたのうき世を夢としる人の　なけれはこそは袖をほすらめ

また慈円より、

これそこの世のことはりと思へとも　たくひなきにはねをのみそなく
かりのみちをふかくさとらぬ人は皆　あさましとのみ思ふなりけり

と、仏道の理に随つて諦念しようとする心と、それにも拘らず襲ひくる深い悲しみとの矛盾をうつたへたに対し、院より、

かたくに袖そぬれゆく大方の　よのことはりをしるにつけても
法の道をさとる心はしかやあらん　猶うち山のうらめしのよや

と、亦この悟りに到ることの如何に難いかを示された。二人の心に同じ一つのものが通つて、強くむすびつけてゐる様がよくうかがはれる。また慈円が、

春の花秋の月とてなかめしを　その友いかに恋しかるらん

磯上ふるき道こそかすみぬれ　しるへは野への露ときえにき

とたてまつつたに対し、院が、

その友の内にや我を思らん　恋しき袖の色を見せはや

ふるみちのしるへは露ときえしのに　一人のこりて袖ぬらすころ

と返されたのは、とくに歌の友を失うた悲しみであらうか、ここでも二人の心はしつかりと結び合はされてゐるのである。

㈣の承元元年、慈円が遁世しようとしたに対して院が惜まれ、慈円が答へた約十首の贈答は、二人の間の絆がいかに強いものであつたかを示す最もよき指標である。この年の慈円の「遁世」の事情・時期など詳細は明らかでないが、『一期思惟』に、

（前略）一々願求所レ賜二身暇一也、移二住西山一五十三歳也、籠二居西山一之後、去年所レ補之天王寺別当譲二真性僧正一了、首尾五年中三年之間頻□（有カ）二勅喚一、大法秘法御祈出レ自二西山一勤仕、

とあるは、五十三歳の時の西山籠居をさす。即ち前年建永元年に大懺法院を完成し、年来の願を一応なしとげたあとの一休息時期であつたと同時に、この四月五日、兄兼実の喪に遭うてゐることとも或は関連するかと思はれる（後述）。

慈円遁世の暇を乞うたに対して、院は強くこれを慰留せられた。

つの国のなにはも夢の世の中に　いとと住うき風の音哉

をしかへし猶世中を歎く間に　思いれたるくれの空かな

君かくて山の端ふかくすまゐせは　ひとりうき世に物や思はん

院の深い愛惜にこたへて、

猶てらせひとり此よに君ををきて　山のは思ふ心深さを

さても猶山端思ふみちはよな　君そしるへの限りなるへき

と、籠山の後にも深く君を頼み奉るの誠心を披瀝し、なほ院より、

うきことはいつくも同し空の月　都の山にしはしやすらへ

の優詔を賜はつたに対しては、

君か代をさしも思はぬ身なりせは　すこしもよそにおもはさらまし

もろともに野への露とや消なまし　君か恵のはるにあはすは

君かとふそのことのはにかかりてそ　うき身の露はきえのこりぬる

今日までもうきをみるへき我身かは　こともをろかに君をたのまは

と、君恩の深きを謝してゐる。また慈円より、

君かためみやこの山にやすらひて　なくさめかねつ春の夜の夢

と奉れるに対し、院より、

これもさそなくさめかねしこの春は　いまさらしなの月やすみけん

と賜はつてゐる。一心同体、函蓋相応、君と臣、法の師と資、の水ももらさぬ間柄、一日もはなれがたい心が、こゝにあげた贈答のみならず、こゝに割愛したこの時の贈答の全体をつゝんでゐる。この時のこの種の贈答は、こゝにのせたゞけでなく、「これならすかた〴〵のよすかにつけてゝいひかよはすうたとも多く聞え侍し」云々と、家長もその一

隅を挙げたにすぎないのである。

以上、㈠から㈣にわたる院と慈円との間の贈答は、いかにもしつとりとした心のつながりを示してゐる。上下君臣関係にありながら、同時にそれを超えた一種の人間的な関係、敬重と親愛と信倚の熱い脈管が通つてゐた。建久のはじめ以来こゝに十五年、慈円の護身と祈禱とそして和歌と、三のものが渾然としてつくり上げた一の世界に、院と慈円とがつゝまれてゐるのであつた。これは今後承久初年まで続いて時とともに濃やかになつてゆく、院と慈円との関係の序幕でもあつた。この世界で離れがたく結びついてゐた院と慈円との間の、昂まりゆく親昵敬愛の、四半世紀にわたるその関係を、『慈鎮和尚伝』（神田本）は、

自二建久之始一至二建保之終一廿六箇年之間、我君（後鳥羽院）一向致二師檀之芳契一、万端無二繊芥之相隔一、我君之憑二和尚一省三澄什之出二朝廷一、和尚之仰二我君一如三竜虎之従二風雲一、建二立大成就院一勤二修顕密大小善一日夜朝暮祈二請天長地久之御願一、造次顛沛欣二慕四海八埏之太平一依レ之世反二羲農之世一、民同二堯舜之民一、

とたゝへてゐる。『伝』のこの文字が、院と慈円との、この期間における関係の理解に如何に正鵠を得てゐるかは、また後に多くの具体的事例を通じて実証せらるゝであらう。

今や慈円の前に新しい世界が開けてきたのである。天台座主の顕職を経歴し、今上の護持僧となつた。祈禱の精誠の年を累ぬるうちに生れた、離れがたい君臣・師檀の関係は、深い人格的契合にまで昇華してゆくとゝもに、歌道の絆がさらにこれを深め強めた。それは九条家の政治的失脚も遂に阻むことの出来ないものとなつてゐた。慈円にとつての「仏法興隆」の宿志の新しい姿での顕現であるとともに、さらに次の本格的活動がこれを舞台として歩を進めてゆくのである。

第十四章　仏法興隆㈠
——門流整備——

建久七年の九条家の政治的失脚とゝもに、慈円は九条家の庇護を離れて、その活動の拠点は専ら青蓮院門流にうつる。そしてその後五年の第二度の座主就任の後は、即ち後鳥羽院との間に展けてきた新たな世界での新たな歩みであつた。これらの動きは、彼が一生を前後の二部に分つ、大きな転機をなしてゐる。

養和元年門跡相承以後、建久七年まで十六年、門流の維持発展につとめてきた慈円は、夙にこの門流の後継者の養成につとめてきてゐる。即ち彼は兼実の子良尋をその門に受容して、その教育に力を注いでをり、やがてこれを後嗣に擬したのである。

兼実の子良尋が慈円の室に入つたのは文治元年八月二十七日、良尋九歳のときであつた（『玉葉』同日）。翌年文治二年四月のころ慈円は重病に侵され、門跡附属の状を兼実に送つてゐるが、それは即ち門跡を良尋に附属するとの趣旨であつた（同九日）。ついで建久二年九月以後三昧院検校を良尋に譲つてをり（『門葉記』『華頂要略』）、建久七年十一月、座主辞任の直前には良尋に両部灌頂をさづけてゐる（『三長記』『華頂要略』）。正治元年八月、慈円は大病に侵され最後を覚悟した程であつた（『明月記』正治元年八月十四日）。歿後の起請を記して良尋に与へたのはそのためである（『華頂要略』）。

以上、良尋の慈円に入室以来の両人の師資関係は約十五年に及び、その間極めて順調であつた。慈円が良尋の教育に心をくばつてゐた様は、今に伝へられる抄物等によつてよくうかゞはれる。従つて当然良尋が、後継者たることが予想されるやうな状態であつたのであるが、建久元・二年の交に到つて、突然――いま充分に事情を詳にしえない後世の我々にとつては突然――急角度の変化を生ずる。建仁二年七月、良尋は慈円のもとから逐電し（『明月記』同三日、八日、『華頂要略』）、そして建永二年十月二十五日大峯に入り、天狗となつて入滅したと伝へられた（『青蓮院伝』『華頂要略』『門葉記』）。

慈円と良尋との、この奇怪にして不幸な結末とそこまでの経緯は、断片的に知られるだけであり、その乖離の根本原因が何であつたかは知るよしもない。が、それは何等か関連があるかと思はれる史料をあげておきたい。

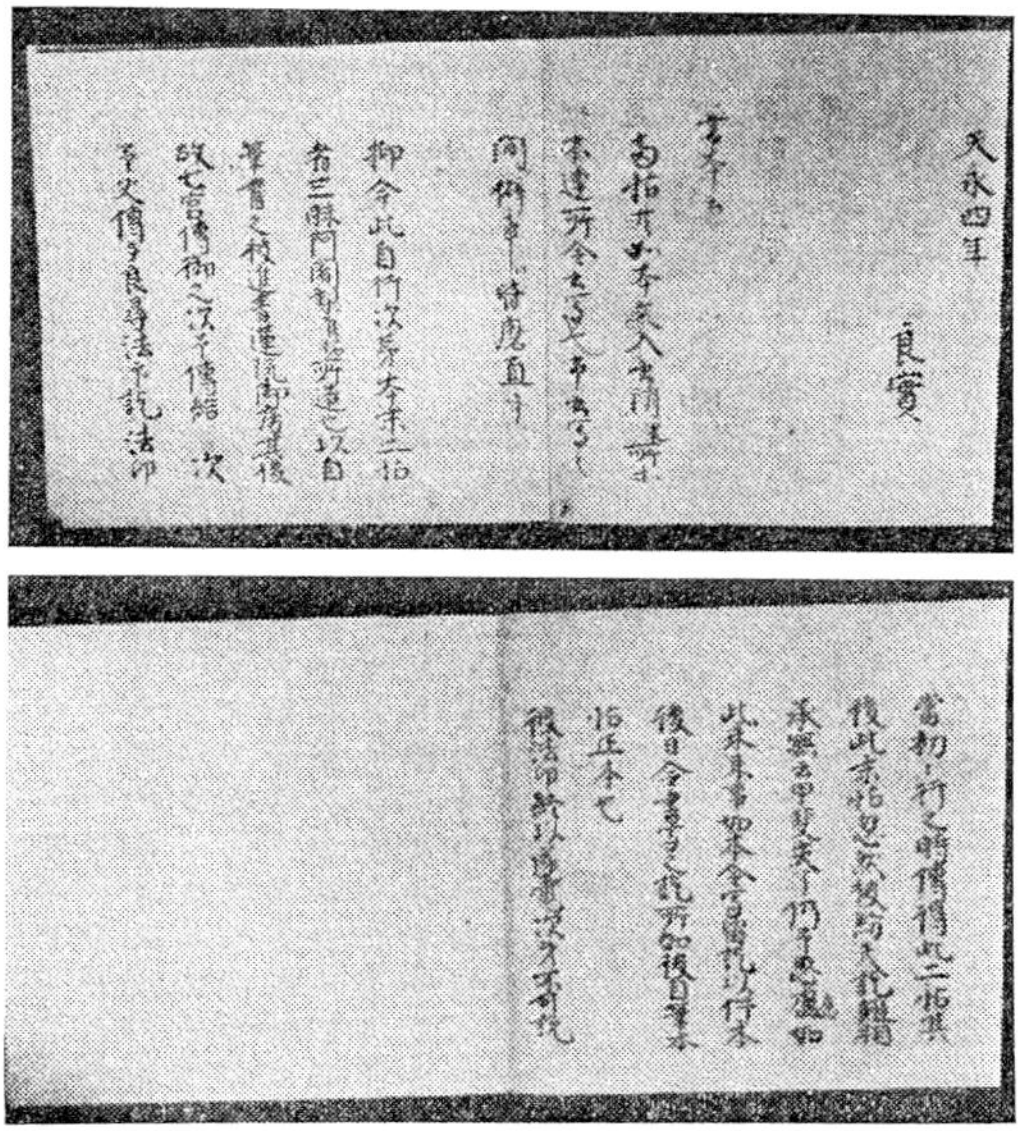
南谿蔵蔵本『護摩雙林寺 三昧流』慈円奥書

比叡山東坂本に存する南谿蔵は、『護摩雙林寺 三昧流』と題する写本を蔵してゐる。内容は不動明王を本尊としての行法を説いたものであるが、その奥書に次の文字がみえてゐる。

抑今此自行次第本末二帖者三昧阿闍梨良祐所造也、以二自筆一書レ之被レ進二青蓮院御房一、其後故七宮伝御之次予伝給、次又予伝二与良尋法印一訖、法印当初々行之時伝二得此二帖一、其後此末帖忽然被二紛失一訖、雖二相承一無二云甲斐一失了、仍予思二慮如レ此

未来事一如レ本令二写留一訖、以二件本一後日令二書写一之訖、所レ加二彼自筆本帖正本一也、
彼法印終以遂(逐)電次第不可説、（下欠）

こゝに「予」とあるは慈円なること疑ひない。右によれば、この抄物は良祐の所造で、行玄・覚快・慈円と伝へられたのであつた。慈円はこれを資良尋に伝へた、然るに良尋は之を紛失してしまつた。慈円はまことに云甲斐なく感じたが、こんな事もあらうかと、あらかじめ書写しておいた一帖があつたので、それによつて補ふことが出来たのである。最後に良尋が逐電したことが記されてゐるが、その事がこの聖教の紛失と直接関係があつたか否かは明らかでない。

良尋の離房の理由も原因も明らかでない。『華頂要略』は建永二年十月二十五日大峯に入滅したといひ、或はそこで天狗になつたといつてゐる。が、その記述は、『門葉記』（五十）所収の、慈円自草の良尋追善の次の表白によつてゐるのであらうか。

第五悔講次第

（中略）

表白之中別願旨趣　和尚御筆

今日此作善者、故法印大和尚位聖霊《ニ》廻向《ス》、彼聖霊者不慮捨二師跡一而離別、不レ期発二狂心一而逐電、推二之冥《ニ》一法爾之宿業也、図二之顕《ニ》一自然之悪縁也、其後大峯生巌難行苦行云〻、但雖レ欲二帰二来禅室《ニ》一不《シテ》レ帰、以猶下泉、計知《ヌ》、宿縁之所レ尽冥感勿論歟、自レ爾以降迎二忌辰一無レ人三于問二後生《ヲ》一入二魔界《ニ》一有レ便三於発二悪念《ヲ》一云〻、仏子訪二先規《ヲ》一雖レ非二無如此之例一、悲二逆縁一専可レ住二済度之心《ニ》一也、然則以二五悔称揚之功力一切二妄執之綱《ヲ》一以二一座追福之廻願一備二抜済

之業、
已上其詞如レ斯、当時門跡恒規十二月六日、此講勤行者彼法印忌辰也

謂ふ所多く抽象的で正しくとらへにくいが、或は慈円が悔悟の情を漏せる如くであり、おだやかな詞のうらに複雑な関係を思はしめるものがある（多賀稿「慈円と良尋」『史学雑誌』第七十編第八号参照）。

良尋の離房によつて慈円には、あらためて門流の後継者を選定する必要が生じたのである。

門流の後継者の選定に腐心し、門流の整備につとめつゝあつた慈円にとつて、そしてまた門流にとつて、重要な問題として、次に勧学講の問題があつた。それは先に、第一回座主時代に草創し発足した所であつた。慈円が第二回目の座主時代（建仁元年二月—建仁二年七月七日、四十七—四十八歳）前後に於て早くも、その運営は必ずしも円滑ならず、種々の抵抗に遭つて、その前途は楽観を許さなかつた。この新しい経験によつて、慈円はのち承元二年、自ら「勧学講縁起」を草してその開創の精神を明らかにし、その後の運営状況にてらしつゝ、その規定を確立して方向を示した。なほ起草年代不明の「勧学講由来」（『門葉記』所収）をものこしてゐるが、この二つによつて、我々は、草創及び初期時代の講の概況を推すことが出来る。

講は慈円の第一回座主時代に円滑に発足した。が、彼の辞任後それは忽ち不振乃至は停頓の危険にさらされた。その原因は慈円の座主辞任後に座主となつた承仁・弁雅に講興隆の意志なく（「縁起」）、弁雅は勧学講の費用を叡山千僧供の費用にまはさうといふ大衆の意見に耳を傾けた。時の権臣源通親は、さすがに之を非として抑留した（「勧学講縁起」「勧学講由来」）。

座主の交代とゝもに講の基礎が直ちに動揺をみたことは、慈円に一の教訓を与へた。慈円が第二度目の座主となる

や、これを復活し、米千石を講にあてゝこれを実施したのであつた。

後に詳説するごとく、当時叡山には梶井・青蓮院両門跡の対立きびしく、あらゆる点で争つてゐたが、座主の地位の争は、就中その焦点をなしてゐた。かくて一門流の座主の起した事業が、他の門跡出身の座主に円滑に引きつがれ運営されることの期待は極めて薄かつた。従つて建仁二年、座主をゆづるとき、慈円は弟子実全法印を無理に座主とし、勧学講は門跡の事業として継続した（「由来」）。但しこの人事は、その為に慈円が諸権門に賂したと噂された（『明月記』建仁二年七月九日）のみならず、実全の補任は実全自身が意外とした程不自然なものであつた（同十日）。一方、当時後鳥羽院の護持僧であつた真性僧正は座主就任を望んで院に泣いて訴へたが及ばなかつたといふ（同九日）。

慈円はこの講を門跡の沙汰としようといふことは、決して私意に出づるものではないと「由来」にことわつてゐる。また、門跡につけようとするのは仏法学習にとつて大切な講を護る為であり、座主につければ講は跡方もなくなるであらうとも云つてゐる（「由来」）。また次の座主、梶井門跡の承円を慈円の弟子とし、この講を門跡から離して座主に附すればよいといふ意見もあつた、とものべてゐる（「由来」。但し「由来」はこゝで下文を欠き、以上に対する慈円の意見や解答は示されてゐない）。

「天台勧学講縁起」――それは、勧学講の起源・由来とその後の運営の経過と、そしてその規定、即ち「起請七箇条」を含んでゐるが、この「縁起」は先にのべた様に建久六年九月（草創）以後十四年間のその実状を観察した結果にもとづいて承元二年二月に起草したものであり、その末尾の「（無動寺）検校前大僧正法印大和尚位」の署名によつて知られる通り、当時座主でなかつた慈円が、無動寺検校として起草し規定したものであり、即ちこの講を以て、無動寺を管する青蓮院の所管経営に帰せしめてゐるのである。

勧学講について、良経は慈円に次の一首を贈つてゐる（『続後撰集』釈教）。

前大僧正慈鎮、天台座主になりて勧学講とい
ふことをおこし行ひ侍りけるをきゝて遣はし
ける　　　　　　　　後京極摂政前太政大臣

磨くなる玉の光のかひあらは　君かみ山の道はくもらし

勧学講は、今後引つゞき開講せられてゐることは『門葉記』（勤行一）によつて知られる。即ち、弘安・正応等のころの活動の一班が見られる。また『勘仲記』永仁二年正月十四日条にその名のみえてゐることも、恐らくこの頃それが行はれてゐたことを示すものであらうか。

第十五章　仏法興隆㈡

——天下泰平の祈り——

第二度の座主就任の前後、具体的に云へば、正治二年四十八歳で朝廷の為の祈禱が再開され、建仁二年座主（第二度）となり同三年権僧正から大僧正に直叙された。かくて慈円は天皇・院をはじめ宮廷に接近して寵用を蒙り、下つて九条家一門の信恃を得、他方、青蓮院門跡の威望と将来とをその双肩に担つてゐる。この大なる輿望のもとに愈々「仏法興隆」の素志の実現に立向つたのである。

建仁四年は改元して元久元年となつた。彼は後年（「貞応元年十二月慈円願文」『伏見宮御記録』利七二所収、二九八頁以下に全文を収む）この元久より承久三年までの十八箇年を以て、天下泰平の時代として推し、「彼十八箇年無為無事治天下、豈非二此祈願効験一哉」「十八箇年無為、是寔大成就院勤行之勝利也」と、これを己が祈禱の法験に帰してゐる。即ち元久は大懺法院建立（後述）の年であり、十八箇年は同院のための祈禱の継続せられた期間であつた。その故にこの十八年間に仏法興隆の大願が達成され天下泰平が実現したといふとき、彼における「祈禱」とは抑々如何なるものであつたか、をかへりみておかねばならない。

世の中に山てふ山はおほかれと　やまとはひえの御山をそゆ《い》ふ　（一〇八九）

建久元年（慈円三十六歳）の詠であるが、慈円は叡山こそは仏の正法を受けた、仏法の淵叢なることを誇つてゐるので

ある。また翌二年に、

末をくめわか山河のみなかみに　御法のふちはありとしらすや　（一五一四）

また晩年にも、

わしの山をとにのみきゝし峯なるを　うつすひしりの跡の有明《ける本》　（六〇〇二）

も、同工である。

この仏法の淵叢なる所以を、慈円は、『愚管抄』にやや具体的に説いて、

コノ御時（桓武天皇時代）延暦年中ニ伝教弘法ト申両大師、唐ニワタリテ天台宗トイフ无二無三一代教主釈迦如来ノ出世ノ御本懐ノ至極無雙ノ教門、真言宗トテ又一切真俗二諦ヲサナカラ一宗ニコメタル三世諸仏ノ己証ノ真言宗トヲバコノ二人大師ワタシ給イテ両人灌頂道場ヲオコシ天台宗菩薩戒ヲヒロメ後七日ノ法ヲ真言院トテ大内ニタテテハシメナトセラレタルシルシニテヒトヘニ侍ナリ、ツヽキテ慈覚大師智証大師又〱ワタリテ熾盛光ノ法尊勝王法ナトヲヽコナイテ君ヲマモリ国オサマリテ侍ナリ、

釈尊出世の本懐としての法華（止観業）に、空海のもたらした真言宗を配し、また、円仁・円珍の密教をあげて叡山の遮那業に中心をおき、真俗二諦の一如を説き、これに叡山独自の菩薩戒を配して叡山仏法の大綱を説明して、そこに当時の天下泰平の因を指摘してゐる。

最澄立教の三本の柱といふべき一乗仏教、大乗戒、鎮護国家（『学生式』）の思想のうち慈円に於て最も顕著に伝承され活されてゐるのは鎮護国家の立場である。即ち慈円はこれをうけついで、「熾盛光ノ法、尊星王法ナトヲヽコナイテ君ヲマモリ国オサマリテ侍ナリ」（『愚管抄』）といふ通り、密教の祈禱によつて王法を守るといふところに、彼にとつて

の叡山仏法の精髄があつた。わが国は嘗てはそれがそのまゝに行はれた「メテタキ国」であるとされてゐるのである（『愚管抄』）。

叡山の理想と歴史とは実にかくの如くである。これに照してみるとき、今日の現状はどうであるか。今や仏法は衰へてなきが如く、仏法の正脈を誇る叡山であるだけに、その悲況はことさら甚しきを思はしむるのである。

法の水のあさく成行すゑの世を　おもへはかなしひえの山寺（五四四〇）
すてにきゆる法のとも し火かゝけすは　猶うかるへきやみとこそ見れ（五四八九）
うき身をはなきになすともいかにせん　其ゆへきゆる法のとも し火（四九七六）
日にそへて我たつそまの山川に　法の水こそこころほそけれ（二八〇四）
かゝくれときえ行法のとも し火を　わかみやまへになけくころかな（四一六六）
神よ如何に心にもあらぬ山風に　またきえぬへき法のとも し火（二三一八）

衰滅に瀕してゐる叡山仏法、それが慈円の現状認識であり、かくてわづかに消え残る法燈をついで、再び耀かすことに自己の使命を見出してゐた。

わか山にのこるとも し ひあはれなり　きえはてぬさき猶かゝけはや（五三四九）

正法の血脈をうけつぐ力は、たゞ「仏法ノ中ノ深義ノ大事ヲサトリテ菩提心ヲオコシテ」（『愚管抄』）ゆくところに存する。菩提心は、凡夫は凡夫ながらに仏と同じ命をもつといふ自覚である。この衆生本具の心を自覚するところに仏道がある。慈円が出家して先づ不動に祈つたのも菩提心であつた。寒暑を凌いでの山中孤独の修行も、三十年にわたる法華の読誦も、たゞそれをのみ恃んだものであつた。

これそさはうき身をやかて仏そと　心えつへき心ちこそすれ　（一五九三）

凡夫たる我も、本質に於て仏に外ならず、とするは菩提心の自利の面を示してゐる。頭燃を払ふ勇猛精進を以て向上の一路を辿る自利心は、また必然に一切を済はんとする利他に通じなければならぬ。自利利他は融合相即によってはじめて全きを得るのであり、而して心地の向上、修行の進歩に応じておのづから利他行を表とすることも必至である。

うき人もみなわかこそといふ人や　仏なきよのほとけなるらん　（四一九三）

日をへつゝたみの草はの枯行に　めくみの雨をいかてそそかむ　（一九八一）

神も見よ仏もてらせ人しれす　法のためとてけふまてはへぬ　（二三八〇）

君もきけこれそ懐を述ること　のりをひろめて人をたすけむ　（一九七七）

いつかわれくるしき海にしつみ行　人みなすくふあみをおろさむ　（六七六）

等はいづれも利他活動に属する。いはゆる祈禱は即ちこれらの利他のための具体的方法であった。心に仏を念じ口に真言を唱へ、而して手に印を結び三業をとゝのへて仏力の加持を祈る自らの姿を、

朝夕に袖にかくして結手の　うき世のつなをとかさらめやは　（二二八一）

と詠んでゐる。

叡山にのみ伝へられてゐる釈迦の正法を普ねく布くべき方法としての祈禱は、具体的に何に向って如何に施さるべきであらうか。

慈円が祈禱を以て朝廷に奉仕したのは、その一一の祈禱をみれば明らかな様に、その殆どは院のため、或は后妃・

将軍等のため、要するに直接的には個人的なものであつた。が、この師壇関係は、本来ひとり個人の世界に跼蹐するものではなく、叡山の本来の精神に於て、それは即ち国家と叡山との師檀関係を意味し、即ちそのまゝに一切群生の為の祈りでもあつた。「住二持仏法一、利二益国家一、接二引群生一、後生進レ善」といふ四百年前の最澄の精神（『八条式』）が、今、慈円に於て「民の草葉」に「恵の雨」をそゝがんといひ、「法をひろめて人をたすけん」といふ、衆生のための祈願となつてゐるのであつた。この二にして一なる関係に於て、先づ「利二益国家一、接二引群生一、後生進レ善」の面について考へてみよう。九条家が頼朝と結んだ最大の直接の理由が、都の餓孚救済と秩序回復とにあつたことは、先に見た所であるが、慈円の、天下泰平を希求する点に於て、決して人後に落ちるものでなく、むしろこの時代的要請を、自己の地位にふさはしく、自己一身の責務として進んで負荷しようとするところに、その生涯をかけるの慨があつたとさへいひ得よう。後年の起草（貞応元年、六十八歳）であるが、いはゆる「大懺法院再興願文」（『伏見宮御記録』利七二、二九八頁以下）冒頭に「先悲二王法之衰微一、鎮愁二仏法之澆薄一、而間観二吾日本国近古一、仏子受生七十年以来、一向乱世也、久寿第二暦乙亥歳出二母胎一了、二歳秋七月内乱、国中興二悪政一、其後怨霊在二王臣一、々々懼二怨霊一」とあり、この乱脈亡状を匡救せんとして、大懺法院等の伽藍の建立につくしたとのべてゐる。即ちこの乱世ををさめて泰平を致して常没の衆生を救済することに彼の一生の大願を托したことは明らかである。

即ち慈円によればわが国は、保元乱以来武士が横行する乱世になつたのであり、爾来度重る乱の為に非命に仆れた無数の犠牲者、上下といはず有名無名を問はず、而もその多くは無辜の人々であるが、これに対し如何に対処し、また何を以て酬ゆべきであらうか。

抑〻かゝる乱が起り、引きつづいてやまないのは何故であるか。この現在の内乱が、無辜の怨霊の凝つて醸し出したものであるといふ慈円のこの信仰は、また彼のみならず時人の一般に信じて疑はない、時代の信仰であつたのであり、これを宥め済ふことこそこの乱を鎮める第一の方法とされたのであつた。而してそれは朝廷が徳政善政を施された時に期望し得るものとして君主と為政者との反省と奮起とを促し、また仏法を以てこの徳政を扶けるとゝもに不慮終命の輩の霊を弔慰し怨念を消滅せしむべきものとした。当時の国家的仏事は勿論、僧侶たちの法会の少からぬ部分は、こゝに捧げられるのを常としたのである。たとへば、保元乱の戦勝者は、崇徳上皇の配謫、その地での崩御、及び左大臣頼長の戦死に大きな衝撃をうけた結果、これを慰めるべく安元三年七月、讃岐院を崇徳院とし、院のたてられた成勝寺に御八講を行ひ、頼長には贈従一位太政大臣の御沙汰があつた（『愚管抄』）。下つて寿永三年四月十六日には院及び頼長のために、もとの戦場に社壇をたてゝその霊を慰めた（『愚管抄』）。院や頼長の怨霊をおそれ、その慰藉によつて世の乱逆をさけようとする気持は、当時の政治家たちを初めとして世間一般のものであつたことは、「天下乱逆連々無二了時一、是偏依二崇徳院怨霊一之由世之謳歌」（『玉葉』寿永二年閏十月二日）「近日天下之乱偏保元怨霊所為之由有二夢想等一」（同、文治二年二月十八日）などの語に明らかである。文治三年三月、後白河院が高野山に院宣を下して平氏の冥福を祈らしめられた（『高野春秋』『勅書綸旨院宣類聚』）のも、建久八年関東の幕府が八万四千基の塔を全国に分与して供養せしめ、以て保元以来の亡者の冥福を祈つてゐる（『北条九代記』『進美寺文書』）のも、『平家物語』が「平家の怨霊にて世のうすへきよし申あへり」といつてゐるのも、かゝる怨霊信仰が一般のものであつたことをよく示してゐる。

政治家にとつては怨霊が多く個人的・政治的であるのに対し、僧侶に於ては当然、一般的・思想的であることに特徴がみられる。養和二年三月のころ、叡山の僧顕真及び智海、大原の湛教の三人の勧進で如法懺法を行つた。右大臣兼実もこれに結縁したのであつたが、この懺法の趣意は「広為レ利二群生一也、殊又為レ直二天下之乱一、又為レ消二戦場終命之輩怨霊㆒也、其外廻向可㆑任㆓各〻意趣㆒云々」といふにあつた（『玉葉』養和二年三月十五日）。また元暦二年七月九日、京に大地震があつた。平生兼実の許に出入してゐる仏厳上人の云ふ所によれば、これは「衆生罪業深重」によつて天神地祇が怒をなしたのであり、また源平の乱によつて死亡の人が国に満ちた為であり、その罪業の報いなのであつた（『玉葉』元暦二年八月一日）。同じころ、慈円は笠置寺の覚快法親王の墓に詣でた。兼実は二部の写経を托してかの墓地に埋めさせたが、その一部は「近年合戦之間死亡候輩、奉㆑始㆓先帝㆒至㆓于大官㆒十（マヽ）為㆓出離㆒也」といふ目的であつた（『玉葉』元暦二年八月二十三日）。この類のことは挙げるに殆ど遑ない。

以上を通観すれば、慈円の祈りは、叡山の鎮護国家の精神を今日に活したものであることは至ふまでもないが、それは個人、即ち国家社会の代表的・指導的な個人に関する部面と、ひろく衆生を対象とする場面との、二つの面をもつた。彼の仏法興隆の核心は即ちこの二つの祈りを以て、天下の泰平と個人の息災招福とを実現するに存した。然らば彼がこれを如何にして具体化して行つたかは、以下に見ようとする、彼の生涯を代表する活躍時代の中心課題とされねばならない。

第十六章　仏教興隆㈢

――大懺法院――

建永元年三月七日、摂政九条良経が謎の頓死を遂げた。死因には種々の噂があつたが、結局不明である。この偶然は宮廷の勢力関係にとつて大きな意味をもつた。就中、以後十五年に亘つて、承久乱近くまで引きつゞいて近衛家（家実）の執政時代であつたことが注目される。これに対して、政権への直接の足がかりを喪つた九条家の勢威回復のために、慈円が援助の手をさしのべたことについては後にふれたい。

九条家の宮廷でのこの凋落期は、しかしながら、慈円の上に於ては、恰も活躍期に当つてゐた。従来の長い公私、世・出世にわたる活動によつて蓄へられた力がこゝに集中し発揮される。出身・地位・職位・経歴・年齢・威望、これを内から支へる学解・信仰・識見にふさはしく、教界の第一線に立つその名は宮廷をはじめ中央政界の大きな存在であると同時に、関東にもその名を馳せてゐた（『吾妻鏡』）。就中、後鳥羽院の親昵と信任とは彼がその手腕・力量を具体化すべき直接の手がかりであり、今後の活動は直接これを起点として推進せられるのである。

かの下山交衆の後、彼の活動の主な拠点が師から譲られた白川の三条坊であつたことは前に見た所である。九条家の為の、やがて朝廷の為の祈禱活動において、この自房はたびたびその道場となつたが、活動の発展に伴ひ、また時宜により、或はまた祈禱の種別特色などに随ひ、さらには願主との関係によつて、自房以外の道場がえらばれる場合が多くなつてゆく（前述）。山上の無動寺、都の兼実邸、西山の静房（観性の房）、宇治平等院やがて院御所・禁中といふ如く道場はつねに不定であつた（『校本拾玉集』所収「祈禱修法一覧」）。

祈禱の道場がかく不定であるといふことは、とくに祈禱者にとつて少なからぬ問題を含んでゐたことゝ思はれる。文治二年十月、兼実は良経の任大臣の祈りを慈円に依頼した。慈円はその為に不動法を修することとなつたが、家中に修法の為の適当な場所がなかつたので、近辺の人の家をかりて壇所とすることゝし、修法の雑具は職事の兼時が運ぶことゝなつた（『玉葉』文治二年十月二十一日）。また建久二年五月、中宮任子の御祈りは宮の御所で行つたが、壇所は宮邸の二棟の廊の東庇を以てこれにあてた（『玉葉』同二日）という。

これらの例が示すやうに、本来、修法の為につくられてゐない箇所に祈禱壇を設けることは極めて煩はしく、不便であり、ことに当時の密教の祈禱は、儀軌によつて厳重に規定され、大小多数の法具と複雑な準備とを要求されてゐるため、これを絶えず移動し運搬しながら整備する煩ひは殆ど堪へがたいものがあつたと思はれる。とゝもにかゝるいはゞ間に合せの壇所に呼ばれてゆくことは、祈禱者の威望の上からも望ましからぬことであつたことは充分察せられる所である。南都・北嶺をとはず、当時の高僧が、朝廷・貴族と交渉の深い人々がとくに、京に自房をかまへ壇所をもつこと次第に多くなつてゐる様子がうかゞはれるのも、一には右の様な事情が伏在してゐた故と思はれる。

三井寺の増誉の壇所が大炊御門堀川の冷泉院のうちにあり（『中右記』寛治八年七月八日）、天台座主良真の房が「西京房」とよばれたのも都の中であつたからしい（『中右記』寛治八年九月一日）。貴族出身の僧侶にとつて、山中寂莫不便の生活は好ましくないといふ事情もまた、或はこれに加はつてゐるでもあらう。ことに寒気きびしく雪ふかき叡山の上に生活するよりも、都の壇所の好もしいことは言をまたぬであらう。慈円の、

雪ふかし心もふかし山ふかし　とひくる人のなきぞうれしき　（三四二〇）

も叡山をうたつたものであらう。とひくる人なく静寂を楽しむは平生のことであつて、祈禱繁忙のときは宮中貴族との交渉も多かるべく、ことさらに風流を求めて不便を忍んではゐられない。当時も叡山が雪ふかく生活に不便であつた様子は『中右記』寛治八年正月二十日条の次の記事がよくこれを示してゐる。即ち、叡山の僧の話として、この十二月・正月のころ、山上は積雪数尺にも及び、僧房がくづれ、下人が多く命をおとした、といふ。老僧の談では七十年来の雪だといふことであつた。

慈円が祈禱の専門道場として新たに一寺を建立しようとする念願と計画とに対して右の如き現実が強い推進力となつてゐた。事実、慈円は自ら次の様に説明してゐる（「大懺法院条々起請事」『門葉記』二、建永元年草）。

大熾盛光法者年来思惟之志専雖レ在二惣持院道場一、大師所レ鑒於二末代一行事尚難二相応一者歟、月満即虧、人盛必衰、蓋此謂也、依レ之或始就二平等院本堂一興二行之一或於二法勝寺金堂一勤二修之一、而為レ其建二一院一付レ彼定二行事一、

即ち道場を転々として換ふることの不便さを痛感し、これを常置せんとする念願は、いはゆる仏法興隆の理想の実現の端緒でもあり、そして漸くこれを具体化すべき気運を迎へてゐたのである。

慈円の生涯の事業とも生命ともいふべき祈禱のために、専門道場を創建する計画とその着手進行の経緯は明らかにされない。恐らく建仁二年七月第二度の座主辞任の前後から具体化したと思はれる。即ち慈円は、師覚快法親王よりはじめて譲り与へられた有縁の房地、三条白川の地に、朝廷の御祈願所として「顕教堂」と「真言堂」との二宇の堂を建立した。これが即ち大懺法院であるが、前者は法華懺法の道場、後者は大熾盛光法勤行の為の堂であつた。新堂成るやこれをめぐつて諸般の設備を整へ、大成就院と命名した。蓋し、仏眼信仰を説く瑜祇経第九、金剛吉祥大成就

品に因むのである。道場完成とゝもに慈円はこれを院にさゝげ、阿闍梨一口を置くことを認可せられたのは元久元年十二月三十日のことであつた（青蓮院本『慈鎮和尚伝』）。

慈円宿願の堂はかうして漸く成り、即ちここに本格的に祈禱が修せられる運びとなつたが、この堂は草創後わづか四ケ月にして他に遷移すべき運命に逢著した。即ち、翌元久二年四月、院の御命により三条白川の地は院の新しい御願寺の建立のために進上すべき命を蒙り（『華頂要略』）、慈円は御命を奉じて別に祇園の森の東方の吉水の地を卜してこゝにうつることになつた。即ち六月には大懺法院上棟の運びとなり、八月には移転を完了した（『華頂要略』）。

拮据経営、新たに成つたばかりの大成就院に、俄に移転命令が下されたことの理由は何であつたのか、一見不自然なその理由と経緯について、史料は全く沈黙してゐてこれを討ぬべくもない。院はこの地に最勝四天王院を建立せられたが、それが幕府討伐に関する院の祈願所であつたといふ『承久記』の噂の記事は、こゝに結びつけることが許されるか否かも疑問である。『愚管抄』もこれらのことに就いて一言半句触るゝ所なきは、却て疑惑を深めるものといふべきであらう。

かくして元久二年六月十六日、吉水の地に大懺法院上棟の運びとなり、同八月移徙の儀を行つた（『華頂要略』）。さらに翌建永元年七月十五日には、熾盛光堂の造営成り同法をこゝに始修してゐる（『華頂要略』『門葉記』『阿娑婆抄』）。顕密の最も大切な行法の道場の落成によつてこの伽藍の基本がすでにおかれたので、慈円は自ら筆をとつてこの新伽藍に関する長文の寺規を草した。即ち「大懺法院条々起請事」一巻である。

新伽藍の主要道場と寺規とはすでになり、祈禱も直ちに開始された。建永元年九月二十五日の北斗法、同十月十七日の法華法、翌承元元年三月二十二日の大熾盛光法（『華頂要略』）等が修せられている。が、この大懺法院・熾盛光堂が揃つて寺規も定められた建永元年七月以後、次の承元元年および次の承元二年半ばまでの約二年間は、一方これに伴ふ付帯工事が進められたかと思はれるが、また承元元年には兼実が薨じ（四月）、また良尋入滅のことあり（十月）、慈円の身辺おのづから多事であつた。加ふるに、この承元元年十一月四天王寺別当実慶の入滅の死闕として天王寺別当に補せられている（『華頂要略』『明月記』同十二月一日）。『明月記』によれば、それは慈円の所望によつたのではなく法皇より、辞退すべからざるの御沙汰を賜はつたのであるといふ。吉水の新伽藍の発足整備の準備に忙殺されてゐる最中の任命であり、また後にみるやうに、慈円は間もなく、この新伽藍をあとに四天王寺の経営に力を入れることになるのであり、これらの経緯にはなほ充分に解明しがたいものが存する。

かくて慈円は、かの主要道場落成の約二年後、承元二年十月に到つて、この伽藍、即ち大成就院の主要道場たる大懺法院の供養を行ふ運びに到るのである。即ちこの月二十四日、同院に院の臨幸を仰ぎ、慈円が一生の大願と信仰とを托すべき一大道場の草創を実現して、而してこれを院に捧げたのである。院はこれを嘉納せられたのみならず、この機会に進んで院の御愛子、五歳の朝仁親王を慈円の室に入れて之に托せられたのであつた。我々はこゝに、長年の院と慈円との間の、親昵と敬重の結びつきの一つの頂点を見ることが出来る。この翌々承元四年、慈円は譲状を草して、親王に慈円の門流と門流所管の寺院坊舎とその本尊、そしてこれに附帯する聖教仏具などを譲ること、さしあたり弟子増円・豪円をしてこれを管轄せしめ、宮の成長を待つべきことを定めた（「慈鎮和尚被譲進西山宮状案」『華頂要略』）。後に慈円はこれらの点について、「上皇仰云、宮々多御坐之中ニ殊被レ奉レ思者也、仍仁和寺之外雖レ無二其例一、始若宮之間令レ蒙二親王宣旨一御之後忽被レ奉レ渡二慈円門一訖」云々といひ、それに対して慈円は「勅定銘レ肝、志心無レ弐、云二当時一云二将来一深伝二持シ仏法一憐二哀シテ門徒一可下令レ継二法命一御上也」と感激の情をのべている（同上譲状案）。

慈円は先に兄兼実の子良尋を養ひ教育し灌頂せしめて門流をつがしめんとした。が、結局両人の間柄は円滑を欠き、良尋は離房して行方を晦ました。良尋を失った慈円はこゝに院の皇子朝仁親王を得て将来の後嗣に擬した。院との間の絆は偶〻一層強められることゝなつたのである。

承元二年十月二十四日、院は新堂供養に臨御せられた。院はこの日、関白家実にも必ずこの儀に参列すべきの御命を下された程であつた。当日はとくに長文の御願文をさゝげてその儀を厳飾せられたが、院がこの伽藍とその祈禱とに対する期待と敬重の程はこの願文に於て最も明瞭である。

御願文

側聞多陁阿伽度之和二応化一也、護二王化一而為二済度之始一古今刹帝利之臥区寓也、崇二仏教一而立二機務之基一、偉哉、仏法王法相須成レ俗者也、伏惟昔践二天子之位一今占二地仙之栖一授二照花於継体一、雖レ避二図録之尊一委二政李於眇身一未レ抛二利徳之栖一、花夷安否草次不レ忌(忘カ)、於レ是前大僧正慈円久為二師範一専祈二福祥一照二智鏡一而扶二膚(庸カ)昧一勝二於鑒レ古鑒レ今之鏡一瑩二戒珠一而勧二浄心一過二於照前照後之珠一、然間且見二濁悪□□一且察二衆生界之因縁一廻二深密之禅慮一修二清浄□□□一祈以二太上之長生一祈以二天下静謐一、遂乃綩二万城一之東第四街之南占二勝絶之地一排二観行之窓一、草樹春暖、如レ遊二丹霞洞之花一朝露(雲カ)水秋幽省入二玉泉寺之月夜一、加レ之崇岳左峙是(足カ)聞二中岳万歳之声一長河右流宜レ約二黄河千年之瑞一、今就二其結界内一早立二大懺法院一、三門四面阿弥陀堂一宇、奉レ安二置周半丈六阿弥陀如来像一軀等身観世音弥勒二菩薩像各一軀三尺慈恵大僧正影像一像一軀□□□旧像也、聊有二由緒一今以二伝持三尺不動明王□□□等像各一軀一、件二尊者新造也、殊課二奇肱一新顕二真容一、其仏後柱図絵普賢文殊二菩薩像、三間三面熾盛光堂一宇、奉レ安二置八尺金銅一字金輪種子一、召二乃貢於楊州一瑩二恵光於蓮宮一、薬師如来日光月光二菩薩十二神将不動明王兢伽羅勢多伽二童子毗沙門天王吉祥天女日吉大神本地仏菩薩像一字金輪仏眼北斗両界法花虚空会等五部曼荼羅、各彰二之丹青一安二其壇場一奉レ書二写金泥妙法蓮花経一部八巻無量義経観□□□弥陀般若心等経各一巻一、奉レ模二写素紙妙法蓮花経三十部二百四十巻開結二経阿弥陀般若心等経各三十巻一、此中種子経典等者為レ助二善願一為レ添二薫修一、殊下二制詔一所レ令二装餝一也、方今安寧宮中之月曜宿最上之日啓、正遍知応供法義即廻二雲輦一新臨二露地一、命二八元八愷之臣一助二一色一香之礼一、何唯隋文帝之帰二僧宝一也、幸二伽藍一而合掌、唐太宗之重二仏儀一也、佺槐棘而行香而已哉、況亦奏二楽舞於陶唐氏之跡一剰交二童作之妙（マヽ）一唄讃於（マヽ）一僧一、加二唱導之師一、今日之事、善哉善哉、仰願本尊界会顕密聖衆照視且誠成二熟白善一、今此院家素置二仏事阿弥陀堂一、則朝行二法華懺法一其次転二読経典一部一、夕行二西方懺法一、其次念二誦仏号千反（満）一日中奉三供養二一字金輪尊勝仏眼釈迦弥陀薬師等如来弥勒普賢延命文殊千手十一面虚空蔵地蔵等菩薩不動明王毗沙門天王等像一矣（マヽ）展二一鋪一而図二十五軀一以二一尊一而宛二十箇日一先令三已灌頂之侶二別修レ之開眼之法更喔二弁説之禅襟一聊展二讃嘆之斎席一、妙法蓮華経一品阿弥陀経二巻般若心経一巻、当二此稽首之次一同翹二開題之誠一、是長日之勤也、復次廿四日山王講晦日衆集行法、是毎月之勤也、復次阿弥陀之護摩（ナシ）之七日定二九月一而行レ之、舎利報恩会一日迎二三冬一而行レ之、是毎年之勤也、熾盛光堂則熾盛光一字金輪仏眼薬師法華等行法不動護摩等七箇事、是長日之勤也、復次朔日七十天供晦日山王供其中間廿八ケ日薬師金輪仏眼不動等四壇護摩各七箇日次第勤行、是毎月之勤也、復次始レ自二七日一到二十三日一限以二七日一奉レ供二北斗一、三日慈恵大僧正講、又毎月之勤也、復次大熾盛光法々花法等各七ケ日、是毎年之勤也、上件種々善根偏資二弟子延齢益算一、兼求二国家之安穏泰平一広大之行甚深之志非二口所一レ宣、非二心所一レ測、抑保元司暦之昔旅□（難イ）勤以来、兵常易レ動民不二聊坐一如二楚漢之相枝（マヽ）一如二剗石之乱花一、而頃年一天雲静四海浪平、不レ見二胡馬之南牧一、殆有二越雉之北献一、忽二朝威一之者自然殄滅、挿二野心一之者須臾般々、天変地妖謝則連消、年厄月禍祈亦各転、俗雖レ不レ及二驪栗一人又不レ異二魚藻一、誠是祈願無弐念力不レ空之所レ致也、現前已以如レ此、向後有二何畏一、然則福祚無窮、令レ保二百二十年諮詢一、有レ道不レ乱、古典八法久翫二弟君洞裏之花一永扶二鳳凰池上之月一、北闕東闕未央宮御柳之陰常茂、母儀結儀両仙院真菊之色永鮮、芝砌椒腋太弟皇親各得二亀鶴之算一、輔佐宰臣文武群僚皆全二星月之忠一、風雨常若二八九四九之節一不レ違稼穡惟豊、千箱万箱之詠旁聞、殊請、願主大僧正行業薫習恵命増長弥凝二殷勤一於二起居一永加二衛護一於二昼夜一、凡厥案上案下諸神社冥道善神王飡二受法味一倍二増威光一、彼姦臣逆賊之妄发《天戎》武将残兵之旅死、徒為二雲南望郷之鬼一定失二界西得果之道一、廻二此恐一代度二彼苦海一、各飜二邪心一還令レ護レ国兼又鴛鴦之瓦（マヽ）無レ動、待二鶏頭城之月一香花之莚常薫契二竜花樹之春一令法久住利益無辺、敬白、

承元二年十月廿四日（『門葉記』一三四、寺院四、所収）

本願文の内容は大別して四の部分となる。第一は従来の院と慈円との間の長年の親昵関係に筆を起し、第二に本論に入つて懺法院建立の由来と目的とを明らかにし、併せて熾盛光堂を建立して顕密の行法を並び行ふ旨を述べ、第三は当院の建立がひとり院の御願のみにもとづくものにあらずして、院の母儀皇妃をはじめ皇親、さらに輔佐の官人群僚にも発することを説き、第四に新たに開け初めた国家の安寧、世の泰平を祝ひ、其の行末の祈願を以てこの堂の願主慈円に托する所以をのべ、令法久住をいのつて全文をとぢてゐる。

簡単に要約すれば、以上の如くであるが、この願文は、この伽藍を知る上にも、またさらに当時の朝廷の政治的姿勢、後鳥羽院の意向をうかがふ上にも注目すべき重要な文字を含んでゐるので、これに少しく細かに考察を加へてみたい。

第一、こゝで院が嘗て天皇の位につかれて以来、久しく慈円が師として福祉を願ひ、とくに天皇の御成長と天下の静謐とを祈りつゞけてきたことをのべてゐられるが、そこに、この十九年といふ長い間に生れた、慈円に対する親愛信恃の情がいかにも濃かににじんでゐる。

第二、大懺法院結界内の堂舎の様をのべ、まづ阿弥陀堂に阿弥陀像を中心に観音以下の菩薩或は慈恵大師の高僧像を安置してゐる。これに対して別に熾盛光堂あり、八尺の金銅の一字金輪の種子を中心に密教の諸菩薩明王等の像を安置し、配するに丹青を以てあらはした曼荼羅を以てしてゐる。荘厳をつくした阿弥陀堂に於ては、朝に法華懺法を行ひ、夕には西方懺法と念仏とを行じ、以て罪障消滅の精誠を致し、日中は尺迦金輪以下の十五尊の開眼行法を行ふ。熾盛光堂には熾盛光法以下の長日の勤行、七十天供、山王供その他の七箇勤行を宛てる。大熾盛光法・法花法等は七日の行法にして毎年の勤として行はれる。以上顕密にわたり、日を定め、もしくは長日の勤として、幾多の祈りが重ねられるが、それはいづれも天下泰平の祈に収束せられる。即ち、保元乱以後の乱世について「抑保元司暦之昔旅□(難イ)勤以来、兵常易レ動、民不二聊坐一如二楚漢之相枝(マヽ)一如二劉石之乱花二」き世に対処するものであった。而してこの祈り空しからず「頃年一天雲静四海浪平、不レ見二胡馬之南牧一殆有二越雉之北献一、忽二朝威一之者自然殄滅揷二野心一之者須臾般々、天変地妖謝則連消年厄月禍」「誠是祈願無弐念力不レ空之所レ致也」と、その法験を以て天下泰平を将来せるものであり、「現前已以如レ此、向後有二何畏一、然則福作無レ窮、令レ存二百二十年諮詢一有レ道不レ乱」と向後の平和を期してゐる。以て院及び貴族たちの、この時点における平和謳歌の状をみることが出来る（但、建永・承元の間に於ける京師の無事が果して真の平和なりや否や、「忽二朝威一之者自然殄滅」といひ得る状態乃至は趨勢であったか否かはおのづから別問題であり、今後の院と慈円との疎隔の因の一もその辺についての考へ方のちがひにあったかと思はれる）。

第三は、この祈願の功徳を、院の周囲をはじめひろく及ぼしてあまねくその法露に潤さんとするものであるが、第四に、慈円に対してその法力を以て天下泰平を致すべきを重ねて期待せられる。即ちこゝでも戦乱の亡卒を済ひ「姦臣逆賊」を殄除して護国の使命を完うせんことを希望せらるゝ。「武将残兵之旅死、徒為二雲南望郷之鬼一定失二界西得果之道一廻二此恐一代度二彼苦海一各飜二邪心一還令レ護レ国」と戦禍の犠牲者の済度と天下泰平の願とをくりかへしてゐられるところにも、この道場に院の託せられたものが何であったかゞうかゞはれる。

堂々千九百字に及ぶ大願文。これを捧げられたのは京都政権の首長たる後鳥羽院、宝算正に二十九。院政開始以来すでに十一年。内に於ては近衛・九条両家を両翼として意のまゝに之を操縦して院政の実を示さんとし、外に於て頼朝なき後の関東政権に対しても朝権恢復の鋒鋩をすら示された。また新たに『新古今集』を撰集されて、万葉・古今以来の長い歴史と揺ぎなき伝統をもつ公家文化に、政争と兵馬の世界を超えてかゞやく光彩を重ねられた。かく見ればこの願文は院の政治の盛時を象徴するものとすべく、これに対して、この栄に浴した慈円もまた、少くとも世間的にみる限り、一生中に於て最も活力に満ちた時期にあり、洋々たる行手を眼前に望んだ、もつとも明るい時代を迎へてゐた。盛年まさに五十四歳、すでに栄光の座に在ること十数年、世の衆望を鐘めるとゝもに叡山の法燈を高くかゝげ、王法仏法相即の宿願を一歩々々達成してその大旆を捧げて衆生済度の道を拓き進んでゐた。夫々にこの時代の中枢部を占めてをり、広い後背地をもつこの二人の人物が、夫々の抱負を胸に、互に手をたづさへてこの大伽藍の供養を遂げたのであつた。それは文字道り王法仏法の相即を象徴する一代の盛儀であつた、とするも敢て言ひすぎではないであらう。

新しい祈禱道場の草創と祈禱行法の整備によつて、慈円にとつて、爾後二十余年、入滅に到るまでの活動と生活との本拠がきづかれた。朝廷の為の、貴族たちの為の、そして後には公武の為の祈禱は専らこゝに集中された。この伽藍の建立と祈禱行儀の制規とは慈円が一生の大事業の一たることは疑ふべくもない。

これより先建永元年（慈円五十二歳）、慈円は自ら筆をとつて「大懺法院条々起請事」を草した。王法仏法相即の旗じるしのもとに歩を進めつゝあつた、慈円の抱負と宿望の実現たるこの道場の規定は、即ち彼の理想と思想とを端的にうかゞふべき資料として極めて重要な意味をもつてゐる。全文四二〇〇字。その二十項の項目を挙げれば、

(1)一、長日勤行事
(2)一、毎月仏事
(3)一、毎年仏事
(4)一、供僧器量事
(5)一、供僧等之中付勤行勤否可有用意事
(6)一、僧坊事
(7)一、供米事
(8)一、仏聖燈油事
(9)一、仏経料物毎日布施等事
(10)一、阿闍梨解文事
(11)一、寺官等事
(12)一、庄園事

⒀一、平方庄近江国
⒁一、坂田庄同国
⒂一、藤島庄越前国
⒃一、桜下門跡庄園等
⒄一、松岡庄下総国
⒅一、志度庄讃岐国
⒆一、加賀美庄甲斐国
⒇一、淡輪庄和泉国

右二十項はこれを大別すれば、㈠寺院仏事、㈡僧侶勤学、㈢庄園資縁となる。⑴⑵⑶は㈠に、⑷⑸は㈡に、⑹以下は㈢に属する。

⑴は総論ともいふべき地位を占めてゐる。この伽藍・道場の建立、仏事勤行の由来と趣旨と目的とを明らかにし、それに沿つた経営の方針をのべてゐる。即ち、それは天下泰平の祈願所であるが、祈禱はまづ時代の罪障の消滅から出発せねばならぬ。かくて、第一の行法は懺法でなければならぬ。懺悔の為の行法は顕密に亘つて行ぜられる。顕宗に於ては慈覚大師の芳躅を追うて朝の法華懺法、夕の例時弥陀念仏が行はれる。密教に於ては、或は仏像図絵の開眼供養、又は礼拝讃嘆或は経供養により、又は尊勝陀羅尼、千手大咒等の読誦を以てする。これら「所謂逆修眼前大善、追福没後抜済」といふ如く生者・亡者の両方の為の修善である。有縁無縁の一切衆生の為に行はれるこの懺法は、一定の日数を画してその期間内に一回を完了することが規定される。即ち「長日勤行」とよばれる仏事であるが、これ

が即ち所謂「十五尊釈」である（『門葉記』勤行四所収慈円草「十五尊釈」参照）。即ち金輪・仏眼以下の十五尊をえらび、定日に一尊づつ、一尊につき二回づつ供養して一ケ月三十日間にわたつて完了することを規定してゐる。この十五尊のうち、金輪・仏眼・尊勝・不動の四尊は密宗の供僧をしてこれに当らしめ、余の十一尊、釈迦・弥陀・薬師・弥勒・普賢・文殊・千手・十一面・地蔵・虚空蔵・毗沙門は顕教の供養としてこれを区別して行はしめることゝした。慈円はこれらの行法を「是則顕教密教教中取二簡要一致二勤行一世間流布法也、上古中古賢愚斉用レ之、所謂逆修眼前大善、追福没後抜済、不レ出レ此」と総括してゐる。即ち、密教・顕教の行法中、その根幹となるものを択んでこれを行はしめるのであるが、それが同時に世間に最も流布してゐるもの、古往今来一般に行はれてゐるものであり、仏教の行法の代表的・普遍的なものをえらんだことを明らかにしてゐるのであるとし、さらに、その目的を明示して、それは現存者の逆修と亡者の追善とに資するものであるとする。これを要するに、人間の救済・社会の安穏をまづ祈るところに大懺法院の勤行の精神の存することを明らかにしてゐるのである。

慈円はこの「起請」即ち寺規の各条ごとに、その条の趣旨をよみ込んだ和歌一首を裏がきしてゐる。規定の文字と和歌とは表裏相たすけて互にその意の存するところを闡明してゐるが、この和歌について、慈円自ら「本願沙門不レ捨二和語一、接撰諷中為レ啓二其態於仏一、憖加二一首於篇一矣」とことわつてをり、瞬時も和歌を離れてゐられない筆者の心がこゝににじみ出てゐる。この第一条には、

霜のうへにいつる朝日をかさねつゝ　しめてうれしき普賢道場　（五四〇三）

とある。これは第一条の本文に「朝唱二普賢十願文一」とあるに因んだのであり、普賢経の懺法によつて罪の消滅すること、霜の朝日にあふが如きを祈願したものである。

(1)は、懺法の道場の根本精神をといた総論であるに対し、(2)以下はいはゞ各論である。

(2)毎月の一定の行事としては、一、毎月十五日に寺の内外の人々を集めて一夜の念仏を行ふこと。これは各自にとつて己が功徳となるとゝもに、本来の趣旨は衆生済度・鎮護国家にあることを教へてゐる。二、二十四日には山王講を講ずる。三、この外なほ、この道場に於て、青蓮院の本願前大僧正行玄ならびに同院第二世、慈円の師覚快法親王の月忌遠忌を行ふべきことを定めてゐる。これは青蓮院門跡の祖に対する報恩謝徳のために門徒として当然の行事に外ならない。

(3)毎年仏事、(1)(2)は信仰生活の基礎的・一般的な方針・規定であるが、この(3)に於て、愈〻この道場独自の活動が規定される。即ち「八箇大善」とよばれる行法である。①修二月、②仏名、③両箇大法、④弥陀護摩、⑤二季彼岸会、⑥報恩講。この中で③と⑤を春・秋に開いて八となる。即ち左の如し、

Ⅰ二月　一日、修二月会

Ⅱ春　大熾盛光法　奉祈太上天皇宝寿長遠・一天四海安穏快善

Ⅲ春彼岸会　七箇日懺法及曼荼羅供養・讃歎両部諸尊

Ⅳ秋彼岸会

Ⅴ秋　九月　法花法　不断経

Ⅵ弥陀護摩　七ケ日　為㆑鉤㆓召亡卒怨霊於浄土蓮台㆒也

Ⅶ報恩講（舎利報恩講）　旨趣在㆓彼式㆒啓白行事又如㆓例年㆒

Ⅷ仏名　十二月下旬

大懺法院の行法の中心をなすものは、即ち、この八箇の大善であるが、この八箇大善の核心をなすものは春の大熾盛光法、そして秋の法華法・阿弥陀護摩の行法である。その趣旨は即ち太上天皇の宝寿長遠、一天四海安穏快善、そしてその為にまづ、度重なる戦乱に仆れた亡卒の怨霊の救済、浄土蓮台への鉤召を祈ることであつた。この顕密の祈りは即ち夫々の教主釈迦及び大日にさゝげられるのであり、而もこの祈りを院の一身に集中するものであつた。慈円がこの「毎年仏事」の趣旨を、

としをへて君をいのれることの葉は　南無釈迦仏大日如来　（五四〇五）

とよんでゐることは、この祈禱の性格をこの上もなく適切且つ簡潔に道破したものといふべきである。

本道場草創の目的と趣旨とは以上によつて概ね明らかにされた。(4)以下の十七箇条は道場の建設までの資力、今後の経営・維持及び発展のための資糧及びその手段に関するものである。それは経営主体たる人物、即ち僧侶の問題と、これを支へる物質的手段、とくに庄園や米の問題である。前者については第一に、云うまでもなく器量と才能をえらび、無智と懈怠を却くべきを教へてゐる。第二に勤行公請における精勤を説き、相互扶助を誨へる。とゝもに、この公務以外に、房舎における私生活にも注意を与へてゐる。(6)—(9)においては道場の仏事、仏供、僧坊所要の米の糧、その分配、使用の法を定め、(12)—(20)は所領について詳細に説明してゐる。その所領の由来としては、平方庄・坂田庄等の如くもと叡山堂塔所属のものをこゝに移したもの、藤島庄の如く新たに寄附を仰いだもの、慈円を養育した藤原経定未亡人からの寄附による慈円領など、極めて多岐多様であり、以て慈円が本道場建立の為に長年の苦心と努力とを費してきた迹が偲ばれる。

起請の末尾には、例によつてその趣旨を一首の歌にまとめてゐる。即ち、

君かためいのるこゝろをてらさなん　まことはいらぬやまのはの月　（五四一五）

の一首に、院の為の祈禱の精誠を誓ひ、それが必ず報いらるゝを信じて明るい将来を望んでゐるのである。

以上「起請」を概観したが、なほその末尾に約三五〇字より成る発願文を附して、この新道場の祈禱の精神を重ねて闡明してゐる。そしてその趣旨もまた、右の「起請」にのべた怨霊の済度によつて天下の泰平を期せんとの願ひをくりかへし、大懺法院の十五尊の前に披瀝してゐるのである。即ち、

保元以後乱世之今怨霊満二一天一亡卒在二四海一雖レ然未レ聞二抜済之徳政一亦無二中興之朝議一歟、然則怨霊亡卒之満レ国依二作善之廻向一捨邪帰正抜苦与楽、仏法王法之失レ時以二仏神之冥助一転禍為福安穏泰平祈願無レ私、

新しい伽藍の草創、この道場における諸の祈禱行法、要するにこの大懺法院をめぐる慈円のあらゆる活動は、畢竟して、この発願文の中核をなすこれらの文字に帰着し、而してまたこれに発するものと云ふことが出来よう。

時代の叫びにこたへ、時代の任務を己が務として負荷する祈禱の準備が万端すでに整へられ、愈ゝ本格的な活動にのり出した。今後のこの堂に行つた修法を数へて、「勤修大法四十箇度、所謂七仏薬師法七箇度、普賢延命法三箇度、安鎮法両度、熾盛光法廿度、尊勝仏眼金輪法華北斗法十三箇度、自余之法粽首難レ計」といふ『慈鎮和尚伝』（神田本）の言葉は、単なる修飾ではなく、まさに正確に具体的事実を伝へたものであつた。『門葉記』も「熾盛光法廿一箇度、此内大熾盛光法十三度歟、安鎮法七仏薬師法九箇度、普賢延命法東寺兼修冥道供十五度三歟」以下の諸法をあげてゐるが、その数は大体『伝』と一致してゐる。それらは凡そ元久二年以後の祈禱の度数の実態を正しくとらへてゐることを知るのである（『校本拾玉集』所収「祈禱修法一覧」参照）。

嘗ては慈円の信仰生活の本拠は無動寺であつた。いまやそれは吉水に移つたのであり、昨日の「無動寺法印」は今日の「吉水僧正」となつた。この名称の変化は慈円の地位の向上、信仰の進展に正に対応するものであつた。和歌に於て仏教に於て、慈円はこれ以後「吉水僧正」の名で仰がれ、親まれたのである。

かくして、大懺法院の創設は、要するに叡山上の仏法を都の地にうつしたことに外ならないが、中にあつてとくに注目されるのは、その行法の中心をなす熾盛光法を通じて惣持院の精神をうけついでゐる、といふ点である。最澄が『学生式』等に於て一般的に「国家の為の仏数」を標榜してゐるが、とくに『顕戒論』(中)にみえる次の語は、この点をさらに詳細かつ具体的に示してゐる。

明知、念誦及転読、衛国之良将也、誠願大日本国天台両業授二菩薩戒一以為二国宝一、大悲胎蔵業置二灌頂道場一、修二練真言契一常為レ国念誦、亦為二国護一、摩訶止観業置二四種三昧院一修二練止観業一常為レ国転経、亦為レ国講二般若一、

これによれば、叡山の菩薩戒は国宝であり、大悲胎蔵業即ち遮那業の道場で真言を誦するのは国の為、国の護りであり、止観業の道場に於て経を転ずるのも国の為なのであつた。止観・遮那の行法も菩薩戒も、挙げて衛国の良将なのであり、国の為の法とするところに、延暦寺開創に托した最澄の精神がよくうかがはれる。

最澄のかゝる国家的立場を、最も代表的に継受してこれを具体化したのが、高弟円仁の草創に係る惣持院であり、その行法であつた。惣持院は元来最澄の命名する所で、弘仁九年七月二十五日に建立が決定された（『山門堂舎記』）十六院の一であつたが、最澄はまだこれを建てるに及ばなかつた。円仁はこれをうけて先師の点定の地にこれを建立し、而して唐の長安の青竜寺に倣つて皇帝本命の道場とし、以て熾盛光法の勤行を規定した。その趣旨は「建二立惣持院一、興二隆仏法一、宝基無レ動、万民安楽」（『慈覚大師伝』）にあつた。元来大熾盛光法は、「熾盛光法大威徳消災土祥陀羅尼」

(『大正蔵』九六三)によれば、妖星の為に本命星が圧せられ、国王・大臣乃至はその国土が災害をうけた時、清浄処に於て道場をかまへて、熾盛光大威徳陀羅尼を一百八遍乃至一千遍づつ一日二日乃至七日間誦すれば、一切の災を消す、といふ。これによつて明らかな様に、皇帝の禍福が即ち国土全体と同置され、皇帝の福祉をいのることによつて、国土全体の福祉が保証されるとする。即ち惣持院建立の目的が「宝基無㆑動、万民安楽」とされる所以である。

最澄に発した叡山の理想は、こゝに円仁によつて具体化され、同時に歴代座主の精神的な伝統の確立となつた。最澄の理想を仰ぐ慈円は、また劣らず慈覚大師円仁の鑽仰者であり、後継者としての自覚に生きてゐた。慈円の「三部伝法阿闍梨」の資格は、その法燈を円仁につぐものである。最澄の「我立杣」とゝもに円仁の「大方に」の一首は慈円の座右の古歌であつた。『拾玉集』(第二冊)に、

伝教大師は我立杣に冥加をいのり、慈覚大師は月日のすくるにて老をしらせ給へり、

云々とのべてゐる。云までもなくそれは、「大方にすくる月日を詠むれは我身に年のつもるなりけり」(『袋草紙』)であるが、慈円の大懺法院建立は、叡山の王法仏法相即の理想に根ざしつゝ、就中惣持院の先縦を仰ぎ、而して歴代座主の表明してきた朝廷の為の勤め、その誠精を己がつとめとして進んで負ふの意を固め、且つ明らかにしたものに外ならない。

慈円が朝家の為に、またとくに院の為に、如何に精誠を致したか、彼にとつてこの祈りにこめた誠心は、単に伝統を保持するに止らず、それこそが衷心の叫びそのものであつたのであり、それだけにまた、その鬱勃たる心の波動をひとに伝へずにはゐられなかつた。院に対し、院の為の祈りに対して、彼のさゝげた多くの詠は、その誠を示して余りある。

君をのみ思ふ心はおほはらや　よにすみかまのけふりにもみよ　（六〇八六）

は、院を離れてたゞひとり入山するに堪へざるまゝに、枉げて世に在る日常をうたひ、而して院の為の護摩の煙によせたものであらうか。

君か代をひさしかれとはいのれとも　うき身にまつの色はおもはす　（三四三六）

いかてなをつるすむほらに生れても　なからむ世まて君をまもらむ　（三六八一）

は、たゞ君をのみ祈りて他心なく、永遠に君につくさんとの赤心を吐露せるもの、

まもりこし名残は末も久しかれ　はこやの山の松の村たち　（二二九四）

心さし君に深くてとしたけぬ　又むまれても又やいのらむ　（二二九五）

ちはやふる神そしるらむわか君を　ねてもさめてもいのるこころは　（三八三三）

ふして思ひおきてかそふる万代は　神そしるらんわか君のため　（三八三二）

は、これまでの十数年、またこれより先、未来際を尽してたゞ君の為につくす誠心を披瀝したもの、

身はかりは猶もうき世をそむかはや　心はなかく君にたかはて　（『続古今集』雑下）

君を祈る心の色を人とはゝ　たゝすの色のあけのたまかき　（『新古今集』神祇）

たゞ院の祈りのみがあけくれであつた慈円の心と日常とが、いづれの一首にもあふれるの感を禁ずることが出来ない。

しかも、惣持院以来の祈りの精神に於て、この君のための祈りは、単に君主にのみ止まるものでなく、同時に国土の全体、国民の一人一人のための祈りであつた。君の為の祈りに熱誠をこめる時、同時に万民への祈りをこめること

を慈円も忘れてゐなかつたことは、

君をいはふ心のそこをたつぬれは　まつしき民をなつるなりけり　（八〇一）

の一首にも明瞭である。この一首は、慈円の祈りの心を物語るだけでなく、溯つて叡山の祈禱のもつ意味を簡明に道破したものとしても、感銘深いものがある。

慈円がその根本道場の恒例の修法として規定した諸法のうち、大熾盛光法および弥陀護摩などについては、とくに慈円の解釈を示すべき資料なく、以上の一般的な解釈に満足する外ないのであるが、たゞ法花法のみについては、慈円自身のかなり詳細な抄物によつて慈円独自の方法や解釈に接し得ると思はれるので、それらについては、さらにのちに触れたい。

以上、大懺法院の建立を通じて後鳥羽院と慈円との関係を考察したが、それは第一に古来、天皇・院と天台座主との間に伝統してきた一般的な師檀関係に外ならぬことを知つたのである。しかし他方からみれば、上来みてきた所の院と慈円との特殊関係、朝廷と九条家の関係を背景としての二人の間柄、和歌等における趣味の一致、それらの上にひらけてきてゐる精神的契合、膠漆も啻ならぬ親昵敬愛の関係は、おのづから在来の天皇・院と座主との間の多くの師檀関係などには到底みられない深いものとなつてゐた。院の為の祈りも、従つて、懇切鄭重を加へてゆくことはむしろ自然であつた。仏者の祈りにおける個人的感情は往々にして複雑な問題を含んでゐる。

理想の立場より云へば、仏子たる祈禱者が祈禱に於て個人的立場に立つことは慎むべきであるとされる。仏子はつねに一切衆生の仏子であり、人に対して親疎を分つべからざるものであるといふ立場に於て、栂尾の明恵はひとから祈禱を依頼されたとき之を拒んで、自分は朝夕一切衆生の為に祈つてゐる。従つて貴辺もその数に入つてゐる。いまとくに祈る必要はない。個人の為に祈ることは、人間の間で親疎を分つことで、仏の許し給はざる所である、といつたといひ（『明恵上人御伝』）、即ち、「法師は我の身にあらず、一切衆生の為の器なり」といつてゐる。慈円ももとより右の様な意味に於て、祈りを個人的に解することを拒否し、一視同仁の見に於て明恵と異ることはなかつた。次の一首は、まさにこの精神を示したものであらう。

したしきにしたしからしと思ふこそ　真の道のまことなりけれ　（五三六二）

先にみた様に院の祈りの背後には、一切衆生・国民全体があつた。仏の立場に立つ限り一即多・多即一の立場にある筈である。

しかしながら、かかる立場を堅持しつゝ、一方、院の十一歳の折からの御持僧であつた慈円が、院の祈りに特別に魂を打こんだとしても、やはり不思議はない。院の御誕生が十八日であつたので、毎月十八日には院に授戒した（神田本『慈鎮和尚伝』）こともその一に数へられよう。さらに慈円自ら、

又願ム寿命一人祈ニハ雖修何尊一、本尊真言ノ次ニ延命真言ノ誦ヲテ是本尊延命真言ノ也ト可レ思也、我ハ院ノ御祈ニハ何ノ尊モ修セヨ必存ニ此果一故延命呪ヲ本尊ノ次ニ満加レ之云々、（『四帖秘決』㈢）

院の御祈りの時には、それが何であれ、必ず延命の真言を加へる、といつてゐるところに、院に対する慈円の敬愛の念が溢れてゐる。

『慈鎮和尚伝』（神田本）は建久元年（院十一歳、慈円三十六歳）以後二十六年間を、君臣契合、天下泰平の時代と評価してゐる。その二十六年間の後半、元久より承久まで、即ち大懺法院建立、同院における院の奉為の祈禱の十八年間を、慈円は、就中、天下太平の時代とし、これを己が祈禱の法験に帰してゐることは、先に見たところである（一四〇頁）。

かの自讃は、慈円が法力を恃む信念のいかに篤いか、従って大懺法院を尊重する念のいかに深いかを語るものであつたが、この十八年を経過した後には慈円が院の前を去り大懺法院をもあとに別の境涯に入らねばならなくなることを、この時、誰が予想しえたであらうか。

前述の通り、慈円はこの道場を院に捧げた。院は朝仁親王（道覚親王）の入寺を以てこれに答へられた。慈円は、将来の住持に親王を擬する旨、譲状を草して、また院に対へ奉る所があつた。承元四年十月起草の譲状（『華頂要略』五五）は即ちこれを規定したものであつた。この譲状が、

　可下令レ継二法命一御ス上粗勤二子細一所三譲二進朝仁親王道覚親王俗名也一如レ件、如レ此、子細大略申二入院御所一候畢、諸事不レ可二違失一候者也、

の語を以てとぢめられてゐることは、右の事情をよく伝へてゐる。なほこの譲状についてとくに注目すべきことは、朝仁親王に大懺法院以外にまた、無動寺・三昧院・常寿院の三寺を、将来に於て相続せらるべきを、冒頭に特記してゐることである。といふのは、本来門流の管領に属するこの三寺は、当時、宮前大僧正真性の管する所であつたが、真性は、元来梶井門跡の承仁親王入室の資であつた（文治四年七月八日、『華頂要略』）が、のち慈円の室に移つてゐる（建仁二年十二月二十九日、『華頂要略』）。しかしその動機が、建仁二年七月七日、慈円座主辞任に際してその後任を望んで得られなかつた遺憾（前述）から、慈円の許に奔つて次の機会を狙つたものと思はれたのであつた。慈円が朝仁親王が、将来この三寺を管領せらるべきを規定したのは、門流からこの異分子を排除して、門跡の純化・結束を図らんとしたものに外ならない。この承元四年の宮への譲状は、年齢の関係（朝仁親王七歳）から、これを「朝夕召仕之輩」増円・慈賢・豪円等に托し、宮御成長の後、これらの人に尋ね問はるべしとした。なほ後にみる様に、建暦三年（宮十歳）重ねて譲

状を草して、寺領等について詳細に規定してゐる。

大懺法院建立、門跡後継者の決定等によつて、慈円の従来の努力目標が一応達せられ、同時に門流の方針も見透しが立つたのであり、慈円としては一段落の感をもつた様である。譲状に「没後雑事先年之比具記レ之」といひ、「漸得レ期二旦暮一之間」といつてゐるのは、凡そさういふ気持を告白したものであらう。そしてこのことは、政界における九条家の動向とも関係してゐるかと思はれる。即ち故藤原良経の女立子が、承元三年三月二十三日を以て東宮（順徳天皇）御息所となり（『百錬抄』）、翌四月十日には良経の弟良輔（二十五歳）が右大臣に任ぜられたことなど、九条家の将来を思ふ慈円をして一応、愁眉を開かしむるものがあつたであらう。正治・建仁における勢力の凋落から九条家は漸く立直りの兆しをみせてきたのであり、教界における慈円の飛躍はまた、この九条家の宮廷での再出発とほゞ歩調を合せてゐた。建久七年九条家勢力の頓挫、兼実の失脚に際して運命を同じくした時四十二歳であつた慈円は、爾後十年にわたる公私の精進努力を累ね、承元元年五十三歳までに大懺法院供養およびこれに附随する庶務一切をへて、身後にそなへるとともに、新たなる出発を期したのであつた。

第十七章　西山隠棲

根本道場の完成に年来の冀望を遂げ、祈禱の方針や寺舎維持の方法、資糧の準備も成り、門流の今後の方向づけも確認された。このことは慈円一生の行路上の一道標であり、登りつめた一の峠でもあった。

大懺法院供養の前年承元元年にも、慈円はすでに西山に隠棲してゐる。『明月記』承元元年二月三日条に、藤原定家は、「山を超え谷を渡って」吉峰に慈円を訪うたが、その時、先客として参議長房がすでにその座にあったので鼎座して相語つた、といつてゐる。長房は後に出家して海住山寺に入る（承元四年九月二十二日、『公卿補任』）人であり、道心深い人であった。慈円は長房と平生相交はること深かったらしく、『拾玉集』第五冊に元久二年（慈円五十一歳）正月に二人の間で交はした和歌がみえてゐる。

　元久二年正月十三日長房卿有ニ問答之次一世間有漏之法数ケ篇目贈答之次消息上に検付遣歌なり

世の中よこはいかにせんとにかくに　思ふもくるし春のあけほの　（五八八四）

おもふみちにまつさきたつそあはれなる　涙よ何のしるへなるらむ　（五八八五）

　御返事

九そちにみちぬるとしの春の花　こゝのしなにそにほひつ□《ふへら勅本》る　（五八八六）

人のとふのちの野沢の春の草は　おいてうれしき心ちこそすれ　（五八八七）

なには《か歟》まとふもとのしつくもすゑの露も　つねなきみちのしるへとをしれ　（五八八八）

また『四帖秘決』㈢に、慈円が弟子と西山に於て問答してゐる記事があるが、これまた承元二年十一月二十六日のことであつた。承元三年八月二十二日の院の為の冥道供も西山に於て修して居り（『華頂要略』）、建暦元年八月、上皇の召請によつて座主たるべく出京したのも西山からであつた（『玉蘂』）。また建永元年（五十二歳）のころまでは院などの和歌会に出て廷臣とも交はつてゐるが、承元元年以後はそのことが殆ど見られない。

これらのことは、この五年間彼が殆ど西山に隠棲してゐたことを示す如くである。この点について、『一期思惟』は積極的に「一々願求所レ賜二身暇一也、移二住西山一五十三歳也、籠二居西山一之後、去年所レ補之天王寺別当譲二真性僧正一了、首尾五年中三年之間頻□《(有カ)》二勅喚一、大法秘法御祈出二西山一勤仕、或彗星出現、此変久絶驚怪多端、依二　勅定一修二熾盛光法一、七ケ日之中彗星消除了、或亦熾盛光八尺種子以二砂金一被二造□《遂カ》一事、并一日一切経書写事一向奉行、如レ此之間一切経御願等如二御願一果遂之後者申二身暇一欲レ赴二住遠所一、但更無二勅許一、慭帰二入西山一之間」云々とのべて上の断片的史料を裏づけてをり、同じく、この期間に於て西山を平素の生活の根拠として、特別のやむを得ざる事情なき限り出京をさけてゐた様子が知られる。

右の引用にもみえる通り、大懺法院供養の前年承元元年十一月に、慈円は四天王寺別当に補せられてゐる。それは三井寺の実慶の死闕によるものであつたが、こゝで注目されることは、供養ををへて門跡等の前述の処置ををへた時、慈円の関心は、京のこの道場を去つて四天王寺に移つて行つたかにみえることである。このことは、また後にのべる所と関連してくるのであるが、この段階では天王寺と一応縁を結んだ後、承元二年十一月、また別当をも辞し、かくしてあらゆる公職を辞して閑暇の境涯に入るのである。

かへりみれば、建久三年三十八歳で座主に任じて以来こゝに十七、八年、政界に教界に、公私にわたる活動に寸暇を得なかつた。その間幾多の地位官職を経歴し、多くの体験を積んだのであつたが、今はじめてこれを反芻し反省思索する閑暇を得たのである。繁忙と名利と世間的な煩らひにあきたりない彼にとつて、それは珠玉よりも貴重な閑暇の期間であつた。

最高の貴族の出身にふさはしく、慈円は積極的にして明朗濶達、明るい美しい生活を愛好し享受するを好む一面が認められる。彼が最初に天台座主として宮中の生活を謳歌し讃美し楽しんでゐる姿は前に一見した所である（八三頁）。正治二年第二度目に座主に召出されたときにもまた同じ趣が認められる。整斉端正の宮中のたゝずまひを伝へてくれる詠は、彼の性格をもよく示すものといへよう。

みよしのの山もかひなく成にけり　御はしの花の春のけしきに　（四〇六六）
ひまもなき跡をあはれとみつる哉　おほうち山の今朝のしら雪　（四〇六九）
これをみむ人は心そみかくへき　おほはのむくのいにしへの跡　（四〇七〇）
この冬はけにふちつほのきくのうへに　昔の色をかさねてやみん　（四二七〇）
九重の花にのみやはこころあらむ　今朝の雪にもあさきよめすな　（四二八〇）

第二度座主時代を含む、正治二年から承元元年までのこの九年間は、『新古今集』の成立（元久二年）を中心として、新古今歌壇が盛上り、新時代の和歌が成熟の頂点に達したときであり、後鳥羽院を中心としての歌合の催なども、質・量いづれよりみても史上比類少い時代であつた。千五百番歌合の如き尨大な歌合の行はれたのも建仁元年六月であり、それがいはゞこの時代の皮切りをなし、それをうけて仙洞十人歌合、水無瀬老若歌合、影供歌合、仙洞五十首、仙洞百首その他殆ど寧日なきまでにくりかへされ、慈円はそこに欠くことの出来ない歌人として必ず召されるといふ有様であつた。一般的にみて、保元から承久までの間で、この時代が最も明るい時代であり、真に紅旗征伐をわすれて公家文化が昂揚された時代であつた。慈円自身の上にとつても、それはまさに大懺法院造立をめざしての、最も活力にみちた希望の時期に当つてゐたのである。

この華やかな九年間のあとに承元元年以後の閑暇の草庵生活がくる。表面的にみれば、殆ど同じ人の生活かを疑はしめる隠棲孤独の生活である。

承元期に於ける慈円の生活と心境とを最もよく伝へるものとして『拾玉集』に多くの歌が伝へられてゐることは、就中、我々の目を惹く所である。他の時期に比してとくに多いといふことは、恐らくその生活と関係があるのではないかと思はせるのである。

　承元二年四月十五日、念仏、夜空清天晴明如レ秋、

　余寒有レ膚、廻ニ樹枝一繁漏ニ月光一矣　をしへしひともうかりし物を此句用了

山ふかみ木のまにまよふ月影を　たえ〳〵袖にやとしてそみる　（五一一二）

また、

　同二年西山前なる紅葉するを見て

はる雨にわかゝえてとて見し物を　今は時雨に色かはりゆく　（五一一三）

　同年詠坤艮歌

此いほはわかふる里のひつしさる　なかむるかたはうちのやまもと　（五一一四）
　西山往生院より眺望には宇治伏見等鳥羽院等也
わか山は花の都のうしとらに　鬼ゐるかとをふたくとそきく　（五一一五）
　平安城鬼門有㆓天台山㆒、仍以㆓此都㆒桓武天皇与㆓
　伝教大師㆒有㆓契約㆒之仍云爾
　同年九月十四日夜月殊勝なれは
なか月の昨日の空ははつ時雨　かへてこよひそ月はくまなき《もらぬイ》　（五一一六）
　昨日はくもれるなるへし

いづれも、遙に都の方を眺め、思ひを馳せつゝも、悠然として西山の風光を楽しんでゐる、自適の姿をよく伝へてゐる。

宮廷生活の華麗典雅から、寺院董督の熱閙繁雑から、俄にこの山中閑寂の境に転身した慈円の日夜と感懐とは、如何であつたか。この新しい境涯の慈円にとつて第一の仕事は、この生活の種々相、その体験の反省を通じて、あらためて道を求めることであつた。『拾玉集』第三冊所収「厭離欣求百首」（実数一〇三首）は当時の慈円の心の活動を伝へる好箇の記念碑である。その自跋に「承元三年十月十四日明月、心澄頓右㆓禿筆㆒詠㆓廿八首㆒、経㆓一宿㆒了翌日十五日之朝念仏之終詠㆓七十二首㆒全満㆓百歌㆒訖」とあるによつてその成立のあらましが知られる。

「厭離欣求」の題も示す道り、慈円が修行時代以来もちつゞけてきた世間・出世間、真俗二諦の問題がその基調をなしてゐる。これより先前年承元二年、西山での詠のうちに（『拾玉集』第四冊）、

世をゆくにいくらのみちのあるならむ　人の心のまよはぬはなき　(五一一八)

ふたつしてむねにたゝかふ夜なくに　みち行月をみるそうれしき　(五一一九)

の二首あるは、いかにも卒直に彼の心の闘ひのあとを示してゐる。承元三年のこの百首はまさにこれに対応し、これに答へるものといふことが出来る。

いとひても猶はなるへき世の中に　とめてもとむるわかこころ哉　(三三七五)

煩悩の棄て難く、名利の巷に惹かるゝは人の心のならひである。うき世をうき世と知りつゝしかも離れようともしない心には、春をみすてゝ北の方へかへる雁をみても恥ぢられるのであった。

春のかりの花の都の空を行に　たくふ心のなとなかるらん　(三三八四)

思へば花の都のいとはしいことは充分にわかつてゐる筈であり、さればこその西山隠棲であったのではないか。

うきなからあるか心のみやこいてて　しはひきかこふにしの山もと　(三三八六)

かくして、断ちがたい心を抑へて、山の中の庵に籠つてみて、はじめて真に都にあった時の心、むしろ都に執はれた心も解せられるのである。

野にかゝり山にかゝりて思しれ　都にすみしこころならひを　(三四〇七)

しかしやがては、断ちがたい都の魅力にうちかつて、深山に心をすます生活が、漸く深い味はひと落ちつきとを増してくる。

今はわれ都の春をいとひいてて　み山の秋にすむ心かな　(三四二一)

かうして必死の心の苦闘の末に、清き心の、都の生活にあらず、山中のわび住ひにこそ求められ、そこに安住の地を見出さうとしてゐるのである。

里のいぬの猶みやまへにしたひくるを　心のおくに思はなちつ　（三四四九）

うれしくもしめし山へにやとふりて　なれすときゝし鹿になれぬる　（三四五〇）

は、都の住居と山の庵と、そしてそこに象徴される煩悩と菩提との交錯と葛藤とをえがいたものである。

なをたのめたのむ心そふかき山　恩をすつるは恩をしる也　（三四三七）

は、入信偈（流転三界中、恩愛不能断、棄恩入無為、真実報恩者）の訳であるが、それは俗世を離れたところに清浄世界を見出し得るといふ教へを、体験的に承認したものといふべきである。

厭離百首の題のめざす所は、一応、かくして世俗を厭ひ世間の外に、山中の閑寂にこそまことの道がさぐり出されることを予想するものと解せられよう。しかし、実をいへば、交衆か否か、は若き修行中の慈円にとってすでに解決ずみの問題であった筈である。

みな人に心の底をしられなは　ふかき山にもすまてありなん　（三四六七）

といふ如く、問題は、都か山中かにあるにあらず、「心の底」にあり、山中閑寂の境を以て直ちに潔白浄心の世界とのみすることは出来ない。直ちに浄き心につながらない限り、世をすてることは大きな意味がないのみならず、却て人をあざむくことに外ならない。

秋の空は月すめとてや雲はなき　人のこころのかゝらましかは　（三三八五）

秋の空の清きも月の澄んでこそなのである。出家して浄き心をもたぬならば、抑ゝ僧侶として己を人から分つ所以は何処にもないのである。

いかにせん仏のをしへさとる身の　さとらぬ人とおなしやうなる　（三四四五）

家を出ていゑ《へ》をいてぬになりにけり　まことのみちにまことなき身は　（三四五四）

また、

もみちせぬ松のかとにはいりなから　心いろある身をいかにせん　（三四一六）

あさましや仏の道にいる人の　なにを心に思ますらむ　（三四六五）

かくてなをつもりし罪をすゝかすは　うき世出たる名をやけかさむ　（三四六八）

僧侶としての自覚——それは世間の生活の繁忙や地位・財物の獲得、さては名望声望の増大につれて忘れられ勝ちであるが、その自覚にたちかへつて自戒・自省を深めてゐる——、この山中の百首全体を貫く趣旨は、この出家としての自覚を示したところにあつた。そこに、過去四十年間にわたるたゆみなき求道の足どりの、到りついたあとが自然に彫り出されてきてゐるのであつた。

六十まて人にしられぬ心哉　かくさぬ物を山のはの月　（三四七三）

と詠じてゐるのは、いつはりなくこの求道の一すぢを自ら迹づけてゐるのである。四十年にわたる求道の生活は、自己一身のものであり、自己の苦心であつた。それが人に知らせる為のものでないことは勿論であるが、隠したこともない。知る人ぞ知るのである。

自己に忠実ならんとする慈円は、敢て人の知ることを求めなかつた。と同時に、己を知る人を求めること一層切実であつた。やゝ後（建暦二年或は三年）の詠に、

わか心かくさしはやとおもへとも　見る人もなししる人もなし　（二二六二）

わかこころかくさはやとそおもへとも　みな人もしるみな誰も見ると、伝へんとして伝へ得ず、隠さんとして隠しえぬ「こゝろ」の霊妙な姿への反省に深い感慨を催してゐる。（二二六三）

六十の今日までたえず道を求めてきた。人がそれを知るか否かはさて措き、たゞ神仏の知見を恃んで歩みつゞけてきた、といふ反省と努力の上に安住の地を拓いてゐるところに、この承元の草庵生活の特色があり、また、慈円の信仰の上に一段の進境が認められるのである。

承元元年慈円五十三歳、その出家生活四十年にわたつて、これまで主として出家者としての自覚に即してその内省の深化の迹を辿つてきたのであつた。が、出家たるとともに、また常住に宮廷人として宮闕に出入しうる地位・資格をそなへ、同時にそれによつて常住に我国の最高の文化に接する機会にめぐまれてゐるといふ、たぐひ少い境遇に在つた慈円が、一般のいはゆる草庵生活者と趣を異にし、草庵の仏者としてのきびしい内省の眼は、彼にあつては、同時に外にも向けられる。僧界・俗界の高峰にあつて、大所高所からひろく見渡し見下した慈円の眼は、必然に時代と文化との批判に向けられる。慈円一生の本領が何処にあつたか、は慈円を考へる上に、最も重要にして困難な問題であるが、これをその全業績に照して考へるとき、文明批評家を以て擬することが最もこれに近いのではなからうか。

慈円に『愚管抄』の一著あることは、彼の生涯における最も顕著な業績の一として、我々の目を惹く所である。そしてそれは、武士を主役の一とする現代史であること、従つて慈円の眼が第一にとらへたものが最も現代的な事象、これからの時代の担ひ手として新たに登場してきた最新の存在であつたことを端的に示してゐる。しかし、そのことは、慈円平生の関心と準備とが偶ゝあらはれたものに外ならなかつたこと、同じ現代的関心がこれに劣らぬ重要な分野に於て注目すべき業績をのこしてゐることを知らねばならない。即ち、以下、慈円五十歳から六十歳の間、その世間的名声と活動との高峰にのぼりつめたと考へらるゝ十年間を中心としての、その現代的関心にもとづく思索活動のあとを辿つてみよう。叙述の便宜上、二部に分ち第一を文芸と仏教の問題に、第二を武士と政治の問題に宛てたい。

(1)　「惣ジテ僧モ俗モ今ノ世ヲミルニ、知解ノムゲニウセテ学問ト云コトヲセヌナリ」(『愚管抄』第七)。現代を以て学解衰退の時代と断じてゐるこの言葉が、決して思ひつきの放言などではないことは、『愚管抄』の次下の記事がこれをよく示してゐる。そこには現代の学者の学習すべき和漢の経史の大綱を示して、大陸の古典としては十三経の類ひ、即ち孝経、礼記、春秋三伝、紀伝の三史、八代史、文選、文集、貞観政要などを挙げ、本朝のものとしては、日本書紀以下六国史、律令、弘仁格式、貞観格、延喜式、さらに寛平遺誡、二代御記、九条殿遺誡などを懇切に挙げてゐる。ここに外典の世界について慈円の関心が示されてゐるが、仏道興隆の世界に対しては、さらに深厚であることは当然である。先述の、叡山の勧学講の開設とその維持発展の為の努力をみれば、慈円の学問批判が机上の空論に止まるものでなかつたことを知るべきである。

慈円の学芸の世界に、この内典・外典にならんで、これに劣らず大きな幅を占めてゐるものが、次に和歌・歌学の世界である。慈円にとつて和歌が何であつたか、の点については、上来少しくふれてきた所であつた。それは、本来彼を生んだ貴族社会の趣味生活にもとづく文学活動であるが、やがて彼の宮廷に奉仕するに及んで、後鳥羽院との間に霊犀相通ずる道をひらくたよりとなつた。が、更にそれに止まらず、仏道の研鑽・傾倒、修行・行法の深化は、慈円を促して和歌即仏道の悟りに到達せしめる。和歌は世の中の道理を思ひわたして行く道、煩悩より菩提へのてだてであり、真言陀羅尼そのものである。天竺の梵語、漢土の漢語に並んで我国の和語も仏道を悟るたよりとして、何等異ることなく、何等遜色なき貴重なことばである。我国人として、仏道の上に於ても和語こそは本体であってゆるがせにすべきでないとする。この和語・和字と仏道のさとりとの関係について、たとへば、

わが国は和ことのは法なれは　思つらねていのるとをしれ　（五〇三四）

の一首も、簡潔にこれを示してゐるが、この問題をとくにとりあげて長文を連ねて極めて詳細・周匝に説いてゐる『拾玉集』第五冊の所説は、頗る注目に値するものをもつてゐる。元来、教学研究に関するものは別として、慈円はその思想や感想は散文によりも和歌に托する方が多かつた。その方が彼にとつては容易で自然であつたかにみえる。蓋し簇生・継起する彼の感想は右から左に和歌となり、これに比すれば、説明的・叙述的散文に表現することは、慈円にとつて却つてもどかしいものがあつたのではないかとさへ思はれる。『千五百番歌合』の判詞（十九、二十）をすべて和歌を以てしてゐることも、その間の消息を暗示するごとくである。かくて、六一一七首の和歌をもつ慈円の歌集『拾玉集』には、散文ともいふべきものは云ふに足りない。中にあつてこの一文は一二二〇字を超える長文であり、その点だけでも例外的である。しかも実はこの文章の長さは、慈円のそれに托した問題の重要性、彼の思想の意義の深さにとつて必要なのであつた。すなはち、それは慈円ののこした言葉の中で極めて重要な地位を占めてゐるので、ここにその全文をあげて、少しく私見を加へてみたいと思ふ。

それやまとことはといふはわか国のことわさとしてさかんなるものなり五七五七々にていつつ（此二字本ニ無之）の句あり五大五行を表するなるへし真俗これをはなれたる物なし真諦には五大をはなれたる物なし仏身より非情草木にいたる俗諦に又五行をはなれたる事なし天地よりうみ山にをよふこれによりておほやまとひたかみのくにはとよあしはらを

うちはらひてひらけはしめより神々のおほんことはをつたへきたれるこのほかにさらにさきとする詞あるへからすたゝし印度漢朝のことはの文字またいるかせならすしてそのあとより仏のみちをもさとる事なれとから国には梵字をもちゐることなし孔子のをしへ作文のみちいみしけれとやまとことをはなれてそのこゝろをさとらすいかなれはこの国の人の漢字をしらすとてかろくおもへる神の御代の神々神宮皇后よりさきの十五代の君の御事をいまたからの文字つたはりこさりしかはとてをろかに申へしやはこのことはりをおもふにいささかもからの文字にうとしとてこの国のひとは歌のみちをつきに思ふへからすたたこの国々の風俗なりさらに勝劣なかるへしかきりあれは真言の梵語こそ仏の御口より出たることはなれは仏道におもむかむ人は本意ともしるへけれ漢字にも仮名つくるときは四十七言をいつることなけれは《と》梵語はかへりてちかくやまとことにはおなしといへり土器といふ物ありこれをかはらけといふも弓をは又たらしといふみなかやうの事あまたあり天竺にいふ梵語とおなしとこそは申めれわか国のことわさなれはたゝうたのみちにて仏道をもなりぬへし又国をもおさめらるゝ事なり此道理にまよひつゝ和歌といひつれはあさか山のやまの井よりもあさく夏の木すゐのせみの衣よりもうすくおもへりこれはことはりにもそむきまことにもたかふ事にて侍るそかしこれもしひか思にて侍らはそのよしをつふさにうけたまはらはやそもそもめいろ。さんの《の山の本》よもによつの国あり其中には南瞻部州とて仏のいてたまふくになり此州には天竺をはしめとしてさま〳〵の国おほかりみなそのことはかはれるなるへし仏この国はかりに出たまひてすへて界内界外の浄土よりはしめて廿五有のありさまをしへたまふされは恵心院の源信僧都もこれをとりなしつゝかきをけるなるへしこゝに煩悩にそめたる濁世をいとひはなれて菩提をさとる浄土をねかひもとめよとをしへたまふ諸教の中に四教五時のまなこにて侍るをあらはせりかかりける国にしもむまれて侍こそまことにうれしく侍れその菩提を。い《ハ》かにしてかさとるへき其濁世をはいかにしてかは又はなるへき釈迦仏本時所化の菩薩の老ことして地より出たまひしありさまをのたまふには志楽於静処捨大衆慣鬧とこそは侍るめれされはまことしく其《この本》ことはりを思人のふかき色にそめるはなの宮このちりにましはりて阿私仙につかへし秋のこのみをわすれたるはなし仏法をひろめたまひし大師たちのあとの我立杣に冥加をいのりしも高野の山に入定ときこゆるもさてのみこそは侍りけれかなしきかなや仏法するゑになるままに其跡はみなたたかひのにはとなりてはてにはほこさきをあらそひむつかしき相論をのみこのみて天聴をおとろかすことになることそかしいゑ《へ》を出なからみな俗塵にましはりて心をそらす心をそめさる事よかゝるままには法師のみちにさらに二途のみちをなして遁世のひしりといふものいてきたりしはしはたうとしときこしかとも今はまたひしりといふものはみなさまあしきものなりかゝるまゝにはかへりてみちもなき心ちしはへれとさりとてはとてこのいたれるまことにせめ出されてふかき山にいりつゝ仏道を思惟し侍中にはしめに申つることはりにまかせてやまと歌のことをおもふに恋の歌とてよめる事こそまことにうき世をはなれぬためしにはみな思なれたる事にて侍めれと思まな《ね》ひてされはこれによせてこそは厭離のこゝろをもをしへ欣求のこゝろをもあらはさむとてもし《モ、》歌にかそへたしていそちにつかひ侍りぬ若歌の道を申まゝにおほさん人は慣鬧をすつとも思なし静処をねかふとも思なし仏道へいるとも思なし煩悩をはなるともおもひなしてこのさいうに心をとゝめてをとりまさりをなんつけられ侍れかしたつた川のもみちならねはにしきと御めにとまりかたくよしの山のさくらならねは雲かとこゝろにかゝりかたししかはあれと我国のことのはより仏のみちへいらむと心さし侍ことみつのみまきのふかき江よりをこりてとはたの秋のいねにおさまり侍らむ連枝のちきりにもまさり比翼の縁よりもふかゝるへしとこそは神も仏もてらしたまふらめとおほえ侍てなん事のついてをよろこひて申出《いて》侍なりたつ田のもみちよしのゝ花の事を申とて思いて侍にけり和歌所の人々こそこれをもめにはたてられ侍らむすらめついてには申お《を》こなはれもせよかしとてなんふるかりし物のかたることありき和歌の会の座《本無之》は披講之後なこりもなきやうに侍なりそれに講師読師本座にのかれてのちかの古今序に貫之かかきて侍る秋の夕たつたの河になかるるもみちはみかとの御めにしきと見え春のあしたよしのゝ山のさくらは人丸かこゝろに雲かとなんおほえけるを朗詠《本無之》にこゑ〱あはせつゝ二三度はかりして其座をたつかめてたき事にて侍なり此ことはを朗詠にする音曲ならひつたへて侍と申し人のありしにいま〱と思てえつたへすなりにしくちおしう侍りたたし今も心えたらむ人はやすく其音曲なとはおこしたてられぬへしとかたり侍りき此ことのいみしうおほえ侍なり新古今の具に（く歟）おこしたてられてするのよにとゝめ侍らはや

前和歌所寄人桑門慈―

この一文の趣旨は、抑ゝ何処に存するか。こゝには、和語と和歌と仏教との三が、三位一体の関係に於て論ぜられてゐる。それが慈円にとつて現前日本の文学であり仏道である。そこに即ち日本の文化の現況が認められてゐるのである。そして、まさにこの時点に於て、慈円がこの議論を展開してゐることは、日本文化の潮流の上に於て極めて重要な意義をもつのである。

この文の成つたのは何時のことか。末行の慈円の署名からみても、また「新古今の具に」云々の語に徴しても、元久二年三月、新古今撰進、竟宴（『明月記』）後の数年のうちと思はれる。元久二年、慈円五十一歳。すでに大僧正・天台座主の顕職を経歴したのみならず、またこの年には大懺法院を創めてをり、引きつゞいて仏法興隆の業を推進し、公武朝野の眷顧・視聴をあつめつゝあつた。要するに彼が一代の活動は概ねこの五十歳から六十歳ごろまで、元久から建保・承久の交の間に集約されてゐるのであるが、右の一文にはこの最も油の乗つた活躍期の慈円の精神の昂揚と積極性とが、如実に反映してゐる。そこに第一の特徴が見出される。即ち、その前半に於て、和語こそは日本人にとつての最上の語であり、これを記す仮名こそ日本人に最も大切な文字であり、和歌はこれによつて成立つのみならず、天竺の人が梵語で仏道を学ぶごとく、日本人は和歌でこの尊い教へを学ぶのであつて、毫も異ることなく毫も自卑すべきでないことを極めて論理的に説き、わが国人にとつての和歌と仏道との深いつながりの趣旨を示すこと頗る懇切鄭寧であつて、「これもしひか思ひにて侍らはそのよしつふさにうけたまはらはや」と強い態度を示してゐる。元来、慈円の語法は、その残した多くの文字に徴するに、一般に穏健・理詰めでむしろ内向的であり、激言を武器に他に迫るごとき趣は殆ど見当らない。中にあつて右の語のもつ開き直るやうな調子は、むしろ例外的な趣を示し、他にその類同の場合を見出し難いものをもつやうに思はれる。蓋し、この仮名・和語・和歌に対する、従来及び当時の日本人自身の評価が彼の自信に対比して、不当に卑低なるものがあつた。そこに醞醸された彼が平素の欝懐が機を得て一時に噴出して、平生に不似合ひの語調となつてあらはれたかと思はれる。そして慈円にこの機縁となり機会となつたものが、恰も彼の世間的活躍期に当つて、とくに『新古今和歌集』の出現を見たこと、そして自らもそれに直接関与してゐるといふこと、そのことであつたとさるべきであらう。『新古今和歌集』の完成は、これを齎した歌人たち、就中、後鳥羽院・定家・家隆・慈円たちを中心とする人々にとつて、一大事業の達成の感激深きもののあつたことは疑ひない。これを慈円について詠歌の経緯を辿つてみるに、その今日の和歌の伝存は大体二十歳ころからであるから、新古今までの歌歴は凡そ三十二、三年でもあらうか。若年のころは近き世の『堀河院百首』などを座右において（『拾玉集』第一冊、「楚忽第一百首」奥書）の稽古の時代から、いはゆる達磨非拠の非難をうけた新風の時代を経て、新古今風の一翼を担ふに到るまで、戦乱と政治的変革の嵐をきりぬけつゝ鍛錬を重ねた歌道修行の三十余年の苦心努力の実り、そしてまた共に同じ道を歩みつづけてきた先輩・同僚との共同の成果に、いかに深い感激と歓喜とを催したことか。慈円はその一端を次の詞と詠とに托してゐる。

新古今集被レ終二其篇一、是万春之佳遊也感悦之余聊述早懐而已

むかし今のあらたになれる《ムスフ》和歌のうらは　浪をおさむるしるしなりけり　（五九五〇）

うれしくも春のやよひの花のころ　ちることのはは末そはるけき　（五九五一）

慈円自身の詠の多く撰入（九二首。西行の九四首につぎ第二位。現存者としては首位）されたるをよろこんでは、

愚老拙歌甚多罷入候云々恐与悦已計会候歟

山川のあたに思しうたかたを《の本イ》　きえぬかす《ヒロハスハイ》こそあやしとはきけ《く本》　（五九五二）

と詠じ、さらに竟宴の行はれたことに関連して和歌の将来をことほいで、

しきしまややまとことわさ君か世に　あらたに《サカユル春ノ》なれるめくみをそしる《あとそうれしきイ》　（五九五三）

かさねをくうらのはまゆふ伊勢の海や　神代のかみもうれしとやみん　（五九五四）

と詠んでゐる。

この一文の趣旨乃至は起草の動機が、直接的には『新古今集』とその成立をめぐるものであることは、以上によっても明らかであるが、しかもそれは、さらに大きな、重要な背景と意味をもつことに次に注目しなければならない。いはゆる「新古今の時代」の語は、これを歴史的な広い意味に解するとき、極めて遠い由来と深邃な意味とをこれに托すべきであり、それらの関連を考へることによつてのみ、よくこれを正当に解することが出来る。

歴史のあらゆる一齣は歴史の全体とつながつてゐるが、その関連の仕方にはもとより厚薄緩急がある。ひそかに集積されつゝある不断の時の力が、機を得て俄に頭を擡げて一の新しい潮流に集約される。その潮流が天下の人々の緊張と動揺と変易とをもたらし、新旧の交代を意識せしめるならば、即ち新時代の到来に外ならない。新時代は当然に過去のすべてを踏まへつゝ新しい特色を打ち出してくる。

いはゆる新古今時代は、上代以来の大陸文化・外来文化の長期的・持続的な摂取の上に発展し来つた我が国の文化の一つの決算期をなしてゐる。上代文化はまづ主として貴族文化・公家文化として開花し、従つてそれはまた都に集中された。先進国の絢爛たる威容によつて誘腋指導された素朴な我国は、当然の結果として、異国風の追求に忙しく、時に脚下を忘れるの評も免れなかつた。しかしこの旺盛な外来文化摂取は、日本人の真個の生命の発露を妨げるものではなく、却て数百年の平和のうちに富貴顕栄の生活を楽んだ貴族階層はこれを通じて後世平安文化・公家文化と称せらるゝ優れた独自の文化を大成せしめた。しかもそこに打出されたものは、いはゆる国風文化と評せられる、民族性を基調としたものであり、従つて、平安時代が終り、公家階級といふ貴族が歴史の檜舞台を去り、さらに奈良・京都から政治文化の中心が移動した後にも、日本文化の一の典型として後世に仰がれ、国民文化として引きつがれるだけの価値と資格とを固有してゐたのである。もとより、生活の安楽、緊張の欠如の余弊として、彼等公家貴族階級が頽廃の相も示しはしたが、それもこの文化に特殊の陰翳を与へるに止まつたことは喜びであつた。

輸入文化を先駆とし先師として育成され成立した公家文化の特色は、結局国風文化を志向したのであつたが、この文化推移の大勢が到達した最初の高い峯が、いはゆる新古今時代であつた。

律令制度をはじめ天文暦学・易学・陰陽五行説、儒教・道教などの中国の制度・学問・技術、そしてまた印度よりの仏教などが受け容れられたが、それは次第に消化されて輸入・飜訳文化の外衣を脱して、新たな体質をつくり上げる養分として摂取された。「なほ、才をもとゝしてこそ、やまとたましひの世に用ひらるる方も強う侍らめ」(『源氏物語』乙女)の紫式部の語は、大陸文化と当時の国風文化との間の右の消息を、その交流の渦中にあつた人の口を通じて「やまとたましひ」の形成過程がよみとられる語として特に意味深い。

当時の文化の担ひ手がすべて歴史の舞台から去つた後に、その精神を最も如実に後世に伝へ現前に提示するものは、文学・文字・言語に如くはない。字をもたなかつた日本人は、漢字を受け容れて己の字とした。が、漢字の固有する限界、即ち日本音を示す上の不便、字画の煩瑣繁雑を克服して、よく簡易にして日本語に即した仮名を発明し、しかも片仮名・平仮名の二種を製して、適当に使ひ分けしたのみならず、五十音図・伊呂波歌による仮名の組織化をも成しとげてゐる。新しい日本文はこの仮名と、そして漢字との適切な混淆の上に成立した。嘗て熱情的に学習・模倣・追随された漢詩については、その文字と形式との詰屈とを脱しつゝ、その著想の秀抜と表現の絢爛とはやがて和歌薬籠中のものとなり、その優美艶麗の資となつた。和歌のこの特長が、仮名の流麗温雅の姿態と手をたづさへたことは云ふまでもない。

数百年の地道な努力が実つて、日本人が日本文字・日本文をもち、自在に操る時がきてゐる。こゝに民族の血が全体に通つたのであり、民族の自覚もおのづからそこに深められる。平安朝末期の文化の一特色としての「国風文化」は、こゝにその基礎を完成したといつてよい。

歌人である慈円は、わが国の現状、わが国の文化の現状を、この言語と文字と和歌との間の関係の、この特色に於てとらへた。それが先の、文の前半の所説である。そのことはすでに前述した通りであるが、その説明の態度についてはさらに注目すべき問題がある。

新古今時代の特色としての国風の自覚と尊重は即ち時代の風であつて、もとより慈円に限るものではない。たとへば、定家の次の語は、これをよく示してゐる。

まつ歌は、和国の風にて侍るうへは先哲のくれくれも書をける物にもやさしく物あはれによむへき事こそみえ侍るめる、けにいかに恐ろしきものなれとも歌によみつれば優にきゝなさるゝたくひそ侍る、（『毎月抄』）

また少しく後れるが、藤原為相は極めて直説法に、

これのみそ人の国より伝はらて　神代をうけし敷島の道　（『玉葉集』雑五）

とまで詠んでゐる。

これらに対比して、慈円の説明の特色は、即ちこれらのこの時代の思潮を、極めて組織的・体系的・綜合的に説いてゐることである。このことも前に少しくふれた所であるが、こゝでは更に一歩を進めて、彼の所説が、恐らくこの問題についてもまた安然に負ふ所が少からぬことを推測してみたいと思ふ。

安然の主著ともいふべき『教時問答』（巻三、天台宗叢書、一二六頁）に「天竺・大唐・日本」の言語が真言なることを力説して左の如くに述べてゐる。

故以二如来万行万徳一随二順一切衆生種々三業ノ一説二真言法一、問、若爾一切世界ノ衆生言音応二皆真言一、何故以二阿字等五天文字一但為二真言一、答、義釈云、云何真言教法者即謂阿字門等是真言教相、雖下相不レ異レ体、体不レ異レ相、相非二造作修成ニ一不上レ可レ示レ人、而能不レ離二解脱相ノ一現二作声字一一々声字即是入法界門、故得レ名二真言教法一也、至レ論二真言教法一、応レ遍二一切随方諸趣ノ名言一、但以三如来出世之跡始二于天竺一伝法者且約二梵文一作二一途明一レ義耳之々、問、若

爾六道衆生種々言音皆是真言、何況五乗所説教法言音当レ非二真言一、是故諸顕教中経論章疏、天竺、大唐、日本諸宗学徒是非言音寧非二真言一、答、皆是真言、但彼不覚、故大日経云、此真言相非二一切諸仏所作一不レ令二他作一亦不二随喜一、(中略)是謂二一切衆生諸趣言音所説真言一、故其阿等五十字母是梵天趣言音、梵王以レ降二五天一五天以為二梵字一、如レ是諸趣言音所説真言、及其諸趣文字語言皆是法爾常住之法、

謂ふ所は、一切世界の衆生の言音はすべて真言である。即ち入法界の門である。然るに、とくに梵語のみを以て真言として来たのは、梵語がたまたま五天の言語であつたからに過ぎぬ。言語はすべて法爾の法であつて、仏の出世によつて生れたのではない。従つて天竺・大唐・日本の言音はすべて真言にして、その点何等差別があるべきでない、といふにある。

安然のこの説を、かの一文の前半、真言を論ずる部分に比するに、その趣旨に於ては殆ど符節を合するものがある。「印度漢朝のことはの文字またいるかせならすしてそのあとより仏のみちをもさとることなれとから国には梵字をもちゐることなし」といひ、「たゝこの国々の風俗なりさらに優劣なかるへしかきりあれは真言の梵語こそ仏の御国より出たることなれは仏道におもむかむ人は本意ともしるへけれ」と三国の言語を並列してすべて真言と断じ、要するにそれは単に風俗のちがひであるとしてゐる。その思想の因由、着想の基礎は同じであり、措辞も相通ふが如くである。

三国の言音の相対を主張する立場から、慈円はさらに詳説の一歩を進める。我国の現状に於ては、仮名をもつてゐる。それによつてやまとことばと、更に、和歌とを、最も自在に適切に表現する手段をもつてゐる。その日本人が漢字をしらぬとて軽しめられる理由は毫もない。従つて漢字伝来以前の神々の御代、人皇十数代のころを軽んずること

は不当である。我が国の人々は、本来やまとことばを離れて、「孔子のをしへ作文のみち」すらも知ることは出来ぬ。「梵字はかへりてちかくやまとことはにおなし」とさへ云はれる。といふのは、和語を漢字より仏に近いものとしてより高くするかの口吻さへ感ぜられる。それはともかく、仮名・大和詞は「わか国のことわさなれはたゝうたのみちにて仏道をもなりぬへし、又国をもおさめらるゝことなり」と、我国人にとつては文学も仏道もさらには政治も、和語によつて達成せられる、とするのである。

恐らく、夙に叡山の思想家に提唱せられた言語の問題は、慈円の長年の間、胸中に往来し温存せられた所であつた。これを基石として、慈円は新古今の成立を待つて、その言語観、日本語についての主張を築き上げて提示する機を得たのである。

慈円の、安然の思索に依拠した、この論理的にして周密な日本語論の具体的な実現・実験が、『愚管抄』の仮名文体であつたことは云ふまでもない。従つて、この実際の著作の中に示された日本語尊重論があらためて注目されてくる。そこで主張されてゐる日常的和語、たとへば「ハタト・ムズト・キト・シャクト・キヨト」などに象徴される座右の和語こそが「和語ノ本体」「日本国ノコトバノ本体」なのであるとする説についての由来と根拠とがこゝで充分に示されてゐるのである。即ち、「物ヲイヒツヾクルニ心ノヲホクコモリテ時ノ景気ヲアラハスコトハ、カヤウノコトバノサハ〳〵トシラスル事ニテ侍ル也」といひ、児女子の口遊が詩歌の真意を示すといひ、仮名でこそ「愚癡無智ノ人ニモ物ノ道理ヲ心ノソコニシラセ」ることが出来る、などの『愚管抄』の所説が、極めて長い歴史的背景をもち、しかもすでに新古今時代成立後に理論的・体系的に実を結んでゐたことが確認されるのである。

和語の部の次に来るこの一文の後半は、前文の和語・和歌・仏教の所論を一歩深めて、仏教、その本質論を中心において論ずる。こゝではとくに平安朝の仏教、天台法華宗、中について最澄・源信そして空海などの先師を引きつゝ論を進める。「釈迦仏本時所化の菩薩の老ことして 地より出たまひしありさまをのたまふには 志楽於静処捨大衆憒閙とこそは侍るめれ」云々は法華経（涌出品）の引用なることは云ふまでもない。また仏が「界内界外の浄土よりはしめて廿五有のありさまをしへたまふ」とし、これに関して「恵心院の源信僧都もこれをとりなしつゝかきをけるなるへし、こゝに煩悩にそめたる濁世をいとひはなれて菩提をさとる浄土をねがひもとめよとをしへ給ふ」云々とあるは、源信の『二十五三昧式』によつてゐる。それは、次下の文に「いゑ《へ》を出なからみな俗塵にましはりて心をそらす心をそめさることよ」云々の語が『廿五三昧式』の「深貪二著名利一不レ厭二生死一、鎮拘二牽愛欲一無レ修二浄業一、頭戴二霜雪一心染二俗塵一一生雖レ尽希望不レ尽、我等適剃レ頭不レ剃レ心、染レ衣不レ染レ心」によつてゐると考へられるのである。

俗塵をはなれ濁世を厭ふことを諭すこれらの教へに随順して、菩提をさとり浄土を求めんとする。こゝで問題となるのは、たゞ遁世のみで己を浄うせんとするものが、結果は却て道を喪ふ、といふ類例少からぬ現実である。「法師のみちにさらに二途のみちをなし」、頭を剃つて心を剃らぬことは「遁世のひしり」に却てみられるのであり、「たうとしときゝこし」た遁世のひしりは「今はまたひしりといふものはみなさまあしきものなり」とさへ云はれる。

このことに対して慈円は、結論として救ひの道を和歌のうちに求める。たとへば恋の歌は、それ自体うき世離れぬ印に思はれるが、それはまた同時に厭離のこゝろをしへ欣求のこゝろをあらはす所以でもある、とする。世間に在りて濁らず、出家しながら世を捨てず、この言語道断・黙識心通のこの境を実感する方法として「我国のことはより仏のみちへいらむと心さし侍らむ」とし、この歌と仏道とのつながりは「連枝のちきり」「比翼の縁」よりも深いもののあることは、「神も仏もてらしたまふらめとおほえ侍りてなん」と、己が所説の証しを仏神に求め且つ祈請する。そしてそれこそが「仏法をひろめたまひし大師たちのあとの我立杣に冥加をいのりしも高野の山に入定ときこゆるもさてのみこそは侍りけれ」と伝教・弘法等の大先達の芳躅に契ふものであるとしてゐる。

かの一文について、以上、少しく穿鑿してみたのであるが、それは、結局、数百年にわたる大陸輸入文化から次第に脱化して独立的地歩を占めてきたいはゆる国風文化、その勢が一の高峯に達した新古今時代の精神を呼吸した一の成果であるとともに、それが、先にも触れた様な歌人たちの随想的な態度と異り、慈円の場合は体系的・論理的・綜合的であることを知つた。安然等によつて特に代表せられる、叡山の仏教哲学を以て充分に装備した上で、この時代の先端的な問題をとりあげて論じたところに、慈円のこの一文の特色と価値とがあり、即ちその重みがあつた。

以上の様にみると、叡山上に長年研ぎすまされた明鏡を以て、世間の新時代の先端的問題を照してその本質を極めようとした点に於て、この一文と『愚管抄』とは共通の基盤に立つてゐる。さういふ意味に於て、次に『愚管抄』出現の基盤をなす慈円の武家観について一瞥したい。蓋し、武家観の形成は、慈円若年からの、いはゞ生涯の問題であるが、中に就いて、この十年の思索こそが、その正宗分に当ると考へられるのである。

(2)　彼が武士武家に注目した理由の一は、その出自に深く関連すると思はれる。といふのは、前にふれた通り、武士とは何か、武家政権には如何に対処すべきか、は公家政治に於て日に重大な意味を加重してゆく問題であつたのみならず、武家との提携に己を託した九条家は、就中、直接にその回答を迫られてゐる筈である。兼実はこの問題に如何なる認識をもち、如何なる回答を用意してゐたのか、現存史料はこれを知るべき何の手がかりをも与へてゐない。知り得たのは、たゞ清盛・義仲よりも頼朝の政治を高く評価した、といふことだけである。兼実と同調して、兼実の命のまゝに祈りその政治を翼賛してきた慈円もまた、この責任を頒つものであることは当然である。事実慈円は夙にこの線にそつてこの問題に注目し、自らの体験を累ねて自らの回答をねり上げる為に、年月を費してゐるのである。

慈円は、貴顕の出であるとは云へ、若い修行時代以来の生活は、側近に傅かれ部下に護られつつ深窓に籠る貴族の生活とはむしろ対蹠的であつた。山中寂莫の世界、或は同僚・先輩たちとの競争・緊張の生活、不便と不足とにとりまかれ、危険もあり、使用すべき侍者も部下も少なく、常に自ら事に当り自ら事を処理しなければならぬ生活を少からず経験してゐる。出家することによつて貴族の子弟も、もとの生活といかに遠ざかつて、自ら、より多く手足を動かし自ら工夫し自ら智力を用ひなければならぬことか。それによつて彼は自らの特性を自ら養成し自らに賦与せねばならぬ。日常接触する所は、自然環境も人間関係も、華麗よりは粗野であり、貴族的より民衆的であり、修飾や人工よりも質朴・粗笨に近い。一口にいへば、貴種の出といへども出家の修行生活が、庶民性に近づくことは必然である。貴族性が観念的・抽象的であるに対してそれは一般に現実的・具体的・実践的である。

若い時から山に入つて修行した慈円は、延暦寺の僧兵、無動寺の堂衆の擾乱暴行を目のあたりに見、身を以て味はつた。義仲の都での兵乱の最中にも危険を冒してゐる（『玉葉』寿永二年十二月十日）ことなども、彼が早くから庶民・武士の間に親しく伍して居り、それだけ苦労を重ねてゐることを示してゐる。彼はこの現実との直接的・具体的接触の中で新しい時代そのものに接し、新しい思想に開眼しつゝあつたのであり、側近にかしづかれ人伝の報告で多くの現実からへだてられている貴族たちとの間に、著しい差を生じてくるのは必然である。

かくして、武士或は武力的なものとの接触、従つて認識に於て、慈円は兼実よりも数等現実的・直接的・具体的であり、且つ切実であつた。

慈円は、六波羅時代以来のかういふ経験の上に、やがて関東の武士に接触する機会をもつた。平氏追討のために関東武士は幾度か京都に去来した。それらと慈円がどう接触し、そしてそれをどう評価したかは、知る手だてがない。が、『愚管抄』は頼朝の建久元年・六年の二度の上洛に当り、とくに第二度の時の頼朝の部下の態度の印象を通じての武士認識を伝へてゐる。そこに慈円は暴力でない武力を見出した。この時の頼朝の部下は東大寺供養当日、大風雨の中に、「東大寺ニ参リテ武士等ウチマギテアリケル、大雨ニテアリケルニ武士等ハレ（我）ハ雨ニヌルルトダニ思ハヌケシキニテヒシトシテ居カタマリタリケルコソ中〱物ミシラレン人ノ為ニハヲトロカシキ程ノ事ナリケレ」と、その忠誠・団結・剛毅・統制に於て称讃すべきもの驚嘆に価するものを見出してゐる。武士は暴力を振ふものであるよりも之を鎮めるもの、戦ふものであるよりも君と国を護り平和を維持するもの、といふ認識への道が、こゝに拓かれてきてゐるのである。

武士についてのかういふ方向の認識をさらに支へるものとして、頼朝・源氏の氏神が八幡である、といふ関係を、慈円がこゝで更めて注目してゐることは注意を要する。この建久六年の頼朝との贈答は、少からずこの点に及んでゐる。即ち、慈円より、

みかさ山さしてたのまはいはし水　きよきなかれのすゐもすみなん　（五八二〇）

と贈れるに対し、頼朝のかへしに、

朝日さすみかさの山はいはし水　今行するゐそはるかなりける　（五八二三）

また頼朝より、

きよかりしみなもとなれはいはし水　するはるはるとすみそましける　（五八二五）

慈円のかへしに、

代々ふともわれもにこらしいはし水　そのみなもとをたのむ身なれは　（五八二七）

慈円は、頼朝との交渉の中に、八幡の御計らひの実現を見、頼朝・武士・武家政治といふ形で、それが具体化されつゝある姿として把へはじめてゐたのではなからうか。

ここに到つて想起されるのは、兼実が嘗て、頼朝との提携を決意した寿永・元暦の間に於て、頼朝が鎌倉に八幡を勧請し信奉してゐることにとくに注目してゐるといふ事実である。

兼実は頼朝との接近が漸く具体化しはじめたころ『玉葉』寿永三年四月七日条に、

八幡 頼朝奉祝云々

と記し、同二十四日にも、

八幡 頼朝祈所奉祝云

と注目してゐる。公家の崇敬措かざる国家宗廟神が即ち源氏の最も崇敬する神であり、頼朝が重事を決する時は必ずその宝前に於てしてゐる。これと対比しても「さしてたのまはいはし水」「そのみなもとを頼む」といふ語は、重要な意味をもつであらう。今の場合八幡にたのむことは武士にたのむことに等しい。そして武士もまた八幡を奉祝してゐる。然らば本来国家宗廟神である八幡信仰崇敬と武家への信倚とは、相通ずるものであらねばならぬ。頼朝の人物に傾倒し、そのもとに統率された武力の粛然たる姿をみたことは、慈円の思索に、宗廟神の使命につながるものとしての武士といふ認識への門戸をひらくことになつたでもあらう。

慈円のうちに、恐らく八幡信仰を媒介として、武家政権への親近感・連帯感がめばえつゝあつた時、この思索をさらに育成し、そして恐らく、最後的に断を与へて、慈円の公武合体思想を完成せしめたものが、寿永の平家西走の結果起つた、三種神器中の宝劔の喪失問題であつた。

祖神より歴代皇位の御しるしとして伝へられ、皇位の御守りであつた神器、その一であり武力を象徴する宝劔が紛失するなどとは、凡そあり得べからざることである。そのありうべからざることが現に起つた。何故か。慈円のうちに形成されつゝあつた武家認識の基礎の上に、この疑問への解答を迫られた。その答として生れたのが宝劔武家代替論である。武家が興つて朝家の御護りの役に専ら当ることになつた今、宝劔は「ムヤクニナリヌル也」とされることになつたのである。

云までもなくこれは、後に『愚管抄』に明示された、同書の論理を支へる所の重要な柱の一であるが、それは同書執筆（後にのべる如く、筆者はそれを承久二年あたりにおく）の十数年前、「承元三年己巳六月於西山草庵書之事」といふ奥書をもつ「夢之記」（吉水蔵蔵本『[梵字]別』所収）と題する慈円の一抄物に、すでにその基本形態がはつきり見えてゐる。即ち、「於二宝劔一者、終以没二海底一、不二求得レ之失了也、而其後武士大将軍進二止日本国一任意令レ補二諸国地頭一、不レ叶二帝王進止一、但聊蒙二帝王之免一、依二勅定一補レ之由云々、宝剣没二海底一之後、任二其徳於人将一歟」と。

かくて、武士は本来八幡より朝家護持の使命を与へられたものであり、従つて、決して排撃し去るべきものでないとされたのである。

かゝる武士観が、武士は暴力的存在でひとへに否認さるべきもの、との公家的観念の空気の中で育つた慈円に形成されるまでには、その要因は一にして止らず、長い年月の間に、それらが累積してこゝに到るのであるが、かゝる明確な観念として、新しい時代の思想として打出すにも、山中閑暇の裡の思索が必要であつた。この武士観の確立が、この承元のころにみられるのは偶然ではないであらう。

以上、承元の隠棲時代を反省思索の時期としてとらへ、その思索活動の具体的な一例を提示したのであつた。が、事実、それは正にその一例にすぎず、この時期は慈円の思想形成の活動に於て最もみのり多き時期であつたことを、こゝに強調したい。彼の法流に関する著作として、その思想をまとめてその特色と立場とを明示したものは、殆ど承元年間に集中してゐるといふ事実（『天台勧学講縁起』『法華別私記』『毗盧遮那別行経私記』『[illegible]別』等）は決して偶然に帰すべきではないであらう（『校本拾玉集』所収「慈円著作表」参照）。

大観すれば、慈円の思想生活はこゝにすでに円熟期に入つてゐたのである。今後それは、如何にして結晶し、如何なる性格を示し、また如何なる活動として展開してゆくのであらうか。

第十八章　後鳥羽院政㈡

――叡山復興――

承元四年から承久元年まで、慈円五十六歳から六十五歳までの十年間は、後鳥羽院のもとにおける慈円の最後の栄光の時代であるが、それも建永・承元時代の余光残照にすぎず、その間にさしそめた陰影が次第に濃くなつてゆく。建暦元年八月、慈円は後鳥羽上皇の御命によつて出京し、翌二年正月十六日、第六十九代座主に還補された（『華頂要略』『明月記』）。第三回の座主任命である。

あひかたき法にあふみの山たかみ　三たひ来にける身をいかにせん　（二二八七）

の一首はこの時のものであらう。前任の承円は元久二年以来七年間その任に在つたが、学生と堂衆との争ひを制し得ず、更迭されたのであつた（『玉蘂』建暦元年八月十八・十九・二十・二十一日）。承円は松殿基房の息、梶井門跡に属し、承仁親王の資、この前後を通じて院の御信任は頗る篤きものがあつたのである。而して、恰もこの更迭の前年承元四年十二月には、土御門天皇は位を順徳天皇にゆづられたが、蓋し後鳥羽院の御意向によるものであり、院政は一層強化せられたと思はれる。

慈円のこの第三度の座主時代、建暦二年正月から二月にかけて学生堂衆の争ひを一時制するを得（『玉蘂』『明月記』『百錬抄』）、また山徒が三井寺を焼かんとしたのを武士の力で漸く制して事なきを得た。が、この時、叡山にとつて就中大きな難問は、これより先元久二年の山門諸堂の大焼亡であり、当時中堂を残した外、主な堂塔坊舎は殆ど炎上した。当時の座主真性、ついで承円はその復興に力をつくし、在職七年の間にその業は大きな歩を進めたが、慈円もまた、そのあとをうけてその完成に力を傾けた。

この叡山焼亡も、やはり学生と堂衆との争ひに端を発した放火によるものとされてゐる。その災の及ぶところ頗る広く、講堂・法華堂・常行堂・四王院・延命院・鐘楼・文殊楼・五仏院・実相院・南谷彼岸所・円融房・極楽房等、悉く災に罹って叡山は一大打撃を蒙った（『四帖秘決』『華頂要略』『明月記』『百錬抄』『吾妻鏡』）。この大火災直後、慈円が直ちに登山し親しくその惨状を視察し、その復興に種々指導を与へてゐる状も『四帖秘決』に詳しい。少しくこれを摘記すれば、二日午刻炎上したがその五日、

和尚（慈円）御登山、諸堂焼跡等拝之、只向《テ》二灰燼《ニ》一各落二悲涙一許也、次中堂御参、先内陣《ニ》入御数刻、長講承仕等申事次第《ヲ》一、諸尊大略破損《シテ》事趣非レ所レ及二言語一、

同八日間大仏師法眼観円於二北礼堂《ニ》一敷二浄薦《ヲ》一引二新幕《ヲ》一於二其内一六天十二神将日月光等被レ加二修理《ヲ》一三ケ日仏師香湯洗浴《シ》着《ス》二新浄衣《ヲ》一、小仏師三人同召具、和上（慈円）者新浄衣内外共浄《シテ》密入二御帳内一奉レ拝二本尊《ヲ》一長講一人指《シテ》二紙燭《ヲ》一参《ス》、又忠快豪円等同参入《ス》、四人共入二帳内一如レ此経□事三ケ日也、

同十日仏像如レ本安置了、即西塔并浄土院《ニ》御参、於二釈迦堂《ニ》一入《テ》二御帳中《ニ》一被レ奉レ拝二本尊《ヲ》一、覚什僧都参会奉行《ス》、

後日被レ仰事无（無）動寺《ノ》本尊同件日拝見之座像也、御帳《ノ》外《ニ》御座《スル》故像無レ異也、我造立《シテ》奉レ安二大成就院一是其形也、

座主真性の辞任（元久二年十二月）もその為といはれ（『愚管抄』『百錬抄』）、その復興が、次の座主承円の大きな仕事としてのしかゝつてきたのである。復興事業は漸次進められて翌建永元年正月には円融房先づ成り（承円座主にとっては梶井

門跡の本房たる同房の復興が最も緊急を要したであらう。この房は三ケ月間で成つてゐる）、ついで建永元年七月、法華堂・常行堂・四王院・文殊楼等が上棟した（『華頂要略』『三長記』）。かくして、承円が座主就任以来七年の努力によつて再建の業がその歩を進めつゝあつた時、建暦元年七月十一日、今度は惣持院が焼亡の厄に遭つた（『華頂要略』『明月記』『仲資王記』）。翌々建保元年六月二十一日再建惣持院の上棟を見るのであるが、それが諸堂舎復興途上の大きな負担となり遅延の原因となつたことは勿論である。

建暦二年一月座主に補せられたとき、慈円は院の御前に召されて「直可㆓還補㆒之由被㆑仰、偏可㆑存㆓公平㆒、非㆑汝者無㆓其人㆒由被㆑仰之上無㆘可㆓申披㆒方㆖退出」（『明月記』一月十六日）と、強い御命令と期待とをうけて辞するにも由なかつたのである。「存㆓公平㆒」は承円と慈円の夫々属する梶井門跡と青蓮院門跡に偏頗なき態度を表明されたのである。『愚管抄』に、院が近衛・九条両家に対して「公平ヲ存ス」ると云はれたとあるに照して、院が政界と教界とを問はず（実は多くの場合、政界と教界とは本質的に同一世界の両面とみられるのであるが）、対立勢力に対処して、つねにかういふ配慮をせられた一般的態度がうかゞはれる。院はこゝで、叡山の復興を推進する為に、備前国を修理料所として寄せ賜ふ旨約束せられた（『一期思惟』）。復興の手腕を期待された慈円は、拮据事に当つた。この年五月に講堂成り、本尊も修覆安置してをり（『慈鎮和尚伝』『華頂要略』）、十月には東塔南谷に新青蓮院を建てた。昨年焼亡した惣持院が、慈円辞職（建保元年正月）後五ケ月にして上棟してゐるのも、慈円在職中の努力が実つたものであらう。

たのめとやむかしひしりのたつそまに　たえにしをのの又をとのする　（一二八六）

の一首は、即ちこの復興の間に生れた実感であつた。

この復興事業が、院の為の攘災招福・宝寿長遠の祈の精勤の余に進められたことは云ふまでもない。また皇子朝仁親王はこの建暦二年十一月を以て慈円の房にうつられる（『明月記』同二十九日）などのことあり、去年までの草庵生活とは打つてかはつた、繁忙と活動との日が続いたのであつた。

建暦三（建保元）年正月、座主たること恰も十二ケ月で、慈円は職を去つた。理由は的確に知りえないが、自ら希望しての事であつた様である。辞任に際して院は「雖ㇾ遁ㇾ職不ㇾ可㆓遁世㆒、近可ㇾ安㆓坐本房㆒」（『一期思惟』）との優詔を賜はつたといふ。遁世は以前の西山などの草庵生活をさすのであらう。本房は大懺法院なるべく、即ち院は慈円の在京を望まれたのである。そして事実、慈円は御命にこたへてこの年おほむね在京してゐる。御所或は本房で祈禱に従つてゐることによつて、それは明らかであり、院から何度か祈禱の仰を蒙つてもゐる（後述）。

あとを襲つて座主となつたのは、慈円の弟子公円であつた（『明月記』『華頂要略』）。この時、延暦寺は興福寺末の清水寺と争つて騒擾した。院は力を以て之を制し得ず、日吉祭・六月会等に勅使を発遣する旨を約して山徒を慰撫され、興福寺に対しては天台座主の更迭を約束された（『一期思惟』『明月記』『仲資王記』『仁和寺日次記』『六代勝事記』『吾妻鏡』）。かくて建保元年十一月、またも公円に代つて慈円が召された。実に第四度の座主任命である。『一期思惟』は「四ケ度、三箇度猶未曽有也況今度哉」と誇り、王事背き難きを以てなまじひに治山す、とのべてゐる。これについても次の一首をのこしてゐる。

おもはさりき命なからの山にまた　たひたひ法の花をみんとは　（二二一七）

還補の翌十二月一（二）日、院は慈円に命じて尊勝法を修せしめられた。慈円は如法尊勝法を修したが同八日結願の日に自ら草して仏にさゝげた「尊勝陀羅尼供養表白」は、君臣にして同時に師檀の関係に結ばれた、院と慈円との一致した願望がどこに志向されてゐたかをよく示してゐるとゝもに、この時点に於ける結びつきの緊密さを確認せしめる。

表白は、この陀羅尼の由来をのべその読誦の意義・功徳を説く前半と、その功力によつて院の玉体燕安、侍臣以下の人々の息災延命を祈り、これを世の泰平に及ぼさんとする後半とより成る。即ち仏頂尊陀羅尼によれば、三十三天の中の一天子、善住天子が、七日命終・堕地獄・受七反畜生などの告げを得て、憂愁のあまり帝釈天の許に赴いて救ひを求めたるに対し、帝釈天は釈迦から教へられた陀羅尼を誦すべきを勧めた。それは難得難遇の仏恩、且は末代の利生利物の教法であり、寿命延長・転禍為福の勝験と滅罪生善の力とを備へ、天魔もこれを聞いて障碍の悪命を喪ふものであつた。

この法力をもつ陀羅尼の読誦によつて、慈円は、延暦・延喜の古風を仰ぎ、上皇の業障を浄除して宝寿長遠の懇祈を達し、度重なる内乱によつて生じた幾多の犠牲者・無辜の亡霊の得脱を祈請し、それを通じて天下の泰平、朝家と万民の安穏を期したのである。即ち「表白」のこの精神・趣旨は、院と慈円との一致した願望・精神そのものに外ならなかつた。またその直後建保二年正月には、重ねて院の為の法花法を行つてゐる。それは根本中堂に伴僧三十二口を率ゐて厳修し、以て院の延命を祈るもので、盛儀を極めた。即ち、慈円はそれについて、「以㆓延命真言㆒為㆓如来久遠寿量真言㆒ト法花法用㆑之、義尺云、衆生一念心中有㆓如来㆒寿量長遠身寂光海会」と説明してゐる（『𑖀𑖭別』下）。法花法が大懺法院の重要な修法であることは先にみた所である。

建保二年三月、慈円は座主辞任を奏請したが、大衆蜂起の折柄許されなかつた（青蓮院本『慈鎮和尚伝』）。四月山徒が三井寺を焼き、三井寺は興福寺衆徒を語らつて復讐せんとした。この騒動の最中、六月、慈円は遂に職を辞した。院は大原に隠棲中の梶井門跡の承円の再起を促して後任とせられた。承円第二度の任命である（『華頂要略』）。

慈円の後に承円還補となつたのは院の御意に出でたのであるが、この承円支持は即ちまた院の梶井門跡支持を示す。爾後足掛八年、承久三年の戦乱の直前まで承円座主であり、そして承円弟子尊快親王が、承久三年四月、後をうけてゐる。即ち慈円の建保二年六月辞座主の後は、梶井門跡の優位のうちに承久乱に突入してゐるのである。

この門跡のことについては、さらに後に詳説する所であるが、慈円のこの度の辞任をめぐる諸事情に於て、この両門跡の対立が、従来と比較にならぬ程大きな幅をもち、強い因子であつたと考へられる。慈円はそれらの点に関して、「今度小僧門徒之輩殊以比儻之間、有㆓道理㆒所職併改易之、仍門徒山洛僧綱成㆑群訴訟云々、彼例□□寺故云々、伝聞懐㆓不審㆒之処□□□□□各皆伺㆓御気色㆒発起云々」(『一期思惟』)と。云ふ所やゝ抽象的で詳細を知りがたいが、青蓮院側の圧迫されてゐること、慈円の辞職に伴つて慈円の門徒の人々が諸職を解任されたこと、それらが後鳥羽院の御意に発すると考へてゐること、は凡そ推測出来る。なほ辞職の翌月、真性僧正が慈円の房を離れて無動寺・三昧院検校を辞してゐる。恰も、摂津の仲山寺に在つた慈円はこのことを聞いて遺憾に思つたが、如何ともなし得なかつた。前述の通り真性は、梶井承仁親王の資であつたが、建仁三年三月四日慈円の許に入り、八月、灌頂をうけ、同二十八日座主たるの望みを遂げた。然るに慈円の許にあること十一年にして、再び離房してゐる。『華頂要略』はこれを「依㆓師資不和㆒也」と説明してゐるが、真性の従来の出処進退は、むしろ時流権勢に従つて僥倖を求むるの態度がかなり露骨なやうである。慈円は旅先から使者を以て諭したけれども、力及ばなかつたといつてゐる。無動寺・三昧院の検校は夫々慈円腹心の公円・豪円を以て之に補した(『一期思惟』)。

建保二年六月、慈円(第四度)座主辞任を境にして、梶井・青蓮院両門跡の対立が、とくに後鳥羽院をめぐつて、次第に明瞭に表面化し、対立は進んで軋轢となつて行つた。少くとも慈円からみる限り、その傾向は顕著であり、梶井門跡は院をとりまいて、慈円を疎外する黒い雲と観られたのである。『一期思惟』はその情勢の険悪をくりかへしのべている。曰く、

讒奏逐レ日嗷々、事及ニ大事一、

凡座主（承円）之沙汰不レ可ニ堪忍一云々、

座主成敗甚無道也、

そして、梶井側のかゝる態度を院が容認引級されて、

上皇一向引ニ級座主一、仍次第相剋進退惟谷、於レ今者可レ遂ニ籠居之本望一也、

即ち、この頃を境にして、院と慈円との関係は急角度に悪化の傾向を辿りはじめた。院は、慈円が不満の余り山に籠らうとしたに対して、「以ニ震筆勅書一被ニ留仰一」といふ愛惜の態度は示し給うたけれども、この事態を前にして、慈円は心を和げることは出来なかつた。慈円の感情は日々に院から疎隔し危惧を深めて行つたのである。

この院と慈円の疎隔は、慈円の内心についてみれば、かなり深刻なものであつたことは、この告白・回顧で明らかである。しかし注目されることは、これは専ら慈円内心のことであつて、それはまだ表面化はしてゐなかつたといふことである。御祈りに到つてはむしろ頻繁を加へてゐるといつてよい（建暦二年正月十日の院の為の大熾盛光法、同六月二十日院の為の薬師法、七月四日の熾盛光法、十一月十六日同法、建保元年六月廿日の七仏薬師法、七月十六日の熾盛光法、八月六日の仏眼法、九月十一日の尊勝法、建保二年二月十六日の法花法、十一月十三日の恒例熾盛光法など。——以上『華頂要略』『門葉記』『阿娑婆抄』『慈鎮和尚伝』『明月記』等による）。それは建暦二年正月から翌年正月まで一年間、及び建暦三（建保元）年十一月から翌二年六月まで八ケ月間、座主の地位にあつたことからみても、極めて当然のことであるが、しかし、座主の地位といふ表面的なものの下で、

慈円の立場や心情が著しく動揺しつゝあつたと思はれることは、見落すことが出来ない。先に承円乃至は梶井門跡を介しての院と慈円との関係の中にあつて、そしてとくに今後間もなくわき起つてくるやうな険悪な様相と考へ合せるとき、特にその思を深くするのである。

この、承元以後の数年、具体的に云へば建暦元年から建保二年までの約四年間は、後鳥羽院との関係は、従来の惰性によつてわづかに支へられてゐるかに見える。その内面的な事情については後の詳論にゆづるが、慈円の心は当時の朝廷・政界の主流から乖離しつゝ新しいものを模索しつつあつたかと思はれるのである。

慈円は今や、大懺法院・無動寺・三昧院等の彼の信仰と活動の拠点に夫々後嗣を定め、一応後顧の患を断つた。而して前にみたやうに承元元年十一月（五十三歳）ひとたび四天王寺別当となり、一年にして承元二年十一月これを辞したが、建保元年九月（五十九歳）還補し、その後三ケ月、建保元年十一月、第四度座主となつた。翌建保二年六月之を辞したが、四天王寺別当の方はそのまゝ入滅のときに及んだのである（「四天王寺別当次第」四天王寺蔵、『日本仏教』第二二号所収）。

第十九章　四天王寺別当

先にみた様に、慈円は承元元年十一月、即ちかの大懺法院供養の前年に四天王寺別当に補せられてゐる。『明月記』の「雖レ無二所望一、殊有二御計一補レ之、不レ可二辞退一由夜前給二御書一、尤為二面目一由有二御命一」（承元元年十二月一日）によれば、それが院の御意に発してゐること明らかである。そして恰も大懺法院供養の行はれた承元二年十一月まで別当であり、十二月に真性に譲つてゐる。大懺法院のことで繁忙を極めた間に別に別当をも兼ね、その終了とゝもにまた之を譲つたといふ目まぐるしい動きはいささか奇異であるが、その理由と経緯の詳細は明らかでない。

それはともかく、供養を了へて西山に籠つてゐた承元のころ、慈円の関心が少からず四天王寺に向つてゐたことは、この期間の歌をみると疑ふことは出来ない（承元三年十月の前引「厭離欣求」の百首）。即ち、

すへらきの君までならぬ御子のあとは　なにはの事を思しれとや　（三四一一）

難波津に今ははるへとなかむれは　にしにひらけてさくやこの花　（三四五三）

なにはえやふかきむかしもあしかきの　まちかき物を転法輪所　（三四五五）

などの詠は、前年末まで天王寺別当であつた慈円のものとして当然であると同時に、今後の彼の動向・活動への一伏線をもなして、この後、建保以後の四天王寺の信仰と、自然なつながりを示すものであらう。

すなはちこの承元三年あたりに、慈円の信仰と生活の上に於て、叡山より四天王寺への転向の軸が考へられるやう

である。勿論、慈円はあくまで叡山あつての慈円であり、叡山を棄却・遠離して了ふことはありえないが、何等かの理由から、一時四天王寺に陣営をうつすといふ方針に転じたのであらうか。その理由が、朝廷・院における梶井門跡の勢力独占といふやうなことゝ関係があるか否かは、明らかでない。同じ承元三年の詠に、

いかにせむわかたつそまをはなれきて　もとむるみちの末そはるけき　（三三八九）

の一首があるが、これは、叡山をあとに新しいものを求めようとする意向を示したものと解することが許されるであらうか。

以上は、慈円と四天王寺との間に、この段階において、幾分のつながりの存する点に注目したものであるが、これだけならば、極めて漠然たる揣摩の域を多く出づるものではない。が、我々は、次の史料をこゝに追加提出するとき、積極的にその事態をとらへることが出来ると考へる。

前述の如く、慈円は大懺法院を、将来、朝仁親王をして嗣がしむべく予定して、御成長の後の為に譲状を草した。承元四年十月附であるが、その後三年、建暦三年に重ねて譲状を草した。それは前者をさらに敷衍したものであり、之を顕密の弟子に托して親王の御成長を待たしめた。その譲状の礼紙に、慈円の筆を以てこの譲状をめぐつての諸注意が記されてゐる。その中に、

於二慈円一身一者天王寺修造事沙汰懸候畢、忽以捨離候者、一寺又可二滅亡一候歟、仍以二此沙汰之方便一聊従二僮僕一少々召仕候者可レ足候、於二一身口中ノ食一者、自然之出来可二相友《支歟》一候、更不レ可二事闕一候歟、

の文字がみえる。これによれば、㈠すでに天王寺修造にとりかゝつてゐる、㈡今これを中止すると寺は破滅する外ない、㈢この仕事に当る人々をつれてゆく、㈣自分のこれからの生活の資は別に心配ない、以上、四のことと解するこ

とが出来よう。

四項目は、慈円の四天王寺に対する関係が一時的のものでなく、また、いま始まつたものでなくすでにかなり以前からのものであるとゝもに、これから先、長期にわたる常住的なものとする心がまへを示してゐる。

慈円と四天王寺のむすびつきの目的・目標が何であつたにせよ、その当初の仕事としては、堂舎の修営から手をつけてゐたことは明らかである。そのことは『慈鎮和尚伝』（神田本）の次の記事もまた同じことを示し、これと相照し合ふものである。

四天王寺長吏両度補任之間、諸堂修営非レ一、支レ壊補レ欠畳レ隤覆レ漏、朽墁之功必精、赭亜之飾必良、於レ是龕像無二燥湿陊渤之危一、寺僧有二経行宴坐之安一、金堂六斉、舎利講堂十二口西行懺悔、聖霊院懺法、絵堂講演仏事等、継レ絶興レ廃皆是所レ置不退之行法也、奏二聞五箇庄之顚倒一如レ旧付二本寺一因レ兹云二僧借住供料一云二舞人楽人等供田一皆復二古昔一悉興行、毎人無レ不二悦可一、

この記事は承元元年十二月、第一回天王寺別当就任以来承久役以後までの間のことを一括してのべてゐるのであるが、その全般からみて、慈円の四天王寺への貢献が、寺の堂舎の復興営繕維持がその重要な仕事であつたことをのべてゐる。そして就任の初の仕事もまた、その点から手をつけたことが知られる。

かくして、とくに建保元年九月の第二度四天王寺別当就任以後、慈円はそのまゝ入滅までその地位に留まつて、四天王寺の董督に努力したのであつた。爾後、慈円は四天王寺を生活の上に於ても新しい一の拠点に加へ、同寺と叡山・京都の往来のうちに、その晩年を送ることになつたのであるが、そのことはとくに信仰の面に於て、慈円の最も本意とするところでもあつた。日本国の命である仏法の第一の擁護者であり、観音の化身として崇める聖徳太子（『愚

管抄』）に、太子有縁の寺で奉仕することは、慈円にとつて最も大きなよろこびであり、それは叡山仏法興隆の為の努力と、本質に於て何等異る所なかつたであらう。慈円が天王寺をよんだ一首に、

難波津に人のねかひをみつしほは　にしをさしてそ契をきける　（二八八〇）

とあるにも、その太子信仰の一面を窺ふべく、また、建久二年九月、同三年九月と、重ねて天王寺に詣でて如法経を捧げてゐる（『拾玉集』）ことにも、信仰のほどが知られる。その朝廷・摂関家とのつながり、その地位声望、また寺院経営の手腕、そして特に太子信仰に生きんとする慈円を迎へることは、寺家にとつても一の利得であつたに違ひない。もとよりこの人事には種々問題が想定され、現に建久七年（慈円四十二歳）四月、別当定恵の死闕により後任が求められたとき、兼実は慈円を推し（『寺門伝記補録』『皇帝記抄』『寺門高僧記』）、園城寺の抗議により実現しえなかつたといふ経緯もあつた。この建保の別当就任については、右以上に之を伝ふる史料が存しない。

第二十章　隠棲と思索

天王寺別当就任のころから、しばらく慈円の生活面の実態があまり明らかでないのと対照的に、その思想・信仰の面には興味深い、重視さるべきものが多く存する。

『拾玉集』第二冊は、「三度治山寄心於山王、（中略）于時建暦三年（二本 癸壬 秋九月草之本／〃〃本 酉申 〃〃〃〃〃〃〃）待三春記一篇而已　老僧記」の奥書をもつ「日吉百首」を収めてゐる。建暦二・三年のいづれであるにしても、慈円五十八、九歳、三度の座主をつとめ、数十年間朝廷の為に祈禱を重ね、大道場を創設して行法をとゝのへ、弟子を養成し、多くの諸宗の碩徳と交はり（神田本『慈鎮和尚伝』）、朝野の名声をあつめ、功成り名遂げて得意と栄光に包まれ、順風満帆の境に航しつゝあつた当時の慈円の生活と心境をうかゞふべき百首である。その跋に「片山寺にこもりゐてはたゝ二諦の道理より外に思つゝくることもなし、其道理を歌によまむと思ひけるなるへし」と。片山寺はいづこか不明であるが、或は西山のあたりででもあらうか。青年時代からの一大疑団であつた真俗二諦の道理の追求が、彼の思索生活の王座を占め、その精神生活の中核をなしてきたこと、而もその思索がつねに和歌と手をたづさへて進展してきたことは、これまで随所に見てきたところであるが、この建暦二(三)年百首は、まさにこの問題を正面からうけとめ、出来るならばこれに最後の解決を示さんとした、といつてよい。――蓋しその全体を通じて、従来の精神的動揺と不安定との様相に比して、一種の落ちついた悟の境地とも云ふべきものが兆してゐるからである。

うきにそむ心の花をいとふより　よにもあらしそいとまたるる　（二二五四）

と、一方に於て依然隠棲に惹かれるものがあるとともに、他方これを反省して、

なにとかくそむく心のふかゝらむ　此世にこそは生れたる身の　（二二六〇）

となし、なほ進んで、

ふかくしれ人の有をそ世とはいふ　そむかは人のよもあらしかし　（二二六一）

と、隠遁的立場を強く正面から否定してゐる。これは従来の、長年にわたる問題に結着を与へる態度を示してゐることを感ぜしむる。

問題の本質は、人の心の固有する根本無明、それを克服することにのみ存するのであるが、この無明を拭ひ去りがたいこの人の心ほど、始末の悪いものはなく、それは殆ど神仏さへ見放し給ふ外なきものであつた。

歎なよ人の心はほとけたに　思かねてそすてたまゐ《ひ》にし　（二二七三）

神よいかにうしや北ののむまはゆふ　らちのほかなる人の心は　（二二七二）

ところで、この「心」は、人間にとつては、我とわが身を苦しめるものであり、しかも人は一刻も心と別れることは出来ぬ。この心が一度迷ふ時、人は一生を空しくする外なきを思へば、人にとつて心ほど憎むべきものは存しない。

人ならは恨みもすへしいかにせん　われをすかすはわかこころなり　（二二七一）

身はかりをなきになしてはすくれとも　さてもうせぬは心なりけり　（二二六四）

いかにせん人もはらはぬ夏の池の　ひしとも物の思とられぬ　（二二四二）

人とかくむまれて《た》る身のうれしさを　いたつらになすわか心哉　（二二六八）

しかし翻つて考へれば、このもつとも始末のわるい心こそ、実はもつとも有りがたい仏神のたまものであり、仏神そのものでもあつた。仏を仏とさとり、煩悩を煩悩と弁へるも、この心の霊妙なはたらきによる。

心あれはこころなしとそ思しる　うれしき物はこころなりけり　（三六四九）

華厳に心仏及衆生是三無差別といふ。『止観』に一心三観一念三千、「此三千在二一念心一、若無レ心而已、介爾有レ心即具二三千一」といふ。仏といひ衆生といふも無差別にして心即仏であり、介爾の心を知ることこそ仏教の悟に通ずるのである。慈円の長年の二諦問題の追及も、次第に心身の対立的な立場を清算してきてゐると見ることが出来るのではなからうか。嘗て建久元年（前掲）の一首、

都にもなをやまさとはありぬへし　心と身とのひとつなりせは　（一四九八）

に比するとき、いまや、著しい進境を想定することが出来るやうに思はれる。前掲の一連の二首、

わかこころかくさはやとそおもへとも　みな人もしるみな誰も見る　（二二六三）

わか心かくさしはやとおもへとも　見る人もなししる人もなし　（二二六二）

も、さういふものをさし示すやうに思はれる。

人の心は隠れたると同時に顕はれてゐるのが実態であり、そのいづれも一方だけが真なのではない。ともに、人の知ると否とは問はず、世の為人の為に心をつくすこそ僧たるものゝつとめであるが、さりとてまた、心ある人を得てこの善業を知らるることも、人間としてのよろこびであることに間違はない。

世をなけく心のうちをひきあけて　見せたらはと思ふ人たにもかな　（二二六六）

畢竟、人に対してだけでなく、神にも仏にも恥ぢぬはたらきをなし得るものもまた「心」であつた。

人の世と心との諸の矛盾は、もはやこゝでは矛盾ではなく、矛盾その物の中に一の悟りが見出されてゐるかにみえる。煩悩と悟とが別体のものでなかつたこと、かくて煩悩なくして菩提のないことを、自得してゐる。

法にあひて世にありかたきさとりあり　心にいひて人にかたらし　（二三〇七）

煩悩即菩提、悪即善の理、それは心に会得すべくして口に語りがたい、自受法楽の妙味である。それは後の『愚管抄』に於ても、基底をなし柱をなした境地であつた。そのことを告白して、

コノヤウニテ世ノ道理ノウツリユク事ヲタテムニハ一切ノ法ハタヽ道理ト云二文字カモツ也、其外ニハ何モナキ也、ヒカコトノ道理ナルヲシリワカツコトノキハマレル大事ニテアル也、

と善悪相即が世の道理であるとなし、また、

イカニ心得アハスヘキソトイフニ、サラニ〳〵人コレヲ教フヘカラス、智恵アラン人ノワカ智解ニテシルヘキ也、

と、それは人に問うて知るべきことであるよりもむしろ自得の境、自受法楽の世界のことで、説明を絶してゐることを強調してゐる。『愚管抄』の骨骼をなす「道理」の思想の形成が近づいてゐることを、われ〳〵はこゝに感ずるのである。

なほ建保三年の詠百首をまとめた「秀歌百首」（春、夏、秋、冬、恋、羈旅、山家）が存する（『拾玉集』第三冊、「十月二日賜題同八日成草了」と註する外、成立の事情は明らかでない。『明月記』九月二十九日、「清範朝臣奉書、給二百首題一、年内可レ詠進一云々」とあるに或は関係あるであらうか）。

おほてらの池のはちすの花さかり　はこふ心にたむけてそみる　（三三〇五）

は、恐らくは四天王寺の蓮に寄せたものであり、このころの慈円の身辺をしのぶよすがとすることが出来よう。とす

れば、

難波かたつのくみやらぬあしのねを　あらふ浪まに春かせそ吹　（三二八一）

の難波がたも、必しも歌枕としてのみ解せず、むしろ眼前の風光とすべきであらう。堂舎の修復をはじめ四天王寺の寺務統裁と維持の仕事は繁くとも、慈円の身辺の日頃は孤独・寂寥を極めたであらう様子を、この百首は極めて写実的且つ切実に伝へてくれる。

思かねてせめてうれしきくひな哉　あまり人こぬ槇のいたとに　（三三〇三）

木からしのかせに成行山里の　庭のもみちを人に見せはや　（三三三三）

花もうへす人もとひこぬすみか哉　春に春なきみ山への里　（三三六四）

山の井のなかれをとめて人そとふ　水こそ夏の主なりけれ　（三三六五）

たれに見せんまきの下はの朝露に　ぬれてまたひす墨染の袖　（三三六九）

人も訪ひ来ず、花もうゑず、たゞ露にぬれそぼつ山里こそが、しかし同時に、天下の大寺の維持発展の任を負ひ、さらには天下の為の祈禱をその一身の大任として負ひながら、たゞひとり静かに思索する所に、かの悟りに到り、かの思想を大成する所以があつたことと考へられる。

叡山に学び、これを大懺法院に実践し、この知識と体験とを、日本仏法発祥と日本仏法の大先達とに因縁深き四天王寺のほとりに、一の思想にまで昇華せしめた。慈円の思想形成過程の大綱を、凡そかくの如くにとらへることが出来るのではなからうか。

第二十一章　後鳥羽院政（三）

——後白河院と慈円——

建暦元・二年以後建保六年まで（慈円五十六・七歳—六十四歳）の間の院と慈円との関係は明暗二面を備へてゐた。院の慈円尊重と、慈円の院の為の祈禱と精誠とは、一面、依然として従来と渝ることがなかつた。が、そこに、以前にはみられなかつた暗いかげがさし始めてゐた。そしてそれは時とゝもに色濃くならうとしてゐたのである。

建久から建保まで、慈円三十六歳から六十歳までの歴史を、我々は殆ど後鳥羽院と慈円との二人の関係を中心にして観てきた。院は慈円を一日も離し難いまでに愛顧せられ、慈円は院を己が明星と仰いで院の為に誠をつくし、院の祈りが即ち慈円の一生なるかの観があつた。所謂膠漆もたゞならぬ三十年の関係がそこに続いたのである。が、然らばそれは何によつてさうなつたのか。そしてまたその関係の永続性、その将来は如何。その密接な関係の本質は抑々何処に存するのか。

先に見てきた通り、院と慈円との結びつきの緒をなしたのは、慈円の御持僧就任であつたが、つゞいて座主として院の祈りに誠を籠めること多年に亘つたことが、二人の間の強い心の絆となつた。そこに、さらにこれを助けこれを強めたものが、和歌であつた。君臣・師檀、そして歌を介しての心の通ひ、といふ三重の結びつきが、一つに融け合ひ、一本の太い絆となつて、平氏滅亡後の平和と小康の京都の世界に育まれて行つたのである。

しかし、それ自身緊密な院と慈円とのこの関係が、実は極めて危険な地盤の上に築かれてゐた、といふ点が、こゝで同時に注目されねばならぬ。といふのは、それは、先述の後白河院時代の院・近衛家と九条家との対立の引きつぎの上に立つてゐた。そしてそれはまた、そのまゝ京都政界・宮廷の反武家・親武家の対立につながつてゐる。この絶対に融和の余地のない対立を本来内蔵してゐた以上、朝幕関係の変化が、それに重大な影響を及ぼさずにゐないことは必然であつた。

況や平氏の滅亡、そして頼朝殂落、その後につゞく関東政権の一時的動揺が京都にもたらしたに過ぎぬ相対的・姑息的・皮相的な平和の中に、たゞちに、万一、公家政権の恢弘の兆を認識し、さらにその昂揚の機を求めようとするならば、危険極まりなきものがあるであらう。

承久乱が果して必然であつたかどうか、我々は知ることは出来ない。たゞ後鳥羽院のもとで京の政界の反武家的風潮が次第に強化されてゐたこと、そしてその時、院が京の政界の中心勢力であつたことは疑ない。これを中心とする諸情勢が、この京の微妙な空気の中でどう動いて行つたか、をこゝで少しく立入つて考へておかねばならない。

この問題を考へるとき、我々は、院に先んじて院政をみてゐられ、しかも九条家の反対勢力の拠点であつた後白河院の政治姿勢と、それとの関連とをおのづから想起させられる。武士が政治的・社会的に支配的地位への道を急速に辿りはじめたのが保元乱以後とすれば、「武士」を、やがて「武家政治」に於て新時代を、はじめて経験せられた天皇は後白河天皇であり、やがて院としてその経験を深められたのである。天皇は三十歳を以て保元乱を迎へられ、爾後建久三年六十六歳崩御までの三十年は、戦乱と武家政治成立に伴ふ政治的社会的動揺不安の中に、公家政治の中心として、立役者として過された。天皇(院)の後半生のこの三十年の経験は、この期における公家政治家の経験の一端として、その重要な一特色を示すものとして注目に値するのである。

保元乱に於ては愈〻戦闘開始の直前に、天皇は御所高松殿から三条殿に移御あり、こゝで戦闘の間、勝利を祈念された（『兵範記』保元元年七月十一日）。君臣憂慮緊張したにもせよ、直接戦闘を身近に経験はされなかつたのである。平治乱に於てはじめ義朝・信頼等に幽せられ、危ふくのがれられたのであつたが、その間の緊張と怖畏とは浅くなかつたであらう（『平治物語』参照）。

六波羅時代初期に於ては、世情比較的静穏であつたと思はれるが、しかしやがて迫りくる乱世とゝもに、今まで院の曽て経験されなかつた危険と恐怖とに御身をさらされることゝなつた。

かの治承三年十一月の清盛による政変、翌四年五月、院の皇子以仁王の挙兵と打ちつゞく異変の波は、院の御身辺にひた〳〵と打ちよせ、数百千の兵は潮の如くに京に去来した。院は清盛に政権をうばはれ、侍臣は遠ざけられ、極度の警戒はむしろ迫害に近かつた。治承四年五月十八日、兼実は院に謁してその御様子を、「竜顔憔悴、気力衰給、去冬以来御悩無レ隙、雖レ非レ重積二旬月一之間、筋力疲給歟」（『玉葉』同日条）と写してゐる。この御悩は、皇子以仁王の清盛に対する挙兵をめぐつての、清盛への気まづさの外、騒動或は身辺迫害への恐怖にも起因することは疑ひないであらう。

しかも、それも院の後の経験に照せば、なほ序の口であつた。御生涯の最大の危険・緊張・恐怖が、寿永二年十一月の源義仲の法住寺焼打事件とゝもに到来した。即ち義仲軍は院御所法住寺に焼打ちをかける。煙が御所に充満する。侍臣たちはたゞ右往左往して己を守るだけである。法皇は御輿で門を出られたが、駕輿丁も輿をすてゝ逃げて了ふ。公卿・殿上人以下は四方に散つて了ひ、逃げまどふ女房たちは多く裸形である。御輿のわきに一、二人がわづかに侍して、迫り来る武士に、院にまします由をのべて危ふく事なきを得た、といふ様であつた（『吉記』『延慶本平家物語』）。実に院一代の危難であつた。が、これに近い危険には、なほ種々遭はれたであろう。平氏都落の時、ひそかに平氏の手をのがれて叡山に御幸になつたのも、一大冒険であつた。

かゝる経験が、院の政治に何の痕跡をのこさなかつたとすることは、却て不自然であらう。

頼朝勢力の京都への政治的・軍事的進出に対処する院の姿勢と感情も、それと深い関連がある。文治元年十月十八日、院は義経に迫られて頼朝追討の院宣を下された。その事がすでに義経の兵力に対抗すべき力をもたれぬことに関連してゐるが、一方、頼朝の怒を恐れて関東へ使者を派して、あらかじめ頼朝の諒解を得ておくべきか否かを兼実に諮られた。この時、院使大蔵卿泰経が兼実を訪うてひそかに語つた中に、次の語があつた。

法皇只不レ可レ知二食天下一也、我君治天下、保元以後乱逆連々、自今以後又不レ可レ絶、仍只為レ全二玉躰一枉可レ有二此儀《云々イ》一者君不レ知二食天下一者誰人可レ行哉、（『玉葉』文治元年十月二十五日）

院のこの告白は、刀刄・兵火の危険の経験なくしては考へ得ない痛切の響がある。さらにまた、同じことについて次の如くにものべてゐられる。

世間事於レ今者雖二帝王一雖二執権一、更不レ可レ遁二恥辱一、今度之怖畏、倩案二次第一偏朕之運報之尽也、何況頼朝忿怒之由有二其聞一、（『玉葉』文治元年十一月十四日）

近衛基通はなほ院の政を期待し奏請したが、院は次の如くに答へられた。

可二遁世一事之条更非レ依二人之勧一、朕自所レ案也、云二世之運一云二身之運一更以不レ可二執着一、於レ今者一向思二往生之大事一、不レ懸二災殃一之条深所二庶幾一也、（同二十三日条）

関東の前例なき政治干渉、また守護地頭の新設などの政治上の大嵐の中にあつて、法皇のかの生々しい体験は、当時の朝廷の態度政策をきめる上に、恐らく大きな意味をもつてゐた。当時の朝家の安全の為に、それは絶対の必要であつたであらう。

当時の公家貴族の中に、この血なまぐさい現実を直視せず、新しいものに目を蔽ひ、その侮蔑と毛嫌ひの中で、旧いまゝに生きようとする、矛盾と矯飾とに陥つたものゝあつた中に於て、貴族の頂点に立たれた後白河院は、却て率直に新時代に対処され、矯飾の分子が少なかつた様に思はれる。院が、その高い地位身分にふさはしくないとみられるほど、敢て趣味生活を耽溺といふに近いまでに追求される（『梁塵口伝集』）態度も、世の思惑を余りかへりみられない点に於て相通ふものがある。院の崩ぜられたとき、兼実が院を評して、「保元以来四十余年治天下、寛仁稟ㇾ生慈悲行ㇾ世」（『玉葉』建久三年三月十三日）とのべてゐるのは、一面適評とすべきであらう。謹直な兼実よりすれば、趣味生活を楽しまるゝこと殆ど度なく、時に地位と身分とを忘れられたかの如き逸脱が見うけられる院の平生に対して（『玉葉』寿永二年閏十月二十九日、寿永三年六月十七日、文治三年四月九日）、反りが合はず批判的であつたが、一方からすれば、院の長所としての柔軟性はよく見抜いてゐたとすべきであらう。院の方よりすれば、兼実の関東接近を非難し、疑惑の目を以てみられたが、しかも実際の政策面に於ては、穏健と柔軟とを旨とすべきことを忘れられなかつたのである。

以上の様に観れば、後白河院は政策に於て反武家の側にあつたにしても、その態度に於て柔軟であつて、直ちに武力を以て武家政治に対抗することの危険を充分に配慮されたとみるべきである。院のかゝる方針は右にみた様に、保元以後、とくに源平争覇戦の間に「武士」を身を以て体験せられたところに生れたのであり、それは、その体験の基盤に於て、慈円と共通なものがあつた。もとより、慈円は院よりも約三十年の年少であり、体験の場面も異つてはゐたものの、武士の性格についての認識においては基本的に相隔つてをらず、その意味に於て、後白河院の立場は、事実上、むしろ慈円に引きつがれてゐたといひ得る。

同じく院政をみられ同じく反武家的立場にゐられたとはいへ、後白河院と後鳥羽院との間には、その思想や政治姿勢の基盤に於て、基礎的体験に於て、著しく対照的である。即位せられた中年から崩御まで約三十年間を通じて戦乱を経験しつゞけられた後白河院にひきかへ、後鳥羽院は源平争乱終熄の直前に生れられ京都の平和回復のころに成長せられた。天皇即位後二年にして平氏は亡び、十九歳にして院政を開かれた翌年には頼朝が没してゐる。頼朝の開幕以来京都の秩序が回復に向ふとともに、その没後、関東政権動揺の結果、京都への武家の圧力が弱まり、京都ではこれに対応する如く公家勢力の復活の予想と期待のもとに、新たな政治的な動きも陰に陽に兆しはじめた。源通親が九条家を抑へつゝ頼朝の立場を利用しようとした政治姿勢もその一例に数へられようが、そこにはさらに重大なものを孕んでゐた様にみえる。

即ち、後鳥羽天皇・後鳥羽院の時代は、京都平和の確立の時代、そして公家勢力の上昇時代として把握された。先に、大懺法院の落成に際して後鳥羽院が長文の願文を捧げられたことは、その全文をあげて説明したが、こゝでとくに、願文中の次の一節にあらためて注目してみたい。

頃年一天雲静四海浪平、不レ見二胡馬之南牧一、殆有二越雉之北献一、忽二朝威一之者自然殄滅、挿二野心一之者須臾殷々、天変地妖謝則連消、年厄月禍祈亦各転、俗雖レ不レ及二驪栗一、人又不レ異二魚藻一、誠是祈願無レ弐、念力不レ空之所レ致也、現前已以如レ此、向後有二何畏一

近ごろ天下泰平、朝威を忽緒するものは自然に殄滅、野心を挿むものは忽ち亡ぼされる。天変地妖も年厄月禍も転滅する。現前かくの如し、今後も亦然らん、といふ。もとよりこれは祈りの功徳をたゝへたもの、且は願文といふ儀

式的なものであり、多分に装飾的な表現と考へられるが、しかも一方に於ては、現在の相対的な公家・京都における平和を無条件に絶対化し、朝威を高唱してその反抗者は自然に自滅するとなし、天変地妖の自然的災禍も力を加ふるなしとしてゐる。そこに無条件的楽観が背後に支配してゐることを疑はしむるものがある。

後鳥羽院政初めの十年、文芸史上で云へば新古今時代とも云ふべき時期は、公家貴族にとつて新しい平和の時代、公家文化復興の時代であり、戦乱時代に蒙つた武士の抑圧を排して、これに対して強く自己を主張し、時に強いてこれを無視し、蔑まうとした、武士の圧力を意識しつゝ、それ故に敢て抵抗の姿勢を示したこともあつた。『三中記』承元二年七月十九日条（『仙洞御移徙部類記』――『伏見宮御記録』利、四七上所引、『大日本史料』第四ノ十、一六一頁）の次の記事は、当時の公家貴族の気風を考ふる上に逸すべからざる一傾向を示してゐる。

七月十九日丙震、今夜白河新御所（中略）御移徙也、（中略）上皇御脱屣之後十一年、于レ茲御移徙之礼十三度二条殿両度初故源内府造営之後被二造改一、人々相分営レ之、件御所焼失了、・春日殿故宗頼卿造営之・高陽院殿権大納言公経卿造営・五辻殿前大納言信清卿造之・白河泉殿壊渡五辻殿人々相分営之但有新造等・最勝四天王院御所前大納言信清卿造之御堂供養以前有御移徙・鳥羽御所両所初故内府作之後東宮傅壊渡造之・水無瀬殿両度初度内府造之長厳僧正造之・宇治御所前大僧正造之焼了　今御所相并十三个度也、諸国為二武士一雖レ被二押領一天下之力未レ衰歟、

諸国は武士に押領されても（即ち、守護地頭の勢力が地方を制しても）、都ではまだ天下――公家政府の力は衰へてゐないのだ、といふ自負のあつたことは明らかであり、同時にさういふ自負なしに承久乱の到来は考へられないのである。

後鳥羽院の反武家的立場がいかにして固められて行ったかは、その具体的計画準備とともに、いづれも隠微の間に動いてゐたこともとよりであつて、今日からこれを史料的に迹づけることは困難である。かの「奥山のおとろの下もふみ分けて　道ある世ぞと人に知らせむ」の御製は承元二年（慈円五十四歳）とされる（小島吉雄氏『新古今和歌集の研究』二六

六頁以下）。その後二年、承元四年の順徳天皇即位もこの方向の強化に関係があると思はれる。最勝四天王院の建立（承元元年十一月、『百錬抄』『家長日記』『最勝四天王院障子和歌』）も関東調伏につながつてゐると云はれる（『承久記』）。準備と計劃とは、この承元のころから秘密裡に、しかし着々と進められた。院の祈の師として和歌の伴侶として日夜側近に在る慈円が、その意図・計画の圏外におかれてゐたにしても、その全体の動向そのものを感得せずにゐることはあり得ない。

慈円が、いつごろから、いかにしてこの院の対武家の姿勢と方針とを感得し、その行く方に真剣な考慮をめぐらしたか、といふやうな問題も、事、機微に属して、憶測の限りでない。たゞこゝで的確に云ひ得ることは、院の身辺と周囲とに醸し出されたものが、慈円の心の上に、次第に濃密に黒雲の如く覆ひかゝつてきたといふことである。もし、これを成り行きに任せたならばどうなるか。それは慈円の誕生（久寿二年即ち保元元年の前年）以来、無数の人々、無辜の多数を含めての人々の鮮血を以てやうやく贖ひ得て実現した都の眼前の平和、それはまた、慈円その人にとつて見れば、彼の素志としての「仏法興隆」の大願の一目標をなすものでもあつた。彼がこの平和を以て、「大成就院勤行之勝利」（一四〇頁）と己の功力によつて実現した仏の利益と仰いでゐることは前にみた所であり、慈円にとつて珠玉よりも尊いものであつた。しかもそれは、慈円自身にとつてのみならず、それよりも朝家のため、世のため人のためであることは云ふまでもない。もしこの平和が破れ、事態が行くところまで行つた暁には、どうなることであらうか。

若及二闘戦一者、於レ今者末代之至極也、可下超二過于平治寿永一万中倍于清盛義仲上、遮思魂魄失レ度、退疑之心神迷惑、

（「慈円願文」）

これは後年、恐らく承久三年、乱勃発の直前に執筆した願文の一節であり、それだけに、平素にはみられない緊迫感が漲つてゐるものゝ、しかも、かの次第に広がりゆく黒雲に、慈円の心がとざされてゆくにつれて、日夜にのしか

かつた夢魔が、結局かういふ惧であつたことは疑ひない。いはゆる「平治・寿永」の戦乱と、それに伴ふ不安動揺こそは、若き慈円を苦しめ、鍛へ、養ひ育てた、半生の風雪であつたことは、先に見た所であつた。よくこれに耐へ、これを忍び、これに学び、これを活した所に、はじめて後年の慈円のあつたこともすでに述べた通りであるが、しかもその間に慈円の最も希望し、期待し乃至は印象した所は抑ゝ何であつたか。

慈円の脳裡をつねに離れないものは治承・寿永の、六波羅時代末期の武力闘争の情景である。その悽惨、その残虐、それに伴ふ苦痛と恐怖である。平治乱は六歳のときであるから、その記憶がなほ残つてゐたかどうかは明らかでないが、ともかくその前半生のこの武士の恐ろしさの印象が、一生慈円を支配してゐたことは疑ひない。「魂魄失度、退疑之心神迷惑」といふのは、彼に於ては形容でも誇張でもないのである。折角平和を得た京都、ともかくも息をふきかへしてその地位と体面とを回復した朝廷・公家貴族の平穏の日々を、再び馬蹄にかけ戦塵に汚し、戦火に焼燼し、流血の野とするやうなことは絶対に避けねばならぬ。

清盛と、とくに義仲と対立せられた後白河法皇は、その経験を活かして、後に頼朝の政策への対応に憤りを抑へられた。院の政治を支へた精神は今こそよき教訓として活かされねばならぬ。とくに関東との協調の道を歩んできた九条家の精神も、そこにこそあるべきである。今や、事実上、九条家の先頭に指導的立場に立つ慈円は、九条家としての方針態度を明確に闡明し、且つ誤りなく歩むべき重大関門にさしかゝつてゐたのである。

院が独自の軌道を進まうとされるに対して、慈円の意図が遂にこれに沿ひえないものであり、そこに杆格と矛盾とのさけがたいことが次第に明らかになつてくる。慈円五十七、八歳、第三度目の座主に任ぜられたころから、この運命的な交叉が破綻となつて急激に表面化する。最初にその最も明白な徴候を示したのは、院をめぐつての門跡対立の問題であつた。

梶井・青蓮院両門跡が、長年にわたつて確執を重ね、院がこれをさばいて来られたことは先にふれたが、院はこの頃からかなり明白に梶井門跡の引汲に傾いてゆかれ、今日以後これ迄青蓮院に示された院の好意は忘れられた如くであつた。

先にふれた様に、慈円に代つて承円が座主となつた建保二年（慈円六十歳）前後における慈円と承円との感情対立はかなり険悪であつた。『一期思惟』に慈円がそのことをかなり露骨に表明してゐる。のみならず、『慈鎮和尚伝』（神田本）はこれを極めて総括的に説明してゐる。しかもその説明は同時に印象的であつて、『一期思惟』に慈円自身のもらしてゐる感情のひゞきをも伝へてゐるやうである。即ち院と慈円との、これまでの二十六年にわたる師檀の芳契を讃美して、

自二建久之始一至二建保之終一廿六箇年之間我君一向致二師檀之芳契一万端無二繊芥之相隔一、我君之憑二和尚一省三澄什之出二朝廷一、和尚之仰二我君一如三竜虎之従二風雲一、建二立大成就院一勤二修顕密大小善一、日夜朝暮祈二請天長地久之御願一、造次顚沛欣二慕四海八埏之太平一、依レ之世反二羲農之世一民同二堯舜之民一、

と筆をつくしてゐる。が、こゝで俄に筆を転じて、

然間奸臣乱レ国魔旬伺レ隙、藂蘭欲レ茂秋風敗レ之、日月欲レ明浮雲覆レ之謂也、上皇之叡慮逐レ日而浅、和尚之祈念随レ年而疎、宿世業報雖レ不レ可レ驚、或隠二居摂州中山寺内一、経二廻難波天王寺傍一、毎年数座大法以下祈願等、承久元年以後都以退廃、

云々とのべて、関係の急変と新情勢の展開とを告げてゐる。乱国の奸臣が果して存せしや、隙を伺ふ魔旬が何をさし

てゐるか明らかでないが、これまた門跡の争をも含んでゐるのであらうか。それはともかく、建暦・建保のころから、遂に来るべきものが来たことは疑ひなく、数十年来の由来をもち、抜くべからざる根を張つたものである以上、一たび表面化するや、もはや何人といへども如何ともすることの出来ないものであつた（この『慈鎮和尚伝』の文字が、むしろ佶屈の趣が強いうちに、当時の慈円とその周囲の人々の感情をよく伝へてゐる。この伝は、その末尾に記されてゐるやうに、慈円の没後遠からぬときに、その弟子たちの言に基づいてかゝれたものである。慈円生前当時の感情がよくにじみ出てゐることは、それらの事情の当然の結果とみるべきであらう）。

建保三年、慈円が諫奏の歌とも見るべき十首を上つてゐることは、院と慈円との間の、そしてやがてはこの時代の歴史の上にも極めて重大な意義をもつ。それは、この二人の間の長年の親昵関係の終焉を象徴するとゝもに、また承久乱の兆しとも見るべきであるからである。これを上つた時の前後の事情は不明であり、その動機は直接には何であつたか、いかなる手続がとられ、いかなる経過をへてゐるか、一切判明しない。たゞ右にのべてきた院・慈円の関係とその変化、それをとりまく一般情勢が、和歌そのものゝ詞及び内容と照し合せて、極めて異常の、むしろ非常の事態を想はせずにはおかないといふ点が、第一に我々の目を惹くのである。

達拙什之風於射山之聴待徳政之月於学空之観和歌十首

法のかとにふかくいれてし身なれはや　其みのりゆへいてうかるらん　（四九七一）
いかにせんみち有かたはみちもなし　さあらむよをはいかか行へき　（四九七二）
思しりておもひのとむる程こそあれ　猶あまるにはねをのみそなく　（四九七三）
いかにせむみそちつかへてなみた川　きのふ今日なる人にわかるる　（四九七四）

あさましとけふこそ。《は本》おもへむくひをきし　心の底のふかかりしゆへ　（四九七五）
うき身をはなきになすともいかにせん　其ゆへきゆる法のともし火　（四九七六）
君に猶たかふ心は露もなし　たゝ涙こそたもとにはちれ　（四九七七）
呉竹のそのよ《ふ本》をふかくたのむより　うきふししけき身をいかにせん　（四九七八）
おもはなんわかみちならぬ和歌のうらを　けふ行までも誰ゆへそさは　（四九七九）
をしかへし君をそたのむしるへせよ　ゆきとまるかたやいつくなるらん　（四九八〇）

建保三年七月記之　　御判　　（『拾玉集』第四冊）

全体を包む空気のたゞごとでないことは、一見して何人も感得する所であらう。解しがたい歌と詞とが少くないが、とくに目を惹かるゝは、慈円が己の身をいかに処すべきかに迷はざるをえないほど、窮地におかれてゐるといふ告白と訴へとである。みち有る方は道もなく、行くべき方に行かれぬといひ、思しりておもひのどむるものが、なほ心に思ひあまつて遂に処理する途なく、たゞ涙のみといふ悲壮がまづ全体を貫いてゐる。「みそち仕へて涙川」は、慈円の院に奉仕した年月であるが、いまや断絶の淵にのぞんでゐる。「うき身をはなきになすとも」と異常の決心が何をさすかは明らかでないが、そのゆへに「消ゆる法のともし火」とまで云はねばならぬほどに、重大な決意を迫られてゐたのであらうか。「君に猶たかふ心は露もなし」は、蓋し慈円の本心に違ひないが、今更これを誓はねばならぬ、いかなる事態が存したのか。それは慈円の力を以てしてはもはや治めがたいほどであつたとしなければ、「たゝ涙こそ袂には散れ」の悲痛の響は解しがたい。「深く頼む」といひ「君をそ頼む」といふ、慈円として今さら院に対してくりかへす必要もないことをくりかへしてゐるのも、慈円の誠心たるとゝもに、また事態の重大と心中の不安とを示すものでなければならぬ。「うきふししけき」といひ、「ゆきとまる方やいつく」といふも、これと正に対応する憂へを含んでゐる。要するに、その全体のさし示すものは、数十年に亘って滞りなく続いてきた院と慈円との間柄が、一朝にして断たれたこと、それ故に暗夜に燈を失ひ、道途に目標を失うた如き不安と悲しみを訴へ、而もなほ君に忠誠を失ふことなく背く心なきのみならず、依然として君をたのみ奉つてゐる誠心を披瀝したのである。それは衷心の訴へであるとともに、御翻意への必死の願ひでもあつた。

身はかりは猶もうき世を背かはや　心はなかく君にたかはて　（『続古今集』雑下）

建保四年の一首であるが、これまた、この十首と趣旨を同じくするものであらうか。

第二十二章　霊告

先にみた様に、慈円は元久元年以後十八年承久乱までの間を、天下泰平の時代として祈禱の力をたゝへてゐる。然るに、一方『愚管抄』第六には、「サテコノ後ノヤウヲ見ルニ、世ノナリマカランスルサマ、コノ廿年ヨリコノカタ、コトシ承久マデノ世ノ政、人ノ心バヘノムクイユカンズル程ノ事ノアヤウサ申カギリナシ」と同じ時代を危険極りなき時代としてゐる。

数十年間院に侍して、院の為に身も心も捧げつくして来た慈円が、遂に融和しえない立場の相違から、院の前を去らざるを得なかつた時、今後の慈円の行方はいづこにあつたか。

いまや黒雲が漸く政界を押しつゝんで、その色は次第に濃くならうとしてゐる。一つ踏みはづせばこれまでの平和、祈禱によつて支へられた世間は、忽ち奈落に落ちるであらう。が、この危機の中に明るい道を開くすべがないわけではない。慈円はこの二十年に明るいものと暗いものとの二つを認め、未曽有の危機のうちに必死の努力を試みる。一方からすれば、この危機を自らの責任として進んで担ふことを通じて明るさをとりもどさうとしたところに慈円の姿があつたといふべきであり、少くとも承久乱前後の慈円の第一の関心は、この国家的・政治的事態に集中せられたのである。

院の前を去つた慈円にとつては、当然院の為の祈禱は停止せられる。事実承久元年を最後として爾後、院の祈りは行つてゐない（祈禱修法一覧参照）。このことについても『慈鎮和尚伝』（神田本）は、前掲の通り毎年数度の祈願、大法以下、「承久元年以後都以退廃」といひ、さらに筆を乱後に進めて、「於ㇾ是両三年之後世上擾乱天下改ㇾ観蓋依用銷金之謗忽招二彼蒼之咎一者歟」と、祈禱の停止されたことが天下改観と重大な関係あるものとして把握してゐる。

これによれば、慈円が院の許を去つた時、今後の行き方——それは生活よりも仏法・王法相依のあり方に関するものが中心であるが——を苦慮模索したのである。摂津仲山寺・四天王寺の辺を経廻したのは、蓋しその模索期間のことであつたと思はれる。そして、この苦慮の心を押し分けて表面にうかび上つてきたものが、恰もこの直前に受け、しかも祈禱を続けてゐる限りさほど重大に思はなかつた「霊告」であつた。如何なる機縁かは明らかでないが、かの諷諫の十首を奉つた建保三年の翌四年、偶ゝ慈円が山王から何等か「霊告」をうけた。それはそのまゝ心中に留められてあつた。それがこゝに到つて、祈禱に代るものとして、突然慈円の意識の面に明確にのぼつてきた。——この解釈は、少しく推測に堕する嫌ひがあるが、前後の事情から後述の霊告の関係の史料を分析すると、必しも無稽ではないと思はれる。而してこゝでとくに注目しておきたいのは、祈禱に代り、そのあとをうける形で「霊告」が登場してきたといふ代替関係である。先の『慈鎮和尚伝』が、承久元年を以て祈禱を中止したといつてゐることがこゝで想起されるのである。

〔註〕この慈円が霊告を受けたこと、及びそれが慈円にとつても『愚管抄』との関係に於ても極めて重要な意味をもつことをはじめて指摘されたのは、赤松俊秀氏である（同氏「愚管抄について」『鎌倉仏教の研究』所収、二七四頁以下参照）。

但しこの祈禱中止は後鳥羽院の為の祈禱であり、その後は祈禱は東宮（仲恭天皇）或は三寅（藤原頼経）のためにさゝげられて居り、祈禱そのものを全く停止したのではなかつた。その限り祈禱は、武家に反対される後鳥羽院から、九条家系統にうつされたといふべきである。が、それとゝもに、祈禱そのものゝ数も著しく減じてゐたことは否定されぬやうであり、とくにこの建保四年三月には祈禱の道場が炎上してゐる（『華頂要略』）といふ事情も考慮されねばならぬ。

後鳥羽院から仲恭天皇（懐成親王、御母は良経女）や九条頼経の為の祈禱への移行を考へてゐた慈円に、建保四年に山王から与へられた「霊告」とは何であつたか。このことは承久前後の彼の思想・行動に関連すること頗る大であるから、ここで、乱後の事情をも含めて、一括して考察しておかう。まづ「霊告」関係の史料は、悉くこの乱の前後に慈円の捧げた願文（別に譲状一通）にみえてゐる。

日夜深まりゆく公武衝突の危機の中にあつて朝廷と公家政治と、とくに九条家と京都の不幸や破滅を未然に防がんとする慈円が、院の御翻意の殆ど不可能にちかきを知りつゝ、神鑒・冥助を仰ぎ、神仏の力を以てこの困難に処し、時局についての見通しと確信を得んとしたのであつたが、その憂慮は発して多くの願文となつた。慈円一生を通じて、この乱の前後ほど集中的に願文を神仏にさゝげてゐる時期は他に見当らないが、それは決して史料伝存に関する偶然の結果ではなかつたであらう。中についてこの「霊告」にふれてゐる願文等を列挙しておく。起草年代は左の通り、乱をはさんでの六年間の外に出るものはいま見当らない。

	願文	起草年代
1	毘沙門文殊八字表白	承久元年
2	日吉社告文	承久三年五月
3	良快宛譲状	承久三年八月一日

4　山王敬白　　　　貞応元年
5　大懺法院再興願文　　貞応元年十二月
6　山王十禅師表白　　貞応二年十一月
7　山王敬白　　　　貞応三年正月
8　春日表白　　　　貞応三年八月

これらの「霊告」関係の史料のうち、霊告についての説明にはもとより疎密あり、たとへば第一の毘沙門表白における如く、たゞ「霊告」の文字ある外、それについて知るべき手がかりを多く与へないものもある。反対に内容について最も詳細な説明を与へてゐるのは、7貞応三年正月の山王敬白である。そして2日吉社告文、6貞応二年十一月十禪師表白及び8貞応三年の春日表白等と相まつてその内容をある程度推察することが出来る。それらに対して4は、その内容にふれるとともに、その由来にもふれてゐる。要するにこの八願文の云ふ所を彼此参酌綜合して、我々は霊告についてのある程度の観念を獲、かつその意味の幾分に触れ得るであらう。

先づ4山王敬白にいふ。

謹敬本尊界会諸尊聖衆、山王大師、八幡、北野、遊空上天、七星九執、惣大日本国神祇宗廟、霊告甚深、聖徳太子十禅師等、冥顕三宝啓白而言、建保四年正月従レ得二霊告一以来、善願与二冥感一符合之喜悦、真諦与二俗諦一相応之愛楽、一難レ信一仰信、欲レ罷不レ能、荐以祈請而今空送二七《八》箇年之居諸一、疲二始中終之思慮一、其後告文啓白皆悉在二山王知見一、此間道理、今案又不レ出二冥衆加被一、抑去々年《前年》重得レ告去年已以成就、五六月有二大事一、七月則亦依違、雖レ迷二是非一、有二深念之趣一、重顧二冥応一、発二浅智之悟一、仍亦奉レ任二仏神一、更所レ罷二是非一也、

この願文は年紀を欠くが、内容からみて貞応元年のものとする赤松俊秀氏の考へ（「愚管抄について」『鎌倉仏教の研究』所収）は正しいと思はれる（全文は同上書二八九頁所収）。

これによれば、霊告は建保四年と承久二年の二度与へられたのである。その両度の霊告の内容は直接にはいづれも示されてゐないが、内容上同じものが二度与へられたらしい。

建保四年霊告が与へられて以来、それが慈円の願に符合するものとは思ひながらも、なほ一脈の疑をのこしつゝ、その如何を思うて疲れる程であつたといふのは、極めて大切な事柄に関係するからに違ひない。そこへ承久二年にまた同じ霊告があつて、翌承久三年になつてそのしるし（結果）が明らかになつた。即ち承久三年五・六月に大乱があり、七月には依違、即ち思ひもよらぬ結果として仲恭天皇の退位、摂政道家の解任といふことになつた。このことは霊告に望をかけてゐた慈円の切なる気持を示してをり、そしてその霊告に托した願望の中心が、九条家の栄光に関連のあつたことがわかる。

先にのべた様に、霊告は、これまで数十年続けてきた祈禱の代替であり、後継ぎとしての地位を占めてゐる。後鳥羽院の為に祈ることは、公家政治の為にも九条家の為にもならぬので中止したのであつた。その代替として意識に上つてきた霊告は、当然九条家を中心としたところに特色がなければならぬが、上掲の願文は、いま見た通りまさにその特色をもつてゐるのである。これを一口に云へば、霊告は何等か慈円の耳に快よい、九条家の栄光を約束するものであつた。そこに、慈円が霊告に耳をかたむけ、疲れる程に思をつひやして、その結果如何に大きな願望と期待をかけてゐた所以がある。後にのべる様に、承久元年を中心とするころは九条家の再興の気運にのりかけた所であつた。従つて、霊告の前半は、予想通り九条家の顕栄を教へるものとして、慈円はこれをそのまゝに信ずることが出来たのである。この願文の先の引用の最後に、「是非に迷ふといへども深念の趣あり、重ねて冥応をかへりみ、浅智の悟を発す、仍てまた仏神に任せ奉り、更に是非を罷む所なり」とある。まことに重畳迂路、まはりくどい云ひ方であるが、一口に云へば半ば信じ半ば疑ひたいのであり、従つて、仏神にまかせ、とやかく云ふことはしない、といふに尽きる。

これは承久三年五・六月の乱の時をかへりみて、自分の考へたことをのべたのであるに対し、2の承久三年五月の「日吉社告文」は、回想ではなく、乱の当時に当つての発言であるが、やはり同じ趣をのべてゐる。即ち、九条頼経の将軍職に備はる為の関東下向をのべて、

彼将軍下向之時精誠之所レ通、霊夢非レ一、今当二此乱逆一殆疑二彼霊告一、愚昧之至神明哀愍給辺、

即ち霊告は頼経の関東下向によつて九条家の栄光を約束したと思われてゐた。――冒頭にその日附を記して「承久三年辛巳五月甲子十八日辛丑」とある、即ち乱が現実となつた時点のこの願文に於て、頼経下向に托した彼の望を達すべきをしへてきたかの霊告は、無残に裏切られたことを確認してゐるのである。

以上で、所謂「霊告」の相貌と、それに対する慈円の態度とが、幾分か明らかになつたが、7貞応三年正月起草の山王敬白をみると、遙かに具体的に解明される。この願文は赤松俊秀氏がはじめて世に紹介された（「愚管抄について」『鎌倉仏教の研究』所収）ものである。冒頭の部にかなり詳しくこれを説いてゐる。

謹敬白《十禅師権現》聖徳太子而言、冥顕隔レ境、凡意易レ迷、唯以レ夢知二未来一、従レ古存二先規一、爰太子聖霊夢中《ニ》賜新宮《ノ》御躰書二《シテ》文字《ヲ》於札一、可レ興二隆仏法王法一之象《カタチ》也、新宮《ノ》社者《ハ》山王也、賜二御躰《ヲ》一者、太子也、件《ノ》文字、和歌《ノ》詞《ヲ》書《ケリ》二漢字《ニ》一和歌者《ハ》山王影向之告《ケ》、漢字者《ハ》吾神利生之誓《ヒ》、事已《ニ》奇異也、其後送二年月《ヲ》一此間《ニ》参二当寺《ニ》一雖レ祈レ遁二寺務《ヲ》一、則亦有《テ》二夢告一于レ今未レ避、是以常恒《ニ》祈二願中心之不審《ヲ》於山王《ニ》一今亦敬二白《ス》暮年之進退《ヲ》於太子《ニ》一、其霊告以後経二歴九箇年《ヲ》一其間夢告甚

多信《シテ》レ之経《タリ》レ歳、従レ爾以降、或東将戮《リクス》二于社一、或幼童替二于跡一、或妻后誕二皇子一、以受禅、或外舅居二執政《ニ》一以拝任、一々似《ニ》レ叶二彼霊告一、各々亦足レ信二冥感《ヲ》一、而間忽以依違、甚不レ足レ言、其一々之違乱、末代有二道理一、

霊告以後九年を経たり、といつてゐるので、建保四年の、かの霊告のことであることは明らかである。その夢告は、太子が山王の新宮の御躰と札に書いた文字とを慈円に賜はつたといひ、御躰は仏法王法を興隆すべきを示したもの、文字の方は和歌の詞を漢字でかいてあつたといふ。

慈円は「信レ之経レ歳」たのである。即ち霊告は強くその心をとらへた。そして実朝の暗殺、頼経の関東下向、良経の女立子の皇子誕生、懐成皇子の即位（仲恭）、外舅即ち道家の執政など承久役前の政情はまさに九条家中心に動いて、霊告通りであると信ぜられた。「一々似レ叶二彼霊告一」といふ様であつた。それが一朝戦乱になると、「忽以依違甚不レ足レ言」と、戦後は忽ち霊告の示す所と全く反対の結果となつた。即ちこの敬白文の終の部に、「今老僧所レ仰二信之一霊告」とあるごとく、霊告に対しては、半ば信じ半ば疑ふの外なく、そのちがひは前にみた通り乱を以て境してゐることになる（霊告については、なほ詳細は後にふれたい）。

以上に於て霊告の概貌は明らかである。即ち、

㈠　建保四年及び承久二年の二度与へられた。
㈡　その全体の傾向は慈円の耳に快いもので、九条家の栄光を約束するものであつた。
㈢　霊告の約束は、承久乱前にはそのまゝ実現されたと思はれるが、乱後は裏切られた状態になつた。
㈣　従つて、慈円ははじめ之を殆ど全面的に信じてゐたが、乱とゝもにこれを疑ふに到つた。

承久元年以後祈禱に疎になつたのは、一方に於て、心中この霊告を恃む所があつた為と考へられる。従つて、乱後

霊告が依違しこれに疑ひをもつようになつた結果は、当然また祈禱の、いはゞ本道にもどる。のち貞応元年十二月に草した「大懺法院再興願文」に、その祈願再興の理由動機をのべて、

大熾盛光法不レ修而五年、毎年修法止之後三年、回禄相続二箇度、御願破却数箇月、所レ修行法退転廿日、

といひ、それにつゞけて、

至極之時節已以無二所作一、随又身之叙（除）目経レ日障多、法之帰依逐年減少、前表如レ此廃除在レ時、彼十八箇年無為無事治天下豈非二此祈願効験一哉、

最も大切な時に、すべきこと（祈禱）をやめて数年に及んだ、としてゐる。乱後、大懺法院を再興したことも、霊告を直接間接に動機としてゐるのである。

以上、慈円の院より乖離した、建保三・四年から承久三年戦乱前までの間に於ける態度と心情との特色を、戦後の状況との対照に於て、推察したのである。すなはち、この期間に於て、慈円の努力は、後鳥羽院の政治方針の対極をなす九条家の伝統に立ち、その有力な支柱としての立場を堅持した（具体的にはなほ後にのべる）のであり、その方針によつて天下の泰平を期待したのであつた。

しかし、この期に於ける慈円について最後に、彼が、たゞ九条家とその栄えとのみに注目して他にかへりみる所がなかつたとすることの出来ぬといふ一点も、併せて注目しておかねばならぬ。『門葉記』は「横河楞厳三昧院慈鎮和尚被レ遣二西園寺大相国一状」一通を収めてゐる。年紀の明記はないが、承久元・二年のいづれかであることは明らかである。

この書状は、内容上三部より成る。第一部は、西園寺公経に対して現在の心境を打ちあける、といふ宣言である。

慈円巻数（吉水蔵所蔵）

第二は叡山三昧院の大破の修繕を依頼するとゝもに、この三昧院の歴史が摂籙家の歴史の一部をなすとし、摂籙政治は新時代（現代）の公武合躰を導き出す前提であつたと説き、頼経の関東下向は、大神宮・鹿島・八幡・春日の神意の定めにかなふものであると誨へ、要するに『愚管抄』における同じ歴史観を説いてゐる。（このことが、即ち、心底をかくさずに伝へると云ふ第一部の宣言の主要部分と考へられる）。そして第三部に到つて、右の慈円の史観をふくめた信念・思想を公経を通じて後鳥羽院に上申せんことを要請してゐる。書状に「院に可三令レ申給二事」とあるのは、即ちこの摂籙政治、公武合躰の政治の、道理なる所以を、院に奏すべきを公経に依頼した語である。

当時、慈円は院と疎隔してをり、院に自らの意を上奏すべき途をもたなかつた。たゞ公経のみが、院の側近の有力者なると共に、慈円の庇護と好意と後援とを得てゐた。即ち慈円から上皇への唯一の通路であつたのである。

この事と考へあはせると、『愚管抄』の次の語は極めて切迫した現実感をおびてゐることを知る。

カヘル文武兼行ノ執政ヲツクリイタシテ宗廟社稷ノ神ノマイラセラレヌルヲニクミソネミヲホシメシテハ君ハ君

ニテヱヲハシマスマシキ也、
今コノ文武兼行ノ摂籙ノイテキタランスルヲ、ヱテ君ノコレヲニクマンノ御心イテキナハコレカ日本国ノ運命ノキハマリニナリヌトカナシキ也、

そして、もしこの政を排するならば、必然の結果として、

一向ニ天道ニ任セマイラセテ无道ニ事ヲオコナハヽ冥罰ヲマタルヘキ也、末代サマノ君ノヒトヘニ御心ニマカセテ世ヲヲコナハセ給テ事イテキナハ百王マテヲタニマチツケスシテ世ノ乱レンスル也、

となる、とまで極言してゐる。これらの言葉は単に思想の一般的な表現とみるにはあまりに切実緊迫の感が深い。さし迫る焦眉の問題を論ずるものとしてのみよく理解しうべきは、一見して明らかである。そしてかゝる提言乃至は諷諫は、当時の政局の中心に在つた後鳥羽院に対するときにのみ、現実的意味をもちうることも云ふまでもない。『愚管抄』については後にまた考へねばならぬが、今こゝで注目する点は、書状と『愚管抄』とが公武合躰の摂籙政治論の主張に於て、全く軌を一にしてゐること、並びに両方とも院に対して訴へてゐると考へられることである。而して書状にも、「大神宮鹿島御約諾ハ道理一局ニ書進了」の語あり、或は即ち『愚管抄』のことであり得る。後にのべるやうに『愚管抄』が承久二年ごろの成立であるとすれば、この書状とほゞ時を同じうして居り、『愚管抄』はこの時すでに公経に示されていた可能性も考へられる。

以上の如く考へれば、慈円は院の前より身を引き、院の為の祈禱は中止してゐたが、その中でもなほ彼の心は院に向つてをり、現実のきびしい関係にありながら、院を思ふ衷情は何等渝る所なく、御飜意を求めるための努力も、依然としてつゞけてゐたのである。なほ承久役後、院の御帰京を願つてやまなかつた事実を以てしても、院に対するこ

の衷情は何等動揺してゐないことをこゝにも注意しておきたい。

第二十三章　承久役前夜

建保のころ、大懺法院をはなれて四天王寺別当に就任した後の慈円が、何処に住したかは一の問題である。大体同寺のあたりにあつたことは前に想定したが、なほ詳細は今後の実証に残されてゐる。

これを思想・信仰の面についてみると、『拾玉集』には、承久元年以後の時期に属するものとして、四天王寺乃至は同寺を介しての聖徳太子信仰の和歌、乃至は難波、恐らくは四天王寺でのものと思はれる詠が俄にふえてくる。一方、従来の和歌の世界にとりいれられてゐた叡山関係の信仰は、たゞ山王信仰の形で表明されてゐる。さらに、それは和歌のみならず、前にあげた様に、願文に於て、太子と山王とがその中心とされてゐることが注目される。これを大観すれば四天王寺と叡山・日吉とが信仰の対象となつてゐるのであり、同時に、この両寺社の間を現実に往復してゐるのが、慈円晩年の生活の実態であつた。このことはまた後にふれる。かくて『拾玉集』第三冊に建保七（承久元）年正月、四天王寺に詣でて百首、即ち真諦五十首・俗諦五十首をよんで太子に捧げてゐるのは、彼の生活と信仰の、この転換の先駆をなす。そして思想のこの新方向は、これからまとめられる『愚管抄』の基本構想とも直接に関連してくると思はれる。

後鳥羽院政下、土御門・順徳天皇二代の間、はじめ土御門通親が外戚として政柄を左右し、後には高倉範季・範光父子が後鳥羽院側近として隠然たる勢力をふるつた。範季は後鳥羽院を幼時養ひまゐらせた因縁によって早く勢力を院の周囲に張り、範光はさらにその女を順徳天皇の後宮に入れて二皇子の外祖父として権をほしいまゝにした。而してこの範光の姉兼子が、後鳥羽院の寵女として有名な卿二品であつた。その勢威と権力とは、院政の中枢に参劃してその最高方針に関与し、廟堂を圧するものがあつた。当時、関東に平政子が政権を握つて、奇しくも東西相応じて女子政治家がならんだのであり、慈円はこの日本の政治状況を、「女人入眼」の政治と評してゐる（『愚管抄』）。

建永五年三月の摂政良経の死後、摂政の地位は近衛基通の子家実に移つた。かくて承久三年まで十六年に亘つて家実の摂政時代が続く。家実はその女（麗子、陰明門院）を土御門天皇に入内させ、やがて立后あり、外戚としての地位を固めたのである。当時良経の弟良輔は二十三歳で正二位権大納言、良経の嫡子道家は尚弱冠十四歳であつた。が、この形勢に対して後鳥羽院は両家の調和を図られ、九条家に有力な支持の手をのべられた。良輔の速やかな昇進は即ちそれであり、承元二年には内大臣、翌三年右大臣、翌々建暦元年には左大臣と、四年間の累進ぶりはまことに目ざましいものがあつた。

院はまた、かねてより、順徳天皇の即位、そして良経女立子の入内を予期せられ、良経にもそのことを仰含められた（『愚管抄』）。承元三年三月、約束通り立子が皇太弟（順徳）の御息所となり、翌年即位とともに女御となつた。承元四年十一月、天皇践祚の決定を聞き知つた時、道家の喜悦は頂点に達した。「悦涙数行、不レ知二手舞足踏一也」（『玉蘂』承元四年十一月二十三日）と、その歓喜を日記にのべている。

かうして執政の地位の足がためが出来てきて、いま一歩といふまでに迫つてきた九条家に、この時、不幸が二度び三度び追ひ縋つた。左大臣良輔もまた建保六年十一月十五日、三十五歳で夭折した。慈円はかねてこの甥の才学を愛し、高く評価してゐた。「件人（良輔）与二僧正（慈円）一可身（マヽ）一心人也」（『玉蘂』承元五年三月十日）。一心同躰とかねて評せられる程であつた。慈円はその早世を慟哭して、「右大臣良輔ハ漢才古今ニ比類ナシトマテ人ヲモイタリキ、卅五ニテ早世、カヤウノ人トモノ若シニニテ世中カヽルヘシトハシラレヌ、アナ悲シ〳〵」（『愚管抄』）とのべてゐる。

嘗ては九条家の庇護のもとに向上の道を歩んできた慈円は、今や九条家の栄えを念願しそれを支援する九条家の大黒柱となつた。九条家の遺孽であつた道家・立子こそは、慈円にとつて、その手中に托せられた最後の珠玉であり、彼等を護持して九条家を興す責任は、今や慈円の双肩に懸けられた。建暦二年の内大臣藤原信清の辞職の後任として道家が補せられたのも、この時慈円が、院の寵姫卿二品との協力のもとに、その実現に百方奔走周旋した結果であつた（『玉蘂』建暦元年九月四日、同二年四月二十七日、同六月四日、同五日、同十二日、同十四日、同十五日、同十七日、同十九日）。ついで良輔の死闕を襲うて建保六年十月に左大臣となつたのが当時二十六歳の道家であつたことは、慈円をして安堵の一息をつかせ、九条家の明日に明るい光を期待せしめた。さきの立子の入内といひ、今の道家の順調な行路といひ、頓挫を重ねた九条家の勢力・地位のこの急上昇は、慈円にとつてまことに複雑な思あらしめたのであり、まさに明暗の交錯であつた。日に尖鋭化しゆく公武関係、後鳥羽院と側近の政治姿勢、それに対する九条家一派の親武家勢力、両勢力間の混沌と緊張とが、明日はどう展開し、大勢は如何なる方向に向いてゆくのか。今やその決定と決断との岸頭にさしかゝつてゐる。慈円の全関心はこの一点に集中せられてきたのである。

数十年にわたつた後鳥羽院の為の祈禱が、承久元年以後、突然断絶する。慈円の祈りの心は院から九条家中心に推移してゆく。

良経の女立子が御息所として東宮に入つたことが慈円にとつて如何に大きな喜びであつたかは、これを以て「春日大明神モ八幡大𦬇モカク皇子誕生シテ世モヲサマリ又祖父ノ社稷ノミチ心ニイレタルサマハ、一定仏神モアハレニテラサセ給ヒケント人ミナ思ヒタル方ノスヱトヲル事モアルヘケレハニヤ、承元三年三月十日十八ニテ東宮ノ御息所ニマイラレニケリ」（『愚管抄』）として、日本の将来がそこに懸つてゐるとしてゐる。かくて建保五年、中宮立子懐妊によつて天王寺に参つて述懐歌をさゝげてゐるのは、この転身の前ぶれであつた（『拾玉集』）。

難波かたふかきえに行あた浪を　かけてそたのむ春のうら風　（四九八一）

世の中はいかになるをのまつならん　いたつらならぬ春にあはばや　（四九八二）

なにはかたむそちの浪にうかふ舟の　かちをはきみにまかすとをしれ　（四九八三）

第一首は皇太子の一般的な期待と祈願とであるが、第二首は果して皇子の降誕を見得るや否や、嘗て兄兼実が、すべてを皇子誕生にかけて外戚政治を祈りつゝ遂に実現し得なかつた前轍をふむ危懼と、めでたき春にあふことの願とである。第三首は六十年の老年を迎へて大きく方向転換する自己の行方、その自己に托された九条家の運命の幸ある行手を太子に祈り、すべてを太子に投帰してゐる。かくして慈円の祈りは、今や皇子誕生と、それによつて開かるべき将来とに集中する。五年六月一日、御産御祈りとして不空羂索法、六年十月一日に冥道供・如法尊勝法（『門葉記』『華頂要略』）などを修してゐる。その甲斐あつて皇子（懐成親王、即ち仲恭天皇）の降誕があつた。「上皇（後鳥羽院）コトニ喜ハセ給ヒテ十一月ニヤカテ立坊アリケリ」（『愚管抄』）。慈円はさらに、後冷泉院以後は一の人の女の入内はあつても御産の例なしといふ事実に照して、この皇子の誕生のもつ特殊な歴史的意味を強調してゐる（『愚管抄』）。皇子降誕を聖徳太子に切願した慈円は、今度はその喜びと感謝とを太子の前に報賽する。

建保六年十月十日王子降誕平安同十一日進聖霊院和歌

君か猶あまくたりける世の中を　難波のうらのしほにみるかな　（四九八八）

きみかうくるなにはほりえのわたし舟　たのむまことのするゐをしそ思ふ　（四九九〇）

この皇子誕生のことによつて、慈円の太子信仰・憑依が一段と深められてゆくありさまを想望することが出来る。なほ、

同廿六日朝風をきゝて

槙のやにみねの木のはのをとなから　すむやととふは嵐なりけり　（四九九一）

は、同じころの彼の所懐を住居の風情によせたものであり、

建保六年十月之初擬作

風のをとも身にしむからに千世までも　松はうれしき秋のみや人　（五〇九七）

とにかくに思ふもかなし山たかみ　君か行みちのするゐはくもらし　（五〇九八）

も、身辺の寂しい生活の中に、そこに吹こんできたよろこびをかみしめつつ、その行方を祝つてゐるのである。翌月、建保六年十一月二十六日、皇子は皇太子に冊立せられ（『愚管抄』『百錬抄』）、同時に道家は皇太子傅に任ぜられた（『公卿補任』）。かくて、立坊に籠められた祈りはやがて即位の祈りとなる。

立坊の翌年承久元年は、慈円にとつて愈ゝ希望の年として到来する。この正月、四天王寺に詣でて聖徳太子に上つた「真諦五十首俗諦五十首」の百首の存することは前にふれたが、この百首は、この時点に於ける慈円の思想・信仰・境遇と、そしてそれらのすべてがつくり出した当時の慈円の姿をよく示してゐる。とくに真俗二諦、即ち神仏の世界と人間の世界とが、本来一つの理に貫かれているといふ認識に到達した、その心境をうたつた、

よをはよなたたふた文字のもん《つ》とかや　仏と《の》道と法性の理と　（三〇五六）

の一首は、注目に値する。東宮や中宮につながる九条家の栄光、その明るい行手が、そのまゝに道理であり歴史の本道であるとする慈円の主張が、明るさを目前の現象にのみ見出すに止めず、さういふ疑ひなき現実の事実を通じて、現実を超えた宇宙・人生の本質をよみとらうとする態度に外ならない（後にみる様に、それは、恰もこの年の起草に係る「本尊縁起」の思想に正に対応するのである）。

太子の行末を祈るものとして、

すへらきの千とせをまつの春の色に　あゐよりもこくそむ心哉　（三〇六七）

みかさやまさして朝日のてらす哉　末くもるなよ春の宮人　（三〇五五）

の二首あり、同時に、

春日野に秋の宮人うちむれて　ことしねのひの松そうれしき　（三〇五七）

と中宮の祈りをさゝげ、また、

北の藤のさかふる枝の春くれは　にほひをまつにかけてみる哉　（三〇五九）

は藤原氏、即ち九条家の栄えを祈請してゐる。

これにつけて『拾玉集』第三冊は一の挿話を伝へてゐる。即ち、慈円は右の「すへらきの」外一首を、四天王寺僧実暹の能書の由を聞いて書かしめた。出来上つて受け取つてみると、「春の色」を字体の類似から、「春の宮」と書き誤つてゐる。慈円はこれをみて、それは聖徳太子が慈円の願を納受し給うたしるしであるとして喜び、「太子加㆓護之㆒令㆑現㆓吉瑞㆒給也、是已真俗二諦和合之令㆑然也、何況今度参詣行法啓白発願、正朔之暁果以有㆓霊夢㆒〈別記之〉凡首尾仰信無㆑物㆓于取㆑喩歟㆒」と随喜してゐる。これを聞いた慈円の弟子慈賢は、この歌は太子がよみ給うたのだといひ、慈円もそれに答へて、太子は春色を春宮と改めて、春宮の御在位等の事を擁護しようといふ甚深の瑞相である、といつてゐる。即ち、聖徳太子の擁護によつて春宮（仲恭天皇）の即位を、そしてそれを通じて将来の仏法王法の中興を実現しようとの彼の衷心の願がこゝに吐露されてゐるのであり、同時に、この瑞相によつて愈ゝその信念を固めてゐるのである。

懐成親王立太子の建保六年の翌承久元年は、かくして彼にとつて最も意義深い期待の年となつてきた。かの、明暗二道のいづれが開かれるかの、極度の緊張・危懼・期待の中におかれてゐる慈円の前に、明るい未来が開かれようとしてゐるのである。

第一に、道家がその前年の十二月左大臣となり、承久元年一月、左大臣として初の春を迎へた。彼は、今や九条家に絶えて久しい外戚政治の望みの寸前に立つてゐる。道家はこの期における喜悦の情を、この正月元旦の日記に披瀝して、

位左大臣正二位兼行皇太子傅、生年廿八也、千秋万歳幸甚々々、（『玉蘂』）

道家のこの忭躍は、即ち九条家の大黒柱であつた慈円の喜びであつたことは云ふまでもない。

むめの花色をも香をもしる人の　ことしの春は春のみや人　（五〇七七）

の一首にそれは溢れてゐるが、また、この正月の四天王寺真俗百首の法楽歌の跋に、

今又春宮御誕生即立坊等一切事如ㇾ指ㇾ掌、

と記して、「仏法王法中興の善願」の円満成就を喜んでゐるのをみれば、慈円のよろこびが、九条家の栄えを中心としての、真俗二諦の世界にわたつてゐることを知るのである。そしてさらに、この喜びにまた喜びを重ねて、愈ゝ慈円

の承久元年に明るさを加へたものが、その六ケ月後の、道家の子立子の弟頼経（当時三寅、二歳）の将来の将軍としての関東下向そのことであつた。

京都での懐成親王の立太子のころ、承久元年正月二十八日、関東では将軍実朝の暗殺といふ凶変が突発した。幕府では将軍の後嗣について凝議した結果、京都よりこれを迎へんとした。まづ後鳥羽院の皇子の推戴を奏請したが、院はそれは「日本国二ニ分ル事」としてこれを斥けられた（『愚管抄』『吾妻鏡』）。結局、頼朝の遠縁を辿り、従来の親善関係を考へて、九条頼経の下向を希望、奏請してこれを実現したのであつた。

院の反対せられたことを、また慈円は、前述承久元・二年ごろの西園寺公経への書状（二三五頁）には、「此将軍下向事叡慮ニハひしと不ㇾ行也」と表現してゐるのをみても、院のそれに対する不満を知ることが出来る。これに引きかへ、慈円にとつては、このことこそ、長年紛糾してきた公武関係の最後的な解決への鍵であつた。それはわが国の歴史を動かしてきてゐる祖神の計画の実現であり、即ち「道理」の実現そのものであつた。このことについても、公経への手紙に、嘗て菅原道真が身を殺して摂籙家を護つたごとく、実朝の死は頼経の下向を必然ならしめる為の犠牲に外ならず、そこに歴史の意味について開眼する所があつた、とまで述べてゐる。道真のことは『愚管抄』にのべてゐるのに、実朝の方は同書にみえないのは、遠い過去のことである道真事件に対し、実朝の方は眼前の、未だ生々しい事実の故に、記載を遠慮したかと思はれる。「春日大明神議定して東宮（仲恭天皇）此将軍令ㇾ儲給フ、実朝ヲ令ㇾ誅給フ事ハさはさはと一身開悟ヲ如ㇾ此令ㇾ申候也」（公経への消息）と、実朝は公武合躰といふ歴史の必然を具体化するために春日大明神に誅せられた、とされてゐる。——実朝が恰も承久元年に殺されたことは、慈円としては何としても偶然とはなしえなかつたのである。

承久元年は慈円にとつてかくまでも意味深い年であつた。九条家の勢力は、長期にわたる退潮の後に、漸く上潮にのつてゐたが、今や時を得て最高潮に達せんとする勢を見せてきたのであり、而もそれが同時に、歴史に「道理」を回復すべく登場してきたと解してゐる。この年十月の八幡法楽に詠んだ二十首（『拾玉集』第五冊）の中に、

うれしくもむかしの道にかへるらし　秋の宮ひとはるの宮人　（六一一三）

の一首の存するのは、皇后東一条院（立子）と春宮（懐成親王）とに、わが日本の運命をかけてゐた、当年の慈円の思想をよく示してゐる。なほ同じ時の、

いのるかなはこやの山の秋の霧　はれぬる後に又くもるなよ　（六一一四）

の一首は、この皇后・春宮をつゝむ明るさに、後鳥羽院の御意嚮によつて暗い翳のさゝれることを危惧し、祈禳したものであらうか。かく解することは一面、頗る無遠慮な態度を慈円のうへに認めるものであらうけれども。

以上の様に見てくると、嘗て塩見薫氏が『愚管抄』を論じて、「承久元年は慈円と『愚管抄』にとつて特殊なものであつた」とし、「いわば仲恭の即位は——道理実現の象徴であり、慈円としても、これで万事完了の気持であつたと思はれる」、その故にそこ（承久元年）に『愚管抄』の「記述の終点をおくことに特に心をもつて記述した」のは当然であり、「事実その通りになつてゐるのである」とされた（「愚管抄の研究」『史学雑誌』第六三編一〇号）のは、まさに肯綮を射てゐるのみならず、さらに強調さるべきであつたのである。『愚管抄』の擱筆は承久二年ごろにあり、記事内容は承久元年を以て止めた（後述）のは、彼にとつて深い意味があり、深い思ひをこめての事であつたのである。

〔註〕　承久元—二年のころ、慈円が極めて明るい心持をもつてゐたことを推測せしめる資料として『拾遺愚草』所収の定家との贈答は参考になる。即ち承久二年九月十三夜の十首贈答である。その全体の調子に於て、定家の陰鬱にして消極的なるに対し

て、慈円は概ね明るく、頗る対照的である。

定家が、

何かせん昔こひしき老か世は　たえてみるへき月にしあらねは

といへるに対し、慈円は、

吹はらふ山のあらしをまてしはし　しはしそ月は雲かくるとも

と、霽るゝをまつべきををしへてゐる。また定家が、

秋をへてくやしき月になれにけり　いてうきすゑの世にやとりきて

といへるに慈円は、

くたりはつる世の行末はならひなり　のほらはみねに月もすみなん

と、同じく末世を認めながらも、定家とは異り、慈円は末世もやがては向上すべきを想定してゐる。また定家が、

さとをわかすみをはからてしたひみし　月もや今はおもひすつらん

と悲観的にあるに対し、慈円は、

月影の人にやとらぬ世とならは　しはしもいかゝありあけの月

ととりなしてゐる。さらに定家より、

今年まてみにあまりぬる思いては　君にうれへて月を見る哉

といへるを、慈円は、

はてゝ又ましはるよとやてらすらん　さらはたのもし秋の夜の月

と元気づけてゐる。この贈答に関する諸事情を明らかにし得ないが、一般的にみてこの頃の慈円が、積極的な明るい気持に住してゐたことを想定せしむるには足るであらう。

公武衝突の危機の切迫と正に平行する形での九条家の勢力の盛返し、それを代表したのが道家の政界進出――左大臣正二位の地位であつた。道家としてその次の問題は当然、摂籙就任、懐成親王の即位による外戚政治の実現にあり、

それによつて、九条家の顕栄に晴を点ずることでなければならぬ。と丶もにこの外戚政治の実現こそが、慈円にとつての最大の政治課題への道であつた。京都での九条家の摂政、関東将軍となつた九条頼経、この二つの政治的拠点をむすびつけての公武合躰の政治――この慈円の最後の政治目標に向つて、慈円の意に副ふ解決を目前に待つてゐる、といふのが、承久三年初めの、慈円にとつての政治的状況であつた。

承久三年三月九日、慈円が甥の道家に代つて藤氏摂籙家の某廟にさ丶げた願文は、さういふ情勢に即応し、且つこれが推進を祈願したものであつた。それは道家の、

承久三年三月九日　左大臣正二位兼行皇太子傅藤原朝臣敬白

の署名でさ丶げられたのであるが、しかしこれを起草したのは慈円その人であるのみならず、その自筆原本が現存（里見常造氏現蔵、なほ高野辰之氏所蔵文書に写しを収む）することによつて自ら手を下して案文をかいたことが知られ、旁々この祈念が道家の祈願なると丶もに、即ち慈円その人の熱願なることを知ることが出来る（これを捧げたのは祖廟であるとされてゐるが、どこをさしたのかは明らかでない。文中、「長者未二曽詣一」とあり、「我氏之始祖留二跡於此所一」の「廟門」とあるのみ、赤松俊秀氏「愚管抄について」参照）。而してその念願の、さしあたつての第一の中心は、いままさに実現の前夜にあると思はれる仲恭天皇の践祚そのことであつた。この願文が、さういふ情勢のもとに、その促進・実現を願つてのものであつたことは、願文そのものが「爰如二風聞一者初夏可レ有二譲位一之由近日偏以謳歌」とのべてゐるところにも明らかである。この願文は、当時の時点における、慈円の見た京都の政界と、それに対処してゐる慈円の意中とを知る上に極めて重要であり、従つてこのころの思想を中核として書かれてゐる『愚管抄』の思想とも、本質的なつながりがあると思はれるので、全文をこ丶にあげておきたい。

伏惟藤門輔佐之運、君臣魚水之契、綷□□□□敢非レ仮二人力一、何況始祖内大臣藤原朝臣

天智天皇御宇早誅二賊臣一専助二聖化一遂賜二諡号一称二大織冠一、自レ爾以降諫諍之忠有レ功、君臣之礼無レ変、天枝帝葉皆出レ従二門楣一、賢相良弼多以為二外戚一、忠仁公始摂二通《トウ》三之政一、昭宣公又起二博陸之名一、而宇治《ノ》前大相国以後、雖レ翫二曲阜之月一、絶隔二渭陽之風一人疑二其故一家遺二其恨一、然間兄弟之流漸多、興衰之運区別、爰祖父入道大相国者法性寺禅閤第三之子也、両兄、輔レ国群息満レ家、誠非三天之祐二其人一者誰有三身之遂二其望一歟、而答下憂二社稷一之天性上、有下備二柱石一之宿運上、内仰二三宝之擁護一、外憶二四海之安寧一、因レ茲興福仁祠之旧跡、再祐《ヒラキ》二洪基一、法相大乗之住侶、各列《ツラヌ》二学窓一、仏神蓋レ垂二感応一哉、事出レ不レ図、其身退矣、先考大相国露《アラワシテ》二賢才一兮、昇二台象之位一、雪二父耻一兮、掌二惣廈《ソウロク》之任一、若無《ナカラマシカハ》二此父祖之栄一、空混二于凡庶之流一、家之不レ衰、余慶欲レ及二後塵一、今之有レ涯、先公忽従《ニヒ》逝《セイ》水一臣在二于幼日一早為二孤露一

太上天皇重二先公之旧労一、憐二微臣之独立《トクリフ》一、即授二上将之班一、遂進二亜相之位一、矧亦抽二同胞之懿親一兮、入二太子之宮一、遇二元首之新祚一兮、備二正后之位一、千度有レ身万人驚レ目、排《オシヒラク》二西明山一金牓銀鏤天地長女之宮一、並二東明山銀牓碧鏤天地長男之宮一継二

聖武母后以来廿三人之栄耀一、興二寛弘《ノ》皇后以後二百年之絶跡一、匪二直也事一、偏神之祐也、爰如二風聞一者初夏可レ有二譲位一之由、近日遍以謳歌云々、臣雖レ顧二不肖之身一、毎レ思二先祖之跡一、竜楼御運可レ有二竜興一者、鶴禁《ハナムラ》旧労可レ遂二鶴望一之時也、今就二此儀一、偸案二旧典一、幼主即《テ》レ位親戚摂《スル》レ政之濫觴者、周成王之時、叔父姫公旦是也、

我朝

清和天皇継二成王之跡一、外祖太政大臣移《シテヨリ》二周公之儀一以来、乍三置二外祖外舅之親《ヲ》一他人輔二導幼君一之例一度未レ有

矣、剰《アマサヘ》雖二長年壮年之主一、外戚猶為二宰臣一之条、先規必然矣、若又姫霍之家無二親戚一、々々家非二姫霍一、則猶用二柄臣之族一、不レ及二他人之望一、寛平遺誡云、別嗟《ソイテハナケノ》外戚無二大器之可一レ寄事云々、可レ輔二政道一必在二戚里一之趣已以炳焉、

一条先帝七歳践祚之日、改二関白太相国一以二外祖右大臣一為二摂政一、非《スンハ》二親戚一不レ可三輔導二幼主一之故也、今度之例不レ可レ求レ外歟、貞観政要云、君《キミタル》二人一者以レ天為レ心、無レ私二於物一用レ人但問二堪否一云々、又帝範云、鴻鶴之淩レ雲也必因二羽翮之用一、帝王之治レ国也、必藉《ヨル》二匡弼之資一、故求レ之斯労、任レ之則逸《ヤスシ》云々、誠哉此言、和漢雖レ異、其儀惟同、竊検《カムカフル》二先規一長徳元年伊周之執政従《シタカヘテ》二停止一叔父之亜相被二登用一、是則採択非《ス》三依二外戚一哉、彼内相府謂《イフニ》二其権威一尤可二高貴(尊カ)一、厳親有二旧労一、存日之挙奏不レ軽、皇后有二寵幸一、同胞之宰臣尤重、然而人望所レ推、若不レ堪二輔弼之用一歟、爰小臣為二女后之同胞一、為二幼主之舅氏一、天之授也、家之慶也、無才無徳雖レ耻二万機於往代之賢佐一、為レ親為レ旧、何恐二惣己於当世之等輩一哉、況亦弃二身命一思二社稷一、欲《フ》レ使三君踏《フマ》二高祖光武之跡一、仰二閭門一凝二謹慎一欲レ使三政比二周年□(マヽ)白之初一禁中之安全海内之康寧唯可レ在二親戚摂政之一挙一者也、若依二謀臣之構一、恣重寄之仁者非二啻当時之遺恨一、定招二向後之耻辱一歟、是以戴二雙眼一而祈レ天、高天杳《エウトシテ》而無レ言、投二五躰一而叩《ケリ》レ地、厚地黙而不レ答、就二廟門一抽《ツ》二精誠一、仍籠二使於廟前一、啓白二其旨趣一、爰弟子家受二累代一志存二勤王一、所レ祈若有二道理一者、宜レ加二擁護一、所レ願若無二宿運一者須レ蒙二霊告一、於戯(随カ)随周成王之在《シ》二繦抱《ハウニ》(マヽ)一也令二叔父姫公旦以当《アタラシム》レ国、貞観聖主之待二冠礼一也使二外祖忠仁公一以臨《ノソマシム》レ朝、微臣何幸逢《カヘル》二遇斯時一当三家之欲二中興一歓《フ》三身之受二外施《クワイシニ》一神眷已厚二于臣之《カ》一流一、世論盍許《ユルセ》二臣之重寄《ヲ》一哉、抑累代之長者未三曽詣二此地一若有二由緒一哉、将又自然歟、重案二事情一我氏之始祖留二跡《ヲ》於此所《ニ》一稟《テ》二遺塵《ニ》一仰二其徳一之者拝《セムニ》二霊廟《ヲ》一有二何《ムヤノ》妨一哉、機感純熟《ノシユン》待レ時《ヲ》待レ人《ヲ》、先代縦《ヒ》無二縦跡《クトモ》一中心已得《タリ》二理致《ヲ》一

若有《ラハ》二任運一者何及《ハム》二猶予一、加之先規已有《リ》二木幡詣一何亦不二准拠一哉、但若有《ラハ》二制止《ノ》告一早可レ成二黙止《シテヤム》之思《ヲ》一窟意若有《ラハ》二納受一石心弥添《ヘム》二帰敬一天与《クミス》二善カ吾人一神不レ稟二非礼一願以二此祈請《ヲ》一将三知二其霊意《ヲ》一為《メ》二世《ノ》一為二后《キミノ》一為レ国《ノ》為レ家《ニシテ》而祈、為《ニシテ》身《ノ》二而不二祈一丹底無私玄応速垂《タレタマヘ》　敬白、

承久三年三月九日

左大臣正二位兼行皇太子傅藤原朝臣敬白

願文の趣旨が目前に迫つてゐると思はれる懐成親王（仲恭天皇）の即位に望みをかけて、道家の摂籙就任を祈るにあること云ふまでもないが、それについて「爰小臣為二女后之同胞一為二　幼主之舅氏一天之授也、家之慶也」と、親王の外戚、順徳天皇后立子の同胞としての己が地位が何人も及びがたいといふ事実を示し、之を自負する。然るに、一方、これに対して「若依二謀臣之構想一重寄之仁者非二啻当時之遺恨一空招二向後之耻辱一歟」と、反対者の妨害のあることを指摘してゐるが、恐らく近衛家を抑へんとする意であらう。而して、「爰弟子受二累代一志存二勤王一、所レ祈若有二道理一者宜レ加二擁護一、所レ願若無二宿運一者須レ蒙二霊告一」云々として、その祈願の正しさを確信しつゝ、神の擁護を懇願してゐる。

道家時に二十九歳、自ら願文をさゝげるに於て、年齢的にも少しも不足はない。にも拘はらず慈円が起草してゐるのは、如何なる意味であらうか。このことに対しては、道家の眼前の地位が、単に道家一人に限られず、遠くは藤氏始祖鎌足以来の歴史の、そして特に近くは祖父兼実、父良経以来の、朝家への勤王の歴史の結果として築かれたのだといふ歴史の認識が必要であり、重要な意味をもつてゐる、といふ本願文の叙述法、或は思考法が、これに答へる。かりに摂籙家の遠い祖先のことは必しも慈円を俟たないにしても、兼実・良経との関係は、現に慈円が自らの眼でみて来た所であり、それ以上に、慈円の生活の一部でさへあつた事柄であり、その歴史の結実としての今日の道家とそ

の地位や資格を、その意味をのべるには、慈円が最適任であることは言を俟たない。即ち願文は「伏惟、藤門輔佐之運、君臣魚水之契、綷□□□敢非レ仮二人力一」と、皇室の輔佐としての藤原氏の起りに筆を起し、その後、賢臣良弼の多く出た歴史をのべて祖父兼実に及び、兼実が憂国の至情にみちた国家の柱石であつたこと、内には三宝を仰ぎ外には天下の太平を致し、その間、興福寺復興の大業をなしとげて、法相大乗の隆盛を来した、とたゝへてゐる。が、この大功にも拘はらず、「事出レ不レ図、其身退矣」と、挫折したとのべてゐる。次いで父良経に及び、良経が台閣にのぼり摂籙に到つて父の恥をそゝいだ、「若無《ナカラマシカハ》二此父祖之栄一、空混二于凡庶之流一、家之不レ衰、余慶欲レ及二後塵一」と、道家がうけついだ箕裘の業をたゝへてゐる。道家の今日あるは、これら父祖の努力高庇と、「太上天皇（後鳥羽上皇）重二先公之旧労一、憐二微臣（道家）之独立一」み給ふ後鳥羽院の叡慮とのおかげに外ならぬ、としてゐる。即ち、道家の今日の地位は、かゝる、遠くは始祖以来の、近くは父祖の旧功の結実として存するのである、今や「当三家之欲二中興一」つてゐる、ことを明らかにしてゐるのである。一たび衰へた九条家の再興がいかなるものであつたか、慈円がそれに托した期待のいかに大きいものがあつたかは、上来詳説した所であるが、この「当三家之欲二中興一」の「中興」の意義は、慈円によつて最も具体的に把握せられてゐるのであり、この「中興」の勢いに乗じて、一挙に道家の摂籙を実現しようといふ希望がこゝに躍動してゐる。

　慈円と道家との一致した願としての仲恭天皇の践祚は翌四月二十日滞りなく実現した。同時に道家の摂政就任も実現した。九条家中興の願は殆ど完全に達せられた。関東に於ける頼経の将軍職嗣立と相まつて、公武の政治体制は完全に整つた。形式的に云へば、慈円の政治理想はここにほゞ完成の域に到つたのである。

　このことについて慈円は、一応の満足と喜悦の情を示してゐる。慈円としては、多年の苦心の結果、漸くこゝまで到達した、或はこゝまで持つてきたのである。たゞ今後の問題は、これを過誤なく維持し延長してゆくことであつた。そのことを推測せしむるものは、仲恭天皇即位以前、東宮懐成時代の末の成立と考へられる『愚管抄』の記事の中に、

百王ヲ数フルニ、今十六代ハノコレリ、今コノ二歳ノ人々（懐成皇子、藤原頼経）ノヲトナシク成テ世ヲバウシナイモハテ、ヲコシモタテムズル也、ソレ今廿年マタンマデ武士ヒガ事スナ〳〵、ヒカコトセスハ自余ノ人ノヒガゴトハトヽメヤスシ、

とあることである。即ち仲恭天皇と摂政道家とに対して将軍頼経、この合躰の政治体制の下に、武士をも配し、之に与ふべき地位を与へ（「先武士ト云モノハ、今ハ世ノ末ニ一定当時アルヤウニモチイラレテ有ルヘキ世ノ末ニナリタリトヒシトミユ」『愚管抄』）、二十年の過渡期の余裕をおいて、その善悪を見定めて行かう、といつてゐる。動かせばこわれる貴重品を手にしてゐるやうな、慈円の緊張がおのづから思ひうかべられるのである。

第二十四章　門跡の対立

慈円が、後鳥羽院の前から去らねばならなかつた、政治的思想・方針といふ第一の理由に加へて、叡山の門跡の問題がからんでゐたといふ点については、先に少しくふれたが、このことは慈円にとつては頗る重要な問題を含んでゐるので、こゝであらためて検討しておかなければならぬ。

慈円が叡山に入つた時、そこには彼の入つた青蓮院門跡と、梶井門跡との対立が存してゐたのであつた。慈円が外ならぬ青蓮院に入つた理由は明らかでないが、ともかくも、こゝに入つたことにその後の運命的な関係があつた、とさへ云へることは前に一言した所である。

梶井門跡の起りはあまり詳かでないが、第三十二世の天台座主明快の創始する所であり、天台門跡の祖とよばれてゐる（『梨本管領記』『天台座主記』）明快の房の傍らに梨の大木があつたに因んで梨本門跡ともよばれた。門跡は、叡山に生じた流派であり、法流・師資関係を中心に結成した一の集団或は団結であつたが、朝廷貴族との結びつきを固め、その庇護を恃んで山内に勢力をのばした。院政ごろを中心としてその勢威は次第に拡大強化に向ひ、山上山下に坊舎を造立経営し、所属の庄園を支配して門跡領をつくり上げ、又その出身者を座主以下の要職につけ、延暦寺教団内の派閥としての地位を確立して行つた（井上光貞氏『日本浄土教成立史の研究』）。明快は後三条天皇の延久二年三月に寂した。即ち院政開始の前夜であるが、明快のあと、第三十五代座主覚尋、第三十六代良真、第三十七代仁覚、第四十代仁源はいづれも明快の資であり、第四十二代仁豪もその門に出てゐる。引きつゞいて四十五代仁実、四十九代最雲等、いづれも同門跡の出身であり、そのことは、門跡の威を愈ゝ重からしめた。この間堂舎庄園の数も次第に多きを加へて行つた。『玉葉』安元三年五月十一日条に梶井門跡出の座主明雲の山洛房舎及びその所領が列記されてゐるによつても、当時の同門跡の一面を知りうるが、なほ、「吉水蔵」は『梨下梶井管領山洛寺院』一巻を現蔵してをり、鎌倉時代の半ごろの状と覚しき堂舎所領を示してゐるので、その全文を左にかゝげよう。

文殊楼清和御願
実相院後冷泉院御願
五仏院後冷泉院御願
観心院東三条院御願
大縁三昧院慶円大僧正建立　喜慶旧室
東北院清慎公建立
持明院白川院御願　良真大僧正建立
○西京堂良真大僧正建立
○六角堂上宮太子作
○河原院融大臣
此南者仁豪僧正以来梨下管領之
円徳院白川御願　仁覚建立為賢子中宮

同丈六堂仁覚僧正為白川院御𦬇建立
西南院堀川中宮篤子御願　仁覚建立
新御堂仁覚建立
仏眼院堀河御願　仁覚建立
恵心院法興院入道摂政建立
四王院文徳天皇御願　光定建立
○阿弥陀院

○清閑寺
○浄土寺御堂
大原滝源院
大原勝林院
大原○西林院

右に於て○は、前にふれた史料（『玉葉』等）に欠くものに筆者が仮りに附したものである。従つて、右の文書の方が、鎌倉時代の発展をふくめてゞあるが、梶井門跡の財産目録の実態に近いと思はれる。

各院の註は、それらがいづれも、大体院政ごろまでに作られ、この門跡に帰属したものなるを示してゐる。これらの註は、諸史料にてらして大体正確なるものと認められるが、これらを通観してとくに注目されることは、それら堂舎院家が天皇・上皇・皇族をはじめ当時の貴顕の願に出で、その手に、或はその名によつて、成つたものが多数を占めてゐる、といふ事実である。一口に云へば、それはこの門流の貴族的性格を、即ち貴族の力に支へられてゐることを示してをり、同時にそれはまた、これら貴族と門跡との人的交流の頻繁を予想せしめる。

最雲は白河天皇の皇子であり、皇族より最初にこの門跡に入られ、久寿二年、第四十九代座主となつた。これを皮切りにこの後、後白河院皇子承仁親王、後鳥羽院皇子尊快親王と、三代つゞいて皇族三人が梶井門跡に入り座主の地位についてゐる。院政末から六波羅時代、そして武家政権成立時代を通じての朝廷とこの門跡との関係は、以上の関係を基盤として、極めて深いものがあつた。後白河院は同門跡の顕真を深く信愛せられ、第六十一世の座主に任命されたのも、院の御意に出でたのであつた。即ち承安三年以来大原に籠居して世間の望を絶つてゐた顕真を、三十年にわたる隠棲より起たしめて、文治六年三月、公顕のあとをうけて座主たらしめられたのは院であつた。恰も慈円の起用を希望してゐた藤原兼実は、これを評して「天台座主事、可レ被レ仰二下顕真法印一也云々、顕真遁世年久、偏入二念仏之一門一、棄二真言之万行一、三千貫首更無二希望一之由、書二起請一事数度、近則衆徒払二全玄一之刻、為二顕真所行一之由風聞之時、注二誓状一奏レ院又与レ余、而今与二定長一謀議、忽預二此恩一、爰知、外表二上人之翔一内有二貫首之望一けりと万人令レ知レ之人(マヽ)、之余執召今如レ此可レ悲々々」(『玉葉』文治六年三月六日)と非難してゐるのも、顕真、やがて梶井側に傾いた後白河院と、青蓮院側に立つ兼実との対立を示すものに外ならない。寿永二年、源義仲の入京で平氏が都を落ちたとき、後白河院が難をさけて赴かれた先が叡山上の円融房、即ち梶井の本房であつた(『玉葉』)ことも、同じ関係を背景にしてゐる。

院政時代から保元・平治を経て平家時代に於て、すでに居然たる勢力を叡山内外にもち、朝廷とも深い関係を保つてゐたこの門跡に対し、青蓮院門跡は、成立時期と勢望とに於て遙かにその後塵を拝してゐた。即ち行玄が、山上の本房を美福門院の御願として青蓮院と称し阿闍梨五口を寄せ、以て青蓮院門跡の緒をひらいたのは、久安六年四月のことであるが（『華頂要略』）、それは、明快が座主に補せられた天喜元年から数へると九十三年後に当る。『天台座主記』によれば、行玄は青蓮院・横川三昧院・無動寺を管したといふ。こゝで注目されるのは無動寺である。いふまでもなく、同寺は相応和尚の安置した不動を本尊とするものであるが（『相応和尚伝』）、行玄以前の伝来をみると、座主仁覚（三十七世）・仁源（四十世）等が管領してゐる。二人ともに明快の弟子、入室であり、即ち無動寺は梶井の支配下におかれたのであるが、寛慶座主（四十三世）から行玄が引きつぐと、以後は専ら青蓮院門跡の管轄に帰してゐる（『検校次第』）。なほこれに関連して、保延二年五月附行玄の「請賜諡号表」（『天台霞標』初編之三）あり、相応に諡号を賜はらんことを朝廷に奏請してゐる。結局それは許されてはゐないが、行玄が無動寺開山の為にこの努力をしてゐることは、彼が無動寺を自らの門跡にとり入れようとする運動の一端なるかに見える。後に慈円がその検校に擬せられた時、兼実は建立和尚の起請なるものをかざして慈円を推挙してゐるが（『玉葉』養和元年十一月十二日）、この時にはすでに、検校争ひは青蓮院門跡内部の問題となつてゐる。即ち、行玄の努力はすでに実つてゐたのである。

行玄の努力のあとをうけて覚快、慈円と門跡は次第に発展する。皇族出身の覚快の入嗣は、この新しい門跡をかざることゝもなつたと思はれる。

かくして起つた新しい門跡は、梶井門跡を相手に烈しい競争意識を燃やして、いはゞ九十年のおくれを取り戻さうとする。慈円がこの門跡に入れられたとき、一般的に云つて両門跡の間はきびしい緊張関係にあつたのであり、のみならずこの関係は、慈円の一生を通じて次第にきびしさを加へ続けたのである。

両門跡の一の係争点は、座主争ひである。慈円が第一回目座主就任の背後に、その争ひのあつたことは先にのべた。その後、慈円のあとをうけたのは梶井の、明雲の弟子承仁親王であつた。然るに親王は座主継承の翌四月病没したが、慈円がこれを「ヤカテ病ツキテ入滅セラレニケリ、アラタナル事カナト人云ケリ」とまで云つてゐるのは、両門跡の間の軋轢や感情的対立のはげしさを露骨に語つてゐる。

慈円が叡山に起した勧学講が、もと学問愛好の熱情、勧学の精神から出たものであつたことは先にのべた通りであるが、しかもそこにも、慈円の対梶井意識や感情が深く根を張つてゐた。『門葉記抄』は慈円が勧学講のことをのべた一文を存してゐるが、その中に、「コノ勧学講トイフ事ハ此門跡(青蓮院)ニツケテカクヲコナヒ候ニヨリテ此門跡ハカク梨下トヲトラス候ハ梶井ノ富有ノ対揚ニモナリ候ナリ」と記してゐる。即ち梶井門跡の富、世間的勢力に対抗すべく、青蓮院門跡は教学の中心としての立場を確立しようとする意図を示してゐる。

かくて両門跡の角逐は、後白河院・後鳥羽院時代に於て逐日烈しくなり、而もそれが政界における近衛・九条家の争ひと平行的関係を示す如くであつた。九条家出身の慈円は、かくて、近衛家を向ふにまはすとゝもに、教界に於ては梶井門跡に拮抗し、而して屢〻この二つの勢力の連合軍と相競ふの立場におかれたのである。かの、前述の建久七年の九条家失脚が、近衛基通・土御門通親と承仁親王との協力反攻によつて生じた(『愚管抄』)のはその著例である。

この両門跡の角逐に対して、後鳥羽院がいかなる立場をとられたか、これを直接推知すべき資料に乏しい。が、院が、近衛・九条家の二家のいづれにも偏せぬといふ方針(前述)は、今の場合にも同様であつたかにみえる。即ち、従来の長い朝廷と梶井との歴史的関係、また、とくに後白河院が梶井を引汲せられたこと、などの伝統的傾向は牢固として抜きがたいとともに、青蓮院に極力好意を示さうとせられる後鳥羽院の努力も見のがされない。上来縷述してきた上皇の、慈円への親昵と愛寵とは、勿論一面さういふ意味を含んでゐたのであり、それ故にこそ慈円も充分に腕をふるふ余地を与へられ、慈円の時代にこの、成立以来年なほ浅い門跡が経済的にも社会的にも押しも押されもせぬ大勢力となつた（西山宮への慈円の譲状はその実状の一端を示してゐる）ことは否定すべくもない。さらに大懴法院に対して院が皇子道覚親王を後嗣として入寺せしめられたことが、この門跡に光をそへる所以であつたことは勿論であり、そこに慈円の大なる感激と感謝とがあつたことも前述の通りである。

かくして、主として慈円前半生の努力を通じて、青蓮院の勢力は着実に向上強化されて梶井と対立せんとする勢を示してきたといふも過言ではなく、両派の不断の優先・追随の競争の緊張状態のうらに慈円の晩年の両門跡の愈〻烈しい対立、そして軋轢・衝突を後鳥羽院政下に迎へる。そしてその両勢力を代表するものが、即ち梶井の承円と青蓮院の慈円とであつた。

承円は入道関白基房の子である（基房が、平氏の為に加へられた恥辱を雪がんと執念したこと、それが却てその目的を妨げたことは先にのべた。承円が入山して、僧侶として以下に見るやうな後鳥羽院への接近に成功するに到つた背後に、基房の後白河院や後鳥羽院への強力なはたらきかけがなかつたか、或は院側の基房への同情愛惜の感が、やがて承円に及んだといふ関係がなかつたか否か、不幸にして史料の存するものがないが、この院政と承円との間に特殊の背後関係の想定される余地は広いのである）。承仁親王の資であり（『続左丞抄』）、建久八年四月二十七日、前座主承仁薨ずるや門跡をついだが、正治・建仁の間、累進して日吉権別当・別当を歴任してゐる。後鳥羽院建仁三年六月二十九日、日吉御幸の時の賞として法印権大僧都に任じたが、また同年十二月十四日にも梶井御所への御幸があつた（『明月記』）。元久二年十一月十八日、院の御母七条院の三条殿に御落飾の時、剃手をうけたまはつたのが即ち承円法印であつた（『仁和寺御伝』）。これらのことが承円の院への結びつきを強めたであらうことは充分に推測されよう。

元久二年十一月二十八日、真性の座主辞任のあとをうけて十二月十三日、これに替つたことも、それと無関係ではないであらう。

承円はしきりに僧正を望み、院またその思食あり、建永元年十月十六日、年二十七にして権僧正に任ぜられてゐる。建永元年十一月十三日には土御門天皇の護持僧になつた。

建永元年十一月二十一日、上皇、日吉社御幸（『三長記』『明月記』）、梶井御所に御宿泊あり、承元元年七月十九日日吉御幸のときも、建暦元年九月九日のときも梶井御所に宿泊してゐられる（『百錬抄』『明月記』）。

これらの点描によつても、院と承円との親昵が想はれるが、ことに承元二年十二月一日、皇弟寛成親王を権僧正承円の円融房に入れられたことは、以上の推測を裏づけるものである（『伏見宮御記録』利五十四「仁和寺入寺御出家部類記」に「御年五歳、後鳥羽院第七皇子、母修明門院、入道尊快親王」とある）。

承円は前後二回座主に到つたが、第一回目は元久二年十二月十三日より建暦二年一月まで、満六年以上の長きに及んだ。さらに第二回も建保二年六月より承久三年四月まで、同じく引きつゞき六年以上に亘つてゐる。第一回任座主から承久三年第二回辞退まで通じて十五年、そのうち慈円が二年間、公円が一年足らず、この対比はまた承円対慈円乃至は梶井対青蓮院の、後鳥羽院政末年における勢力関係を何等か示すものと解することが出来よう。――それは、単純な年数だけの対比によるのではなく、とくに以下のべるところによつて裏づけられねばならないのであるが。

前述の通り、建暦以後承久までの十数年は、概して云へば後鳥羽院・承円時代である。前にみた様に、この頃院は勿論依然、慈円を親昵せられ、隠棲からしばしば都に召されて祈禱を命ぜられ、籠居せんとすればこれを愛惜され、宸筆勅書を以て慰留せられ、職を遁るといへども遁世すべからず、近く本房に安坐すべしと仰せらる等、百方、従来の関係の維持に誠意をつくされた（『一期思惟』）のであるが、しかもそれにも拘はらず、院の前から慈円が去らねばならなかつたことは前述の通りである。そして院の思想や立場と慈円のそれとのこの乖離を、先には主として政治的立場から観たのであつたが、而もこれをさらに分析してみれば、その一部を構成するものとして、院と承円とのむすびつきが存したことがあらためて反省されるのである。「凡座主（承円）之沙汰不レ可二堪忍一」「三塔仏事如二退転一、此上事門徒鬱憤有二道理一、座主（承円）成敗甚無道也、而　上皇一向引二級座主一仍次第相剋、進退惟谷」（『一期思惟』）といふ如き承円への慈円の反感——それに院への不満をも含めて——の表出が極めて露骨であるのも、両門跡の間の蟠りが、慈円の晩年に愈〻盛り上つてきた状をよく示してゐる。そして院が梶井を引汲されたことが、就中、慈円にとつて致命的な事情であつたことも同時に表明されてゐる。とすれば、この段階に於て、院と承円の結びつきの方が、院と慈円とのそれよりも強力であつた理由は何であつたらうか。

院がこのころ慈円よりも承円を、青蓮院より梶井を優先せしめられた理由は、やはりいま進行しつゝある対武家政策がその中心をなすと推測される。即ち資力に於て優る梶井を採用されるといふのが、その基本であつたと考へてよい。が、かゝる一般的な推測とゝもに、或は之を裏づけるものとして、院と承円との個人的関係に注目しておきたい。

建保三年正月七日、京都に火あり、火勢熾烈でその及ぶ所頗る広きにわたつたが、当時の院の御所であつた大炊御門殿は幸ひにして火難を免れた。この御所は、この前年建保二年十二月十三日に前太政大臣藤原頼実の手に成つて、院が修明門院とゝもに移られたばかりであり、従つてこの新造の御所が、この難を免れたことを院が深く喜ばれたことは言を俟たぬ（『伏見宮御記録』利四十七、『資頼卿記』『阿娑婆抄』巻百二十〈私目録第六十四〉、『安鎮法日記集』〈仏教全書本、第五冊一八八八頁〉）。後日、この御よろこびによつて承円は次の様な懇篤な院宣を賜はり、この幸運が彼の法験によるとして御褒詞にあづかった（『阿娑婆抄』巻第百二十三「安鎮法日記」）。

今日回禄大炊殿免二余炎一候事次第非二直也事一、偏是安鎮法験之所レ致候歟、従レ西従レ北火勢甚熾盛、払レ天払レ地風力尤猛烈、炎飛而懸二門戸一熘散満二殿舎一、然而遂以無為候、非二人力之所一レ覃只法威之令レ然候歟、雖二末世一已以希代也、殊被二感思食一之由内々御気色所レ候也、以二此旨一可下令二言上一給上恐々謹言、

山城守清範

謹上　宮内卿律師御房

これに対し、承円は請文を上つた。即ち、

御請文云

回禄太近云々、御所悉無為云々、冥慮之通二叡慮一也、愚意偸以感緻候、而間大炊殿事故被二仰下一候、当レ身増二面目一為レ法添二遣（マヽ）美一候了、西風利如レ刀火聚又如レ飛云々、僅満二○一本作隔小路一適免二余炎一、事之次第誠匪二直也事一、何独為二安鎮之効験一乎、是可レ喜二聖運之甚盛一也、但対二中堂之本尊一祝二上寿之宝算一、当二于此時一参○一本作忝奉二此仰一、隠徳之令レ然也、感応弥有レ憑歟、欣悦々々幸甚々々、倍凝二信力一可レ祈二御願一也、以二此趣一可レ被二洩披露一之状如件、

正月七日

この宣旨と請文との間に示された院と承円との親愛信頼の関係を、上述の全体的潮流の中においてみると、この七年前、大懺法院草創に際して院と慈円との間にみられた関係が、院の承円への傾倒に推移してゐることを想定することは必しも無理でない。しかも当時、院は道覚親王を青蓮院に入れられたことを稀な例とせられたが、一方、梶井門跡にも皇子尊快を入れられたことをみれば、こゝにも慈円だけを愛寵されたのではなかつたことを認めねばならぬ。

梶井・青蓮院門跡の対立、承円と慈円との対立、そして後鳥羽院よりの慈円の疎隔、それらの大小の対立は、やがて公家・武家政治の対立に勢を加へつゝその大潮の中にまきこまれて行つたのである。

第二十五章　愚　管　抄

『愚管抄』がわが慈円の著であることは、先学の研究によって明らかにされ、今日すでに定論となってゐる（三浦周行氏「『愚管抄』の研究」『史林』大正十年一月号）。それ以後五十年間、その研究はこの定論を基盤として多くの問題について著しく歩を進めつゝ今日に到つてゐる。

いまこれについて、

㈠成立の問題　㈡内容の問題

の二に分ち、㈠に於てはその成立の時期を中心とし、それに伴ふ著作の目的・動機等が追求され、㈡に於てはその思想内容が研究の問題とされる。

右のうち、従来の研究はとくに㈠に主力が傾注されてきてゐるのであり、それだけにこの方面に於ては漸く意見の一致に向ひつゝあると思はれる。㈡に於ても、右の問題を礎石として漸次周密な研究の歩が進められつゝある。

以下の論述は、勿論、これらの研究に大きく負うてゐるのであるが、たゞここで少しく注意されることは、上述の諸研究が、多くは『愚管抄』そのものゝ分析を主とし、それにもとづいて行はれてゐるのに対し、今はこの方法によりつゝ、上来明らかにしてきた慈円の思想・立場・境遇、とくにこの『愚管抄』成立の時点におけるそれとの対比に於て、これを考察するといふ方法を加へてゆきたいといふ点である。

㈠『愚管抄』の成立

本書の成立したのは何時か。成立の時期に関しては、一般的に、承久乱の前か後か、といふ問題があるが、さらに詳細には、その執筆の年次・時点はどこにおかれるかが問はれねばならぬ。その時期の如何は、慈円の思想の動きにも大きな関連をもつのである。

従来の研究における成立時期について乱前説・乱後説の対立は、古くは村岡典嗣氏と津田左右吉氏との間にみられ、近くは赤松俊秀氏・塩見薫氏・石田一良氏と友田吉之助氏との間の対立として引きつがれてゐるといってよい（赤松俊秀氏「愚管抄について」（前掲）、塩見薫氏「愚管抄の研究」『史学雑誌』第六五編一〇号、「愚管抄の校訂」『奈良女子大学文学会研究年報』一、「内閣文庫の愚管抄写本」『歴史地理』第八九巻第一号、「愚管抄のカナ（仮名）について」『史林』第四三巻二号、石田一良氏「愚管抄の成立とその思想」上『東北大学文学部研究年報』第一七号、友田吉之助氏「愚管抄の著作年代について」『史学雑誌』第六二編一〇号）。これらの論者の所説は、『愚管抄』成立時期乃至は年代を中心としそれに関連する広汎な問題を含んでゐるが、いま筆者としては、その中心問題たる成立年次と、叙述内容の範囲（下限）との二つの問題に専ら着目してゆく。友田氏は右の論文に於て、『愚管抄』の成立期を乱後、詳しくは承久三年の翌貞応元年におかんとする。これに対し塩見氏は友田氏の主張の根拠を駁しつゝ、承久二年及び三年初め、即ち承久役勃発直前の著述とし、叙述内容は承久元年を以て下限とするとした。承久元年までを叙述内容としたことは早く村岡典嗣氏も指摘された通りであり（「末法思想の展開と愚管抄の史観」『日本思想史上の諸問題』所収）、塩見・石田氏等によって確認せられてゐる。この成立時の対立説について私も乱前——凡そ承久二年——

成立、そして記事内容は承久元年を下限とする説に賛成するものである。

そして、右の承久元年を記述の終点としたことに、慈円の特別の関心の集中してゐることは村岡氏も早く注目され、塩見氏は之をうけて頼経将軍の関東下向の記事に拠り、そこに承久元年が慈円にとつて特殊の年であつた所以を見出し、そこに記述の終点をおくことに特に心をもつて記述したことの当然なることを指摘された。

長年にわたる先学諸氏の研究の結果として到達せられた、成立時についての右の意見は、いま殆ど定説を以て目したいと考へるのであるが、それについては、なほ右の様に『愚管抄』の文字そのものゝ分析が、それをさし示してゐるのみならず、恐らく当時に於ける慈円の行実・思想の面からも之をさらに補強しうると考へるものである。

凡そ人が歴史叙述の筆をとりあげるのは、一般にいかなる状態、いかなる条件のもとに於てであらうか。それは、彼が与へられた無数の事実の累積の中に、全体に一貫し、これを単なる事実の累積から救うて、その全体の脈絡連関を与へるやうな、見通しの成立した時期、云ひかへれば、与へられた史実が夫々に正にその地位を占め、互の関連が一定の見通しのもとに整理された時期に於てであらう。

先に見てきた慈円の経歴と思想との関連において考へるとき、承久元年はまさにさういふ観点が慈円の心に開かれ確立された時点であつた。慈円にとつて理想の政治形態である公武合躰体制が、頼経の関東下向によつてその緒が具体的に開かれ、京都でも仲恭天皇践祚、道家執政、外戚政治の見通しが明らかとなり、この、東西呼応しての、九条家にとつての情勢の好転は、即ち九条家の主張の勝利として映じた。爾後の日本の政治、新しい公家政治をいかにすべきか、そこに於ける武士の地位を如何にすべきかの問題に於て、従来九条家が主張し、ある程度実行してきた政治こそが、さらに推進され、はつきり制度化されるべきだといふ、日本の政治の未来像についての明瞭な見通しを得、その確信を漸次かためつゝあつた。それが承久元・二・三年の慈円の心境でありよろこびであつた。さういふ見地に立つて過ぎこし方をかへりみた時、日本歴史全体、そしてとくに慈円が一生見つゞけ共に歩みつゞけてきた現代の動向の意味が、慈円の前に一挙に残りなく解明された――それこそが、彼がこの時点に於てこの歴史著作の筆をとる気になつた根本動機であつた。――このことも、実は塩見氏が上掲の論文のうちに本質的には指摘された所である。私としては、上述通り、直接に『愚管抄』に拠る以外の慈円の行実と思想との具体的な研究を辿ることによつて、同じことをさらに確認したのであつた。かくて、たとへば、「神武ヨリ承久マテノ事詮ヲトリツヽ心ニウカフニシタカイテカキツケ侍ヌ」といふ詞も記述の対象の範囲は承久まで、具体的には承久元年までであり、「心ニウカフ」の語は、一見恣意的な感を与へるが、実はその根底にあるこころは、この承久元・二・三年前後に慈円のうちに開けてきた眼を以てとらへた新しい歴史であつたのである（「道理」の思想確立については第二部「本尊縁起」参照）。

『愚管抄』述作の動機は凡そ以上の如くであるが、次に本書著述の目的も、こゝでふれておかねばならぬ。抑ゝ本書が誰の為にかゝれたのか、直接の対告衆が明確に予想されてゐたかも、以上に関連する本書の大きな問題である。と同時に、そのことがまた、右の執筆時期の問題と本質的に関連してくるのである。

本書の思想の骨子、政治的立場の基本は、公武合躰にあることは云ふまでもない。これを基本線として本書は二つの方向で説いてゐる。一方は、それへの反対が道理に反し、危険であることを警告する消極面であり、他方ではこの基本線を理解し、継承拡充してその理想実現を期待する積極的方面である。

まづ前者について、「ソレヲバ一向ニ事ニノゾミテ道理ニヨリテ万ノ事ノヲコナハルベキ也、一向ニ天道ニ任セマイラセデ无道ニ事ヲオコナハハ冥罰ヲマタルヘキ也、末代サマノ君ノヒトヘニ御心ニマカセテ世ヲヲコナハセ給ヒテ事イテキナハ百王マデヲタニマチツケスシテ世ノミタレンズル也」(第七)といふ如き悲痛な、しかも現実的な訴へは、当時の反武家派の中心であり実力者たる後鳥羽上皇に対して、武家追討の危険を警告したものとする以外に、具体的意味をもち得ざることは明らかである。成程『愚管抄』は後鳥羽天皇と断絶した立場で書かれてゐることは確かである。塩見氏が「愚管抄のカナ(仮名)について」(『史林』第四三巻二号)にのべた通りである(同九一頁)が、一方、前にのべた通り慈円は、院の前を去つても、なほ公経を通じて歴史の道理を説いて院の御飜意を期待してゐる(前掲二三七頁、公経への書状)ことから考へれば、「絶縁」は、院の御前に出、或は自ら何等か上申することを辞したのみであつて、院への無関心を意味するものでないことは明らかである。

然らば次に、本書は本来何人の為にかゝれたのか。まづ本書が、漢文でなく仮名でかかれたことは、一般的に理解と普及との意味合ひをもつてゐたことは疑ひない。「愚痴無智ノ人ニモ物ノ道理ヲ心ノソコニシラセントテ仮名ニテカキツクル」云々とあるに明らかである。とすれば、進んでその上、特定の人の理解を求める心があつたか。この点については『皇代年代記』に、「偏ニ仮名ニ書ツクル事ハ是モ道理ヲ思ヒテ書ル也、先是ヲカクカカント思寄事ハ物知レル事ナキ人ノ料也」とやゝ限定的・具体的に読者を指定してゐる如くである。が、厳密に云へば、これ以上に進んで、この「物知レル事ナキ人」を特定の人として指定すべき根拠は、本書に求めがたい。が、「物知レル事ナキ人」を「今コノ二歳ノ人々ノヲトナシク成テ世ヲハウシナイモハテヲコシモタテムスル也」の「二歳ノ人」――仲恭天皇及び頼経をさすとすることも一の解釈をして必しも無理ではない。塩見氏は上掲の論文に於て、この解釈をとつて、本書はこの二人が成長後に読むことを期待したものとし、そして、本来本書の論理が九条家の論理に外ならないから、本書は「その祈願の達成は、二人の幼童の幸福な成長以外には期待しえない性質のものであつた」と結んでゐる。

これは極めて明快な整理の仕方として、大いに参考するに値ひする。とゝもに、一方からすればこゝまで綺麗に割切るだけの根拠が『愚管抄』にはやゝ不足であり、或は漠然としてゐるのであり、私としてはいさゝか疑ひを存せざるを得ないのである。即ち対告衆については、なほ検討の余地を残しておきたいと思ふ。

以上によつて考へれば、『愚管抄』はわが国の政治の今後のあるべき姿、進むべき理想を誨ふる新理想・新思想の書たるとともに、また当面の政治的危機を警告する所のさし当つての時務策としての面を多分に備へてゐる、といはねばならぬ。

㈡ 内容の問題

㈠ 道理の世界

長い体験思索の末に、歴史的見通しを確立した時に歴史記述の筆をとる、といふ点について、慈円は自らの消息を伝へて『愚管抄』の起筆を説明して、次の通りのべてゐる。

ヒトスヂニ世ノウツリカハリ、オトロエタルコトハリヒトスヂヲ申サバヤト思ヒテオモヒツヾクレバマコトニイハレテノミオホユルヲ、

「ヒトスヂニ」は専心・専注の意であらう。世の変遷即ち下降的変化の理由を説明せんとしてそのことを専心に観察してきた、その結果、その理由について得心する所があつた。「イハレテノミ」は衰ふるには衰ふべき理が見出された、といふのである。世の変化の裡には一の理が通つてゐる。世の変化、人の行ひは決して恣意的なものでなく、現

象の説明は、この「理」からされぬかぎり徹底しない。この理に徹することによつて、人世の味はひは深みを加へることを説いてゐる。

トシニソヘ日ニソヘテハ物ノ道理ヲノミ思ツヾケテ老ノネザメヲモナグサメツヽ、イトヾ年モカタブキマカルマヽニハ、世ノ中モヒサシクミテ侍レバ、ムカシヨリウツリマカル道理モアハレニオホエテ、

「道理」は思へば思ふ程味はひ深い、といふ感慨に耽つてゐるのである。

六十年の体験と思索との末に到達した「道理」によつて、人生と歴史との真姿に味到した立場にてらしてみると、第一には、従来の「歴史」的作品と思考法とに大きな不満を見出すとともに、新しい道理の立場で自ら筆をとらずにゐられなくなつたのである。

かくして彼は従来の「歴史」の批判から出発する。慈円から観るとき、当時の歴史は「ミナタヾヨキ事ヲノミシルサントテ侍レバ、保元以後ノコトハミナ乱世ニテ侍レバ、ワロキ事ニテノミアランズルヲ憚リテ人モ申ヲカヌニヤト、ヲロカニオボエテ」云々といふ如く、「ヨキ事」のみを記さうといふ意図から出発して「ワロキ事」を避けようとしてゐる。従つて、保元乱以後のことは「ワロキ事」の横行する乱世であるといふ理由でこれを避けようとしてゐる。「世継ガ物語」即ち、歴史をかきつぐ人がないのは、さういふ理由による。「少々アルトカヤウケタマハレドモイマダエ見侍ラズ」といふのは、或は『今鏡』をさすものかもしれぬ（これが『今鏡』を正にさすか否かは明らかでないが、『今鏡』の立場はまさに「ワロキ事」をさけてゐるといふ批評に該当するものであつて、保元・平治乱を眼前に見ながら、著者は出来るだけこれに触れることを避け、却つて京都と貴族の平和安穏な日々を讃することにのみ力を入れてゐるのである）。いづれにしても、さういう一面のみを強調して他面を雲煙過眼視するのは、真に歴史を理解する所以ではないとするのである（多賀稿「今鏡試論」『史学雑誌』第八三編二号）。

かくして、歴史の真実は全体の姿をあます所なくとらへることであり、同時にこれを構成する個々のものをそのあるべき地位に於て、そして他との関係に於て、如実に観ることであり、そこにのみ正しい理解がある、とした。当然「ワロキ事」も、単に排斥したり無視したり避けたりすることは意味をなさぬ。悪を悪として単に斥ける前に、その本質を明らかにせねばならぬ。慈円はとくに「悪」をとりあげてこれを積極的に次の様に説明する。

コノヤウニテ世ノ道理ノウツリユク事ヲタテムニハ、一切ノ法ハタダ道理ト云二文字ガモツ也、其外ニハナニモナキ也、ヒカコトノ道理ナルヲシリワカツコトノキハマレル大事ニテアル也、コノ道理ノ道ヲ劫初ヨリ劫末ヘアユミクタリ劫末ヨリ劫初ヘアユミノボル也、

一切が道理である。従つて「悪」もその外ではない。「ヒカコトノ道理ナルヲシリワカツ」、悪が即ち道理なることを認識することが大切なのである。悪は単に悪として絶対的・固定的に単独に存する独立的なものではなく、この世界の理法たる「道理」の一面である。

かくて歴史に於て「ヒトヘニ」「ワロキ事」を見出し、これに対して積極的に処する途を喪ふのは、たゞ眼前の事象の断片にとらはれ皮相のみをみて背後の実相に達せず、全体的把握の途を知らぬものである。「タヽサシムカイタルコトハカリヲノミサタスル人ノ世ヲトリタル時ハ世ハタヽウセニヲトロヘマカルトコソハウケタマハレ」といふ如く、歴史も政治もこの全体的把握なしには真に理解しえないことを重ねて強調してゐる。

保元乱以後のことは皆乱世であるから、悪いことのみであり、それを憚つて歴史をかゝないといふ現代の人（貴族）の心理に反対して、慈円は、

保元々年七月二日鳥羽院ウセサセ給ヒテ後、日本国ノ乱逆ト云フコトハヲコリテ後、ムサノ世ニナリニケル也ケ

リ、コノ次第ノコトハリヲコレハセンニ思テ書置侍ルナリ、

と、一般に「悪」とされるのを受け留め、それをこそ対象とし、そこから出発して歴史を書かうとした。慈円の時代にとつて、武士の存在こそが根本問題なのである。「悪」とされる「武士」とは何か、それに如何に対処し、又これをいかに遇するか、それを論ずることが、実は今日の歴史の課題なのである。かくして『愚管抄』は、神武天皇以来の日本通史なるとゝもに、正面から現代の生きた問題を扱ふといふ課題をみづから課する、現代史なのであつた。神武以来の全歴史も、さしあたりこの現代史との関連に於てとくに意味があり必要があるのであつた。それは、公家貴族によつて一般に「ワロキ」ものとして避けられ、もてあまされ、悪いものとして憎まれ厭はれたものゝ見直しから出発する。それが当時の日本にとり、公家政治にとつて第一の緊急の課題であつたことが、その根本理由であるが、さらに九条家出身の慈円にとつて、それが就中切実であつた。といふのは、上に詳述した如く、武家政権の確立以来、武家政権と提携しつゝその地歩を宮廷に確保してきた九条家である以上、この問題を積極的に究明する責任と義務とは、何人にも増して重く九条家の人々の双肩にかけられているのである。本来この提携は、先にみた通り当時の政治的諸情勢の下に於て、対立勢力との拮抗競争の必要から、いはゞ便宜的に、もしくは偶然的に実現したかの如き色彩が濃く、それだけに、日本の政治、公家政治に対する武家政治の今日及び今後に於て占むべき位置、あるべき姿を究明し検討するといふ過程は殆ど経て居らず、なほ閑却されてゐるまゝであるといふ欠点をかゝへてゐた。慈円のこの保元乱以後の歴史の検討、武家の本質の考察は、まさにこの政治的実践に関して、欠けてゐたものの検討に外ならないのであり、この重大な問に答へる為の理論たることを本来の任務とする。それは慈円の下山交衆以来、そしてとくに兼実失脚以後、九条家の政治にとつて大黒柱ともいふべき立場に身を置いて以来、とくに彼に課せられた最大問題

の一であつた。その思索と体験との過程の一端は前にのべた所であるが（一九三頁以下）、その二十年を超える長い思索的努力の結論として、『愚管抄』の武士観・政治観が与へられたのであり、その上にこそ『愚管抄』の著作が可能となつたのである。

「ムカシヨリウツリマカル道理モアハレニオホエテ」（前引）、即ち道理といふものゝ存在やその動き方に深い興味を感じて――その代表的な例が即ち武士の出現と存在の意味であり、前にみた様に、敵と思はれた武士が実は味方であり、公家政治の邪魔ものと思はれた武家政権が、実は現代に於ける必要不可欠な朝家のまもりであつた、といふ歴史のもつ意味の微妙さ・不思議さ・面白さが、慈円の心をふかくとらへたのであつた。かういふ動きの全体を支配してゐる、何等か一貫したものを感得したとき、これを「道理」と名づけた。一貫性・合理性・恒常性などの特色がその命名に示されてゐるやうに思はれる。それは日常用語の故に、人の耳にうつたへやすい一面をもつとともに、また限りない広さと深さと、あらがひがたい力を予想させる語法だといふことが出来やう。先にも引いた、

よをはよなたたふた文字のもつとかや　仏の道と法性の理と　（三〇五六）

の一首は、道理の語を分析的に説明したものとして注目されるが、「道理」は、何等か仏の教へたものとしての道と、それがまた客観的な法爾として存する力と、その二にして一なるものを、前者が「道」に後者が「理」に表現されたと見ることが出来よう。而して「道理」をかく解することは、それが人の力と隔絶した、あらがひ得ないものであるとする反面、人間の小さな力を以て、これに応へ、下から参与する道が開かれていること、そこに仏の慈悲があり、仏の救済と人間の投帰との砕啄不離の関係が示されてゐるとしてゐるやうに思はれる。

道理は、すべてに超絶したものとして上にあるとゝもに、人の心に住むものでもある。「物ノ道理ヲ心ノソコニシ

ラセント」といひ、「正意道理ヲワキマヘ」よといへる通りである。これを知る方法として慈円は、「サラニ〱人コレヲ教フベカラズ、智恵アラン人ノワガ智解ニテシルベキ也」としてゐるが、ともかく、これを学び知り、これに依拠随順することによつて、あやまりなきを得るのである。「道理ニヨリテ万ノ事ノヲコナハルベキ也」といひ、「道理ヲダニモ心得トヲサセタマヒナバメデタカルベキ也」といふ所以である。そしてこの道理にしたがふことが仏の慈悲にこたへる所以であるとされることは、「末代ノ道理ニ叶ヒテ、仏神ノ利生ノウツハ物トナリテ」といふ語にも明示されてゐる。が、次の数行は、さらに詳細且つより具体的に、「道理」の右の構造を説明するものと解せられるであらう。

コノヤウヲ、日本国ノ世ノハジメヨリ、次第ニ王臣ノ器量果報ヲトロヘユクニシタガイテ、カヽル道理ヲツクリカヘ〱シテ世ノ中ハスグル也、劫初劫末ノ道理ニ、仏法王法、上古中古、王臣万民ノ器量ヲ、カクヒシトツクリアハスル也、サレバトカク思トモカナフマジケレバ、カナハデカクヲチクダル也、カクハアレド内外典ニ滅罪生善トイフ道理、遮悪持善トイフ道理、諸悪莫作、諸善奉行トイフ仏説ノキラキラトシテ、諸仏菩薩ノ利生方便トイフモノヽ、一定マタアルナリ、コレヲコノ初ノ道理ドモニ心得アハスベキ也、

こゝで道理を、前半の道理、即ち超越的な力としての道理と、「カクハアレド」以下の内外典の誨へ勧め戒めてゐる仏説的道理と、二つの面から説いてゐる。道理は一面「カナフマ」じき力であるとともに、凡夫の修行精進の世界に属する仏道の道理をも含んでゐるのである。

慈円の「道理」のこゝろはまことに複雑でとらへ難いが、以上によつてそのいくつかの面にふれ得たと考へるならば、次に、道理が「ウツリマカル道理」「世ノ中ノ道理ノ次第ニツクリカヘラレテ」「道理ト法爾ノ時運トノモトヨリツクリ合セラレテ」といふごとく、たえず変化してやまない、千変万化する姿に於て歴史としてあらはれてくる仕方

は、いかにしてとらへられるか。こゝで慈円は、この「道理」を控制して、夫々に具体的な姿として顕現させる力として、仏説以外その他の当時の種々な世界観をも受容・導入し、それらと結びつけてゐる。先づ右には倶舎論の「劫」の世界観と時間論との一例をあげたが、その外に、大集経等に説くところの正像末三時説を、さらに讖諱説を、順次これに配する。即ち殆ど普通の観念を超絶した宇宙的時間と、それに伴ふ世界の変化とを説く劫の説の中に、五百年・千年を単位とする時限の世界を設定し、さらに重ねて、六十年一蔀の単位をその中に配して、かくして最も巨視的な時間とその中における世界の変貌を基本とし、これを段階的に刻んで現実の歴史に合はせ、この大小種々の世界観の調和的な組合せを通じて、歴史の説明の基礎を設定するといふ配慮を示してゐる。そしてこの尨大にして複雑な一般的世界観の設計の上に、最後に日本独自の歴史観としての百王説を配して、さらにこれとも斉合させようとしてゐる。この構想は単に日本内部の動静に跼蹐せず、宇宙的・世界的な観点、従つて人間的な立場を基礎として日本史を処理しようとした、大きな歴史観といふべく、その大きさと理智性とは、わが国の歴史観として空前にして劃期的なものとして高く評価されねばならない。勿論、別々の思想的背景と体系のもとに生れた、いはゞ本来論理的に斉合しない世界観を一系列化しようといふ努力自体に無理の存することは忘れられないが、しかしその大きさ、意欲、その異種のものゝ組合せと調和といふ独創に注目するとき、今の我々として、それを強いて咎むべきではないであらう。

時間論の大きさに見合ふものとして、次に国土論がある。仏説における須弥山中心の世界国土観、これまた倶舎論によつたものと考へられるが、その世界即ち南瞻部洲中の国としての日本の地位が設定される。かくて、いはゆる粟散辺土説的な傾向を示しつゝも、決してこれに偏することなく、その中で独自の眼を以て我国をながめ、「日本国小国」を認めながら、日本の独自性を高く評価してゐる（『愚管抄』の外、『拾玉集』第五冊参照、一八〇頁以下）。なほ、この人間の歴史的活動において同時にその舞台・世界に注意を払つてゐることは、恐らく仏典における正報・依報の考へ方に導かれてゐるものと考へられる。

「如実知見」は仏教の常に渝らざる要請である。その為には、及ぶかぎりの眼界の広さと深さとが要求される。慈円が、眼前の九条家の運命を考へたとき、その眼は武家との関係に広がつた。それは必然的に公武関係にひろがり、またやがて日本に於ける公家貴族政治の地位と意味とにまで及ばねばならず、それは勿論古来の日本の歴史全体につながる問題である。が、仏者なる慈円はここでなほ止まることは出来ない。同じ論理は、世界に於ける日本の地位解明を求めた。時・空の構成する世界でのどこに日本の座標を設定すべきか。少くともそこまで到達しなければ、慈円の思索的要請は落ちつかなかつたのである。

〔註〕この宇宙的・世界的観点と日本的観点との雄大な歴史観の構成の具体的な姿については、石田一良氏「愚管抄の成立とその思想」（『東北大学文学部研究年報』第一七号、昭和四十二年三月）に精細周到な分析が展開されてゐる。いま、直接間接、石田氏の所論に負ふ所が少くない。

(乙)　日本の歴史

以上に於て、慈円の世界史的構成の基礎は明らかになつたが、然らば彼の主題たる日本史、而して日本現代史を、彼はいかに観たのであらうか。

日本の歴史、即ちこゝでは勿論、日本の政治史であるが、その中心をなすものは所謂「王治」である朝廷の政治である。而してその中心は云ふまでもなく天皇である。日本の歴史の歩みは王治の歩みである。

「日本国ノ正法」――正しい政治はいかにして行はれるか。政治は天皇ひとりで執られるわけにゆかない。それは「サハ〳〵ト皇子〳〵ツカセ給ヒテ正法トミヘ」る時代から、次第に姿をかへて「国王ハカリハ治天下相応シガタク」なり、「タヾ国王ノ威勢ハカリニテコノ日本国ノアルマシ、タヾミタレニミダレナンズ、臣下ノハカライニ仏法ノ力ヲアハセテ」政治が行はれる時代に推移してゆく。即ち王法の衰へに応じて次第に多くの支持を必要とするに到る。「王法仏法ハタカイニマモリテ」。これに加へて「臣下ノ家魚水合躰ノ志《礼》タカウ事ナク」と藤原氏の輔弼政治、そしてさらに「此日本国ノ王臣武士」の間柄武士の朝家守護に到るといふ径路が即ち日本の歴史の全体的な姿であつた。本書の真意・目的は、即ちこの歴史の推移の全過程を一貫してゐる脈絡をさぐり当てるにあつたのである。いま、これを左の五の項目に分つて少しく敷衍してみよう。

一　皇統一系

慈円はわが皇統の特色を「一系」に見出し、これを漢家の王統の「器量」や「力」によつて決する場合と劃然と区別する。「漢家ノ事ハタヾ詮ニハソノ器量ノ一事キハマレルヲトリテ、ソレカウチカチテ国王トハナルコトヽ定メタリ、コノ日本国ハ初ヨリ王胤ハホカヘウツル事ナシ、臣下ノ家又定メヲカレヌ、ソノマヽニテイカナル事イテクレトモケフマテタカハス」とのべてゐる。即ち皇室は一系で皇位は他にうつることがない。それに正に応じて補佐の家（藤氏）も亦一系であり、その不可分の関係が今日まで貫かれてゐる、とする。補佐の役割はあくまで補佐であつて、皇位簒奪とか国王弑逆といふことは、絶対に許されない。さういふ伝統を以て生命とする「日本国ニハ当時国王ヲコロシマイラセタルコトハ大方ナシ、又、アルマジトヒシト定メタル国ナリ」。かくて日本の政治史、王治を「臣下の家」がまた「王臣武士」が、この一系の皇位をいかに擁護してゆくか、それを叙することが即ち日本史を叙することなのである。

二　王法仏法

神代から次第に遠ざかつて神代の気分も薄れ、「ヒトヘニ人心タヽアシニテヲトロヘンスラン」といふ時代に到り、欽明天皇以来、王法を護る為に仏法が行はれる。それは国家を護る宗廟神の計劃にもとづくものであつた。聖徳太子が物部守屋を亡したのも、「仏法ニテ王法ヲハマモランスルソ、仏法ナクテハ仏法ワタリヌルウヘニハ王法ハヱアルマシキソ」といふことを示したものであつた。こゝに到つて、「王法ノタメノタカラ」を与へられたのである。仏法と王法とは常に「ヒシト行アイ」、相矛盾乖離することなく「仏法ト王法ト中アシキコト露ナシ」といふ関係にあり、「タヾ国王ノ威勢バカリニテコノ日本国ノアルマシ、タヽミタレニミタレナンズ、臣下ノハカライニ仏法ノ力ヲアハセテ、トヲホシメシケルコトノハシメハアラハニ心ヘラレタリ、サレハソノヲモムキノマヽニテケフマテモ侍ルニコソ」とされる。蘇我馬子の崇峻天皇弑逆も、それが王治の柱としての仏法の擁護のため、即ち王法の生命を守るといふ大きな目的のために是認すべきものとして、強いて馬子を弁護し、それは軽い道理をすてゝ重い道理についたものとしてゐるのは聊か無理な論理であるが、彼が日本の歴史の伝統と仏教との完全な斉合を求めるに如何に苦心したかがうかゞはれる。

三　藤氏執政（摂籙政治）

「日本国ノ正法」とされた上代の政治にあつては、「継体正道ノマヽニテ一向国王世ヲ一人シテ輔佐ナクテコトカケザルヘシ」といふ姿であつた。が、景行天皇の時、「ハジメテ武内ノ大臣ヲオカル、コレ又臣下出クベキ道理ナリ」といふ変遷を辿る。これも予め祖神の計らひおかれた計劃にもとづく、即ち、「世ノ末ノ国王ノワカ玉躰ニカキリテツヨク〳〵シカラスヲハシマスハ、造意至極ノトガヲ国王ニアラセジト大神宮ノ御ハカライノアリテカヤウノ事ハ出テ来ヌゾト心ウベキナリ」。ついでは推古天皇・皇極天皇などの女帝の時の輔佐として聖徳太子・中大兄皇子が相ついで世に出られた。が、それはやがて輔佐の「臣家」の出現の、いはゞ前触れであつた。天照大神と春日大明神との間の「御一諾」によつて、「内覧ノ臣摂籙ノ家」の出現が計劃されてゐるのであり、藤原良房及び基経の摂政・関白就任によつて輔佐の家としての藤原摂籙の政治的地位と権能とが基礎づけられる。藤原氏は、その始祖鎌足の蘇我入鹿誅伐、永手と百川との光仁天皇擁立、基経の光孝天皇擁立の、いはゆる藤氏の三功などの国家的功労を通じて、この摂籙家たるの実を確立したのである。

太神宮八幡大菩薩ノ御ヲシヘノヤウハ、御ウシロミノ臣下トスコシモ心ヲオカズヲハシマセトテ魚水合体ノ礼ト云コトヲ定メラレタル也、コレ計《許》ニテ天下ノヲサマリミダルヽ事ハ侍也、アマノコヤネノミコトニアマテルオン神ノ殿ノ内ニサブライテヨクフセギマモレト御一諾ヲハルカニシ、スヘノタカウヘキヤウノ露ハカリモナキ道理ヲヱテ藤氏ノ三功トイフ事イテキヌ、

この「魚水合体ノ礼」といふ摂籙政治が理想的な形で行はれた時代として、いはゆる延喜天暦時代が次に出現する。「延喜天暦マテハ君臣合躰魚水ノ儀マコトニメテタシトミユ」といふごとく、こゝまでは王法と摂籙家の緊密な関係が保たれてそのよろしきを得てゐたのであつた。

然るに冷泉天皇以後、一の変調があらはれる。以後歴代の天皇はいづれも夭折せられた。そして在位よりも譲位後の方が年数が多かつた。それが冷泉以後、後冷泉天皇までの間の事態であつた。この段階に於ては、まだ下り居の帝が自ら政をしようとはせられず、摂政の器量もすぐれて居り、たゞ君を扶けて世もよく治まつた。——この事態に対

しても、大神宮は予め備へおかれる所あり、

大神宮ノコノ中ホドハ、キミノ君ニテ昔ノゴトクヱアルマジケレバ、此レウニコソ神代ヨリヨク殿内ヲフセギマモレトイヘテシカハ、ソノ子孫ニ又カク器量アイカナイテ生レ〳〵シテ九条殿ノ右丞相ノ子孫ノ、君ノマツリゴトヲバタスケンズルソトツクリアハセラレタル也、

これは「魚水合躰ノ礼」の、藤原摂籙家による輔弼政治の次の段階であり、その本来の理想的形態と次の院政時代との中間の段階であるが、こゝでとくに注目されるのは、「九条ノ右丞相ノ子孫」云々と、九条師輔とその子孫をとくに点出してゐることである。それについて二つの問題があげられる。第一に、後のいはゆる摂籙家が師輔の子孫に限られてゐる点から、これを摂籙家の第二の祖ともみてゐること、第二は、師輔が叡山楞厳三昧院の大檀那であり、その興廃が藤氏の興廃と不可分であるとの信仰（『慈恵大師伝』及び、前に言及した慈円より公経への書状〈『門葉記』所収〉）から、慈円がとくに師輔に大きな親しみと尊敬とをいだいてゐたこと、しかも師輔は「九条殿」とよばれ、現在の摂籙家、即ち近衛家・松殿家・九条家のうちに於て、とくに九条家との間に深い精神的契合を感じてゐたとも考へられよう。『愚管抄』には師輔について叙することが多いのみならず、それは深い信頼と尊敬とにみちてゐるやうにおもはれる。

即ち師輔は、兄小野宮実頼に先だつて世を去ることがあつても、「我子孫ニ摂政ヲハツタヱンニ、又ワガ子孫ヲ帝ノ外戚トハナサムトチカイテ、観音ノ化身ノ叡山ノ慈恵大僧正ト師檀ノチキリ深クシテ、横川ノミネニ楞厳三昧院トイフ寺ヲタテヽ、九条殿ノ御存日ニハ法花堂バカリヲマヅツクリテ、ノボリテ大衆ノ内ニテ火ウチノ火ヲウチテ、ワガ此ノ願成就スベクバ三度ガ中ニツケトテウタセ玉ヒケルニ、一番ニ火ウチツケテ法花堂ノ常燈ハツケラレタリ、イマニキヱズト申ツタヘタリ」。そしてこの功徳によつて後冷泉院までの間、外戚・摂籙政治が滞りなく行はれた。御堂関

白を頂点とする藤原摂籙家の盛時が、かうして開かれたのである。そしてそれは「摂籙ノ臣ノ器量メデタクテ」といふことに支へられてゐたことを特徴とする。

次に院政時代がくる。それは「世ノスヱノ大ナルカハリメ」となつた。後三条天皇が院に入つて政をみようとせられ、関白頼通との間に疎隔の兆のあつたことがその発端であつた。が、聖主後三条院の場合はなほ、摂籙を理由なく憎まれることはなかつた。「摂籙ノ家関白摂政ヲスヾロニニクミステントハ何カハヲボシメスベキ、只器量ノ浅深、道理ノ軽重ヲコソトヲボシツヽ御沙汰」があつたが、以後、白河・鳥羽院時代になるとその疎隔は次第に広がり、その隙間に入りこんで政治を頽廃に導いたものが、即ち院の近臣であつた。「スヱザマニハ王臣中アシキヤウニノミ近臣愚者モテナシ〳〵ツヽ世ハカタブキウスルナリ」、而して院近臣のもたらす「巨害」は「近臣ハ摂籙臣ヲ讒言スルヲ君ノ御心ニカナフコトヽシリテ世ヲウシナハルヽ事ハ申テモ〳〵イフバカリナキヒガ事ニ侍也」といふ如く、院の勢力を笠に摂籙と対立し摂籙と院との対立を企てるといふ点にあつた。

四　武　士

院政の出現によつて摂籙家は著しく権勢をそがれたが、この失権を決定的にしたものは保元乱・平治乱を通しての武士の進出であつた。武士の進出により、今や摂籙の勢威は「世ノ中ニトリテ三四番ニクダリタル威勢ニテキラモナク成ニシ也」といふ現状を出現してきたのである。

以上、日本の歴史は「日本国ノ王臣」のなりゆくやうを記すものとする、本書の筋を一通り辿つてみたのであるが、いまこれを要約すれば、

㈠王法のみの時代

(イ)「一向国王世ヲ一人シテ輔佐ナクテコトカケザル」時代、

(ロ)「ハジメテ武内ノ大臣ヲオカル、コレ又臣下出クベキ道リ」を示した時代

(二)王法・仏法相依の時代

(イ)仏法の妨害者物部氏を仆した聖徳太子・蘇我氏の出現

(ロ)中大兄皇子の皇極・斎明政治輔佐、それにつながる大織冠の出現、その協力による蘇我入鹿誅罰は、藤氏の輔佐の臣としての進出の基礎となつた

(ハ)藤氏の三功。それは即ち藤氏の輔佐の地位(摂関)の地固めであつた

(ニ)摂政関白制の確立

(ホ)摂籙制の盛時

(ヘ)院政出現、院近臣の進出

(ト)武士出現、摂籙勢力の失墜

この歴史叙述の問題の中心は何か。それは要するに一系の皇胤による政治の維持発展に必要な「輔佐」の問題の一語につきる。何人が、いかなる勢力が、この王をたすけるのか。「日本国ノ王臣ノナリユクヤウ」の語は、文字通り「王臣」の問題なのである。これに対して、右の叙述を通じて『愚管抄』の主張する所は、大織冠の子孫、そして師輔の子孫たる摂籙家の天皇輔弼、それが正しく妨なく行はれることが、その基本であつた。そしてそのこと、「魚水一躰」の儀は、太神宮、鹿島、春日即ち朝家と藤原氏との祖神の間の、即ち社稷の神々の間にあらかじめとりかはされた約束、即ち「約諾」にもとづくものである。歴史の時代の展開と情勢の変化に対応しつゝ順次に実現される、この

計劃の実現の時期は、常に狂ひなく「ツクリアハセ」られてきてゐる。もとより、この予定計劃への背反も、事実上起つてきてゐる。院政の如きはその好例である。それが武士の出現につながつて現状を生み、武士の出現となつて摂籙家の現状を見つゝあるのであるが、然らばこの武士横行の時代と、この「日本国王臣」問題、即ち天皇とその輔佐の問題、そしてその基底の計画としての約諾の問題は、今後いかに関係し、いかになりゆくのであらうか。

『愚管抄』は武士の時代を叙することを主眼とした現代史であることは先にのべた。我々は今や問題をいま一歩明確にして、本書は朝家の輔弼の長い歴史の中で、武士にいかなる地位を与ふべきか、または全く拒否すべきか、の問題を考へることを主眼とする日本現代史であつた、と規定すべきであると考へる。

「武士」をいかに考へるか。貴族一般、とくに摂籙家の一員の通念として、「ワロキ」ものとして受け取ることから出発しつゝ長い経験を自ら重ねることを通じて、その反対のものとして、「ヨキ」ものとして受けとるやうになつた慈円の思索過程を、大体承元三年（五十五歳）までの時期に即して想察した（一九四頁以下）。日本の歴史を「王臣」のなり行く方向を中心として考へてゐた慈円として、武士についての着目点も、即ち朝家の輔弼としての適否が中心であつたこと、即ち武家が「ワロキ」存在ではないこと、やがてそれどころでないこと、「朝家ノ御マモリ」であることを第一に指摘してゐる、それが結論の第一であつた。

五　文武兼行

すでに武士は「ワロキ」ものどころではなく、却つて祖神の約諾によつて王法の擁護者としてえらばれたものであり、従つてその点に於ては摂籙家とえらぶ所なきものといふことになる。たゞ時勢に応じてその出現と活動との前後の違ひがあつたにすぎぬことになつたのである。

先にふれた通り、慈円が政治的関心をもちはじめて以後、公武の政治、その政局の中心に接近しつゝあつた承元ごろ(五十三―六十四歳)、即ちその前半生に於て到達した武士観は、凡そ以上の如くであつた。とすれば、このことは必然に、朝家の輔佐としての摂籙と武士との関係如何の問題を孕んでくる。承元以後承久まで約十年間の慈円の武士に関する思索は、今やここに推移集中する。それは勿論前述の通り(二三二頁)、九条家をめぐる政治情勢の好転、九条家出身の頼経の将軍職の為の関東下向といふ現実と深く関係するのであるが、先の輔佐たる摂籙家、その後をうけた輔佐としての武家が、単に同一線上に先後の関係に在るのみならず、今や、相並列して相協力すべき歴史的使命を負うてゐたのであり、しかもそれが具体的に実現すべき時期が到来した。それは本来大神宮と春日・八幡との約諾にもとづくものとされた。いはゆる「文武兼行」の政治が現下の、そしてまた今後のわが国の政治の理想として提唱されてくる。先に、宝劔喪失の際には、「武ノ方ヲバコノヲホン守リニ宗廟ノ神モノチマデ守リマイラセラルヽ也、ソレニ今ハ武士大将軍世ヲヒシト取テ国王、武士大将軍ガ心ヲタガヘテハエヲハシマスマジキ時運ノ色ニアラハレテ出キヌル世ゾト大神宮、八幡大井モユルサレヌレバ今ハ宝劔モムヤクニナリヌル也」と、武家が朝家の御守りとされた。この寿永二年平氏滅亡の時点、及びその後の現実は、今や情勢が大きく転回して、後鳥羽院政とゝもに、公武関係の危機が危惧されてきてゐる。朝家の御守りとしての武士の役割は、今や、この危機を抑制するものとしての働きとなる。いはゆる「文武兼行」が、この時点での『愚管抄』の標語としてあらはれてくる。そこに日本の政治に於て武士に当に与ふべき地位も明瞭になる。しかもそれは、今にはかに、又恣意的に思ひついたものではなく、これ亦、摂籙政治同様、神々の予定の計劃にもとづく日本史本来の行路の上にあるのである。

(前略)民ハ正直ナル将軍ノイデキタダサズバナヲルカタ有マジキニ、カヽル将軍ノカクイデクル事ハ、大菩薩ノ御ハカラヒニテ文武兼ジテ威勢アリテ世ヲマモリ君ヲマモルベキ摂籙ノ人ヲマウケテ、世ノタメ人ノタメ君ノ御タメニ参ラセラルルヲバ、

といふ如く、「文武兼ジテ」行ふ政こそ「大菩薩ノ御ハカラヒ」によるものであつた。そしてこの八幡大菩薩の御はからひが、伊勢大神・春日・鹿島等の宗廟神の御はからひと一体をなすものであることを『愚管抄』はさらに詳説して、

トヲクハ伊勢大神宮ト鹿島ノ大明神ト、チカクハ八幡大卄ト春日ノ大明神ト昔今ヒシト議定シテ世ヲバモタセ給フ也、今ハ文武兼行シテ君ノ御ウシロミアルベシトコノ末代トウツリカウウツリシモテマカリテ、カク定メラレヌル事ハアラハナル事ゾカシ、

天皇の政治の輔佐として藤原氏がまづ出現し、ついで武士が出現する、その前後も、この神々の「約諾」によって定められた所に従つたものであつたとともに、末代の今に到つては文武兼行して、この二の輔佐が一致協力して朝家の御後見たるべしと定められてゐるのである。

こゝに武士の、日本の歴史の上における地位と役割とが明確に示され、それが「ワロキ」ものではなく、反対に社稷の神、皇室の祖神から正しい使命を托せられて末世相応の朝家の輔佐として出現したことが明らかにされた。そのことは即ち九条家が武家と一致協力することが、偶然的・便宜的なものでないこと、曽て兼実が即ち九条家が採つた政策・方針こそが祖神の計劃に合致し、参与した正しいものであつたことを知つた、それを追認し証明したことゝなり、従つて今後とも九条家としては愈ゝその方針を推進することによつて時局を打開し、朝家の安泰を擁護すべきを誨へる。そこに『愚管抄』の最後の結論があり、即ち述作の真意があつたのである。

第二十六章　承久役とその後

仲恭天皇即位、九条道家の摂政就任（承久三年四月）と頼経の関東下向に象徴された公武合躰政治に慈円のかけた期待も空しく、後鳥羽院を中心とする公武対立の急潮は、つひに承久の大乱といふ公武の正面衝突の破局に突入した。院と慈円との関係も、弥縫を重ねてきたが、結局破綻せざるを得なかつたこと云ふまでもない。院はこの挙に際して、西園寺公経の幕府に助力を求めんとするかの態度を怒つてこれを討たんとせられた時、慈円はその無事を日吉社に祈つた。公経を忠臣と呼び、「太政天皇誤（マヽ）天奪二忠臣（公経）之命一御者、定招二重罪之報一御歟」（慈円願文草、承久三年『門葉記』寺院三）といひ、また後に公家の悲運を歎じて、「万事如レ夢一朝似レ無」「非二語之所一レ及、非二心力之所一レ測、君之積悪至極而宗廟成レ瞋歟、代之時運莅レ末、社稷失レ政」（貞応三年願文、なほ赤松俊秀氏『鎌倉仏教の研究』にもその全文を収む）とまで云つてゐるに徴して、院と慈円との、公武関係についての意見が如何に相へだゝり、相融和しえないものであつたかが明瞭にされる。

この、乱のころの彼の憂愁はまた、その肉体の衰へとも関係が或はあるであらう。このころ老病身に迫り、承久二年以来中風に冒されてゐたのであり（『華頂要略』五五「古証文集」所収、慈賢書状）、この乱のころも病床にあつた。『愚管抄』に、「待ツベキ事モ頼モシクモナケレバ今ハ臨終正念ニテ疾ク〳〵頓死ヲシ侍ナバヤトノミコソ覚ユレ」の語は、乱直前のころの健康状態と、やゝ消極的な心情とを伝へてゐる。乱の直後、弟子良快（兼実の子）に宛てゝ遺言状を認めて、葬儀・墓所・追善以下のことを定めてゐる（『華頂要略』五五）のをみても、かなり病の篤かつたことが推定せられる。譲状は病中に自筆を以て認めてゐるが、没後のことに深い関心を示して、「此巻ハ一字モ無二他筆一扶レ病自右筆也、直付字等自筆之条誰疑之哉」と云つてゐる。また後にこのころを回顧して、「使レ相二逢当時之内乱一之間得二宿病一而遁二其難一」（『曼殊院文書』所収願文「春日表白」）と、病に伴ふ一面の事情と感懐とをのべてゐる。九月には有馬温泉に下向して病を養ふまでに少康を得てゐる（『華頂要略』）。

変の影響の、その身辺に直ちに及ぶものは比較的少なかつた。しかし弟子としてその法器を推してゐた道覚親王（朝仁親王、一六八頁参照）が幕府を憚つて西山に籠居され、門跡の相承は良快にあらため托せねばならなかつた（『華頂要略』門主伝）。青蓮院門跡がこの乱に関連して、幕府の疑惑のうちにおかれてゐたことは、承久三年十月、北条泰時が京都に新寺を営んで頼経・政子の息災と、今度の合戦の亡霊の得脱との為に供養を行つた時、「青蓮院宮僧正」（道覚）の坊の門徒中、この乱に関係のなかつた者をえらぶといつてゐるにもうかゞはれる（『吾妻鏡』承久三年十月十三日）。とくに慈円についても、幕府の記録が、慈円が夢想によつて爾後院の御祈りを奉仕せずとの意図を固めた（『吾妻鏡』承久三年閏十月十日）といつてゐるのも、院と慈円との従来の深い関係を幕府が注目してゐたが故でなければならぬ。慈円としては関東の疑惑を極力避けたい、と考へてゐたことは勿論であり、この記事は、さういふ意図をも反映したものと考へることが出来る。

朝廷、公家、そして京都にとつてとくに大きな変事であつた承久乱が、慈円にとつても大きな衝撃であつたことは云ふまでもなく、その心の動揺から立直るために一年余を必要としたらしいことは、後にものべる所であるが、さういふ心情の問題だけでなく、さらにそれにもつながる思想の問題については、一層の試錬期であつたことも想察に余りある所である。即ちこの期を境として、思想上に見られる新しい徴候乃至は志向や行動上の新しい動向などに、少しく注目してみたい。

第一に、慈円が承久役前建保四年に、何等か山王から「霊告」をうけたことは前にのべた（二二九頁）。それが一再に止まらず、そして長い間生命をうちこんできた祈禱を中止させ、之が替りとさへ信じたほどであつた。然るにこの役の結果はこの霊告をむざんにも裏切るものとなつたのである。五月十八日の日吉社告文（『門葉記』）に、「今当二此乱逆一殆疑二彼霊告一、愚昧之至、神明愍給辺」といつてゐる。この十五日に京都で伊賀光季が討たれ、同時に義時追討の院宣が下されてをり、即ち右の十八日には既に乱に突入してゐるのである。京都側の必敗を予想した慈円の脳裏に第一にひらめいたものが、この霊告如何の問題であつたことを見れば、それがいかに大きな力で彼を動かしてゐたかが知られるとゝもに、その反動動揺も大きかつたであらう。乱直後の、前述の良快への遺言（二八八頁）にも、「新宮奉祝之後、令レ蒙二冥告一事、所二記置一之書等有二数巻一、雖レ披二見之一、如レ存無二弁之人一歟、同於二仏前一可レ焼レ之也」と、冥告を記した書類の焼却を命じ、そして、「末代之転変不可思議々々々々也、雖二今日記一明日可二相違一」（『門葉記』）と、来者の知りがたきをあらためて反省してゐる。霊告への不信と棄却とは、当然祈禱への復帰、専注を結果するであらう。さういふ動きについては、後に考察したい。

第二に、『愚管抄』の思想については如何。承久乱は慈円にとつて相矛盾する二面をもつてゐた。この企に対していち早く武家と結んだ西園寺公経の安全を日吉社に祈つた彼の願は叶へられた。公武兼行の政治への見通しは誤らなかつた。公武兼行こそ今日の、今後の日本の政治方針として活かさるべきであることが愈々明らかになつた。『愚管抄』の思想は誤りなかつたのみならず、それは新しい時代を告げる正しい予言の書ともなつた筈である。

慈円の見通しのあやまらなかつたことは、しかしながら彼の最も惧れてゐた結果、否それ以上のものを必然に伴つた。彼の望みを嘱した仲恭天皇の治世と摂政九条道家の政治とは断ち切られた。彼の門跡の後継者にえらんだ道覚親王も隠棲を余儀なくされた。京都も東夷の土足に蹂躪された。しかしそのいづれにもまして思もよらなかつた傷心事が彼を襲つた。彼の最も敬愛した後鳥羽院をはじめ、土御門院、順徳院の播遷といふ空前の事態が現実となつたのである。「もし闘戦に及ばば今は末代の至極なり、平治・寿永に超過し清盛・義仲に万倍せん、遮つて思ふに魂魄度を失ひ、退疑の心神、迷惑す」(二二二頁)といふ戦争直前の悪夢は杞憂どころではなかつたのである。

「君之積悪至極而宗廟成㆑瞋」(二八八頁)と、最も強く院を責める慈円が、同時に「上皇御帰洛」(貞応三年慈円願文、赤松俊秀氏『鎌倉仏教の研究』二八五頁)を熱禱する慈円であつたのであり、また「公武兼行」こそが王法の命であり日本の政治の本体であることを主張する慈円が、思ひもよらぬ経緯と経過を以て実現した公武兼行政治を、深い悲しみとともに享受せねばならなかつた。この心緒の乱れ、思想的撞着混迷の極、いさゝか取り乱した迹さへうかゞはれる。承久役の直後、承久三年閏十月に、山王新宮に願文を捧げて、この乱の結果九条道家に代つて摂政となつた近衛家実を呪咀して、その夭死を神仏に祈つてゐる(『雑々消息抜萃』所収願文)。長年にわたる近衛・九条両家の軋轢抗争の結果とはいへ、とくに道家の執政にすべてを賭けようとした慈円の失望・憤懣の余に出でたものとは云へ、慈円が願文にこれを「道理」といつてゐることの強弁なること云ふまでもない。さすがに翌貞応元年二月、再び願文を捧げてこの祈念を停止し、反省の色を示してゐる(同上裏書)。

戦乱中及び乱後の慈円が、重病の床に沈むとともに、公の政治的・社会的立場の複雑困難の中に立ち、また個人的な思想や心情の矛盾や扞格の苦悩の渦中にあつた様は、この乱の翌貞応元年、山王に彼の捧げた「山王敬白文」(もと

『曼殊院文書』東京国立博物館現蔵、自筆）に最も詳かである。その冒頭は先に引いた（二三一頁）。そこでは霊告の与へられたことがのべられてゐるが、やがて乱の経過や終熄によつて、霊告に裏切られたことを知つて悲痛の思に沈んだ様子が切々とのべられてゐる。即ち上記所引の語につゞけていふ。

就中今已欣二頓死之身一、受二重病一而煩、七旬之意、悲歎無レ限、一生之終、愁緒堅結、深思二慮三世一殊観二察一心一、過去有二其宿業一、今生嬰二此重苦一、人之果報不レ一、唯誰命知レ之哉、然而仏法有二祈請之道一、凡夫有二信心之理一、冥顕之道理極者不レ空、諸法之限量違者不レ遂、今仏子、受二此病苦一而死、一未レ弁二其道理一、随而有二身之咎一、知而悔心之徳、縦横観レ之、何得二此辜一、冥顕想レ之、争無二其贅?一、信心水清祈請底深、猶都以無二冥助一者可レ悲三弥堕二愚孱一矣、凡諸仏成道□□降魔之相、末世凡夫、須有二邪魔之輩一、我等行徳難レ勝、彼世上転変似レ視レ証、但皆因縁有二于巨細一、剏復対治存二于三宝一、所悟決定不レ背二道理一者、所レ祈必然可レ有二感応一也、

重病に沈み、目前の死を覚悟し、身の苦痛の軽からんことを祈りつゝ、しかも最後の存念をうつたへて、「道理」の悟りの浅きを悲しんでゐるのである。もとより凡夫の信心は道に遠く、仏の観給ふ所よりすれば、罪ふかくして今生にこの苦をさけ難いのは当然であるにしても、而も自分としては信心、水清くして祈請、底深く、ひたすらに冥助を祈るものであるとうつたへ、重ねて三宝の加護を求めてゐるのであつた。

明日をも知れぬ重病のうちに迎へた六十七年の老齢。その長い過ぎ来し方の苦心と努力との結末として到達した、この公私の立場と思想と心情。そこに言語に絶する思ひが胸に溢れたのは当然である。恰もこのころ承久三年十月の作として、左の十二首を伝へてゐるが、それらは、この願文にこめた同じ無量の思ひを、歌人慈円がその一首ごとに籠めたものであり、それだけにまた、よむものの胸をうつこと更に切なるものがある。

初冬之朔老病之後法楽聖霊院宝前啓告仏弟子早懐和歌

時雨ゆくこゝろの色しふかくならは　きのふの秋も《は》さもあらはあれ　（五〇〇二）

世の中を思しそかしかゝりとて　かゝるへしやは夢かうつゝか　（五〇〇三）

たみをなて人をはくくむそのうへに　かかる涙をせくかたそなき　（五〇〇四）

人をたにたのむになれはたのむ物を　をとらぬかたに恨こそせね　（五〇〇五）

あひみてもかひなかりけりさよ衣　かへして夢をつゝむへしやは　（五〇〇六）

いたつらに命なからのはしはしら　跡なきあとにねをのみそなく　（五〇〇七）

津の国の難波ほりえやにこるらん　すみし心もあくかれそ行　（五〇〇八）

おもふみち。《の本》あれはそ思ふ〱とて　わが身のためとおもふ物かは　（五〇〇九）

おいにけるとしそかなしきいくたひか　よせてはかへる和歌のうら浪　（五〇一〇）

君よいかに松もかひなき足曳の　山井の水のこゝろほそさに　（五〇一一）

思きや秋たつきりに身をなして　夜半のけふりをまたむ物とは　（五〇一二）

承久三年十月一日以空印律師講宝前焼了

わかためと思てつらき世なりせは　むなしき空をなにかうらみむ　（五〇一三）

此一首書落了存十二首之由之処有十一首自草本見出了頗不審〱

披講之間求仏房相共真実落涙と云々若叶二正意一歟

天王寺聖霊院の太子の宝前に心緒を吐露しつゝ、冥鑑に供へて宝前に焼いたのであつた。十二首を供へたつもりで、下書をみると一首落ちてゐたのでまた一首追加した由がみえてゐる。五〇一二に「秋たつきり」とあり、病身の趣を示し、さらに「夜半のけふりを」待つ、と死門に臨むを覚悟してゐる様が知られる。五〇〇七・五〇一〇の歌にはいたづらに命長きを厭ふ気持と、それにも拘はらず何事もかはりゆく世とともに老いゆく身を歎ずる心とが互ににじみあつてゐる。五〇〇四の「民を撫て人をはくくむ」は、太子の意志、それをうけた我国の政治のあるべき姿への慈円の期待をさすのであらうか。全体として、夢といひ涙といひ命といひ、おもふみち、すみし心、いづれも長年の深い生活体験からにじみ出た深い感慨ならぬはなく、それだけに、そこには今日なほ鮮かな感銘を掬んで余りあるものがある。なほこのころの詠、

　思やるこころそはれぬあし曳の　やまひのきりのあきのゆふ暮　（五九六七）

　身にまとふきり吹はらふ風もかな　いさすみよしの松にたつねん　（五三八〇）

も、同じく病の軽快を祈つたものであるが、

　せめてたゝひとゝせをたにも送はや　六十の夢はさもあらはあれ　（五一六四）

の一首には、ことさら切実な願が極めて率直に表出されてゐるのを覚える。なほこの同じ時の詠が多く伝へられて（『拾玉集』五一二九—五二〇九）、具さに彼の身辺と心境とを測る手がかりとなるが、それは重病に沈んだ歌人の群起纏綿する思ひを送迎するに遑なき晩年の日常を彷彿せしめるに足る。

　物おもへはたもとをそむる露そをく　はきなる玉はをのか色かは　（五一二九）

　思ふ事なとゝふ人のなかるらむ　あふけは空に月そさやけき　（五一五二）

　世の中をいとふあまりのあらましに　しなても人の別ぬる哉　（五一八二）

いきて猶ともなきやみに迷哉　たかため月のくもらさるらむ　（五一八五）

この身をは水にうつれる月影の　うかふとやいはむしつむとやいはん　（五二〇九）

いま一年の命を願ふ彼が、一方には死の近きを思ひ、貞応元年五月十日から三七日の逆修を行うて後生善処を祈つてゐる（『華頂要略』）。承久役によつて摂政を退いた失意の道家がこれに臨んでゐるのは、重ねて互に慰め互に契るよすがでもあつたであらう。ついで同六月には譲状を認めて、門跡を良快に伝へてゐる（『門葉記』『華頂要略』）。

第二十七章　祈禱再開
——大懺法院再興——

承久乱後から翌貞応元年にかけて、病苦と思想的混迷とのうちに彷徨してゐた慈円も、貞応元年末ごろ以後、漸くこの衝撃から起ち上り立ち直らうとするけはひをみせてくる。

失意と混迷から起ち上つて戦乱前の活動の糸を現在とつなぐ時、その第一にとりあげたのが仏法興隆・祈禱再開であつた。そこにこそ仏者慈円の生命と本領とがあつた以上、それは当然である。これより先貞応元年四月、嘗て後鳥羽院が最勝四天王院を建てられた三条白河の地（一五〇頁）が、もとの如くに青蓮院に返付された（『門葉記』『華頂要略』）。貞応元年六月に慈円が草した良快への譲状に、

白河房跡同返給畢、早尋常作事畢、可レ為ニ師跡之本一也、（『門葉記』『華頂要略』）

とあつて、即ちこの地に立派な工事を起し寺院を再興して師跡をつぐべきことを良快に期待した。が、良快をまつまでもなく、心身の病やゝ軽快なるを覚えた慈円は、敢て老の身に鞭うつて自らこの事に当る決心を固めたのである。

前述の通り、承久元年以後後鳥羽院の祈禱を停止した（二二八頁）。当時、祈禱は仲恭天皇・九条家に集中したが、この期に於てむしろ彼の心は霊告の信仰に大きく向つてゐた。霊告によつて多かれ少かれ揺いでゐた祈禱の信仰は、今や乱後の霊告への不信によつて本の姿をとり戻さねばならない。貞応元年正月の当今（後堀河）の父後高倉院の為に

(『阿娑婆抄』修法雑用心)、また九月には将軍頼経の為に、夫々祈つてゐることは、この祈禱への復帰の方針と努力とを示してゐる。さらに貞応元年八月に、西園寺公経がこの八月太政大臣に任ぜられて、事実上政局の中枢に坐したことと照して、一時の屛息より慈円が政界にも教界にも起ち上つてきてゐる姿が想望される。公経を絶対に信頼し、その処罰救解の為に祈り、「忠臣」とさへよんだ（二八八頁）公経の栄達は、慈円にとつても大きな光明であつたのである。

大乱のもたらした堪へがたい憂悶の中から漸く起上つて、再び新しい一歩を踏み出さうとした慈円の仏法興隆の象徴ともいふべき大懺法院再興がかくて具体化される。乱後十七ケ月に当る貞応元年十二月、新時代・新事態に即応しつゝ、あらためて仏法興隆を仏に誓ひ、新たな祈禱の方針と態勢とを具体的にのべた願文、いはゆる「大懺法院再興願文」(『伏見宮御記録』七二所収)は、新時代に処する慈円の方針と覚悟とを明らかにしたものであり、彼が生涯の使命たる仏法興隆の素志をのべた（一五六頁）建永元年の「大懺法院条々起請事」と相比肩して、夫々五十二歳・六十八歳に於ける慈円の意欲・立場・思想の特色を相対照せしむる重要な文字である。

慈円はこの願文に於て、乱後の変動・混迷・緊張の中に自己がいかなる地位を占め、また将来に向つていかに対処し、いかなる使命を負はされてゐるかを考へ、それにつけても、己が長い経歴とそれに伴ふ責務とを反省し、その中に採るべきを採り、改むべきを改め、加ふべきを加へて、以て新たなる仏法興隆・王法護持の出発を誓つたのであつた。中にも、万一を危惧してゐた大乱が現実となつて「御聖運忽然尽訖、有下臨二幸遠島一事上」「東将打二入洛中一」「天下太以違乱、可レ謂二未曽有一」といふ悲境におかれたことは、天下の安危に身を以て任ずる慈円として、堪へがたい事であり、その責を一身に帰せずにはゐなかつたであらう。それは、自分が祈禱を退転して「至極之時節已以無二所作一」の故に招き寄せた不幸に外ならず、それにつけても、それ以前の十八箇年の無事太平の時代を開いた祈禱の効験を、今さらながら仰がざるをえない。かくて今日の急務は、道場の整備、新時代と新情勢に即応する祈禱の再興であり、以て仏神の感応を待つて、天下の泰平を再び確保すべきことに在る。――慈円は、大乱前後における思想と行動とをつぶさに自ら検討し自ら批判しつゝ告白し、その反省のうへに新たな道を具体的に打ち出してゐる。乱の結末によつて、京都の政界における慈円の立場は勿論、武家に対するその関係も著しく姿をかへてゐる結果、この願文の述ぶる所は、慈円の生涯における一転機、むしろ再出発を意味するものであり、今後の慈円を知る上に、決定的な重要性をもつものであつた。

その意味で、やゝ長文であるが、全文を掲げることゝする。

金剛仏子　久発二大願一、齢已七旬、先悲二王法之衰微一、鎮愁二仏法之澆薄一、而間観二吾日本国近古一、仏子受生七十年以来、一向乱世也、久寿第二暦乙亥歳出二母胎一了、二歳秋七月内乱、国中興二悪政一、其後怨霊在二王臣一々々懼二怨霊一、武将執二朝家一、徳政隔二視聴一、宗廟社稷之諸神、鎮護国家之三宝、冥助無レ力、利生失レ度、爰仏子及二知命歳一之後、為二前座主一之間、重思二慮三世一、発二無二大願一、奏二上皇(後鳥羽)一達二執柄一、建二立伽藍一始置二大善一、一者大懺悔之道場、毎日不退法華弥陀之三昧、日々供養秘密瑜伽之行法、図二絵十五尊一、一月二幅、模二写大乗経一年中数部、毎日開眼、長日開題、亦加以二一座開眼行法一、以二此修善一一向資二怨霊雅器(邪鬼カ)之授(援イ)苦一、致二国土安穏之祈請一、二者熾盛光之壇場、長日行法六座、金輪・仏眼・薬師・不動・熾盛光・法華是也、長日護摩二壇、一者不動降伏護摩、二者四尊四種護摩、毎月四七日金輪・薬師・仏眼・不動、息災増益、敬愛降伏如レ次、毎年修法二壇、熾盛光・法華也、以二月朔一有二七十天供一、四種護摩之智火、焼二自他罪障之薪一、三部三密之梵風、払二仏法王法之霊一、抑上皇(後鳥羽)任レ例可レ被レ建二立御願寺一、而今無二其地一云々、仍以二白河旧房師跡之地一進二院聴(庁カ)一、則建立供養、如二叡慮一被レ遂早畢、経二十五箇年一之後、忽亦被レ破二渡他所一了、返二賜其地一、但未レ及レ安二置御仏一之間、御聖運忽然尽訖、有下臨二幸遠島一事上、仏子渡二道場於他処一、企二広大之興隆一、其大成就院堂舎炎上忽訖、則其年又造営、四五年之後、承久二年又炎上訖、同三年有二此天下大事一、六月東将打二入洛中一之後、一向亦退二転数座行法一、天下太以違乱、可レ謂二未曾有一、七月三院両宮遠流、幼主(仲恭)摂録(道家)改易、彼御願草創十五箇年以前、以二元久元年三月八日一、始修二上件行法等一之後、至二于去年一既十八箇年也、大熾盛光法不レ修而五年、毎年修法止之後三年、回録相続二箇度、御願破却数箇月、所レ修行法退転廿日、至極之時節已以無二所作一、随又身之叙(除)目経レ日障多、法之帰依逐年誠(滅カ)少、前表如レ此廃除在レ時、彼十八箇年無為無事治天下、豈非二此祈効験一哉、所以者何、南北二京東寺天台過山上所練(マヽ)若聚洛、如レ此行法之薫修、当世更無二比類一、前代未聞傍例、当二于乱世之代一、有二怖畏一無二安堵一之間、十八箇年無為、是寔大成就院勤行之勝利者也、就中仏子祈請之間、摂籙(良経)娘(立子)中宮職皇子(仲恭)降誕立坊受禅、保元乱世之後、執権武将平氏源家次第滅亡、外舅大臣(道家)息男(頼経)定二将軍一向二関東一、厳親(道家)執政之佳運、居二輔佐一被レ定レ家、今当二内乱之刹那一而改易、得二外国之武士一而依違、但将軍(頼経)少人無二違乱一、乱世之寵居不二遺恨一、此間都鄙之云為、天地変異、冥顕之霊告、古今之夢想、可レ得二中興一之時也、可レ祈二社稷一之今也、仏子暨二于七旬一、顧レ前後観於二一諦思一発願、所レ企之仏事、所レ祈之作善、已有二冥加一兮不レ会二急厄一、更興二本願一兮可レ祈二王法一也、其時更忽来歟、当二此天災七難之時節一、思二其衰微断絶之冥感一、同又非二発願之本意一哉、非二勤行之冥加一哉、是以前摂政殿下(道家)幷賢息将軍(頼経)少人又将軍外祖太政大臣(西園寺公経)、今上(後堀河院)陛下、太上法皇(後高倉)、崇二宗廟霊神一、鎮二怨霊邪鬼一、再存二吾日本国之中興一、可レ待二仏神感応之佳会一也、因レ茲仏子更亦憑二法之冥加一帰二仏之機感一、属二師跡之勝地最勝四天王院旧跡一建二立三箇之道場一欲レ始二数座之行法一、其深志取レ要抜レ詮謂レ之、百王之残十五代、末法之始百余年、太神宮・八幡宮・鹿島・春日大明神・賀茂・

住吉・熊野・日吉、社壇之祭礼神徳之勝利、雖ニ末代一如在之礼未レ尽、雖ニ乱世一敬神之誠非レ無、顕密之仏法、住持之三宝、諸寺諸山之僧侶、年月日時之勤行、雖ニ陵遅一如レ有レ跡、雖ニ衰微一足ニ発願一、三台月卿百僚雲客愚而雖レ無レ賢、迷而雖レ失《无カ》レ学、獲ニ此節一有ニ愁之人一、遇ニ今代一有ニ悲之輩一、今又天変如レ古、怪異示レ冥、豈不レ祈哉、寧不レ羨哉、何況熾盛光之功用、護ニ持我末法一、能除ニ世間悪一文妙法華之利益、後五百歳濁悪世中文薬師本願観音利生、倩思レ之、伝教弘法之両大師以ニ薬師如来一為ニ本尊一、護ニ持平安大城一、時運依レ未レ尽仏子起ニ此願一、聖徳太子・大織冠・北野天神・慈恵和尚、皆是観世音化現、施無畏方便也、此観世音則法華也、此法華即観音也、其遺跡未ニ廃怠一、此二聖亦深存、仏子・仏眼部母之瑜伽、法華観音之奥旨、雖レ愚悟レ之、不レ直修レ之、濁世末法之利物、其処分尤協ニ遮悪持善之願念一、今仏意相応者歟、丹心具如レ此、白葉(業カ)其捨レ諸、仍懺法堂本仏三尊、祖師大和尚本尊、加ニ不動毗沙門像於此道場一、上件開眼開題両箇三昧、以ニ此作善一、重須レ祈ニ怨霊之得脱一、除ニ天下之災難一、捨邪帰正之水、澄ニ両宗之加持一、遮悪持善之法、期ニ勤行之薫修一、次就ニ熾盛光堂一祈ニ前摂政(道家)殿下之佳運一、以ニ仏眼等法一祈ニ将軍少人(頼経)宿運一以ニ薬師護摩一、凡怨霊之追孝懺悔之修善、祈ニ天下之静謐一者、即所レ帰ニ摂籙一門御本懐一者也、次又卜ニ一道場一、大相国(公経)発願持仏、如意輪千躰小像・中尊金銅一搩(手)寸半像、更安ニ置此観音一宜レ祈ニ念彼悉地一、於ニ熾盛光行法幷毎年舎利報恩会一者廻ニ向聖朝安穏御願一、祈ニ請国土泰平本願一、願念之大概如レ此、仏神之納受無レ疑、但雖ニ未及ニ土木之造営一、具所レ始ニ行法之勤修一也、此外臨時毎月自(白カ)善共行不レ遑ニ毛挙一、右勤行之間仏聖燈油供仏施僧之用途、顕密修学住持法侶之衣鉢、全不レ奏ニ請田園之地利於公家一、唯支ニ配寺領之余剰於私坊一、今又用ニ其跡一、存略(広カ)可レ随レ宜、仏子所ニ鑒見一、於ニ末代一仏法修行者、以ニ其価直一可レ如ニ売買一、不レ然之外、無レ処ニ于修行一、無レ人ニ于勤修一、檀越施主存念可レ得ニ其益一、推知可レ諧ニ正(其カ)意一也、道理之至、古今惟同、仏教之文、権実一揆歟、

但有無広略在二僧之観念一、利生巨益非二仏之進退一、悲哉、末代之僧徒非レ如二此境界一而已、抑仏子覃二于七旬之耆年一頻二于衆病之不一レ癒、発願既再三、善心又無弐、莅二霊夢之不一レ絶知二願念之納受一、全無二自他彼此之悪愛、専断偏執我慢之邪心一、只守二道理之二字一殊仰二仏神之本迹法邇(爾)和合之道一、至誠在レ天、自然信心之理其証不レ空、若所レ推之道理叶二冥感一者、今所レ祈之発願盍二成就一哉、難者問云、已信二祈請之冥加一何忽有二如レ此之天災一哉、答云先此問尤可也、就レ所レ答弥可レ顕二真実道理一、惣之時運者十八年勤行之功用不レ空、別之冥感者七十日祈請之廃退在レ眼、放逸放悖之近臣在二人口一、以二数箇年至誠一至極之狂乱聞、謳歌以両三月、先レ是修法停止之奏聞已蹘而勅許、当堂両度之焼失不レ疑而送レ日、聞二載此由来一、何有二今疑難一乎、正法末法之盛衰劫初劫末(生脱カ)之滅期以二法之威力一暫雖二対治一因二人之積悪一則亦陵夷、彼説不レ怖二瑞相之先蹤一、今発仰信冥加之本願也、若不レ然者中興難レ期除災焉在、依レ難レ啓二於重説一知二納受之無一レ疑、三宝神明之護二吾国一仏事修法之成二悉地一若負二邪難一兮不レ納二受直言一者誰信二冥衆一兮有三増二進正意一哉、然則梵風起二于道場一扇二知(智)火之欲一レ消、漢月朗二于密壇一湛二法水之欲一レ竭矣、仰願十方三世諸仏、伏乞五畿七道諸神哀愍納二受仏子大願一成二就円満国土巨益一給へ

于レ時貞応元年十二月　日啓白仏前為レ知二祈請之始終冥感之首尾一也

重請、案レ之、今将軍若君(頼経)者則前摂政殿下(道家)賢息外祖者前太政大臣(西園寺公経)也、宗廟之神、已被レ奉レ委二附天下之政道於此将軍一、御宿運之可レ推、機感之至尤貴重哉、末代之治国道理之至極也、仍武家息災安穏転禍為福者、王法之本意、利生之素懐也、次此大成就院勤行者一向為二将軍御祈一、欲レ興二行件等顕密甚深法一也、若然者今更殊以二件等行法一分二置山洛一、抽二懇念一無二懈怠一之条、将軍御扶佐人々、二品禅尼(平政子)御同心尤□(以カ)処分可レ成二其実一者也、将軍御祈者、惣以武士等祈禱也、其中為二一品御沙汰一、具仰二合人々一以二此大成就院熾盛光法等一、可レ為二将軍(頼経)御祈幷公家(後堀河)御祈願一

之由、可レ被二仰下一也、代々王臣、法成寺・法勝寺以下御願寺御祈禱必此之定及二遅引一歟、仍先於二此御願一者、就二霊験証拠一被二定置一、早可レ致二勤行一也、此外山門興隆事可二計申一也、敬神帰仏之誠、無二其沙汰一者、雖レ有二後悔一無レ所レ拠歟、仍具啓二白冥衆一既訖、其後天下無為、弥存二陰徳之不レ冥《空カ》令レ達二陽報之有レ実也、如レ此之道理、争無二其沙汰一哉、仍乍レ恐所二計申一也、新法皇（後高倉）御早世（貞応二年五月十四日）義時朝臣頓滅（元仁元年六月十三日）、大乱勝負之後、依二冥衆擁護一、天下雖レ無二違乱一、依二祈請遅引一、主人若有二衰患一歟、凡道理之所二露顕一更以不レ可レ有二疑殆一歟、

貞応元年十二月日啓白仏前云々までが最初の願文であり、その次下の「重請案之」は後に追加したものである。追加の時期は詳かでないが、文末に「義時頓滅」の文字あり、義時の死は元仁元年六月十三日であるから、その直後の起草と思はれる。

先づ第一の、本来の願文についてみるに、試みに二つの方面から考へよう。その第一は伽藍であり、第二はこの伽藍で修する所の行法をさゝげる対象である。そしてこの二つの点について、以前の建永元年の場合と対比してみよう。先にみた通り（一四九頁）、慈円が生涯の目標とし理想とした仏法興隆の業の重要な面を担ふものとして大懺法院を建てんとし、師覚快から譲られた三条白河房の地を以てこれに宛てて、ここに伽藍を営んだが、後鳥羽上皇は、命じてこの地を献上せしめられて、最勝四天王院をこゝに建てられた。かくて慈円はその命を奉じて、新たに祇園森の東の地をトして、こゝに伽藍をうつした。やがて熾盛光堂をも加へ、慈円自身もこゝに棲んで、これを以て根本道場とし、いはゆる仏法興隆の活動がこゝを中心にして展開したのであつた。やがて（承元二年）その供養を行ふとゝもに、これを後鳥羽院にさゝげたことも前述した所である。然るに、この伽藍は不幸にして建保四年三月二十三日（元久二年後十一年目）ひとたび炎上し、その後間もなく再建（『華頂要略』『門葉記』）されたが、その後四年にして、承久二年四月十九日、

再び火災に遭つて、而して貞応元年に到つたのであつた。その結果、新たな道場は最勝四天王院の旧地、即ちもとの三条白河坊のあとに建てることゝなつた。これが落成したのがいつかは明らかでないが、この年四月にもとの土地が返却されて、十二月の願文まで八ケ月の間に建てられ、この願文は即ち落成開院の誓言としてさゝげられたのではなからうか。寺院の構成は、やはり以前に倣って懺法堂・熾盛光堂より成つたのであるが、別に一道場を新たに加へて、西園寺公経の祈りにさゝげたことは全く新しい点として注目される。

第二の問題は、ここにおける祈禱行法についてである。即ち同じく懺法院であり熾盛光堂であつても、その祈禱の対象は殆どが新しくなつてをり、しかも乱後の政治の大転換・新情勢に忠実に即応して、同じく怨霊をしづめ同じく天下泰平を祈るにしても、従来の公家中心から著しく武家寄りになつてゐる。即ち『愚管抄』などにとくに強くあらはれた公武兼行の方向が、こゝにさらに著しく打ち出され、具体化されてゐることがとくに注目される。具体的に云へば、先の建永・元久の寺規に於ては、門跡の祖行玄、及び第二世にして慈円の師なる覚快の追善は云ふまでもないが(一六〇頁)、それを別とすれば、全く後鳥羽院に捧げられてをり、院の祈りを通じて怨霊亡卒の得脱を念じて泰平を希求するといふに止まつてゐる。

これに対して、この貞応元年度の願文に示された新しい祈りは、懺法堂に於て祖師行玄の報恩謝徳を念ずることは勿論であるが(この方では覚快法親王には言及してゐない)、次に熾盛光堂では将軍の父、前摂政九条道家の佳運を祈る外、将軍頼経の為に仏眼等の法を修する、同時に怨霊の為の祈りと懺悔とを行つて天下の静謐を祈る、と規定し、そしてそれが同時に結局摂籙一門の本懐なのだ、とする。さらに、右二堂に加へて新に一堂を卜し、太政大臣西園寺公経の持仏を本尊として公経の悉地を祈る。また、熾盛光法及び舎利報恩会を行つて聖朝安穏・国土泰平を祈る、としてゐる。

以上の規定を一見すれば、九条家出身の関東の将軍の祈り、それをめぐつてその父道家の祈り、将軍の母の父公経の祈りが、その寺規の核心をなしてゐること、云ひかへれば、関東将軍、即ち九条家中心にその祈禱が規定されてゐること、そして公家の祈り即ち聖朝の安穏の祈りが、これに附け加へられた形をなしてゐることは明らかである。而して慈円は、自ら「善心又無レ弐」といひ、「霊夢之不レ絶、知二願念之納受一、全無二自他彼此之悪愛一専断二偏執我慢之邪心一、只守二道理之二字一殊仰二仏神之本迹一、法爾和合之道至誠在レ天、自然信心之理其証不レ空、若所レ推之道理叶二冥感一者今所レ祈之発願盍二成就一哉」と充分の自信をもち、これこそ道理であつて、偏執する所なしと断言してゐる。

以上は、前掲大懺法院再興願文を中心として慈円の新しい姿勢と思想、それにもとづく新しい行法などを一瞥したのであるが、なほ、上述の熾盛光堂ならびに懺法院の勤行について、『門葉記』（四八、勤行四・五・六）は、詳細な内容を伝へてゐる。即ち、上の願文にみえる勤行を慈円自ら解説したものであり（記者の署名を欠くが、内容よりみて慈円の自草たることは疑ひない）、とくに懺法院の十五尊釈については極めて詳細な行法の方法次第を示し、併せて行法の意義・思想・目的などについて縦横に説明して居り、この時点に於ける慈円の思想や立場を知る上に極めて注目すべきものがあるので、こゝで併せて一瞥を加へなければならぬ。但し熾盛光堂の護摩についての叙述は「願文」の記す所と大差がないので、以下には専ら懺法院の十五尊釈を中心として注目してゆくこととする。即ち左の如くである。

懺法院勤行次第長日

先九条錫杖

次法華懺法頌幷尊勝陀羅尼

次西方懺法 十二礼 千手陀羅尼 普為 五念門如例

次本仏行法阿弥陀

次新仏開眼行法　十五尊輪転

尺迦一日晦日　金輪二日十六日　毗沙門三日廿九日

尊勝四日十九日　弥勒五日廿六日　地蔵六日廿四日

文殊七日廿五日　薬師八日廿日　十一面九日十七日

千手十日十八日　不動十一日廿三日　仏眼十二日廿一日

虚空蔵十三日廿二日　普賢十四日廿七日　阿弥陀十五日廿八日　（中略）

次仏尺十五尊輪転

次経尺先心経　次阿弥陀経　次法華　恵心僧都草用之

（下略）

以下二、三の講釈等が列挙されてゐる。而して、最後に長文の「懺法院十五尊釈」がつゞく。即ち、右の懺法院に於て開眼供養する諸仏の本誓に関して、夫々に講釈を施してゐる。それによれば朔日より晦日までの三十日の項をたてて、夫々についての長い講釈をのべるのであるが、右に示した様に、たとへば毗沙門については三日と二十九日の条に、尊勝は四日と九日とに、といふ風に一仏・菩薩・明王について、それぞれ二回づつをあてゝゐる。

この十五尊釈は各尊の功力・法験を讃嘆してその利益をいのるのであるが、それについて慈円は、安然の思想に立つて解釈してゐることがこゝにも亦見られる。即ち一日の釈迦について釈する中に、安然の『教時問答』によりその四一教判を引いてゐることは、注意すべきである。即ちまづ仏の利生を解するに、惣・別二つの立場を以てし、

一切真俗之事《ニハ》必有レ惣有レ別、一代教主《ハ》惣也、諸仏菩薩《ハ》別也、

として、仏と衆生との関係に二而一なる面の存することを示し、まづ「別」の立場を説明して、

一切衆生《ト》申《ハ》皆各々別々随機差別也、故《ニ》一切各々仏菩薩《ノ》功徳法門《ヲ》説《テ》支二配一切衆生《ノ》随縁之利生《ニ》一、

とする。即ち、衆生はすべて根機と所求とを夫々異にする故に、これに応じて一切の仏・菩薩がその夫々に功徳を分ち与へる。併し、同時に、この「別」の面に対し、「惣」の立場に於ては、この一切の仏・菩薩は即ちまた一仏であり、一切の法験・功徳は即ち一の法験・功徳に外ならぬとする。即ち、『教時問答』の文を引いて、

以二此本意一、深《ク》立《ル》之時、一仏一切仏一教一切教一処一切処一時一切時《ト》云立二宗義《ヲ》一、安然和尚《ハ》、入二秘密之心《ニ》一深二釈之一給也、此心《ヲ》悟《ル》時一切《ハ》皆融通《シ》候也、別《ノ》諸尊《ノ》功徳《ハ》皆惣《ノ》釈尊御功徳也、

安然と慈円との間に密接な関係の存することは、なほ後に詳論する所であるが、慈円はこゝで、安然の一即一切の立場に於て、懺法院の行法をとゝのへたのであり、この十五尊釈に於ては、各仏・菩薩夫々の利生と十五尊全体に共通する利生とを祈るとゝもに、この両者を相即融通するものとして解してゐる。即ち所謂「惣」の立場は、この十五尊の解釈文においては、その各々、即ち三十日にわたる、その殆どすべてに天下泰平、怨霊亡魂の得脱の祈りをくりかへしてをり、「別」の立場に於ては、各仏・菩薩の赴機対治の利益を示してゐる。前者の例をあぐれば薬師（八日）の法験として、

以二此供養功徳《ヲ》一必使二一天四海王臣萬民一転過（マヽ）為福安穏泰平ナラシメ給ヘ怨霊《ノ》邪念何勝薬師《ノ》本願一哉、

千手（十八日）条に、

而今国之理政在二怨霊之心《ニ》一時之災難無二除却之謀一、

なほ「乱世怨心之霊勿ㇾ漏ニ広度諸衆生ニ」(弥勒、二十六日)といひ、「怨霊亡卒捨邪帰正」(普賢、二十七日)等といふの類ひである。

かくのごとく、この釈文の最後の目的は、亡魂を慰藉して天下の泰平を期するにあるのであるが、この「惣」の願、利生は即ち「別」のそれであり、二者相即してゐる。弥勒が当来の世の救済者となり、地蔵は無仏の世界に邪鬼の抜済者となり、薬師は衆生の大小の受悩と病とを癒し、不動が衆生の無明を掃つて菩提心を授ける等の功徳は、「別」の利生方便であるとゝもに、また即ち一仏の「惣」のはたらきとも相融通するとしてゐるのである。

「十五尊釈」についての勤行の次第・方法、及びその信仰上の根拠の説明は、凡そ以上、摘記した通りであつて、それは右に挙示した如く、十五尊の夫々一尊に二日が宛てられてゐるのにもとづいて、月の第一日から三十日までの夫々についてその功徳を詳細に説いてゐるが、慈円のこの説明の文章の性格については、とくに注目さるべきものがある。といふのは、その説明の文章は「候文」であり、何人かに対して直接に話しかけてゐる趣が明瞭にみえてゐる。一例は先の安然の語を引きつゝのべてゐる語にもみたが(一切皆《ハ》融通《ニ》候也)、なほ「浅略《ニハ》仏界《ノ》輪王《ハ》人界《ノ》輪王也《ト》心得候《ナン》」(二日の条)、「今地蔵菩薩《ハ》尺尊在世之身也、等無差別《ト》ヒシト可《ニテ》心得候也」(二十四日条)といふ類であり、全文を通じてこの文体である。

この文体よりみて、それが何人かに捧げられた対話的説明であると考へられることを、他面から肯定するかと思はれる語として、次に、「今御願」(三日条)、「今発願之主」(八日条)の語が目につく。これらによつてみれば、慈円がこの再興願文を草し十五尊釈を造つた時、何人かの願にこれを托したかと思はれる。臆測すれば、曽て大懺法院を後鳥羽院に捧げたごとく、この再興の願は当今後堀河天皇か、もしくは父君の後高倉院に捧げたものであらう(このことは、前掲願文に「今上陛下・太上法皇」云々とみえてゐることゝも思合せられる）。

次に、この一日から三十日にかけての、一日々々の行法功徳の説明は、信仰・教学の面に於てもかなり詳細にわたつてゐるばかりでなく、また、乱後の新しい政治的状況、それに処しての慈円の立場や感慨などについても、注目すべき発言がみられる。「今所レ祈所レ願只我一期生之間七十年来眼前《ニ》所二見聞一妄想顛倒之一事也、以深《ヲ》替浅《ニ》一以厚莅薄《ニ》一以金宝二替《フル》瓦礫二之時、其價直如何、速国土災難衰弊以此仏母《ノ》加持《ヲ》一成就円満《シタマヘ》　中興《ノ》祈願《ヲ》二」（十二日）、「今祈三日本国之理乱《ヲ》於二輪王一又矜《レム》三平安城之動静《ヲ》於二万民一若仏界之王不レ助二人界之王臣《ヲ》一人界之生不レ得二於仏界之利益一者誰仰三宝《ヲ》一哉、誰信仏語哉、道理必然也」（十六日）、「今国之理政在二怨霊之心《ニ》一」（十八日）、「然則無数之鬼兵《ノ》内起《ニ》慈悲《ヲ》一乱世之武将可慣其利益《ニ》二」（二十九日）。そして三十日の最後にはこれらを総括して「王法《ニハ》時運之盛衰仏法《ニハ》修学之興廃在目二在耳二聞昔一見今二只起自彼此慳悋之愚癡一已暨于仏法王法滅期一其対治《ハ》在今之作善《ニ》一其到《ル》志《ハ》任仏之照見《ニ》一諸尊《ノ》開眼供養諸経《ノ》開題 演説敬神帰仏之誠、真俗道理之至《リ》雖恥信心《ヲ》於凡意《ニ》一奉責悲願於正道《ニ》一者也」云々と、王法仏法相即の立場を強調してゐる如きは、即ちその例である。

この願文起草の四ケ月後、幕府は将軍頼経の祈禱料所として備中国大井庄を慈円に贈つてゐる（『華頂要略』）。蓋し慈円の新しい祈禱の方針に応じてこれに酬ゆるの意であつたかと思はれる。それらの事情は慈円と幕府とを一層接近させる縁となつたことであらう。慈円は右の願文に改正を加へ、さらに強く幕府への接近と好意とを示した。即ち、「重請案レ之」以下の部分である。こゝでとくに強調してゐることは、「末代之治国道理之至極也、仍武家息災安穏転禍為福者王法之本意利生之素懐也」とあるごとく、武家の安全が天下の泰平、王法の本意であり、それが即ち利益衆生といふ神仏の本懐なのだ、といふ点である。従つてこの大成就院の勤行の狙ひは「一向為二将軍御祈一」にあるべきだといふ新しい宣言をしてゐるのである。と同時に、将軍の祈りは即ち「武士等祈禱也」とし、結局将軍の祈りが、即ち公・武の祈りの枢軸であることを指摘してゐる。そして具体的に、先の願文で将軍の為に仏眼等の祈りを行ふといつてゐるのを、こゝで改め、

其中為二二品《政子》御沙汰一、具仰二合人々一以二此大成就院熾盛光法等一、可レ為二将軍御祈并公家御祈願一之由可レ被二仰下一也、

とし、幕府の意見をも徴して将軍の為に公家と同じく熾盛光法を修することゝしてゐる。

以上の全体をみれば、慈円が承久乱後一時中絶された祈禱、焼失して行はれなかつた大成就院の行法をこゝで復興する意気込をもち（願文に「冥顕之霊告、古今之夢想、可レ得二中興一之時也可レ祈二社稷一之今也」とあるはそれを示してゐる）、いはゞ第二の仏教興隆事業にふみ切つた時、彼が承久以前、即ち後鳥羽院政時代とは全くその思想と行き方を異にし、『愚管抄』の地盤をなした、あの独自の思想に立つて力づよくこれを推進してゐるのである。怨霊得脱・天下泰平の目的には、勿論異ることはありえないが、しかもその方法態度に於て元久と貞応と、十八年の間隔をへだてゝ比較するとき、如何にそのちがひの大きいものがあつたか殆ど目を瞠るものがあるのである。

願文をさゝへてゐるのは、以上によつてみれば、戦乱後の新しい思想であり、或は『愚管抄』に原則的に示されてゐた思想がはじめて具体化され、大胆に拡充されたものともいへる。それが過去七十年間の己が行迹の検討、是非の甄別から出てをり、かくて願文は、彼の信仰を中心とした一の自叙伝を基盤としてゐることは前にふれた所であるが、この経過全体はまた基本的に『愚管抄』の生れるまでの経過そのものであつた。——そしてそのことはまた、このころにおける慈円の『愚管抄』への関心の上にあらはれてくる。

この願文作成の前後に、『愚管抄』に対して慈円が深い関心を示しはじめてきてゐる点については、夙に塩見薫氏が

指摘してゐられる（「愚管抄の研究」『史学雑誌』第六三編一〇号）。即ち、「愚管抄著述の目的は九条家の摂政実現を内容とする世の立ち直りと頼経将軍就任の道理必然であることを論証することにあつたが、この願文（大懺法院再興願文）においても『祈二天下之静謐一者即所レ帰摂籙一門御本懐者也』と書いている。このような自信と期待とをもつて大懺法院を再興しようとするにあたつて彼が愚管抄に書き継ぎの筆をとつたと考えて不当でない」とし、「（皇代年代記の）後堀河天皇の条は貞応元年末、金剛仏子願文の書かれたころに執筆されたもので、そのとき『……北白河院ト申ス』まで書続がれたものとすることができよう」と論じてゐる。そしてこの願文の語と類似の語を書きつぎの中に見出して、これを以て一の論拠としてゐられる。こまかい点は別として、私はこの説に賛成である。塩見氏のこの観方は、当時（貞応元年十二月前後）の慈円の思想を知る上に一の手がかりを提供する。氏は『愚管抄』の書き継ぎの仲恭天皇条は、承久役以前承久三年の執筆、後堀河天皇の条「今上　諱茂仁」以下「北白河院ト申ス」までを一括して貞応元年十二月までの執筆とされた。これは乱後に於て『愚管抄』を採り上げた最初である。『愚管抄』は恐らく嘗て承久乱の時の遺言で焼却を命じたものであり、その内容は右の遺言にいふ「令レ蒙二冥告一事所二記置一之書等」のうちに属すると思はれるものである。冥告或は霊告の内容は、要するに九条家による摂籙・武家の兼行政治であり、それが『愚管抄』執筆の直接の動機であり、むしろその骨子であり精神そのものであつたといつてよい。塩見氏は「一応承久三年八月一日の遺言状で死後焼却を命じた愚管抄を、また書き継ぐのにはやはりそれ相応の事情がなければならない」とし、而して「年末（貞応元）になると心機一転、希望と期待にみなぎつたかの観がある」として心境の変化を詳細に説明してゐる。

貞応元年末この願文起草のころ、慈円が「心機一転、希望と期待」とを以て心身の苦を克服しようとして起ち上つたことは、先にも想定した所、願文の示す所であり、願文もその上にかゝれたのであつた。然らば、その動機、その枢軸となつた力は何であつたか。これを的確に示すことは困難であるが、たゞこれまでの慈円の思想と立場の推移に照して、公武及び九条家の政治的立場や勢力に関するものであることは疑ひない。そして、この貞応元年十二月の願文によつてみれば、従来の公武兼行の主張を武家寄りに、武家中心に解釈することに決意したことは上にみた通りである。しかもこのことは、先にみた「霊告」とも関連してくると思はれる。所謂霊告の内容は詳かでないが、たゞ九条家による政治を予言したものであつたことは大体想定し得るとゝもに、『愚管抄』も亦その信仰の下に構想されたものであつた。而して承久乱は、公武兼行・九条家執政といふ予言を半ば実現し半ば裏切つた。九条家出身の将軍は乱後依然その地位にあり、のみならずこの将軍を中心として構成された武家の政治が日本の新時代の政治体制として確立した。その意味では九条家中心の政治は実現し、その将来が約束された如くであり、即ち、予言通りであつた。が、京では慈円と道家の望みをかけた仲恭天皇の退位となり、道家は政権の第一線を退いて近衛家実の執政となつた。その意味で九条家は敗退し、霊告は空しかつたのである。慈円が霊告を半ば信じ半ば疑ふといふ態度で終始した主な理由は、その辺にあつたと考へられる。

これを一口でいへば、九条家による政治は京都で敗れ、鎌倉で勝つた、といふことになる。皇統一系、公武兼行、そして九条家執政は『愚管抄』に於ても、その政治思想を支へる三本の柱であるが、承久役以後に於てはこの三のうち重みが著しく武家にかけられてくる。承久役から貞応元年十二月「大懺法院再興願文」の起草まで十八ケ月は、即ち慈円にとつて新時代の政治の形態として、公武兼行の政治を公家中心から、武家中心主義に転換すべく踏切るまでに要した期間であつた、と想定することは決して無稽ではない。

願文起草の後五ケ月、貞応二年五月十八日、今上後堀河天皇の父後高倉法皇が崩ぜられた時、慈円は公経との間に

二十首の歌の贈答を行つてゐる（『拾玉集』第五冊）。

貞応二年五月十八日法皇かくれたまひてさみたれたりけるあした前相国公経公のもとへ遣したれはかへしかくなん（本ハ贈歌ハ高答歌ハ低）

はかなしやはかなからぬもいかにせん　思しれとや五月雨の空　（五九一六）

わか袖のほかに思やあまるらん　空さへぬるる五月雨のころ　（五九一七）

うき身をはなきになしても人のため　なかめられぬる行末の空　（五九一八）

なかめてもうき身のまよふよの中を　君そさとらむ行すゑの空　（五九一九）

さてもさはいかになるとのうらならん　それもおさまるかせも有世を　（五九二〇）

おさまらむかせのやとりもしらぬ身は　よそになるとの浪そはけしき　（五九二一）

神もきけあつまのこまのあしをはやみ　いかなるみちに松風のをと《こゑ》　（五九二二）

世の中はあつまのこまのあしをはやみ　たちかへるへきよとはしらすや　（五九二三）

ふかくおもへ思すてゝもをろかなり　世をみちひくは御法ならすや　（五九二四）

契をく君か御法にひかれてそ　思すつへき此世にもふる　（五九二五）

あまつほしのひかりにかなふよの中を　思すてよと神は《も》おもはし　（五九二六）

あまつほしの光はさらにかはらねと　かはれる世をも神にまかせん　（五九二七）

むすほるゝ心のをこそかなしけれ　おもひしとかはとけやすきみの　（五九二八）

玉のをはむすほれてのみやみなまし　かくしも君か思とかすや《は本》　（五九二九）

春の日をやとすひかりかいはし水　すむへきみよを猶たのむ哉　（五九三〇）
春の日の光にすまむいはし水　なからへてこそ世をはたのまめ　（五九三一）
よをすてぬ夏の日よしをあふくより　天照神そ空にうれしき　（五九三二）
あきらけきなつの日よしとあふく身は　くもらぬ御代にあはさらめやは　（五九三三）
たのむそようき身のとしのなゝそちを　たゝ君のみやあはれとはみん　（五九三四）
かそへても君か御としのなゝそちに　思おもひのかすやまさらむ　（五九三五）
（原本の註の如く、慈円の贈歌は高く、公経の答歌は低く記されてゐる）

後高倉院哀悼のものは第一の贈答だけであつて、以下は慈円・公経の身辺に終始してゐる。この贈答をつゝむものの特色として、吾々は二つを挙げることが出来る。第一は、世の安穏・泰平を信じ、またこれを願ふこゝろである。「おさまる世」（五九二〇、五九二一）といひ、「たちかへるへき世」（五九二三）といひ、「くもらぬ御代にあはさらめやは」（五九三三）といふ、いづれも、承久役とその後の乱脈から脱却して安穏の世を迎へつつあること、同時にこれを壊さぬやうに守り育てゝゆかうとする配慮や希望をよく表明してゐる。この贈答は、いはゞそのことを誓ひ合つてゐるものと云ふべきであらう。従つて、二人の間の相互依存と信頼提携関係を強調してゐることが第二の特色にあげられる。とくに公経が、慈円を指導者として仰ぐ面がその表をなしてゐる。「うき身のまよふよの中を君そさとらむ」（五九一九）といひ、「契をく君か御法にひかれて」この世を経る（五九二五）、「君か思とかすは」（五九二九）心の緒を解くの期はあらじ（五九二八）といふごときはそれを明示してゐる。そしてこれを総括して、五九二二・五九二三に「あつまのこまのあしをはやみ」、それによつて「たちかへるへき世」の信念を説いてゐる。それは五九三〇・

五九三一に春日・石清水の即ち藤原氏と源氏の合体によつて「すむへきみよ」が確保されることと全同であり、結局この二十首の贈答の軸はこの四首に存するといふべきである。

かくて、今やこの精神的な指導を慈円に期待する公経に対して、慈円の方からは七十歳の憂き身をたゞ君にのみ頼む、と政治的・実際的方面における信頼を示してゐる。それは大懺法院に公経の為の堂をとくに造立してその祈りに慈円が任じてゐる(前述)事ともよく照応してゐる。慈円・公経の間の呼吸の合つたこれらの贈答は、両者のこの時点における意志・目的・希望の合致を示すことは明らかであるが、さらにそれが、この二人の個人的なものに止まるものでなく、延いては関東の力を支へとして藤原氏の栄えを確保して行かうとする、京都側の新しい政治の理想にまでつながるものである。

承久役とその後の思想の混迷の中から、慈円は心身の苦悩を剋服しつゝ次第に新しい方針・態度をさぐり出す努力を重ね、新時代にふさはしい活動への再出発の基礎をつくり出した。そしてその再出発の第一が、大懺法院の再興となつてあらはれたのである。そこでは乱前の祈りを復活するとゝもにその内容に大なる改訂を加へたのであり、武家政権の出現といふ、従来の公家政治の長い伝統の上に生じた未曾有の転換を受けとめつゝ、従来の叡山の伝統であつた鎮護国家、即ち専ら朝家の安全の祈りを通じて国家の安泰を祈るといふ方途を転じて、公家・武家を以て鎮護国家の祈りの対象とし、それをむしろ武家中心にさへ考へようとしたのである。

それはもとより慈円の思想の転換であり、それが動力をなすのであるが、しかもこの場合、思想は直ちに祈禱として、さらに具体的に云へば寺舎の造営・寺院の経営を含めて、実際の日々の活動の変化をもたらすのであり、そのことは必然に、この寺院や住侶の社会関係、すなはち朝廷との関係、武家との関係を中心とする、社会全体に於けるその地位の変動といふ複雑な結果を招来するのである。従つて慈円のこの方針の大転換の背後に、これにふさはしい準備がなければならないのは当然であつた。上掲の贈答が慈円と公経との堅い提携を明示してゐるのは、即ち慈円のこの思想転換の動機、乃至は何故にそれが可能であつたかの一因を示してゐる。承久役に武家を助けたその行動を通じて、乱後京政界の第一人者として武家政権を背景に圧倒的な権威をふるつた西園寺公経と協力提携することは、殆ど不可能を可能にさへし得る絶大の力を手に入れることであつた。しかも乱の直前後鳥羽院の為に殆ど誅せられんとさへした公経を救解し、その無事と栄達とを祈つたのが即ち慈円であつた（いまその祈禱の巻数が吉水蔵に蔵せられてゐる。慈円自筆）、乱後に於て公経が慈円につとめて酬いようとしたのは当然であり、慈円がその為に祈り、その為の堂を造つたことは先にのべたが、かゝる関係がまた、慈円の宿志たる仏法興隆に頗る利用価値の存したこともまたもとよりであつた。

　乱後の慈円の再出発に際して、公経の絶大な政治的権威に護られて祈禱行法の方針についても自由な選択を保証されてゐたわけであるが、それにしてもこれは実に大胆な歴史の方向転換であつた。王法の上からみても、仏法の面からみても、従来の立場からみる限り、殆ど破天荒ともみるべき転換であつたといはねばならぬであらう。それだけに慈円としても容易ならぬ決心とためらひとを幾度かくりかへしつゝ、荊棘をきりひらかねばならなかつた。先の「再興願文」の約一年後「貞応二年十一月廿九日草了書レ之読二仏前一了、卅日於二大宮十禅師宝前一読二申之一訖　金剛仏子慈円」と自ら奥書した自草自筆の願文（故勝野隆信氏蔵）は、慈円がこのことをくりかへし仏前に披瀝して、また山王の宝前に読んで冥鑑を仰いでゐることは、彼が事の重大さを深く意識してゐたことをよく示してゐる（願文は紙八枚を一巻にしたものであるが、前の部分が欠けてゐることは遺憾である)。種々の重要な問題を含んでゐるのでここに全文を掲げることゝする。

(前欠)理在天《ニ》一□(泱カ実カ)智解之祈請得《タリ》レ時《キヲ》、重所悟一如此一今所祈一在レ之武家《ニ》廃《シテ》君《ヲ》二而久治《クス》於天下《ヲ》一将軍立身《ヲ》二已領《ニス》於海内一
君之極悪以レ之可レ知、時之時運就之《ニ》一必然、宗廟不レ加二武士一者争聴《カム》二此静謐一仏神不レ守二万民《ヲ》一者何獲《エム》二此安穏《ヲ》一、矧
復天未レ弃レ世《ヲ》歟、星宿之変異、頻以奏《ス》、地猶持《ツカ》レ人《ヲ》歟、国郡之調庸常《ニ》亦貢《タス》、時運矣随移《ニ》有利哀一果報者従得《ルニ》一成二
苦楽《ヲ》一皆是過去円満之業力所レ酬也、現在方便之智人当知之《ヲ》一爰仏子、年齢既《ニ》七旬雖レ得二告於長命一智解未一□(泱カ)令迷
心《ヲ》於生涯《ニ》一彼己心啓白之間、雖レ覚《ルト》二利生《ヲ》於残涯一亦参籠祈請之今《後》、未レ除二苦痛於病気《ニ》一見聞触知之境界者、併妄想
顚倒之源、作善利益之要用者。《其》霊告未レ顕之間、雖レ似レ有二此覚知一、猶亦迷惑《セリ》、雖三荐《シキリニ》悲二迷惑《ムト》一重述《ヲ》二思緒《ヲ》一也、臨
終右脇之夕若《ヘ》古木不レ傾レ西者《ニ》、最後往生之時、難開花《ヲ》於浄土《ニ》一歟、余算誠《ニ》少《シ》思慮之涙数《タ》行、残日在《ル》焉《イツクカ》、不覚之身《ニ》
弾指、南無山王十禅師権現、老与病一相侵《ヒヲカス》争《カ》猶帯二妄執《ヲ》一乎、善与悪一共並《ラフ》、何亦忘二道理《ヲ》一哉、今《ノ》参詣有《ニ》二夢告《テノ》一而
既得《タリ》二開示悟入之魚兎《ヲ》一重《タル》祈願類《ス》二頓円《ニ》一一《ヲ》勿《レ》レ羨《ネカフ》二詞機方便之筌蹄《ヲ》一而已、願《ハクハ》也深《ク》守二護《シテ》所機之妄想顚倒《ヲ》一必成二
就《シタマヘ》所念之後生菩提《ヲ》一、再拝々々敬白

我所有福業　今世若過世
法楽神功徳　尽廻向仏道

南無帰命頂礼――

夫尋《ルニ》二某甲今生《カ》始中《ノ》終《ヲ》一未レ視二聴比類《ヲ》於傍人《ニ》一、一々《ノ》次第深可二思惟一、細々《ノ》因縁尤可二覚悟一、先雙親者《ハ》二歳十歳之別離、
如レ無レ人二于扶持《ニ》一次一期者《ハ》逆乱内乱之末代、問二進退於自心《ニ》一倩顧二我之成人一全無二人之称誉一本宗之入壇遅引、曁

于三十師範之教誡早晩無聞一言、然前途天台之貫首不満強仕早居其職後栄天運之官禄□主朝恩速在極位座主之宣命四箇度避之時無恙任之間有誉仏法之紹隆数箇年、興之思入骨廃之悲銘肝一期乱世之間無諸衰患、多年執政之家積功累徳、老後之身受重痾而存命、病中之心詣社壇而奉賽、万人競望之職遁避無勅許一心知他之志、冥衆定照見、想此条々希有之果報也、観其念々迷心之至極也、就中今七旬之時、参籠百箇日、寔慮外之感、懇念百千廻、帯本病、猶遂之疑始終亦無障、論之機感冥助之至、無疑殆、訪之宿業増進之縁、在実道但所伝之霊告今空而已九箇年、所持之感応不知而爰無余算、凡意失一□(泱カ)之智造次愁小罪之過所願之頓死、所疑之後生、迷惑于愚丹重畳啓白於今者唯不覚之心底住不退之菩提心、妄念之心中、入妄執於懺悔心、凡厥秘教之深奥法華之本迹、自然智非不発無師智非不恐、但覚知与証得、其境玄隔、今生与来世、其悟何覃哉、悲哉七旬之後余算幾日乎、南無山王権現霊山釈迦真言大教王、法華一仏乗、一身始中終之云為、如此思慮過現当之疑網尤深、今所謂某甲始中終之挙動、憂喜興廃、併非吾山王之利生哉、専以最後方便之結縁、何疑来世順次之菩提哉、猶於所残之妄分別者定滅所悟之懺悔心者歟、請不弃散乱之信心必成就二世之願念而已

其願念者遮悪持善利衆生也、是豈非三聚浄戒哉

次六種廻向

貞応二年十一月廿九日草了書之読仏前了

卅日於大宮十禅師宝前読申之訖金剛仏子慈円其後時々啓之

同十二月晦日奥詞書之元三之間聊以添削自晦日至正月九日百日之終十ケ日令読之

これを通観するに、本願文は二つの内容をもつてゐる。第一は公武関係に関連する祈禱の問題であり、その二は慈円個人の問題、とくにその病状と後生善処の祈りとである。いましばらく後者をさしおいて第一の点について考へるに、前欠であるが冒頭は恐らく「道理在天、一決智解之祈請得タリ時ヲ、重所悟一如此一今所祈在之」とあつたのであり、道理に従つて悟る所あり、次の如くに祈らんとす、との決意を示したものであらう。そしてその祈とは武家が君を廃して政をとることすでに年あり、将軍は無事に国内を治めてゐる、と武家政治の確立せるを指摘し、このことは「君之極悪以レ之可レ知」、即ち朝廷の政治の不徳に因るものとする。而してこれは時運の然らしむる所であり、かゝる時代に「宗廟不レ加二武士一者争聴二此静謐一、仏神不レ守二万民ヲ一者何獲二此安穏ヲ一剋復天未レ弃レ世歟」は、宗廟の神の命により武士を我国の政治に参加せしめなければこの平和を齎すことは出来ず、かく仏神の加護なければ万民を護ることが出来ない。かくて仏神の命により武士が政に参与するに到つたのは、天がまだ我国をすてない証である、としてゐる。即ち武士をして朝家を補佐せしむる文武兼行の政こそが末世の今の理想であることを強調してゐるのであり、即ち先の「再興願文」に示した所の祈禱の方針、公家よりむしろ武家中心の考へ方の根拠を重ねて示したものに外ならない。この、他に対する主張は、同時に、この新たな方針を自らに云ひきかせ自らの心に刻みつけて自ら領解納得しようとする内心の努力と平行してゐるのである。方針発表の後すでに一年を経過してなほこの努力を続けなければならなかつたことを以てしても、それが彼にとつて如何に心力をつくし心緒を悩ますものであつたかが想はれるのである。

右の願文に於て、時期から云へば貞応二年十一月までの時点に於て、慈円の大懺法院での祈禱の対象の中心を武家、云ひかへれば九条家出身の将軍に、その将軍の朝家補佐の政治におくといふ姿勢を確立した。この願文の後三ケ月、翌貞応三年正月、慈円はまた長文の願文を草して、当時彼が別当であつた四天王寺の聖徳太子の宝前にさゝげてゐる。

その間わづか二ケ月をへだてゝ、頗る長文の願文を仏神に捧げてゐることが先づ注目される。

この貞応三年正月の天王寺聖霊院で太子に捧げた願文は、赤松俊秀氏がその全文を示しつゝはじめて世に紹介せられて詳細な解説を加へられたものであることは上述した（二三三頁）。またその中心問題が、嘗て建保四年に太子より賜はつた「霊告」であることも先に触れた所である。そしてはじめ、乱前までは霊告のまゝに歴史が推移すると思はれ、これを信ずる所深かつたが、一朝、乱によつてその予言は裏切られ、忽ち「甚だ言ふに足らざる」ものと考ふるに到つた。願文はその、予言を裏切つた承久役について述べるために、慈円の生誕以来の一生の経歴を中心とした、保元以後の日本の歴史を詳細にのべて承久役の由来を明らかにし、その悲しむべき結果を力説し三院遠島・五卿梟首といふ思もよらぬ悲境に陥つたことは言葉も心も及ばぬことと評し、それは「君之積悪至極而宗廟成レ瞋歟」、或は時運非にして社稷、政を失つたのか、と悲しんだ後、今上（後堀河天皇）の慈父が尊号を蒙つて天下の政治にあづかり給うたが、わづか二、三年で崩御された。そこで現在では後堀河天皇が十二歳ばかりで位にゐられ、頼経は将軍の地位にありとし、さらに次の通りにのべてゐる。

今摂籙之父子失二和漢之才一、闇二天下之政一、可レ悲者秋也、但今猶天変地変之告、荐以聞、神社仏寺之勤、非レ不レ修、今老僧所二仰信一之霊告如何、所二障导一之魔雖レ不レ審、訪二之冥感、重痘已除レ嗯、推二之凡意ニ一社参遂二百日一、此間当寺々務、再三雖レ奏二辞表一毎度無二勅許一、因レ玆、企二寺之修造一、帰参、祈二病之平否一、送レ日、此後之進退復奈何、此身之安否已迷惑、王法之恙者課二末代一兮可レ待二道理一哉、老身之告者期二八旬一、可レ恃二余命一哉、就レ之亦非レ無二夢告一、幼主之重祚、上皇御帰洛、摂政之還補、将軍之成人、皆以似レ有レ所レ遅《マツ》而已、残涯幾許、都以論レ之、悉出レ自二冥衆之告一、併入二于利生之願一、山王之納受、太子之冥助為レ之如何、

摂籙父子は近衛基通・家実父子。この無才の父子の執政たることは、冥告の示さゞる所。もしかくの如くば冥告はどうなつたのであらうか、と問うてゐるのは、乱後、霊告に裏切られたとして一度不信を宣したのに、なほ思ひなほし、果して、霊告の示す所が現実になるや否やを神意に問はんが為に、敢て山王に社参を遂げた。それに対して何等か夢の告があつた。それによると、幼主之重祚（仲恭天皇の復位）、後鳥羽上皇の御帰洛、摂政道家の還補、頼経の無事成長・将軍就任などいづれも実現しさうなけはひであり、これらのことは皆冥衆（神仏）の告の通りであり、それが人民の為（利生）となるのであり、山王の納受する所、太子の冥助したまふ所でもある。以上が、この願に対する冥衆の答として、慈円の信じ又は期待した所であつた。即ち一度疑つた霊告を再びここによび起して信仰を新たにしてゐるのである。これによつて所謂霊告の何たるかも明らかにされる。とゝもにそれが建保四年の霊告に止らず、その後度度夢告などがあつたことは、この願文の前の部分に、「経二歴九箇年一、其間夢告甚多」（二三三頁）といつてゐるに知られる。従つて、霊告の内容は、戦後の新情勢に関する上記の四項目にも亘つてきたことは当然であり、いはゞ霊告はたえず成長しつゝあつたと考へねばならぬ。

かくして、慈円は霊告に対する信を回復して明るい期待をそれによせたのであるが、やはりなほ一抹の疑念を禁ずるを得ず、これを老病に死をまつ日夜の短い間にさらに確認せんとしたのが、この願文起草の直接の動機であつた。即ち次下に、「吾太子聖霊照二見《シタマヘ》仏子懇念一、重欲レ請二夢告一、已在前一、而為足一、亦信彼《ヲ》二」といひ、「如二霊告一者、成レ疑者、是不信之至也、無レ信者、亦短慮之恨也、而空送二年月一、既満二七旬一訖、争無二天魔之疑一哉、更非二不信之咎一歟」として、冥衆の告を疑ふことが天魔の所為であり、不信・無信は最も罪深いことであるとして、反省しつゝ神仏に問うて真意を求めてゐる。

以上によつてこれをみれば、三ケ月前の貞応二年十一月の願文のころまでは、専ら祈禱再開についての新しい方針の確認につとめたが、この貞応三年正月に到つては、専らその背景をなす政治、とくに京都の政局に関することにのみ関心が注がれ、慈円の祈願のまゝにそれが展開せんことを期してゐるのである。

承久役後の慈円の第一の事業は、祈禱の再開、その方針の確定であつた。が、いふまでもなく、その祈禱は、叡山の伝統・正統をうけついで、鎮護国家の祈禱であつた。承久役といふ、古来の国家体制にとつても朝廷にとつても未曽有、空前の大事に際して、朝家の祈りを通じて天下泰平を祈つてきたこの伝統が同時に大きな試錬をうけ、新時代・新事態に如何に即応し如何に解釈さるべきかの問に直面するは当然といはねばならぬ。これに対して慈円が、時勢に即しつゝ独自の方針を示した。これが貞応元年十二月の「再興願文」であつた。その後約一年、貞応二年十一月の願文は、この方針を確認するとともに、その新方針の理由をあらためて明示した。新しい政治状況に応じて武家の為の祈禱に少からぬ力をさくことこそが、今の鎮護国家のあるべき姿であることを示したのである。

以上で、祈禱再開の方針の指示とその趣旨・理由の説明・釈明は完了したのである。右にのべたその後二ケ月の貞応三年正月の願文は、むしろ右とは独立した霊告の問題として受けとれるが、一方よりすれば、右の再開祈禱の新方針により、そして近衛家に代つて九条家の執政のもとに祈禱に邁進したいといふ期待のふくまれてゐること勿論であり、それを約束したと思はれる霊告夢想の確認を神仏に求めたものであつた。

第二十八章　四天王寺董督

承久役後の慈円の第一の仕事が懺法院再興事業とすれば、第二は四天王寺整備の事業である。慈円は承元元年十一月、別当実慶の死闕を襲うて五十三歳にして四天王寺別当に任ぜられた。職にあること一年、翌承元二年、所労によつてこれを前大僧正真性に譲つて閑地についた。これが慈円が四天王寺に縁を結んだ最初であつたが、その後五年、建保元年九月、同別当職に還補した。時に五十九歳であつたが、爾後嘉禄元年七十一歳の入滅まで引きつゞきその職に在つた。

大懺法院供養をへたのち、慈円の関心は本格的に四天王寺に移つたこと、同寺にその信仰と生活とを托したことは先にみたところである（二〇七頁）。建保から承久にかけて、日本の歴史にとつても、ことさら慈円にとつて、重大な時期は専らこの寺で過してゐる。それはこの時期を含めて、その職にあつた入滅まで渝らず、晩年の慈円は専ら太子を憑み、太子の信仰に生き、太子の理想を以て理想としてゐたのであつた。

はじめ四天王寺別当として入寺したときの直接の任務の主なものは、堂塔の修営維持にあつた（『慈鎮和尚伝』、二〇八頁所引）。その種の仕事は、後にみるやうに、慈円に於て承久の乱後にも引きつがれてゐるのであるが、また一方、上にみた様に大懺法院の焼亡に伴ふ再建や祈禱の新方針の確立などの大きな事のために、四天王寺の維持発展に鞅掌すべき時間と精力とは、少からず奪はれたのであり（二〇五頁）、その上老病身に迫つて行動も思ふにまかせず、別当職について辞意頻りであつた。上述の貞応三年正月の願文に、「此間、参二当寺（天王寺）一雖レ遁二寺務一則亦有二夢告一、于レ今未レ避」といひ、また「此間当寺々務、再三雖レ奏二辞表一、毎度無二勅許一」といつてゐる通りである。しかし勅許なきまゝに、その地位にとどまつてゐたのは、一は太子信仰によつて支へられ、他方、「毎度無二勅許一、因レ玆、企二寺之修造一」といふ如く、この太子建立の寺、日本仏教発祥の寺、そしてまた浄土信仰の淵叢とされ極楽浄土の東門と信ぜられたこの名刹を、頽廃に委せるに忍びぬといふ、積極的意欲に慈円が燃えてゐたことを示してゐる。

慈円は、四天王寺別当として、いかなる業績を残したかは、その在任期間の長きに拘らず、これを具体的に伝ふる史料が乏しい。中にあつて『慈鎮和尚伝』（神田本）は、抽象的ながら堂舎の修営、行法の整備から顚倒庄園の復興にいたるまで顕著な功業をのこして人々に安堵と喜悦とを与へたと讃へてゐる（二〇八頁）。それによれば、その活動は頗る幅広いものであつたことは疑ひなく、とくにこの神田本の性質から、それは充分に信頼してよいと思はれる。その全貌を詳にしえないのは遺憾であるが、その中に「絵堂講演仏事」を興したとあるにまづ注目したい。それこそ四天王寺に於ける慈円の仕事として具体的な伝へをのこしてゐる唯一のものであるので、このことを以て、天王寺別当としての慈円の姿を彷彿するよすがとしよう。

『太子伝古今目録抄』『聖徳太子伝私記』等によれば、四天王寺には平安時代前期に「絵堂」が建立された。それは太子の生涯・事蹟ならびに太子薨後の信仰などを題材とした障子絵がをさめられてあつた。慈円が別当となつた時、堂は頽廃してゐたらしく、『法然上人行状画図』（十五）は、この絵堂に押された色紙形に記された慈円の、絵堂復興の趣意をのべた銘文を収めてゐる。即ち左の通りである。

貞応三年甲申始レ自二去冬一三春孟夏之間以二絵師法眼尊智一、守二本様一依二伝文一図絵既訖、今於二西面一更画二作九品往

生之人一、殊勧ニ進一乗浄土之業一、表裏共不レ交ニ他筆一、尊智図レ之、以ニ詩歌一形ニ其心一、詩句九品同令ニ菅大夫為長卿作レ之、和歌丞相以下広勧ニ九人一各詠ニ一首一、復当ニ南北裏一同画ニ四天像一、此堂大僧正行慶寺務之間顛倒之後、以ニ聖霊院礼堂東廂一為ニ其所一、今新建ニ立于旧跡一、彰ニ興隆之本意一也、

別当前大僧正法印大和尚位慈円記之

これによれば、慈円の前任者即ち大僧正行慶の時に絵堂の倒れたのを、慈円が再興したのである。この再興に当つて、慈円はこゝに九品の往生人の絵姿を描かせ、公卿・殿上人九人より歌を求め、上品上生から下品下生までの絵姿について一人に一首を依嘱し、同時にそれぞれに詩をそへた。その詩は菅原為長に依嘱し、画は法眼尊智一筆として他筆を交へなかつた。この企てに手をそめたのは貞応二年冬ごろからで同三年四月に完成を告げてゐる（この、時日に関する『法然上人行状画図』の伝ふる所は、上述貞応三年正月慈円の願文の奥に「此間絵堂事致ニ沙汰一、図本躰絵出来了、図裏九品往生之間也、同三月四日所労更発」云々の記によつて、誤りないことが推測せられる）。

近衛家（陽明文庫）は、慈円がこの絵殿の九品の歌の作者に一品づつの割り当てを定めて一覧にそなへた書状原本を現蔵してゐる。即ち、

九品歌事、相国禅門返札如此、如ニ勧進之本意一存知、領承感悦之致事也、猶召人相残尤以有情与覚候、如何々々、於レ今者如ニ先日一議定如レ此可レ候也、

相国禅門上品上生　　前相国上品中

新大納言上品下　　右大将中品上

御分中品中　　家隆卿中品下

保季入道下品上　　高倉殿下品中　　故禅門女下品下

この書状が何人に宛てられたものかは不明であるが、藤原定家宛であらうか。右のうち名の比定出来るものを列記すれば、

相国禅門……藤原頼実　　前相国……藤原（西園寺）公経

新大納言……藤原基家　　右大将……藤原（西園寺）実氏

保季は藤原季経の男（実は藤原重家の男）、高倉殿は故禅門女とともに女性らしいが名は明らかでない。

右の書状は、九品歌の詠者選定の過程のものであるらしく、最後に詠者に名を列ねているのと顔ぶれが少しくちがつてゐる。『法然上人行状画図』所載によれば実際の作者は、

入道大相国頼実公　　前摂政殿下道家公

権大納言基家　　前太政大臣公経公

右大将実氏　　正三位家隆

従二位民部卿定家　　入道従三位保季

正四位下範宗

となつてゐる。

いろいろ詮衡の末と推測されるが、結局、この九人に落ちついた理由は何か。不明の点も多いが、この人選に托せられた慈円の意向について一考してみよう。

頼実は、当時の政界の先輩・長老として敬意を表したのであらうか。道家は云ふまでもなく、九条家の当主、慈円

の甥良経の後嗣であり、承久三年四月摂政であつたが承久役に仲恭天皇遜位とともにその地位を去つた。が、九条家の執政を理想とする慈円はしきりにその復職をいのり、入滅に到るまでこれを熱願してやまなかつた当の人である。藤原基家はその女陳子が守貞親王（後鳥羽天皇御兄）の妃であり、今上後堀河天皇は即ちその所生である。即ち今上の外祖父といふ、現今の政治的意味から、慈円の政治的願望をこめて選ばれたのであらう。

公経・実氏の西園寺家の父子は、云までもなく承久以前から慈円と極めて親しい関係にあり、慈円は後鳥羽院が公経を勅勘されたとき救解したこと、また大懺法院再興の時にはわざく公経の為の祈りを定めその堂を開いてゐることは前にみた通りである。実氏についても、慈円は早くその才を認めて「詩ツクリ歌ヨミメテタキ」人物として推してゐる（『愚管抄』）。

保季がとくにえらばれたについては政治的な意味があつたことは恐らく誤りない。またその養父季経と慈円の交りがあつたことは勿論であり、その一端は『拾玉集』にもうかゞはれる（『拾玉集』第五冊、季経は「連経」の法名で見えてゐる）。保季は同じく歌人であり、たとへば元久元年一月の「春日社歌合」に共に作者として列してをり、歌の上で相親しかつたと思はれる（桂宮本叢書十四所収）。

範宗は藤原基明の子、従三位、中宮大輔、治部大輔に到つたと『尊卑分脈』は伝へる。同じく慈円と歌筵をともにしたことあり（『拾玉集』）、相識の間柄の歌人である。その家集に『郁芳三品集』がある。が、とくにこゝにえらんだ理由は明らかでない。

人選の具体的な意味は結局確言しがたいが、以上のうちやゝ解明しえたかと思はれる部分によつて臆断すれば、この絵堂の九品和歌の人選も、たゞ和歌の巧拙のみを標準としてはをらず、「大懺法院再興願文」が重きをおいた部面が、こゝでも平行的に重視され採り上げられてゐるという趣は、否定しがたい様に思はれる。この絵堂復興についての史料は比較的乏しく、その前後の事情等に関して知りうる所が少いのであるが、たゞ『拾玉集』第五冊に伝へる公経の慈円への書状は、一の有力な参考となる。それによつて、慈円と公経との親密関係がいかに深いものがあつたかがこゝにもうかゞはれるのみならず、公経は絵堂修営に対して、恐らく財的援助を申出てゐたかと推測せられる。即ち慈円が先に求めた絵堂の九品往生和歌について、公経は一首をおくつたに対し、慈円が礼状を以て謝した。その返辞が即ち公経の左の書状である（『拾玉集』第五冊）。

九品愚詠叶御意候返々為悦之至無申限候相構早々絵堂可拝見候此□（御カ）感御詠こそ
打置かたく覚候へ御札をはまもりにし候へく候抑絵堂罷入事候は可沙汰進之由
昨日令申候無御返事不審候恐々謹言
公経
雨中御札おりから銘心肝候

いはしたたのむこころのいくへとも　けふあまくもの色にまかせて　（五九六五）
荻のはのたたあらましの風にたに　いかはかりなる露とかはしる　（五九六六）
毎事心余詞短候て思様にも不被申候只可有御察心中候歟

絵堂は慈円の手によつて完成された。貞応三年二月七日、松殿大納言藤原忠房がその母とともに同寺に参詣した時の様子を伝へてゐる『天王寺旧記』は、また、同月、道家が和歌一首を寄せ、その外公卿たちが夫々九品の和歌を詠じ、菅原為長が九首の詩を詠じたについて、権大納言藤原教家がこれら九品往生の詩歌の色紙形を、鳥居の下の下乗率都婆二本とともに清書したとのべてゐるが、それが即ち慈円の結構そのものに外ならぬことは明らかである。

慈円の天王寺における事蹟は、史料伝存の乏少の故か、絵堂再興以外に具体的に伝へらるゝ所乏しいことは先にのべた所である。しかしその中にあつて、その仕事が絵堂の復興であつたこと、その一事が伝へられてゐることは、なほそこに慈円の四天王寺に対する関係の特徴の、注目すべきものがあるやうに思はれる。

先に『法然上人行状画図』も示す如く、絵堂は聖霊院の一部を以てこれに充てたものであつた。聖霊院は、云ふまでもなく聖徳太子の聖霊を奉祀した堂であつて、太子の御影を拝する聖所である。それは、例へば『玉葉』文治五年五月四日条に「参二聖霊院一奉レ礼二御影一修二諷誦一了」とみえるを参照するまでもないであらう。当時もたしかに太子の御影を存してゐたのであるが、絵堂の整正はこの御影崇敬に対して必須であつたことは勿論である。慈円がこの聖霊院に親炙し、この絵堂の整備を通じてさらに奉仕の誠をつくしたことは、恐らく慈円の本意にまさに合致したことであつたに違ひなく、聖霊院は、天王寺の中で太子に奉仕する者にとつて、精神的に太子に最も近いところであつたであらう。先にのべた、貞応三年正月の告文は、この聖霊院で、太子の御影の前でよみ、ついで金堂でこれをよんだ、と慈円が云つてゐる（前述）。天王寺に於て常に太子の教導・示現を求めたことは、かの告文にはつきりのべてゐる。慈円が四天王寺別当に補せられた理由や動機が何であつたかは明らかでないが、慈円としては、この任命を通じて年来の本意を遂げる機会を与へられたものであり、仏者としての慈円の最後をかざるにふさはしい地位であつたのである。

第二十九章　入　寂

先にふれた様に（二八八、二九四頁）、慈円は承久役以前から老病に侵され、起居にも不自由を感ずる所もあつたらしい。乱のころから没後にそなへて、門跡のこと、身後の計について、種々弟子たちに云ひのこす所あり、その間これらに並んで朝家のこと、九条家のこと、頼経将軍のこと、武家の政治など、国家の行方にもたえず心を砕いてゐる。乱後一年ころは少康を得るとゝもに、祈禱と道場との再興に身を挺して、変革の時代に即応した理想を具体化して、国家と門跡との上に新しい道を考へて将来に処するの基とせんとしたのであつた。が、これは彼にとつて、心の悩みと身の痛みにみちた苦闘であり、消えんとするともしびの、一時烈しくもえ上るにも似てゐた。この前後に於て慈円ののこした文献は、願文といひ、述懐といひ、和歌といひ、この苦しみとこの用意との刻印なきものは存しないといふも過言でない。上掲貞応元年の山王敬白文（二九一頁）、貞応元年十二月大懺法院再興願文（二九八頁）、貞応二年十二月願文（三一六―三一七頁）等の願文は、就中、その例にあげられる。貞応三年正月の願文（三一九頁）も、「老与レ病以迷レ心」といひ、「唯所二欣求一者、在二仏前一而無病頓取レ死、住二正念一後生離二三悪一仏教之智解、為二出離之媒介一哉」と病を仏に訴へ、無病にして速かに死せんことを願ひ、臨終正念によつて後生善処を得んとの願を以て願文を結んでゐるのである。この願文は貞応三年正月二十日、東坂本の倭庄の宿所から上京して白川に至り、やがて二十一日天王寺に参着し、二十二日入室、二十九日から七ケ日間聖霊院で、なほ二十九日には金堂でもこれをよんだ、として居る。

そして三月四日、所労更に発して不快を感じたので、上洛して白川に二日間宿泊の後、七日坂本に至り、倭庄の宿所に宿して、八日、宮廻り、即ち山王に詣でたのであつた。それから七ケ日葱を服し、十五日に止めたが、病がなほ本服しなかつたので十六日夕方、寄木入道（大津太郎）の家に赴いたと云つてゐる。貞応三年正月ごろ、慈円の生活の根拠が東坂本にあつたことが知られるが、四天王寺別当であつた関係上、坂本と天王寺との間を恐らく頻繁に往復してゐたのであらうと思はれる。

前にみた通り（二〇七頁）、大懺法院草創後、間もなく慈円は四天王寺に赴き、叡山を後にしたのであつた。その住居、活動の根拠も天王寺におかれたかと考へられ、その状態は承久役ごろにも及ぶかと想はれる。乱後、大懺法院再興のこともあり、時に天王寺を離れたと考へられるが、このころすでに東坂本にその宿所を定めてゐた。かくて晩年は坂本と天王寺との間を往来してゐたのであり、同時に、信仰の面に於ても、天王寺の聖徳太子と叡山の山王信仰とがその中心をなしてゐた。このことは先にもふれたが、この願文にも「山王之納受、太子之冥助、為レ之如何」といつてをり、又天王寺では「太子の聖霊、この仏子が告文を聞召せ」と読んだが、「参社」即ち日吉社に参るときは太子といふ詞を「十禅師」と改めるのだといつてゐる。

承久三年から嘉禄元年入滅まで六十七―七十一歳の承久役後の五年間に草した慈円の遺誡も譲状も、日吉・天王寺・春日等に捧げた幾多の願文（承久三年三通、貞応元年二通、貞応二年一通、貞応三年二通、元仁元年一通現存）も、いづれも老病の床に自ら重い筆を運んだものであり、先にその実例を示した通り頗る長文のものも多く、その想ひを構へ筆を揮ふ心身の努力は、殆ど異常なものがあつたことを想はざるをえない。が、それらはいづれも王法仏法の為に新しい光を仰がんとする熱情に支へられてゐるとともに、一身の安らかな死と後生善所とを祈る心が痛ましいまでに文字の表に溢れてゐるのを覚える。

神仏に王法仏法の興行を祈願する願文にさへ、かくまでにあらはに怺へずにゐられない、この悲壮の想ひが、個人の口すさびである和歌に於て、今や殆どその全体を領することは当然であらう。貞応・元仁（慈円六十八―七十歳）前後の詠は、願文類が公を表とし私を裏とするものであるに対して、個人のもの、その思出にみちた長い過去の感慨と現在の運命、そして明日に迫った死への準備と安穏の祈りとに専ら捧げられる。上求菩提下化衆生の為の活動に席あたたまるに遑なかった時代の、あの活潑大胆なまた華麗な歌とうつてかはつた寂寥の世界が、そこに展開してゐるのである。

承久三年十月、四天王寺で聖徳太子に捧げた十二首が、さういふ特色のうかゞはれる最も早い例であることは前に見た所である（二九二頁）。『拾玉集』（第四冊）に「貞応元年七月五日朝すゝろに詠之」と詞書ある八十一首をさめてをり、それにつづいて「老比丘御判」と注する二十二首がある。本来一連の百首歌形式のものであつたかと思はれる。その一、二首は前にも引いたが（二九四頁）、なほその幾首かの調べを通してこの頃の心境にふれてみよう。

むかしみし人のなみたや露ならん　よをうち山の秋のはなその　（五一三八）

よしさらはへにけるとしの数もおし　今はこん世の契ともなれ　（五一四九）

世の中のはれ行空にふる霜の　うき身計そをき所なき　（五一五四）

誰かきてあはれといはむかつらきや　とやまにたにもとふ人はなし　（五一七六）

うきをしる心のすゑにくれはとり　あやしくおつるわか涙哉　（五一五九）

こはいかにあかしくらすと思ふ身の　見えたる事はひとつたになし　（五一九七）

聖人を天竺震旦もとめても　身のうきことをいひあはせはや　（五二〇五）
人のよを思ついけてなかむれは　昨日もくれぬけふも暮れぬる　（五二二二）
さひしさをとひくる人もなきいほに　山おろしの風窓たたくなり　（五二二四）
猶てらせわかすむいほの行末を　空ゆく月のにしの山の葉　（五二二八）
世の中を思ひついけてかなしきは　のかれぬしにの別なりけり　（五二三〇）

貞応元年当時、慈円は四天王寺別当にして青蓮院門主であった（門跡を良快に譲ったのは翌貞応二年四月である）。このころ及びこれ以後に於て、天王寺のあたりに住んだあとが見えない。その日常の住居が何処であったかも明らかでないが、その監督所管の寺院とは別に日常の生活の場所が寂莫の草庵であり、こゝに詠んでゐる通りに、訪ふ人もなき山の端であったと見てよいであらう。座主たり護持僧であった昔にひきかへて、わづかの従僧を伴ひ、精神的には全く孤独の裡（五二二四）にあったらしい。そこで彼の心を領するものがおのづから懐古（五二二二）であり、人生の空しさ（五一九七）であったとしてもむしろ当然といってよい。この己身の淋しさと空しさとは、さらに人生の憂愁（五一五九、五二〇五）として心の底に沈澱する。憂へのみあってその末には悲しき死を迎へねばならぬ（五二三〇）。人生とは一体何であり、如何に考へればよいのか。――この深淵にも似た人生の真の支へとして、天竺震旦までも聖人を求めて相語らひ、教を乞はんとする。そこに彼の信仰の生涯の基本があった。孤独の感は、彼に於て、もとよりいま始まったことではなく、それは生涯を通じての嘆きであり、それはまた彼の一生の問題の基底にふれるものであった。顧みれば二十三、四歳の詠に、

さそといはまことにさそとあとうちて　なやそやといふひとたにもかな　（一六八）

の一首があり、また同じころに、

もろともにともなふ人のあらはこそ　いひあはせつつなくさめもせむ　（二一九）

と詠んでゐる。いづれも、単に友を求めるこゝろが溢れてゐるのみならず、さらに深い人生の孤独感をその奥底にのぞかせてをり、やがて信仰への道標をそこに見ることも決して思ひ過しではないであらう。

青春時代以来、友なきを嘆いた彼は、一生を通じてこれを求めてやまぬ人であつたが、その結果は、たゞ友の得がたく友に心のうちを伝へることの難きを悟るに終つた――それが彼が六十年の経験であり結論であつた。

思しる友こそなけれいかにせん　人の心のうき世なりけり　（三三九〇）

六十まて人にしられぬ心哉　かくさぬ物を山のはの月　（三四七三）

かたるへき人たにもかなくらき雨の　窓うつこゑにさむるよの夢　（四七五六）

よしあしを思しる人そ難波かた　とてもかくても世に有かたき　（二五九六）

最高の貴族の一員として生れ、僧侶としても最高の職位を極めた高僧として摂関に劣らぬ顕栄をほしいまゝにして、多数の人々に奉仕囲遶せられる華やかな生涯でありながら、遂に精神的孤独に終始した慈円。その晩年がことに寂寞を極めたあとが、こゝににじみ出てくる。その上、五十四歳のころでさへ、

いかにせんひとりむかしを恋かねて　老の枕にとしの暮れぬる　（二五〇〇）

昔なれし友はさなから夢のよを　ひとりのこりて見るかひそなき　（二二七八）

五十ちあまりわかれし人をかそへきて　残るうき身ものこるへきかは　（四七三五）

と、相親しみ相語つた友の多くは、相ついで世を去つて行つたのである。今や六十歳を越えて、精神的孤独と、次第

に加はりゆく身辺の寂寥と、相語り相慰めてきた友の一人一人世を謝してゆく淋しさと、加へて身に迫る病の霧と。精神の孤高はその信仰を強め支へる力であつたにしても、彼の心身にまつはりつく空しさはあまりにも強かつた。かくて貞応元年の「述懐」はなほつゞく。

いかにせんいとひし世こそこひしけれ　なかき命そ今はかなしき　（五三二三）
あふ夢もかなはぬゆめもうつゝにて　思とくかたもなき身なりけり　（五三二四）
露の身もをき所なき世の中に　さきたつ人そうらやまれける　（五三三二）
いかにせんわかかたをかの秋のはの　梢の色に山のはの月　（五三三九）
思いつる秋もむかしにたちかへり　なとか雲ゐの月は見さらん　（五三四二）
はつかりもいまはこし路に世の中を　思つらぬるわれと見るらむ　（五三五二）
七十もうき身にちかくくる秋の　ひとり物思ふゆふ暮の空　（五三五四）

生涯をかへりみての限りなき感慨と、これに伴ふ一種の感興のうちにも、おのづから回帰してくる現実は、やはり病であり、その苦しみであつた。

身にまとふきり吹はらふ風もかな　いさすみよしの松にたつねん　（五三八〇）
思きや秋たつきりに身をなして　夜半のけふりをまたむ物とは　（五三九九）

老病身に迫つて死の遠からざるを知つた慈円として、身後の計を明確にしておく必要あるは当然であり、門跡関係は就中重大であつた。

慈円所管の寺舎所領聖教等を、はじめ朝仁親王に譲進した（二〇七頁）が、承久役後、幕府を憚つてこれをあらためて良快をして門跡を相承せしむることゝなつた（二八九頁）。その関係は乱後なほ四年にすぎぬ嘉禄元年の時点に於ては変更すべくもないが、この時、たゞ日吉の新塔及び細江庄を親王に進じ、且つ良快の後に所帯の門跡を相続せらるべきを定めた（『華頂要略』五十五）。その頃には幕府も恐らくこれを拒まぬであらうとは、この時の慈円の推測予想する所であつた。

門跡についての、この最後的処置とならんで、慈円の叡山のために興した行事も忘れられてはならない。即ち元仁元（貞応三）年十二月に企画した十禅師宮の礼拝講である。

これより先、約二百年以前の天台座主院源の時、山王の大宮社の後の杉が悉く枯れたことがあつた。院源は山王の宝前に礼拝講を興行して、その為に枯木が本復した、と伝へられてゐる。慈円はこの嘉例にならつて、彼の最も信仰する山王の十禅師に於て新礼拝講を興すことゝしたのである。その為に慈円は「新礼拝講記」を起草した。それによれば、山王の小比叡、聖真子、客人宮、三塔及び無動寺等にはその講が行はれてきてゐるのに、ひとり十禅師のみそのことがない。自分は年すでに七旬、病が身を侵す中にあつて宝前に参ずること百ケ日に及んだので、この時発願してこの講を起すことゝした、とその由来を説明し、進んでその目的と経営の方法とに及び、三十人の碩徳に依頼して一仏乗の深意を講ぜしめん、といひ、その資として江州の田園をこれに施入することゝした、とのべてゐる。願文は、以上、その目的・趣旨・方法を示したのち、さらにこれに托した慈円の理想をのべて、

凡厥当時日本国云為凡慮易レ迷是非無二図顧一也、唯不レ憚二倦利物於神徳一、専允二容度脱於仏法一、

と、まづ日本の将来を憂へ、これを如何に導くべきかは、たやすからぬ事なりとし、その為に大切なことは、神仏への祈りを懈らぬことを第一とするとのべ、次いで、

抑今更修二此講一、若待二発願之縁一、於二小僧一萠二廻向之因於末代一歟、其実専合レ時者、其益定在レ人者歟、努力々々、我党勿レ嬾二信心一、善哉々々、法侶須レ仰二神慮一、

而して神仏への願は、時に合し、人を得れば必ず叶へられるものとの確信を披瀝し、さてこの講の真意をかゝげて、

叡岳三千之衆徒者我国利生之専一也、法花八軸之真文者、滅罪生善之規模也、受二此法楽之神慮一、諧二其祈請之仏意一、豈敢過レ他哉更亦勿レ疑矣、

即ち、人と世とを救ふ仏法、我国と人民とを利する仏法は叡岳の仏法であり、叡岳三千の衆徒によつてその命脈が保たれてゐるのである。そしてその叡山仏法の神髄は即ち法花の真文にこそ存する。この礼拝講は、要するに叡山の碩学を集めて天台宗の生命たる法華の研鑽を積むことに外ならない。

世の中に山てふ山はおほかれど　やまとはひえの御山をそゆ《い》ふ　（一〇八九）

慈円にとつて比叡は日本一の山であり、日本の命脈はこの山のをしへによつて維持され、その重い責任を負ふものこそかの叡岳三千の衆徒なのであつた。先に無動寺大乗院に勧学講を起して学問の奨励維持に大きな刺戟と支持とを与へた慈円は、命旦夕に迫る身を以てまた礼拝講を興行して叡山教学の維持発展の方法を重ねて講じてゐるのであつて、好学の精神、真に感歎に値する。

僧はたた道理はかりのみちに入て　出にし家におもひかへるな　（五四〇六）

大懺法院の寺規中の「供僧器量」のこゝろをよんだこの一首が、決して座興ではなく、実に生涯を貫く心からの誓ひであり叫びであつたことも、あらためて認識されるのである。

七十年の長い体験を背後に負うた慈円の、命終の旦暮に迫るに臨んでの感懐は抑ゝ如何であつたか。その身は一生

に亙つて京畿の地を離れることとこそなかつたが、しかもその関心は常に我国の運命の上に第一に注がれ、その現状を観じ将来を思うては、一刻も安んずることなく、日本の政治に於ても精神的状況に対してもその最高の責任者の一人たるの自覚を以て、緊張の一生を送つた彼が、完成した仕事、し残した仕事、その得意と失意とは夫々何であつたか。――この自己評価に関連して、幸いに慈円は一通の願文――今日のこる最後の願文――を草してゐる。貞応三年五月に草したこの願文「春日表白」のうちに、慈円が己が一生を稽へつゝ重要な告白をなしてゐることは、すでにこの論考の冒頭にふれた所であるが、慈円の生涯について一応の考察を終へんとするに当つて、ここにその全文を掲げて味読しつゝ、その一生の意味を重ねて考へるの資に供することゝしたい。

金剛仏子慈円再拝々々白二春日大明神一而言、伝聞仏子者大明神之苗裔也云々、出家文云、流転三界中、恩愛不能断、棄恩入無為、真実報恩者文、爰仏子十三歳冬季《ニ》出家得度訖以降《シヨリコノカタ》、宿運之令レ然浮生之所レ定憶二於一生一雖レ疲二利哀之八法一、歴二于多年一、唯歩二名利之二道一、但中心所レ蒴在二仏神知見一歟、日本国僧徒之法背二戒律一而守レ法、著二世諦一而習学、亦属二闘諍堅固之時代一、有二諸宗門徒之邪執一、是皆昔権者化現之間、鑒レ之以不レ嫌、今学侶我慢之中、競レ之以成レ煩、時之果報、国之風俗、豈敢不レ然哉、仏子扶二三代執政之万機一、護二一人宝祚之政道一、其間所レ蓄二于心中一者興隆仏法広作仏事、所レ羨二于下愚一者、政道反素天下中興、行住全無二所レ犯之過怠一、朝暮亦有二所レ求之善種一、因レ玆一期生二乱世一而未レ会二災難一、七旬致二祈禱一、未レ結二遺恨一、遂使レ相二逢当時之内乱一之間、得二宿病一而遁二其難一、聴二霊告一以有レ所レ待、都以仏子摂録之大任、后宮之栄幸、王子之降誕、立坊之受禅、王法淩夷之鑒見、未来転変之発智、悉任二大聖之照見一、皆収《ム》二己心之覚悟一、而間近曽天下之云為《アリサマ》、年月心中之苦悩、齢満二于七旬一、待二終於旦暮一之今、依レ有二出家之号一、雖レ疎二遠于大明神之利物一、為レ信二一代之教一、鎮之殖(マヽ)二於中丹田之吾種《ヲ》一、倩顧二年来之思慮一、今大明神之知見之前、令レ無レ残二疑於一心之底一、真実我宗之法門者、中道一仏乗之悟入、神道垂跡之冥道者、一代無上士、令レ開二示之一、無レ自無レ他、覔二因縁於三世一、無レ親無レ疎、集二果報於一生一、出家之悟如レ此、入道之誠在レ之、然則苗裔三世之昇沈、花臺一期之来迎、至二於祖神之冥感一、入二于観音之掌内一、已受二生於一族之家一、専修二法於七旬之身一、遂以従レ法発心、必亦有二其冥助一者歟、抑天下之摂録《マヽ》者、尊神之約諾也、当択二器量一兮擁二護之一、心中之祈請者時運之道理也、宜鑒二盛衰一兮納受《シタマフ》之、于時貞応三年仲秋之天、右二筆於病席一、形《ニアラハス》二志於安心一、権現必哀二愍本末之善縁一成二就始終之実道一而已、仏子慈円再拝々々敬白、（『曼殊院文書』）

老病の席に筆を把つたと特筆されてゐる、その緊張と真剣とが全文に漲つて居り、矯飾なき慈円の心中が吐露されてゐる。のみならず、自己一身の死、生死一大事を通して生涯をながめてゐる所に、大所高所から生涯の意義を活き活きと把握してゐる点に、本願文の最大の価値と意味とがよみとられる。そこには、他ならぬ氏神にさゝげるといふ一種の親近感と同時に真剣さとが感得されるものがある。

第一に、冒頭に、己が藤氏の高貴の出自をあげ、而して出家したことをのべ、この二つの事実、二つの世界の関係に於て自己を眺め、「憶二於一生一、雖レ疲二利哀之八法一、歴二于多年一唯歩二名利之二道一」と事実をありのまゝに率直に認めてゐる。とゝもに、これに対して、「但中心所レ繭、在二仏神知見一歟」と、上の事実に対する自己の反省・意欲・理想を表明し、むしろ愬へてゐる。まことに簡潔かつ透徹した告白であつて、客観的な彼への観察にも深い示唆を与へてゐる。それとゝもに、自己のこの世間と出世間とを雑糅する態度を以て生涯を貫いたその体験を、簡潔に「背二戒律一而守レ法」「著二世諦一而習レ学」と表現し、かつこの体験がまた日本仏教一般の特色に通ずるものとして、その中に「日本国僧徒之法」をよみとらうとしてゐる。

第二に、以上の基本的態度をやゝ具体的に説明して、「仏子扶二三代執政之万機一護二一人宝祚之政道一」と所謂鎮護国家の努力をあげ、しかし同時に「其間所レ蓄二于心中一者、興隆仏法広作仏事」にこそ己が本意の存したことを明らかにする。而してこの仏法王法の興隆の事業に於て過つところなかつたので、乱世にも拘はらず災難を遁れたし、また霊告、即ち神仏の告げによつて未来を期待する所もあり、摂籙のこと、后妃・王子等の朝廷のこと、或は王法の衰退などについても神仏聖人の告げによつて予め見通しをもつことが出来たとしてゐる。即ち幸運と信仰の力とによつて一生のうちに大過を犯すことがなかつたことに、一面満足の意を表してゐる。しかし近来の「天下之云為《アリサマ》、年月心中之苦悩、齢満二于七旬一、待二終於旦暮一之今」云々と眼前の政治状況には不満を表明し、結局、「天下之摂録者尊神之約諾也当レ択二器量一兮擁二護之一」と、摂籙の器量をえらぶべきこと、端的に云へば、九条家の摂籙政治を望んでゐるのである。以上、総じてこれを観れば、今日に存する政治についての願望をのべた最後のことばである。

乱後の新しい情勢に対応して、慈円の思想も新しい装ひをつけたことは、先に見た通りである。この新しい方向づけは、前掲大懺法院再興願文（二九八頁以下）に組織的に示されたのであるが、その後、この「春日表白」、ついで「新礼拝講記」に到るまでの上の表白を通観することによつて、この新しい方向づけが敷衍され肉づけされてゆくあとがうかがはれる。それは六十八歳から七十歳までの間、即ち七十一歳で入滅した慈円に於て、最後の思想ともいふべき地位を占めてゐる。乃ち、以上のべた所（二九七頁以下）をこゝで重ねて纏めておくことは、晩年の慈円を大観する上に意義あることであらう。まづ、願文・表白を列挙すれば、

㈠大懺法院再興願文（貞応元年十二月）　慈円六十八歳

㈡山王啓白（貞応二年十一月）　六十九歳

㈢十禅師（太子）啓白（貞応三年正月）　七十歳
㈣春日表白（元仁元年八月）　七十歳
㈤新礼拝講記（元仁元年十二月）　七十歳

㈠仏法興隆　直接に云へば、再興された懺法院の祈禱を未来際を通じて維持してゆくことであるが、それ以外、叡山仏法そのもの丶興行、法華一乗の伝統的根本精神の発揚にもあらためて留意してゐる。

㈡王法隆昌に於いては、
⑴武家の補佐を中心とした公武合躰政治、その為の将軍の祈禱の精励
⑵九条家の執政
⑶三上皇、とくに後鳥羽上皇の御帰洛の願望、このことの期待と願望とは右の十禅師表白に特筆してゐる。慈円は、承久役の責を強く上皇に帰しながら、而も御帰洛を熱望してゐること（それは当時の幕府にとつては思もよらぬことであつた）は特徴的である。

自己一身のこと、門跡のこと等の私事を別として、仏法王法に関して、その入滅までその心を占め、その思を悩ましたものは凡そかくの如きものであつたのである。

元仁元年十二月に「新礼拝講記」を記したことは、肉体的にも精神的にも気力と余裕とをなほ存したことを示してゐる。翌年元仁二年、四月に嘉禄と改元されたが、この王法と仏法とに深い憂慮を懐きつ丶重病を養つてゐた慈円の身辺に、新たに思はぬ事態が、さらにその憂を深めること丶なつた。愛弟子慈賢が、何時のころからか病魔に侵されてゐたが、この頃俄に重つてきて殆ど死門に及ぶかと憂慮される程となつた。このことを聞いて慈円はたとへ様もな

い悲しみにうたれて、多年重病に沈んできた自分の死に先だつて慈賢に万一の事があつたならば、自分にとつて第一の山王の神罰になる。この悲しみこの迷ひに心は度を失つてゐる。願はくは慈済を垂れて病患を悉除し給へ、といふ悲痛な願文を自筆にかいて山王に捧げてゐる。慈賢は正治二年正月二十四日、慈円が灌頂を授けた弟子（慈円四十六歳）であるが、爾来ここに到るまで二十五年間慈円に侍してきた、慈円第一の愛弟子であつた。大懺法院の阿闍梨に加へられて以来常に慈円の重んずる所であり、絶えずその愛顧を得てきたのであるが（赤松俊秀氏「愚管抄について」『鎌倉仏教の研究』二八〇―二八二頁）、慈円は己が死病をも忘れるかと思はれるほどの熱禱を山王に捧げてその無事をいのつたのであつた（土橋嘉兵衛氏蔵、「嘉禄元年七月廿九日、金剛仏子慈円敬白」の署名ある願文が現存。その全文は赤松氏上掲書二九九―三〇〇頁に収められてゐる）。

愛弟子慈賢のためのこの限りなき心遣ひと願文起草の努力を最後として、慈円の身の衰へが一時に迫つてくる。その二ケ月後、九月に入つて慈円の願ひはたゞ「病患不レ令二倍増一」、そして「速疾遷化」にのみ集中される。慈円はこの日のためにかねて深く用意する所があつた。『慈鎮和尚伝』（神田本）は、厭離穢土・欣求菩提にすべてを捧げる時が到来した今に到つてこの最後の祈願と行儀とを誤りなく行ずる具体的方法を講ずるに於て、慈円の平生費した配慮のほどを次の通りに伝へてゐる。

病を看るべく集つてきた慈円の弟子が何人あつたか明らかでないが、その中最も主な十人がえらばれて現前と今後のすべてを托せられた。慈円はこの十人に銅銭十万枚を頒つたといふ（『慈鎮和尚伝』）。

是以捨二銅銭十万枚一賜二十人有徳僧侶一結二発願文一云、仏子慈―《円》敬白本尊病苦難レ忍、必死不レ疑、当時病患不レ令二倍増一七日之中速疾遷化、所願無弐決定成就、

各人にこの文を誦せしめ、第六日、即ち嘉禄二年九月二十五日、弟子の伽陀と釈迦の宝号との誦唱のうちに、身を洗ひ新浄衣をつけた慈円は安詳として寂した。年七十一歳。慈賢・祐真・聖増・証空等の門弟がその最後に列してゐた。遅れて後鳥羽上皇皇子朝仁（道覚）親王がかけつけられた。宿舎は東坂本大和庄であつた。

慈円の死を聞いた世人は、三塔の識者を喪つたとして父母を喪つたごとく歎いたと伝へられる（『明月記』）。遺骸は火葬に附して無動寺に葬り、また西山にも分骨された（『華頂要略』『慈鎮和尚伝』）。

慈円寂後十三年、嘉禎三年三月八日、慈円についで門跡の棟梁となつた良快は、先師に追諡を賜はらんことを奏請した。四条天皇は奏請を嘉納して勅使を以て勅諡を慈鎮と賜はつた。勅は即ち、

今聞二其徳一追二思其人一属二斯万邦之淳素一在二彼一念之余薫一、朕之叡襟将レ贈二寵輝一宜加二崇飾一諡曰二慈鎮一忽継二寛仁二百年之絶跡一、喜二満山三千徒之懇懐一上卿権中納言為家卿宣、奉勅左少弁長朝伝宣、

同二十六日無動寺において宣命を拝受した。勅使は少納言藤原長氏、詔書は大内記藤原宗範の起草であつた。

第二部　思想と信仰

第一章　叡山の草創と守成

わが国の天台宗の信仰と教学とは、その源を、無上菩提の法味を一切衆生と共にせんとする最澄の誓願と理想とに発してゐる（「願文」『叡山大師伝』所収）。

最澄はこの理想を実現せんが為に、比叡山をひらき延暦寺をたて、国家の公認のもとにこゝに学生を養成し教育した。彼はこの寺に止観業・遮那業の二課程を立て、円の十善戒を受けた沙弥を学生として、その二課程のいづれかを選ばしめ、十二年間不退の籠山のうちにこれを学習・修行せしめたのである。

止観業は、法華・金光明・仁王等の護国の諸経を長講せしめ、遮那業は大日・孔雀・不空・仏頂および諸の真言等の護国の真言を長念せしむ、と規定されてゐる。

これらの学業課程と規定、その根幹をなす叡山教学の内容と精神とは極めて多角的であるが、それについて我々は、就中その最も大きな特色として、㈠一乗主義、㈡鎮護国家思想、㈢諸法実相観、の三をあげたいと思ふ。

㈠一乗主義　最澄は「願文」に「所㆑修功徳独不㆑受㆓己身㆒」とのべてゐる。人として、無上菩提を己のものとすることに最大の生甲斐あることは勿論であるとゝもに、これを一身にとゞめず、一切の衆生とその楽しみを共にし、これに一人も漏るゝものなきを期す、といふことが、大乗の根本精神であり、やがて最澄の最大の希望、最深の意欲もそこにあつた。「妙法一乗真実教」（『顕戒論』）の語もそれを示してをり、小乗二百五十戒を棄捨し（『一心戒文』）、一乗戒の独立の為に既存の南都仏教の大勢力との間に、所謂一乗三乗の優劣の論戦に一生をさゝげたのである。かくて一乗戒或は円の大戒を凡聖すべて通受することによって等しく一切が救済されることを信じ、且つ主張した。奴婢もまたその外でないことを明らかにしたことは、この主張、この思想の最も端的な表現であった。即ち「当レ知、梵網仏戒、凡聖通受、何推二上位一不レ許二下位一、若不レ許二凡夫一、深違二経旨一、誰有智者不二悲痛一乎」(『顕戒論』)と、下凡をも併せて救ふことにこそ経旨が、即ち仏の心が存する、とした。最澄の信仰のすべてはこゝに発し、またこゝに帰するといってよい。

㈡鎮護国家思想　止観業も遮那業もよむ経は「護国衆経」であり、誦するは「護国真言」である(『六条式』)。これによって養成される学生は「為下住二持仏法一利二益国家一接中引群生上」を目的として学ぶのであり(『八条式』)、彼等は将来「国師」「国用」として国家の万民の指導に任じ(『八条式』)、「利国利人」を専ら目ざして修行するのである(『六条式』)。『顕戒論』(中、『大師全集』㈠一二一頁)にこのことを詳説して、

明知、念誦及転読衛国之良将也、誠願大日本国天台両業、授菩薩戒以為二国宝一、大悲胎蔵業置二灌頂道場一修二練真言契一常為レ国念誦、亦為レ国修二護摩一、摩訶止観業置二四三昧院一、修二練止観行一、常為レ国転レ経、亦為レ国講二般若一、

といへるは、学生式とよく照応し、相俟って最澄の立教の精神を闡明してゐる。而してこゝでとくに大悲胎蔵を説いてゐることは、真言行によって、衆生本具の菩提心を長養せんとする、本覚思想が示されてゐることに注目しておきたい。

㈢諸法実相観　これは一乗思想と根底を同じくするのであるが、衆生本来仏陀であり、万象即実在とする。止観は一心三観・一念三千の観法を教へるものであるが、その基底をなすものは空仮中三諦の相即観である。万象は現象と

して仮象たるが故に実は空に外ならぬが、その空が而もそのまゝ中にして実在であるとする。『摩訶止観』はその初めに、その極説を「円頓止観」の名のもとに要約してゐる。

円頓者、初縁二実相一、造境即中、無レ不二真実一、繋二縁法界一、一念法界一色一香無レ非二中道一、己界及仏界衆生界亦然、陰入皆如、無二苦可一レ捨、無明塵労即是菩提、無二集可一レ断、辺邪皆中正無二道可一レ修、生死即涅槃、無二滅可一レ証、無レ共無レ集故無二世間一、無レ道無レ滅故無二出世間一、純一実相、実相外更無二別法一、法性寂然名レ止、寂而常照名レ観、雖レ言二初後一無レ二無レ別、是名二円頓止観一

涅槃といふも生死の中にあり、辺邪や世間がそのまゝ中正たり法性たるに外ならぬのである。

最澄生前に戒壇は成らず、諸堂の施設の計画の実現するもの多からず、弟子の叡山に止住せずして他寺に靡いたものの相つぎ、即ち、その在世中の寺勢必しも振はぬ一面も見えるが、しかも叡山の思想、その学解と信仰の特色と方針とは最澄生涯の活動によつて永く確立せられ、爾後平安朝四百年を通じて目ざましい発展をとげた。即ち最澄の理想を解し、これに共鳴して山中の苦修練行に堪へた多くの学匠は、最澄の衣鉢をついで、それぞれの個性と独創力とを以て独自の道を拓きつゝ、絶えず新たな養分をこゝに沃ぎ、以てその思想史を飾つた。而してその努力の集積が欝然たる天台教学と思想との大系をつくり上げるとゝもに、我国の思想界に指導的地位を占めるに到つたのである。

叡山創業の後を受けてよく守成の業を完うしたのは、第一に最澄の弟子円仁であつた。円仁は師の業績の全面にわたつてよくその後継たるの任に堪へた。まづ止観業及び円戒の面に於て少からぬ著書を残してゐる。円宗に於ては『法華迹門観心絶待妙釈』『法華本門観心十妙釈』『三身義私記』『俗諦不生不滅論』『心性論』『己心中義記』『寂光土記』『天台法華宗境智一心三観文』『真言所立三身問答』等の著の伝へられるもの少くない。但し中に真偽未詳のもの

が含まれるとされてゐる。戒に於ては最澄の『顕戒論』をうけて『顕揚大戒論』八巻が存する。しかし円仁は、本来止観業出身であるが、それにも拘はらずとくに密教の研鑽に挺身し、一生の業績全体よりみれば、この方面に於てとくに大きな足跡を残し、台密の優位と隆盛とを特色とする今後の叡山教学の発展の源がこゝに発した。円仁のかゝる方向づけが何に基づくかは明らかでないが、恐らくは最澄自身が、止観・遮那の二業をたてながら、遮那業についてはなほ広く深い研究の余地の存するを自認し、空海に対してそれらの点に於て援助教示を求めてゐることゝ関連があると思はれる。『慈覚大師伝』は、最澄が平生円仁の器を高く評価して、その教導に力を入れてゐたことをのべて、

先師（最澄）弥器レ之、教以二止観一、

といふに続けて、

教誡曰、吾常弘二伝二諦不生不滅之旨一、而世人偏信二真諦不生滅之義一、未レ解二世諦不生滅之理一、汝以二此義一、流二伝於世一、弘二通円教一、利二益有情一、即指二授止観文義骨髄一、令レ領二知秘要経論法蔵一、先師為レ遍二伝法一、抜二択年少聰明弟子十人一、令レ学二止観一、

とのべてゐる。これをどう解するか。こゝで教授してゐるのは止観であるが、それが「二諦不生不滅之旨」といふ真理のうちの、「真諦不生滅」の一面のみに注目させる結果となる傾向があり、「世諦」もまた不生滅である所以を充分に教へるに及んでゐない、故に汝は後者の面の教へに力をそゝいでこれを世に流伝せよ――さういふ期待をよせてゐた。従って円仁は遮那業、即ち密教――万象を即ち曼荼羅と観ずる密教を以て、この遺嘱を実現せんとした。そこに円仁が密教の研鑽に邁進した大きな動機があつた、と推測して誤りないであらうか。

以上の様に解するとき、円仁の大陸での活動、即ち極めて長期にわたる求法活動に、幾多の不如意と困苦とを克服

しつゝとくに密教の組織的受容に身をさゝげて不屈の精魂を発揮してゐることの由来と意味も、なほ一層深く理解せられるやうに思はれる。帰朝後における叡山での活動に、密教方面のそれが多く今日に伝へられてゐるのも、客観的事実に基づくものなるべく、かくして円仁は密教発展のもつとも輝かしい先達となつた。

円仁は帰朝に際して幾多の密教関係の経論・儀軌・法具を伝へるとともに、密教の事理二面に於てその基礎を具体的にきづいたのである。

叡山に、唐の長安に模して皇帝本命の道場たる総持院を開き、熾盛光法の修法を置いたのは、師最澄の鎮護国家の精神をはじめて具象化したものであつた。この修法はやがて叡山の伝統的修法として確立され、天台座主専修の山門四箇大法の一として規定せられる。

このことは円仁の台密の道統確立途上の先駆的業績としてまづ注目されるが、しかも円仁の台密への最大の貢献はさらに進んで、修法の確立、専門道場の創立を、密教の理論体系確立の基石の上にすゑたことに存する。それは実に、叡山教学の根本に係る事理一体の活動であり、今後の叡山教学の大綱の成立と動向とはこゝに決したといふも過言ではない。而して円仁の金剛頂経・蘇悉地経両経の疏の述作が、その理の方面を代表する。和漢を通じて殆ど類例を求められないこの両著によつて、円仁は叡山教学に独自の批判を加へたが、この新しい教判が叡山教学に新生面を開き、いはゆる台密の一大体系がこゝに巨歩をふみ出したのである。

金疏に於て、円仁はまづ絶対観に立つて、「如来但説二真言頓証無上法門一曽無二他事一是即名為二随自意一也」と、凡そ仏教とよばるゝ限りすべてが仏説であり、仏の真言、随自意の説なりとする。が次に、一歩を進めて、

是故大興善寺阿闍梨云、若就二真言一而立レ教者、応レ云二一大円教一如来所レ演無レ非二真言秘密道一故、（金疏、仏教全書

本一九頁）

とした。このことは、先にふれた所の師最澄の遺嘱にまさに答へるものと観るべきである。即ち『慈覚大師伝』は、この最澄の遺嘱が、先に見た通り、

弘二通円教一利二益衆生一、即指二授止観文義骨髄一令レ領二知秘要経論法蔵一、

といつてゐる。この「円教」を「秘要経論法蔵」を以て解釈したものが、即ち真言である、といふ右の円教・真言全同観であるといつてよい（島地大等氏『天台教学史』二九七頁）。そして、この真言こそが、「世諦不生滅之理」（『慈覚大師伝』）を教ふる具体的な仏教観であり方法である、としてゐる。

師最澄と同様円仁も、空海の教判（真言宗）の影響下にあつたことは疑ひない。が、ともかくも、円仁はこの円教即真言の「一大円教」を基盤として、次に相対門に下つて、顕密の二教を立てる。

顕教所立是随他説、密教所弁是大日尊随自意説也、（金疏）

と、随他意の故に顕教は随自意の密教に劣ることを先づ判じ、これに伴つて顕密の対比優劣を提示し、

顕教十二、雖三同名為二修多羅等一、但説二随機浅略六度四摂等法一、未レ顕二如来結要三密内証五智一故云二随他一、不レ知二三密一故、雖二歴劫修行一而仏果難レ得、非二内証智一故、於二法界色心一不レ見二周遍身一、今経不レ然、纔結二一印一、供二法界仏一、暫念二真言一利二一切衆生一、（金疏、仏教全書本一四頁）

即ち随自他の差は、やがて成仏の方法の浅深及び成仏の遅速を生み、同時に法界色心そのものに於ての仏身の完全なる顕現の見不見の結果を生ずる。密教の経――金剛頂経――に於ては、たゞ一印を結び、仏に供養し、わづかに真言を念ずるだけで、直ちに一切衆生を利し忽ちに真仏を見るを得る、とする、一言にしていへば、顕密は、本質に於

て逕庭あるとゝもに、具体的な方法を有する点に於て、また密教は優越してゐる。即ち円仁は、これを事・理の観点より判じて、「蘇悉地経疏」㈠に左の如くに説明してゐる。

問、何等名為二顕教一耶、答、諸三乗教、是為レ顕、問、何故彼三乗教以為二顕教一、答、未レ説二理事倶密一故也、問所レ言理事倶密者、其趣如何、答、世俗勝義円融不二、是為二理密一、若三世如来身語意密、是二為事密一（仏教全書本二五四頁）

三乗を主張する立場を顕とし、顕の顕たる所以は理事倶密を説かざるに在りとする。その理事倶密は、然らば何をさすか、といふに、世俗と勝義とが円融不二なるを説く立場を理密、そしてそれ以上さらに如来の身語意三密を説く立場を事密とする。この後二者、即ち密の二つの立場について円仁はつゞいて具体的な経についての説明にうつる。即ち、

問、花厳、維摩、般若、法華等諸大乗教、於二此顕密一何等摂耶、答、如二華厳・維摩等諸大乗教一皆是密教也、問、若如レ云皆是密者、与二今所レ立真言秘教一有二何等異一、答、彼華厳等経、雖二倶為レ密而未レ尽二如来秘密之旨一故与二今所レ立真言教一別、仮令雖レ説二少密言等一未レ為レ究二尽如来秘密之意一今所レ立毘盧遮那金剛頂等経咸皆究二尽如来事理倶密之意一是故為レ別也、（仏教全書本二五四頁）

密のうち、如来の意を完全に表現するものと然らざるものとに分ち、花厳、維摩、般若等を如来秘密の意を究尽せざるもの、それは如来の密言を完全に説かざることを理由として不完全なる密教とし、法華をもこれに含めてゐる。これに対して、完全なる密教は大日経・金剛頂経に説かれてゐるものとしてゐる。即ち前者は唯理秘密教、後者は事理倶密教である。

右に於ては、仏意未究尽の故を以て、法華経を仏意究尽の経たる金剛頂経の下においてゐる様であるが、しかも法華に対しては、円仁が特別の配慮を忘れてゐないことは注目される。即ち金疏(二)（仏教全書本四四頁）に、この金剛頂経説示の席には大乗の薩埵のみをして列席聴問せしむるに、諸大乗の説示の席には小乗の者をも列せしめる。その理由如何といふ問に対して金疏に、

仏法有二二種一、一秘密、二顕示、今此経（金剛頂経）是一切如来秘密之教、為レ欲レ示三現異二顕示教一、是故列二大菩薩一、不レ列二余類一（仏教全書本四四頁）

如来の秘密をあます所なく顕示する故に、大菩薩のみを聴聞せしめて、小乗の列するを許さず、といふ。然らば法華の場合、大小倶列せしむる理由如何。

若爾者、法華等経、亦是諸仏秘要之蔵、既以大小倶列、何故此経不レ爾、答、結二集経一者各有二所顕一、是故有二列不列之異一於二彼法華一為レ表二開権一故有二倶列一、若不レ列レ小者、恐不レ知二所開一、故今約二此経一、為レ欲レ示下現密異二顕教一不上レ列二小人一、（仏教全書本四四頁）

法華もまた（金剛頂経と同様）「諸仏秘要之蔵」なのである。たゞこの経の説示に大乗の菩薩のみならず小乗のものをも列せしめるのは、開権のはたらきを示さんが為にであり、即ち、もし然らざれば、所開（開三顕一）の関係を明らかにしがたいからであるといつてゐる。また同疏には法華の久遠成仏は金剛頂経の毘盧遮那仏と異ることなきを明かして、

大唐大興善寺阿闍梨云、彼法華久遠成仏、亦是此経毘盧遮那仏、不レ可二異解一、又彼経為レ破二三乗近情一偏演二説遠事一今此経（金剛頂経）為レ破二顕教歴劫一広示二不久現証一各有二所以一不レ可二苟執一也、（仏教全書本六九頁）

としてゐる。これらにみれば、彼が、「真言」の優位を説きつゝ、しかも法華を如何に尊重して、これと同等の地位に

おくに如何に苦心してゐるかが知られる。

しかしながら、円仁の真意とは別に、円仁がこれらの疏などの説を通して真言中心の教判を示したことは、今後の台密発展の趨勢を決したのであり、やがてその勢は円仁の法弟円珍を通じて強められ、その資安然に至つて極まるのである。

円珍の叡山に於ける修行時代の学習の中心が何処にあつたか、顕密のうちいづれの出身であつたかについて明確な記録の徴すべきものがないが、天安二年、入唐をへて帰朝した時の奏状のうちに、

年分奉レ試読二大毘盧遮那経一及第蒙レ度、依レ式一紀棲レ山、習二学遮那止観之宗一（三善清行撰『円珍伝』）

とあるによれば、規定通りの十二年間の籠山中に最も力をそゝいだのは大日経の研究であつたやうであり、即ち遮那業の出身であつたかと思はれる。同時に、師兄円仁の業績について深く注目し、その護持と振興のために初めて金剛頂・蘇悉地経業を置き、年分度者を朝廷に請うてその実現に成功してゐる（『円珍伝』および『余芳編年雑集』所引元慶三年十月二日附太政官符――仏教全書本『智證大師全集』第四）。即ち円珍が、円仁の影響のもとに、密教に深い関心をそゝいでゐたことが第一に注目される。

円仁が最も力を注いだ顕密の教判は、かくしてやがて円珍にひきつがれる。

円珍の顕密観をうかゞふべき著作として、従来まづ『講演法華儀』が注目されてゐる。本書は、自跋によれば貞観九年に成つたといふ。即ち円珍五十四歳、天安二年の帰朝後九年目の著であり、円珍の思想の円熟したころの著である。

本書は法華経及びその開結たる無量義経・普賢経と大日経との対比・連繫を論じ、以て顕密の一致を説いてゐるところにその趣旨と特色とがあると観られる。

最初に法華行者が無量義処に在つて法華三昧に入り、以て分明に「心蓮の儀」を観想し得ることを明かす。無量義処の「処」は「一心」のことであるが、この「一心」は八葉の妙法宮であり、その中心をなす中胎が「摩訶毗盧遮那遍一切処」である。この姿をみることが自らの心の実相を観ることである。

自観二一心一見二九法身一、是名レ見二心之実相一、

この妙法宮の観心を、さらに法華の題目、即ち妙法蓮華の語に即して説明し、同時に密教によつてこれを次の如くに解釈する。即ち、

更今依二真言門一釈二此経題目一、言二妙法一者是金剛界大毘盧遮那如来自証月輪也、蓮華者即是大悲胎蔵八葉心蓮、

と説き起して、以下一心に「有二二名一」として、そこに金剛・胎蔵の両面を相対比せしめる。その配当を表にして示せば、次の通りである。

妙法――金剛界――大日自証月輪――三十七尊――質多――定

蓮華――胎蔵界――八葉心蓮――五百余尊――干栗駄――慧

さらに入文判釈の部に於て、法華と真言との関係に直接にふれて、大日経疏を引き、而して、

今此本地之身、又是妙法蓮華最深秘処云々、当レ知所詮幽在二本地一、今法華文即為二能詮一、世人各雖レ随二分別一釈是経文義一而未レ得レ到二最深秘処一、是故文云、是法華蔵深固幽遠、無二人能到一者、意在レ玆也、当レ知、此経是顕二説本地八葉妙法蓮華之儀一、

と法華は能詮、真言密教は所詮としてゐる。そして、以下法華の各品について密教的解釈を下してゐるのであつて、これを、

当レ知、是経正説之文、無レ非二秘密五智八葉之義相一也、如レ是八葉十方各有同名二一乗一、

と総括してゐる。

以上は『講演法華儀』の前半、いはゞその序の部を一瞥したのであり、以下に於て具体的に法華各品の解釈を展開し、また、止観の十如を曼陀羅の蓮華八葉に配して説明してゐるのであるが、これを一口に云へば、円珍が信仰の中心を法華におきつゝこれを密教的に解釈してゐること、顕密一致の立場に立ち、これを次第に密教的方向に深めつゝあつたことを看取することが出来よう。

以上、『法華儀』によつて円珍の顕密観の一端にふれたのであるが、本書は、或はその真撰にあらず擬書の疑ひをもつ向もある（『仏書解説辞典』）。従つて、念のために、これよりも先、仁寿元年三十八歳の作に帰せられるが、大日経についての彼の見解を示した『大日経指帰』によつてこれをさらに見ておきたい（『智證大師年譜』）。蓋し、『法華儀』はこの問題を極めて詳細具体的に説いてゐるに対し、『指帰』は、やゝ簡単ではあるが端的に説いて、却てその立場がより鮮明であると考へられるのである。

本書は、本来、叡山の立場に於て大日経を如何に観るべきか、即ち叡山の教判に於けるその位置づけの問題を中心に論じたものであり、従つて法華との関係はその第一に位すべきものである。序に、

迺是妙法之家最深秘処、蓮華之海自然智竜、普門応用彼時帰レ心、本地真容此日懸レ眼、万教之枢機八蔵之関鑰、
可レ謂二斯大日経王一焉、

とあるのも、大日経の讃歎たるとともに、法華との対比を先づ前提にしてゐるのである。従つて、それに答へるものとして、

今案此三摩地門、唯在二此秘密教一、自余一切修多羅中闕而不レ書、故云二大乗中王秘中最秘一、法華尚不レ及、矧自余教乎、

と、法華と大日とを対比しつゝ、大日の優越を明示してゐる。

円珍の立場が、本来の法華宗としての叡山の教学に於て、いかなるものであるかは、なほ多くの資料により、さらに深い検討を経なければならぬものがあることは云ふまでもない。たゞ円仁・円珍を通じて、このころの叡山の思想の動向が、著しく密教化してゐることは疑ひなく、即ちこゝに叡山に於て、いはゆる台密の分野がすでに非常な重みをもつてゐたこと、そしてまた日々に発展の勢ひを示しつゝあつたことは、以上を以て看取することが出来よう。而して叡山の発展、それは堂塔坊舎、寺領、及びそれらと因果する社会的威望の面と、また思想的・学問的活動の面とを含めて、それが、この二人の活躍時代に於て基礎づけられたとすることは、我々の常識的理解なのであるが、そのことは、必ずしも今日の我々だけの主観的な想定として無碍に却けらるべきではなく、また当時の人々に於ても凡そ同様に考へられてゐたことは、三善清行の『円珍伝』の左の語がこれを示してゐる。即ち、『伝』は、円珍一代の活躍精進のあとを概観讃美し、多くの弟子を養成したことなどをのべた後、

初伝教大師、斬レ木刈レ草建二延暦寺一遂入二大唐一伝二天台真言両宗一、其後相承闡二揚両宗一光二大門戸一者、慈覚大師与二和尚一而已、

止観業に対比して遮那業が不備と感じたために、その発展が最澄自身の遺志であつたかと推測されることは、先に触れた。大体その方向に即して、顕に対する密の優位といふ発展の動向がいま事実となつてきたのであるが、この次第に圧倒的な傾向に、最後的に睛を点じて、顕密の関係に一の決を与へた人物として、次に安然に及ばねばならぬ。

安然は、従来の研究によれば承和八年生れである。それは最澄滅後十九年、空海寂後六年、円仁四十九歳、円珍二十八歳の時に当る（橋本進吉氏「安然和尚事蹟考」『橋本進吉博士著作集』第十二冊）。即ち、以上観てきたところに照せば、それは恰も叡山の密教の興隆期に当つてゐるのである。

同じ橋本氏の研究は、安然の叡山での出家を十九歳、即ち貞観元年に比定してゐる。これらの時期からみて、彼の叡山活動の中心が顕教よりも密教に向けられて行つたことは、自然の結果と考へられる。即ち彼の著とせられたものの中に於て後者に属するものゝ圧倒的に多いことは、決して偶然ではなかつたと考へられてよいであらう。そのことは、彼の学習・受法の面に於て、さらにやゝ具体的にうかゞふことが出来る。即ちその受法の明徴は貞観十九年以後にみられることが、印信・著書などによつて知られる。貞観十九年道海より胎蔵法をうけ、また長意・宗叡・宝月・湛契よりも受法してゐる。のち元慶六年には、遍昭について胎蔵法・金剛法をうけてゐる。その外空海や円珍の資より悉曇をも受けてゐるが、これらの諸師は多く円仁の資であり、遍昭は円珍の資であつた。これらによつて観れば、安然が圧倒的に円仁・円珍二師の影響下に学び、成長して行つたことは、大綱に於て認められねばならぬであらう。『阿娑婆抄』（『伝法灌頂日記』上）は、元慶八年十月十五日附遍昭より安然に金剛・胎蔵及び蘇悉地の大法を授けたこと、かくして安然が三部大法阿闍梨となつたことを明記してゐる。

安然の教判を示すものとして、『教時諍』『教時問答』の二著がこれを代表する。

中について『教時諍』（天台宗叢書『安然撰集』第二、九〇頁）に「依二教理浅深一」として諸宗を判じて簡明に、

初真言宗　　次仏心宗　　次法華宗

以下、併せて九宗の順列を示し、真言宗第一の理由をあげて、

真言宗ハ大日如来常住不変、一切ノ時処説㆓一円理諸仏秘密㆒最為㆓第一㆒、

として、仏心宗（禅宗）を次につらね第三に法華をあげて、

一代教跡権実偏円教観雙共明㆓一実㆒、諸仏秘蔵、故為㆓第三㆒、

としてゐる。

『教時諍』に簡単に表明せられたこの「一切時処」説の仏の秘密教を詳説展開して、その教判を具体的に示したものが即ち『真言宗教時問答』（『真言宗教時義』『教時義』或は『教時問答』）である。（天台宗叢書『教時問答』）。この『教時問答』に於て、安然は「四一十門教判」をたてて、その仏教観を組織的に示してゐる。

『教時問答』、具名は『真言宗教時問答』であつて、真言宗中心の教判に外ならない。即ち安然の教判に於ては、もはや「天台宗」の名をすてて、山門の仏教を呼ぶに「真言宗」を以てしてをり、北嶺はこゝで真言宗の道場とされてゐるといふも過言ではない。もとより、それが内実についてみれば、「台密本来の根本思想に至っては毫もこれを動じたるものに非ず（中略）その根本立脚を動ぜざる」（島地大等氏『天台教学史』）ものであつたにしても、而も叡山教学上の大なる変革を代表するものであつたことも否定しえない。

四一教判とは何か。安然は、『教時問答』開巻第一にこれを説いて（同、一頁）、

真言宗立㆓一仏一時一処教㆒判㆓摂三世十方一切仏教㆒、

と。四一は即ち一仏、一時、一処、一教である。三世十方諸仏のあらゆる説法はすべてこの四の一に極まる、とする所にその趣旨がある。

まづ「一仏」についてみるに、一仏は何故に一切仏であるか。これを説明して、

大日一身、一平等時、一法界処ニ説ク二一道法ヲ一衆生未レ悟レハ則謂二多仏多時多処多教ト一已悟之後即知二一仏一時一処一教ト一、（同、二頁）

さらにこれを敷衍して、

在二因地中一雖レ有二前後一至二果海中ニ一会成シテ二一体ト一是故未悟之者見レ因謂レ異已悟之者了レ果知レ一、（同）

要するに、あらゆる仏説は本質に於ては一であり恒常である、たゞ未悟の衆生の見に於て異と映ずるにすぎない、とする。一は絶対の一であり、一切を包含する。処・時・教いづれも同様に、いつ・いかなる場所（状況）に於ていかなる教へを説くも、同じく大日の説法であつて、その外に出ることは出来ぬのであり、一即一切・一切即一とされるのである。

かくてすべては大日の説法である故、第四の一教も一切の教を摂めてゐる。例へば、

真言宗意、大日如来一切同体之仏ノ一切時説之中尚摂二三世十方一切仏菩薩、金剛天人所説之教一何況釈迦一代一切経中一時、（同、一〇三頁）

といふ如く、釈迦の説法も畢竟して大日の一時の説法の一面をなし、その中に摂められてゐるのである。

次に四一の第四の教を安然は、天台の五重玄義に従つて、名・体・宗・用・教の五方面より説き（同、一三八頁以下）、名・体・宗の三については随自意・随他意の判を以てし（同、一三八―一六九頁）、用についても、随自意の自受用法楽と随他意の他受用変化等流身の説法を判つてゐる。

第五の判教に於て、所謂十門の判を示す。即ち説・語・教・時・蔵・分・部・法・制・開の十である（同、一八四頁以下）。説は一切の説法するもの。語・声のみにあらず、苟も法を教へるものは、これを大・三・法・羯の四種曼陀羅に包

括することが出来る。宇宙を構成する六大、即ち地・水・火・風・空・識の種々相である。真言ももとよりその一の形式に外ならず、即ち「六大別出二法音一令下真言者聞二六大声一随悟中六義上」ものであり、「此六和合ノ成二一真言ヲ一」するものに外ならぬ。胎蔵界曼陀羅の真言「大悲胎蔵八字真言、謂ク阿尾羅吽欠吽紇哩二合悪」の如きもその一種である（同、一八五頁）。

第二、語には随自意・随他意・随自他意の三種がある（同、一九一頁）。または併奪・併与・半奪半与ともいふ、大日の説く密教は顕教を説かず、随自意語であり、十方三世諸仏の説教は、専ら対象の為の随他意語である。但し、大日経に、大日が普門身を現じて説法するは随自他意語なりとする。

第三の教には三種あり（同、一九三頁）、まづ顕示教・秘密教の二に分つ。顕示教とは三乗教であるとする。それは世俗と勝義とを差別して、その円融を説かぬことを特色とする。秘密教は分つて二となし、理秘密教と事秘密教とする。前者は世俗と勝義との円融不二を説くも、真言密印を説かぬに対し、後者はこれを説く上に真言密印を説く。前者に属するは華厳・般若・維摩・法華・涅槃の諸経であり、大日経・金剛頂経・蘇悉地経は後者に属する、とする。これは基本的に円仁の金剛頂経疏によつてゐる。が、安然は、進んで涅槃経の半教・満教の説、及び智度論の顕示教、秘密教等の判を参考しつゝ、法華・大日の類同を論じて、

今此本地之身、又是妙法蓮華最深秘処、（同、一九五頁）

といひ又、

云下与二法華一同一、但此文中判二法華一為二略説一説略者謂二唯説レ理、故知真言教為二広説一、広説者説二事理一、（一九六頁）

といふよりみれば、円仁におけるよりも法華を重んずるが如くである。

第四、時とは、大日の自性身・自受法楽の立場に於ては、常恒説法にして、時処の一多を論ぜざるを示したもの(同、一九七頁)、随他意における釈迦一代の五時四時三時の説法等を摂するものである。

第五、蔵とは、真言宗は、真言秘密蔵の一蔵である(同、一九九頁)が、分てば金剛秘密蔵・胎蔵秘密蔵の二蔵となる。が、その行法を説いた蘇悉地を加ふれば三蔵である。また金剛・胎蔵両部大法の肝心を説いた瑜祇経を加ふれば四蔵となる。雑蔵秘密蔵を加へて五蔵となるが、一切諸経の八万四千の法蔵は、すべてこの五に摂せられる。

第六、分。一切諸経は十二部に分たれるが(同、二〇六頁)、密教の十二部は、顕教のものと異り、彼が随機浅略の六度四摂法を説くが、如来の三密内証の五智を説かず、成仏の捷径としての印・真言を説かず、歴劫修行するも仏果を期し難きに異る(同、二〇九―二一〇頁)。真言宗よりみれば、同じく随他意・随自意・随自他意の三あり、事理倶密の随自意語の十二部は真言宗独自のものである、としてゐる(同、二一三頁)。

第七に、部とは真言宗内の部類である(同、二一三頁)。金胎二部のうち、胎蔵界に三部、金剛界に五部が分たれる。十方法界すべて曼荼羅であり、釈迦説法の像貌を造り、浄土の荘厳をえがくもその外でない。が、これまた随自意・随他意・随自他意のうち随他意に外ならず、真言宗の大日尊種子・阿字等こそ今宗の随自意である、とする。

第八、法は真言秘教の実践行法である。胎蔵界には三種を説き、これを夫々三品に分つて九品の成就を説く(同、二一七頁)。金剛界はこれに一を加へて四種の行法と説く。四は即ち息災・増益・降伏・鉤召である(同、二一七―二一八頁)。この行法にもまた随自意・随自他意・随他意、三の相を説き大日如来の所説を随自意に配すること勿論である。

第九、制は、とくに真言教は三昧耶戒を守るもののみに、その深秘の旨を開示することが許される(同、二一八―二一九頁)のであり、その制誡に於て、顕教に対するとは比較にならぬ厳重さを要求するものなるを示してゐる。

第十の開は、右の裏をなすもの（同、二三二頁）。これを、「若入三三昧耶一時、名為レ帰二信真言一爾時自在ニ行二住坐ス三臥法曼荼羅中ニ二」（同、二二五頁）とのべてゐる。

第二章　台密の伝燈

前章では、円仁・円珍・安然の三人に就いて、平安朝初期百五十年における叡山教学の一端、とくに台密の成立と発展の一面に触れた。そこには、天台宗の名を真言宗に改め呼ぶ程の大きな変革的な動きがみられたのである。このことは、草創と守成との時代の叡山の思想的な動きの中における著しい現象たることは疑ひなく、また、上にもふれた様に、最澄の遺志の実現であつたとも評価されるであらう（三四七頁）。それはともかく、以上にみた円仁から安然までの思想的動向が、叡山教学全体の中でかなり大きな幅を占め、大きな意味をもつてゐたことは疑ふことは出来ない。そのことは、以上の動きが、単に思想運動といふ、目に見えない動きに終つたのでは勿論なく、教学上に明瞭に制度化されて行つたといふ事実として、いはば結実したことが、これをよく証明してゐる。而して少くとも管見に入つた史料に関する限り、安然以後、上述数人における如き、思ひきつた、独創的乃至は革新的・批判的な思想新運動がみられぬやうであるが、この制度化は、さういふ思想的活動の成果を示すとゝもに、やがてこれに随逐してくる固定とも恐らく関連するものとしても注目すべきものをもつのである。

円仁は、帰朝後、嘉祥元年、朝廷に奏して、先に大陸に於て師に就いて灌頂をうけたこと、大毗盧舎那経の秘旨及び蘇悉地の大法をうけたことをのべて、叡山に於て、今後国家の為に、永く灌頂を修して宝祚の万代を祈ることの承認を得てゐる（嘉祥元年六月十五日、『類聚三代格』巻二）。而してその翌々年には、桓武天皇より賜はつた年分二人に加へて、さらに年分二人を度して、それぞれに金剛頂及び蘇悉地の両部大法を学ばしめ、兼ねてともに法花・金光明両経を読ましむることと定めて勅許を得た（嘉祥三年十二月十四日、同上）。叡山の教学の課程たる止観・真言は、こゝに止観業・大悲胎蔵業・金剛頂業・蘇悉地業としてとゝのへられ、爾後永く叡山教学の基礎は確定したのであり、而して、とくに真言の三道は三部大法とよばれ、これに兼ね通じた人は三部阿闍梨・三部大法阿闍梨・三部伝法阿闍梨として仰がれることゝなつた。その最初の栄を担つた人が即ち円仁の資安慧・慧亮両大法師であり、仁寿四年十一月の官符を以てこれを授けられたのであつた（『慈覚大師伝』）。下つて元慶二年、天台座主円珍が奏して故座主円仁の親撰たる金剛頂経・蘇悉地経の両疏を流伝すべきことを請うて勅許を受けてゐることは先にもふれた所である。円仁から円珍・安然に至るまでの、約百年足らずの期間に於ける密教教学の、具体化・制度化の趨勢をトすることが出来よう。

密教のこの進展に対し、飜つて天台法華宗の本来の立場としての止観業は、然らばいかなる状況であつたか。その研究と修行との一般的情勢、そしてそれと密教のそれとの相互関係を具体的に対比検討すべき適切の手段は頗る得がたい。が、先にふれた通り、最澄寂後の密教の発展により、真言・止観を双翼とする叡山の教学はその形をとゝのへ、この両輪の協調と諧和が、最澄の開宗の本旨を満すものであつた。円仁の寂直後、弟子安慧が正式に第一代延暦寺座主たることを承認したときの最初の座主宣命が、その就任について、「真言止観乃業平兼習利」（『三代実録』貞観六年二月十六日条）といつてゐることは、叡山の首長に対する当時の期待がどこにあつたかをよく示してゐる。もとより最澄の『学生式』は真言・止観についてその一を択ぶべきを指示・要請してゐるのであるが、また同時に、その兼習が理想とせられることも、むしろ当然であらう。かくてこの「兼習」の語は、今後永く座主宣命に踏襲せられたのであるが、しかし、嘉祥三年十二月十四日太政官符所引の円仁の語（『類聚三代格』巻二）に、

延暦聖皇賜二山家年分二人一、一人止観業、一人真言胎蔵業、跨レ世塡遵、各勤二其業一、至二於金剛界蘇悉地両部大法一雖レ令二兼学一而人志有レ限、教門浩博、稟学之徒、未レ能レ窮二其微細一、

といへるに徴するまでもなく、限りある一人の力を以て両業に精通し、しかも日に年に浩博を加へゆく教門に普く通ずることは、事実上、もとより望むべくもない。即ち、同じく延暦寺の学生の中に、やがては著しい専門の差異を生じ、その一をとつて他に及ばざるの状を見るに到るのは必然である。念のために著例を一・二あげるならば、叡山中興を以て目せられる良源の門下の俊秀として双び称せられた源信・覚超のうち、前者は念仏の大道を拡充弘布するに専念したのであるが、彼の念仏は止観・法華を基礎としてゐたことは云ふまでもなく、その著『一乗要決』を「我今信二解一乗教一、願生二無量寿仏前一」の偈を以て結んでゐるにもその消息は明らかである。『往生要集』の序にも、止観による成仏は願はしきも、その途の困難なるによつて、姑く易きについて念仏の途をとるのみなるを明記してゐる。そしてこの、念仏に専注するが為に他をかへりみるの遑なきことを説明して、『首楞厳院廿五三昧結縁過去帳』に「又有時問云、和上何意不レ学二真言一、答、性非二聰敏一、亦専二念仏一、故難レ兼レ功、雖レ不レ為レ業、非レ不レ貴也」と真言をかへりみざる所以を弁じて、力及ばざるの故を以てしてゐる。即ち源信は本質的に止観業の学徒であつて、遮那業に深からざるを自ら遺憾とする。これに対して覚超は『三密料簡抄』に於て、また自問自答して、「汝本来学二顕教一、今更何学二秘教一」の問を出し、円仁の蘇悉地経疏によつて真言の理同事勝を説き、かつ、師良源の教に、「我山僧初雖レ学二顕教一後必学二密教一汝莫レ軽二真言教一」とあつたことを示して、密教につとむる所以を以て答へてゐる。結局、覚超の業績は、密教の習学顕揚に存したと考へられる。また同じく良源門下の覚運も、はじめ止観に専注して真言を学ばなかつたのに対し、師が「何不レ知二真言一」と警告したによつて、成信（静真）についてこれを学び、またその寂後は谷阿闍梨皇慶

について更に学習を重ねた（『続本朝往生伝』『谷阿闍梨伝』）といふ。以上の数例は要するに叡山の学生たちが叡山教学の課程が二大途より成るために、そのいづれかに基本的立場をおかざる得ず、出来るかぎり両方の習修を心がけつゝも、事実上及び得なかつた状況を示すものである。この二大課程の最後の目的、最後の理想に於ては相異ることなく、所謂顕密一致を信じつゝ、そのいづれかの途によりつゝ歩みを進めて行つてゐた、といふのが当年の学徒の姿であつたにちがひない。かくて一般の場合についていへば、叡山の学徒は密宗・顕宗にわかれ、それが、一見して外部の人々からも明瞭に看取せられる、といふ状況を呈した様である。『玉葉』養和元年十二月七日条に、

朝懺法夕例講例時等如二昨日一、講師公豪勤レ之、為二密宗一説法之後供養法、行家称二密宗一辞而不レ勤、公家勤二本寺堅義一仍頗有二顕宗之霑一云々、

公豪・行家ともに山僧であるが、密教・顕宗の区別はきわめてはつきりとみられる。また同書寿永元年七月二十八日条に、

又一日奉レ図二写不空羂索如意輪菩薩二菩薩像一奉レ供二養之一（行珍已講勤レ之、三井寺僧也、須レ請二東寺人一也、然而忽不レ候、仍随レ便、件行珍密宗也、）

とある。行珍は三井寺僧正であるが、密宗僧であると特記される。これは三井寺の例であるが、要するに天台教学の学習における課程の選択がかゝる姿を呈してゐたことは、以上の数例によつて凡そ測ることが出来よう。

一般的に云へば、叡山に於ては、本来の課程の立て方としては、二業中の一業をえらんで十二年間籠山の学習目標とするのであるが、同時に顕・密各々の真意を明らかにする為には、その両方に一応通達して、夫々の特色を知ることが、殆ど絶対に必要であつた、といふのが恐らく実状であり、おのづから、「真言止観」の二つに通ずるといふ理想がかかげられ、座主宣命の謳ふところもそこにあつたと思はれる。『今鏡』（「御法の師」）に、後三条院が潜竜時代に座主

勝範に対して、
　　真言・止観かね学びたらん僧
をたてまつれといはれたに対し、勝範は、
　　顕密かねたるは常の事にてあまたあり
云々と答へたといふ伝へは、叡山における教学学習状況の大体を示したものといふことが出来よう。

第三章　教学と学統

叡山教学のかゝる一般的状況に於て、慈円の教学はいかなる位置を占め、それといかなるつながりをもつてゐたのであらうか。

この点については、先に寿永元年十二月に慈円の受けた印信が、その一部を示してゐる。即ち慈円の教学が、正しく密数の伝統をうけるものであることは明らかであり、また、後に自ら三部伝法阿闍梨といってゐるによつて、その密教受容の大綱は明らかである（『拾玉集』第二冊）。

これに対して慈円は、顕教・止観に於て如何なる関係をもち、いかなる態度をとつたか。これまた彼の信仰・教学に於て重要な問題であるが、先にみた通り、彼が密教学徒として先づ発足してゐることが明らかである関係上、この問題は、慈円の密教思想の検討の後にふれることゝする。

慈円自身の、金剛界印信（前掲）以外の印信は今日管見に入らぬが、彼の「三部伝法」の実態を側面より徴すべき間接的史料を、こゝに引くことによって、以下に、これを補つてみたい。

『曼殊院文書』は、台密諸師の印信を少からず伝へてゐる。中について、今、青蓮院を起してその第一代となつた行玄が受法したことを示す、胎蔵界・金剛界及び蘇悉地法に関するものに注目したい。

その第一は長承元年十二月八日、行玄が師院昭より授けられた両部（胎蔵・金剛）大曼荼羅伝法灌頂を示すものであ

る。即ち、まずその伝法内容及び由来の文をあぐれば、

大日本国山城州有縁道場頓証秘密両部大曼荼羅伝法灌頂所

謹尋両部大法伝法灌頂師資相承次第胎蔵大法者始自毗盧遮那如来迄至□□阿闍梨凡経二八代師資相承一也、金剛界者始レ自二毗盧遮那如来一迄レ至二大興善寺翻経院元政阿闍梨一凡経二十代師資相承一也、慈覚大師去承和初年奉二綸旨一跋二済大洋一入二大唐一遍二歴諸方一尋二諸師宗一、辺州僻県無レ有二真人一、遂得レ致二(上)□都長安城左衛軍客上将軍仇士良一、即便聞奏准勅□任資聖寺、爰慈覚大師尋二善財之志一巡二訪師友一以二常啼之誠一、捜二覔秘教一、宿縁所レ感儻得レ遇二玄法寺法全阿闍梨一、此和尚心踰二氷台一行等二十地一、伝法利生為我任見人不レ惜二其法一、随レ機便授、所謂仏使二人師一者也、即以二大毗盧遮那大悲胎蔵一伝二授阿闍梨位一伝二付慈覚大師一也、慈覚大師又得レ遇二大興善寺元政阿闍梨一即以二金剛界伝法灌頂職位一伝二付大師一矣、大師沐二甘露一訖辞レ師帰国、同十四年遂達二本朝一窪遇二聖運一敷二弘秘教一、大師以二此大悲胎蔵大教伝法阿闍梨位一付二嘱入室弟子長意阿闍梨一、大師又以二金剛界伝法灌頂職位一付二嘱安恵阿闍梨一、座主安恵阿闍梨付二長意阿闍梨一、座主法橋上人位長意阿闍梨以二前後相承両都大法伝法灌頂職位一伝二付玄昭阿闍梨一、(下略)

而して印信は、この両部大法が玄昭より尊意—智淵—明靖—静真、尊意—平燈—静真—皇慶—長宴—頼昭—禅仁—院昭と次第して、長承元年十二月八日を以て院昭が行玄に授けたものであることを示してゐる。

また蘇悉地法についても、同文書所収の次の印信がある。即ち、

日本国近江州比叡山延暦寺両部大曼荼羅所

謹尋二蘇悉地大法相承次第一、初中印度三蔵善無畏開元七年制二大毗盧遮那梵篋経巻一従二中天竺国一未レ至二唐国一、玄宗皇帝礼為二帝師一特奉二詔勅一飜二訳此蘇悉地経等一、三蔵和尚復将二此蘇悉地大教一付二南天竺三蔵金剛智及大興善

寺沙門一行一、保寿寺新羅国沙門玄超三蔵金剛智後将二此蘇悉地大教一付二不空智三蔵一、次玄超阿闍梨復以二此蘇悉地大教一伝二付青竜寺恵果阿闍梨一、恵果阿闍梨復付二惟尚義操法潤等一十二人一、皆是伝教阿闍梨灌頂位者也、次義操阿闍梨伝二付同学僧義真深達等五人一普皆伝教阿闍梨位者也、又法潤阿闍梨伝二付玄法寺僧法金唯謹等一也、慈覚大師去承和三年特蒙二　綸旨一遠入二大唐一儻遇二青竜寺義真阿闍梨一稟二受此蘇悉地教一也、大師沐甘露乞《マ、》辞レ師帰国、寔遇二聖運一敷二弘此教一、大師以二此蘇悉地大教一付二安恵恵亮等阿闍梨一、座主安恵阿闍梨伝二付長意阿闍梨一、（下略）

印信は長意より玄昭―尊意―円賀―慶円―覚空―皇慶―長宴―良祐―行玄と、この蘇悉地法を伝へ、最後に、久安二年十月一日行玄に伝へたるを示してゐる。

以上、二通の印信の示すところによれば、行玄は、慈覚大師流の三部の法を正しく受けてゐる。先に見た所（五三―五四頁）によれば、慈円（道快）受法の師覚快は、即ちこの行玄の受法の資である。また慈円の灌頂の師となつた全玄も、行玄授法の資であつた（五八頁）。以上の全体からみて、慈円が三部伝法阿闍梨となつたのは、慈覚大師流を行玄を経てうけてゐることを知るとともに、以上の印信全体の示してゐる通り、それはすべて、谷阿闍梨皇慶を経てをり、爾後長宴・良祐・範胤等を経て行玄に到り、行玄より覚快・全玄に到つてゐるのである。この点については、『皇慶伝』が「慈覚大師之門徒、志二真言一学二密教一者、誰非二闍梨流一」といへるは正確な表現であり、また上掲『台密受法次第三昧上下』（五九頁以下）が、

東寺受《ニハ》二金界一不レ受二胎蔵一之人多之云々、最初受二十八道一事《ハ》池上御時ナントヨリ始歟、凡山門自余《宗イ》繁昌《ハ》以二池上一為二元初一其以前《ハ》如二糸髪《ノ》一殆《ント》如レ欲レ絶《ント》慈覚《ノ》門徒《ハ》只戒壇上綱一人明靖《セイ》真《ヨリ》相受《テ》皇慶被二興行一之其弟子雖レ不レ知レ数、長宴安慶院尊専為二貫首一又此等《ノ》先徳以後三部別尊法等尽レ数伝受事《ニ》成了、

と、池上皇慶が慈覚流密教の起死回生者たることを注意してゐることは、『伝』とよく符節を合するものがある。後にみる様に、慈円は三昧阿闍梨良祐を祖師としてゐるが、その属した三昧流は、直接には皇慶に出てゐるといつてよく、かくて慈円の法流の祖師としては、遠くは慈覚大師円仁、下つては谷阿闍梨皇慶、そして近くは三昧阿闍梨良祐の三人をあぐべきであらう。なほ慈円が三昧流の流をくみ、良祐の法をつぐことを通じて、その思想を展開してゐることは、後にみる所である。

第四章　修行と信仰形成

数人の師より瀉瓶をうけ了つた慈円は、こゝに自学と修行の時期に入るのであるが、それはいかなる経過を辿つたであらうか。

慈円は、その七十年の長い生涯を通じて、数千首の和歌の外、なほ極めて多くの文献をのこし、自筆或は写しとして今日に伝へられるものは殆ど枚挙に堪へない。青蓮院をはじめ多くの寺院等は、未紹介のものを含めて、なほ多く蔵してゐる。中に就いて、筆者は嘗て『校本拾玉集』解説「慈円略伝」の第二部八三三—八七四頁に、慈円自草に係るもの、及び慈円の語録等の類四十六種を挙げた。その内容は信仰告白・教学研究・寺舎縁起・寺規・寺領・譲状・願文・敬白文その他極めて多様であつて、一律にこれを云ふことは出来ない。それらは、いづれも、それぞれの時点に於ける慈円の信仰或は教学の文献として重要な意義をもつてゐる。が、これらは二大別して、専ら教学や信仰そのものを扱つたものと、その側面的表現ともいふべき寺規・願文類とすることができる。

いま彼の教学と信仰とをあとづけるとき、我々は前者の中から次の七を選び出すことが出来る。

著作	成立年代	慈円年齢
1『胎蔵八字頓証行法口伝』及び『秘々』	文治六年二月	三六
2『自行私記』	文治六年十一月	三六

3	『〔梵字〕』	正治二年頃	四六
4	『法華別私記』	承元三年十一月	五五
5	『毗盧遮那別行経私記』	承元四年二月	五六
6	『〔梵字〕別』	承元四年	五六
7	『本尊縁起』	承久元年	六五

以下、慈円の教学・思想・信仰を、その形成のあとを辿るに当つて、他の諸史料を参考しつゝ、これらの七抄物を中心として観察してゆく。

これを、㈠生成、㈡成熟、㈢円熟、の三期に左の通りに配当したい。

㈠生成期　『胎蔵八字頓証行法口伝』及び『自行私記』を以てこれを代表せしめる。この期の特色は、慈円の信仰の一般的方向と範囲とが確立されるところに存する。

㈡成熟期　『法華別私記』『〔梵字〕』をこの期に宛てる。第一期に受容した教学に即する研究・修行ならびにその後の発展を明らかにする。

㈢円熟期　『毗盧遮那別行経私記』には、教学全体に即しての慈円の教判が示されて居り、『〔梵字〕別』は修行の方法を中心として慈円の仏教観の大綱が示される。『本尊縁起』は思想的に慈円の味到した境地が緊密に要約されてをり、以て慈円の青年期以来の修行と努力の成果と目すべきである。

(一) 生成期

先にみた通り、慈円の自学修行期の開始は、凡そ二十歳の時(三二頁)、承安四年ごろと考へてよい。従つて、この時から、いまこゝに挙げた『自行私記』成立の慈円三十六歳、文治六(建久元)年まで約十七年である。これを信仰の生成期とする所以は、この『自行私記』に於て、慈円の一生にわたる信仰の眼目が包括的に纒められてゐると考へられるからである。従つて、慈円が学習・信仰・修行の道に出発したのち、いかなる道を辿つてここに到達したか、その跡を明らかにすることが、この期の問題である。

この二十歳より三十六歳までの間は、世間的には、慈円の向上期に属する。交衆に踏み切るとともに、堰を切った様に次々と要職に就き、次の時期に天台座主・護持僧に就任(建久三年、三十八歳)する足がかりの成つた時期であった。即ち法性寺座主をはじめ、三昧院・常寿院・極楽寺・法興院・無動寺の検校を兼ね、ついで平等院執印、法成寺執印にも陞り位は法印に到つてゐる。生活の根拠としては師覚快法親王より与へられた白河三条坊、青春時代以来住みなれた山上の無動寺、及び師観性法橋の住房西山(八六頁)が知られてゐる。ことに養和元年二十七歳以後建久初年までの約十年間には、絶えず西山に出入して居るあとが顕著である(『玉葉』)。この慈円の世間的地位の急速な上昇期が、即ち九条家の政治的進出と平行し、これに支へられたもので、兄兼実の二十年間の右大臣時代から待望の執政期への転換期を背景としてゐたこと(七三頁)も、前述した所である。

この期を通じて、慈円が自学・自行の修養とともに、仏法興隆の実践活動にのり出したことは先にみた(八六頁以下)。

兄兼実及び師観性と協力して、如法経などの仏事を行つて、天下泰平・政道反素を祈つたのも、その一端であつたが、この三人の協力の仏事が、慈円の信仰・教学にとつて、極めて重大な意味と問題とを含んで居り、慈円の思想的展開に決定的な交渉のあつたことを、こゝで注目せねばならぬ。

観性自身の詳細な経歴・思想などについては、不詳の点も少くない。慈円との接触の機縁についても必ずしも明らかでないが、恐らく兼実を媒介としてゐると考へられるにとゞまる。観性は慈円に二十三歳の年長であり、『僧綱補任』（宮内庁書陵部、彰考館所蔵本）寿永二年条に、

法橋
山　中納言
　観性五十二
　　四十一

とみえる。これによれば（五十二が年齢、四十一が臈である）、康治二年の出家となる。『台密血脈譜』によれば、大慈坊聖昭の門下であり、基好（後に大山寺に入る。栄西・慈円の師でもある）や証真（叡山の大学匠として知られ、止観の註釈など多くの大著をのこしてゐる）等と同門である。兼実に接近した機縁は未詳であるが、六波羅時代の初期、応保のころ、東山で『熾盛光私記』の書写をしてゐる（『昭和現存天台書籍綜合目録』）によつて、このころ都あたりにゐたことが推測される。仁安二年六—七月ごろ、叡山上で放火した廉で告発されたといふ伝へがある（『兵範記』六月二十日、七月十八日）。

この前後の事情は、要するに不明である。が、前述の様に、兼実に接近し、六波羅時代中期以後、兼実の執政の前後（文治初年以後）には、仏教興隆の行事と、思想との上に於て、兼実に大きな影響を与へたのである。前述のとほり、全玄の資となり、慈円の灌頂を助けてゐることも、この兼実との関係の上に行はれた活動であつたやうである。

観性のこの京都での活動の背景、その生活の根拠が、京の西山であつたことは、前に見た（五一頁以下）ところで、観

性の西山における信仰、ならびに西山の地は、慈円の信仰及び生涯にとつて、本質的関連を生ずることゝなり、その関連が慈円の信仰を理解する上に大きな意味を持ち来るので、以下しばらく、西山における観性について考察しなければならぬ。

観性は、父は美作守藤原顕能、母は右大弁藤原為隆女（『山槐記』治承三年四月二十七日）。為隆は『尊卑分脈』に「大往生人」とあり、その信仰生活は『後拾遺往生伝』にも記されてゐる。母には早く別れたらしく、観性は継母の尼に養はれた。尼は父顕能の女房で西山に隠棲した。治承三年のころ、尼が七十歳余であつたと『山槐記』（同上）は伝へてゐる。観性が中納言法橋と称したのは、祖父葉室中納言顕隆に由来するのであらう。顕隆は白河院に仕へて権威並びなく、「天下之政在二此一人（顕隆）言一也、威振二天一、富満二四海一、世間貴賤無レ不二傾首一」（『中右記』大治四年正月十五日）と評せられ「よるの関白」（『今鏡』「釣りせぬうらく」）とさへよばれた人である。

顕隆のこの権勢と富とは、また顕能もこれを殆どそのまゝ襲つた観がある。顕能は受領として富を積み、鳥羽院に用ゐられた。長承二年六月、土御門院修造に際しては、他の受領に伍してその造営を分担し（『長秋記』長承二年六月二十八日）、保延元年三月五日、法勝寺千僧御読経の際には女院の為に愛染王像を造進してゐる（同記、同日条）。同二十七日には法金剛院に北斗堂を造進した（同上）。長承二年四月十六日、斎院別当（『中右記』同日条）、同年七月十三日、平忠盛等とならんで院の女御の家司に補せられてゐる（同上）。六波羅時代の初期、観性は西山に入つて生活の根拠をこゝに構へた。『三鈷寺歴代』は西山善峯寺僧敦（教カ）賢の誘引によつて西山三鈷寺に隠れた年を応保元年として居る。これは西山上人縁起に「応保のころ」としてゐるに凡そ合致してゐる。『山槐記』治承三年四月二十七日の記事は入山以来、やゝ時日を経たと思はれる観性の消息を伝へてゐる。曰く、

(上略)南方岸上西行有レ路、至二于五六町一有二一草庵一、故美作前司顕能女房遁世在二此所一、齢七十有余之人也、(中略)法橋観性顕能子、母故為隆卿子被レ養二育彼尼公一、件法橋遁世住二此山一、随又尼公□法橋房、去二此庵室一五六町、在二西北山上一、号二往生院一、女人不レ登二此坂上一□(中略)件持仏堂西南方岸上有二巌崛一、法橋又立二草庵一云々、本房偏仙洞也、

一方『三鈷寺文書』には観性等への沽却状数通を収めてゐる。即ち、

沽却　私領田壱処事

合壱段半号鉢臥又ウツキ谷

右件田者多年之私領也、而為レ遂二大願一、限二直米拾弐斛一当山斗永以奉レ沽二却于米(来)迎房尼御前一畢、更以不レ可レ有二他妨一、但雖レ可レ副二進本券一、依レ有二類券一、為二後日一立二進新券一如件、

仁安四年二月一日

僧ハリ紙賢任花押

沽却　私領田壱処事

合壱段半者在二善峯寺麓一号二鉢臥ウツキ谷一

右件田者賢仁相伝之私領也、而為レ遂二大願一、限二直能米拾弐斛一当山斗定永以奉レ沽二却于中納言法橋御房一既畢、更不レ可レ有二他妨一、但於二本券一者依レ有二類券一不二副進一、仍為二後日一立二新券一之状如レ件、

仁安肆年弐月壱日

大法師判同上

きたをのひしりのたは、法けうの御房の御れうにとてかひたるなり、たしかにさまたけなくしらせ給へし、よし

みねのさかもとの田なり、

仁安四年二月十一日　　　　尼心仏（花押）

第三の文面を見るに、尼心仏が観性の為に田を買得するといふ趣である。右によれば、僧（賢仁）が米（来）迎房に沽却したのであるが、第一と第三とを併せ見ると、米（来）迎房が即ち尼心仏となる。これを前引の『山槐記』の記事と符合するものと考へて、観性を養つた尼公が、即ちこの米（来）迎房心仏であつたと考へられよう。

次に、前引の『山槐記』の記事に、観性がこの西山に草庵を営んだことがみえるが、この庵は、『西山上人縁起』に「静房」とある。なほ『拾玉集』に、

同（文治六年）三月四日静。（落字歟）房報恩講

舎利広流布

すゐの世のかめ井ますてすむかけにてそ　ひろくしきける光とはしる　　（四五五二）

とある。青蓮院本『拾玉集』の校訂者は「静房」の二字の間に落字があるかを疑つてゐるが、落字にあらず「静房」で誤ないのである。

西山入山後の観性について、その消息の一面を伝へてくれるものは、藤原兼実の日記『玉葉』である。同書によれば、仁安・治承のころ以後、観性は頻繁に兼実をたづねてゐる。次第に頻繁の度を加へるのみならず、両人の心交も伴つて深きを加へてゆく。相たづさへて信仰の道に精進してゐる様子の一端は前にもふれたが、観性入寂の建久元年までの最後の約十年間には、慈円がこれに加はつて重要な役割を演ずるのである。

寿永二年九月四日から建久元年九月十二日までの間に、『玉葉』には五十七回の観性関係記事が見えてゐる。これを

整理してみると、

一、観性の兼実訪問などの記事　三三

二、兼実が西山に観性を訪れたこと　一

三、観性が兼実のために修法した記事、左の如し。

1水歓喜天（寿永三年二月九日、寿永三年四月三日）

2文殊八字法（元暦元年九月十三日）

3月天供（元暦二年三月十四日）

4六字法（文治元年七月十四日）

5大日五字真言（文治元年九月二十日）、兼実、慈円参加

6愛染王法（文治二年九月三十日）

7小鎮（文治四年八月四日）

8毘沙門護摩（文治五年八月十七日）

四、仏眼に関する修法、とくに観性及び慈円に関して注目すべきものがあるので、右の修法とは区別しておく（寿永元年九月十四日、元暦元年九月十六日、文治元年十一月十五日、文治三年四月二十六日、文治三年五月四日、等）

五。如法経。上にのべた通り、三人の協力の場合が多い（寿永二年十月十七日、文治二年閏七月六日、文治三年二月二十六日、文治四年九月十五日）。

六、法恩講。観性の勧進によって慈円が行ってゐる（寿永三年二月二十二日、文治二年三月五日）。

七、寿永三年四月九日には観性は兼実のために八幡に代参してゐる。

以上、兼実との関係を中心に考へてみたが、次に西山に関連して観性の側から眺めると、西山における観性の所有地を叡山青蓮院門跡に寄せてその管領としたこと、それを通じて叡山と西山とが緊密に結びついてゐた事が注目される。後に慈円が西山に入つた機縁も、観性との個人的な関係だけでなく、右のことにも関連するものでもあらう。それを示すのは『三鈷寺文書』所収寿永三年八月附の譲状であつて、即ち、

譲与　私領壱所事

在山城国乙訓郡　橘前司領

右件所者師資相伝之所也、而依レ有二二世芳契一、相二具次第証験等一譲二与観性法橋一已畢、為レ停二止向後非論一、所レ寄二進天台無動寺領一也、後代検校永以不レ可レ致二其妨一、為二毎年所課一石灰壱斛可レ令二進済一也、此外臨時公事等、更以不レ可二宛催一者也、彼西山門人等永以所レ修作善可レ資二我後世菩提一也、為レ備二向後証験一寺家相共所二加判一也、故譲、

寿永三年二月　日　　小寺主法師慈応

無動寺検校法印大和尚位花押　　権都維那大法師□

上座大阿闍梨大法師花押

寺主大法師花押

権寺主大法師花押

こゝに加判してゐる無動寺検校は、即ち慈円である。観性はこの年の五月十五日を以て、この土地を含めて他の所有

地をも寄進して門跡領とし、門跡中の器量の者に知行せしむべきを定めてゐる。

寄進　私領山田地等事

在小塩

一処壱段

一処半

在玖条西洞院弐戸主

副進

本券三通

右件田者観性相伝之領也、而為二一世資糧一永以奉レ寄二本師釈迦牟尼如来一畢、但於二預所一者門跡之中以二其器量者一可レ令二知行一之状如レ件、

元暦元年五月十五日　法橋（花押）

寄進　私領田地事

鉢臥田壱段

六条匣地参戸主

右件田地者観性相伝之領也、而為二一世資糧一、永以奉レ寄二本尊界会阿弥陀如来一畢、但於二預所一者、門跡之中以二其器量者一、可レ令二知行一也、仍以所レ定如件、

元暦元年五月十五日　　　　　　　　法橋（花押）

寄進　私領一処事

　在山城国乙訓郡号橘前司領

副進

　本券一通

右件田畠者観性相伝之領也、而為二一世資糧一、永以奉レ寄二進本尊界会仏眼仏母一畢、但門跡之中、以二其器量者一為二預所一可レ令二知行一也、仍所レ定如レ件、

　　元暦元年五月十五日　　　　　　　法橋判

寿永三年は四月改元にて元暦となつた。即ちこの五月に、以前からの所領と併せて、これを無動寺に寄進したのである。

右の諸状に於て、無動寺・慈円・観性の関係が、西山を中心として、密接になつた事情が明らかになつた外、特にこの諸状に於て注目しておきたいのは、この状によつて、観性がその田を「釈迦牟尼」「阿弥陀如来」および「仏眼仏母」に捧げる、と宣べてゐることである。このことは、早く叡山に入つた観性、そして凡そ四十歳当時の観性の信仰の様相を示すものであり、而して同時に叡山教学に於ける、止観と浄土と密教との三綱目に当たるのであり、また、後の慈円の信仰と照応するものがあるのである。

信仰をめぐつての兼実・慈円・観性の結びつきについては、先に如法経における協力関係をのべたが、さらに『玉葉』元暦二年九月十九日の記事によつても、充分にうかがふことが出来よう。即ち観性が年来の願として大日五字真

言の念誦を達成せんとして、心操貞実な弟子に配分してその闕分を満たさしめたが、これを兼実にも毎日百遍、慈円には千遍を依頼してゐるのである。また寿永三年二月二十二日には、観性の勧進によつて慈円は九条堂に法恩講を行ひ、兼実ならびに良通・良経の両息も、和歌を以てその儀を賁つてゐる。兼実がこれを「年来の勤め」であると説明してゐることからみても、その由来すでに浅からぬものあつたことが知られる。観性の生涯と信仰とを伝へる『西山上人縁起』はこれについて、

毎月十日観性法橋の忌日には、存日の発願のむねにまかせて報恩講を修して、一切の神祇冥道三国伝燈の顕密の諸師乃至有縁無縁の亡霊にいたるまで、都会の壇場を建て、平等の供施をまうけ、秘密の行法を修し、天台の宗要を論談す、

といつてゐる。即ちこゝでは、観性歿後の行法をさしてゐるが、それが観性存日の発願によつてゐることが知られ、併せてその講の趣旨の大綱がうかがはれる。『玉葉』文治二年三月五日条にも、「法印（慈円）被レ行二法恩講一、此次密々披二講詠歌一、大将（良通）中将（良経）同詠レ之」とあり、以て引きつゞき行はれてゐたことを知る。『拾玉集』にも、

文治六年二月九日　西山報恩講

ひ《た流》とりこしまことの道をすきなれて　今こそは見れもち月のかけ　（四五三一）

とあり、「同三月九日報恩講」とも見えてゐる。即ち観性の提唱した報恩講に慈円が参加して、観性の房であつた静房その他兼実邸などでもくりかへし行つてゐたのである。

以上を通じてみれば、もと慈円は観性を師とし、灌頂のときも観性がその儀を助けて居る（五六頁）。それ以来二人の関係は時とゝもに深まり、兼実を中心として、相ともに信仰の道に手をたづさへてきて、一日も離れることがない

といふ実状にあつた。以上の関係を通じて、はじめは一時の寓居であつた観性の住地西山は、慈円にとつてもつひに生涯を通じて欠くべからざる隠棲、閑居の地となつたが、同時にまた、彼の思索の地となり、思想の揺籃とさへなつたことは、後に見る如くである。慈円にとつて観性は、信仰上の指導者として師たるとともに、年齢上において大先輩であつた。しかし他方、世間的関係おいては、社会的地位乃至は叡山・無動寺を背景として、観性に対して上位に、保護者の地位に立つて、無動寺検校として観性の所帯の安固を図つたのであらう。この世間的な関係は、たとへば、寿永元年十二月十二日（『玉葉』）観性が慈円の使者として兼実を訪うてゐる、といふ一些事にも示されてゐる如くである。

かくして、承安四年、慈円二十歳の自行開始以後、建久元年三十六歳まで、即ちこの年十一月観性入滅まで十六年間の修行は、観性の指導と影響とのもとに進められた。この年に慈円が観性からうけた口伝（三八四頁）は、即ちこの時期の修行全体の成果と頂点とを示すものであり、同時にまたそれは、この期に於てのみならず、今後の生涯にわたつての思想体系の精華たるべきものとなるのである。

文治六年二月、慈円は西山に於て法橋観性から重要な秘法を授けられた。そのことを伝へる文献として、『秘々』『胎蔵八字頓証行法口伝』及び『自行私記』（『八深秘』）の三が、叡山南渓蔵に伝存してゐる。この三は、いづれも慈円の自草に成るものであり、観性より授法の経緯と、その法の概要とを伝へるものである。

〔註〕これらはいづれもわずかの小冊子であり、のちに尊円親王によつて他の多くの記録・抄物とともにまとめられて二巻一冊の『胎密契愚抄三昧流』にも含まれて今日に伝存してゐる（寛永寺蔵、『昭和現存天台綜合書籍目録』四四六頁）が、いまは南渓蔵々本の前記三抄物によつて考察する。この三のうち『胎蔵八字頓証行法口伝』（以下『口伝』と略称する）と『秘々』とはそ

の受法の一部分は全く同一である。そしてその他の部分は慈円以前及び以後における法流に関するものである。従つていまはこの二は、便宜一括して扱う。

これらによれば、文治六年正月二十四日、慈円は受法の為に西山の観性の静房に赴いた（慈円三十六歳、観性五十九歳）。ついで二月十八日、観性から『仏眼行法最極秘密八字五字等口伝』を授けられた。その密印を記したものが、青蓮院の秘書を伝へる「二九一箱」（十九箱）のうちに二本存し、その一は叡成から、一は明靖から伝へられた、と記されてゐる。叡成・明靖、いづれも皇慶の師である。

成仏の極説としてこゝに授けられてゐる『八字五字口伝』は、(1)いかなる方法であり、また、仏教体系において、如何なる地位を占め、そしてそれが、(2)如何なる経路即ち思想的系列と師資系譜とを以て、こゝに与へられたのであらうか。

(1)胎蔵八字頓証法は、もと大日経にもとづき胎蔵界曼荼羅に出づるものであるが、同時に金剛頂経所説の金剛界曼荼羅、さらにこの曼荼羅の一特殊相としての仏眼曼荼羅によつて、胎蔵界の所説を具体化し方法的に補足したものに外ならない。乃ち、右の諸曼荼羅を説いた大日経・金剛頂経及び瑜祇経、そして瑜祇経の註釈にしてその実践法を説いた安然の『瑜祇経修行法』によつて、その関係を辿ると凡そ次の如くである。

大日経は「如実知自身」（入真言門住心品）を以て究極とし、そこに仏を観、仏と一体となつて成仏の目的をとげるとする。仏の三密と衆生の三業とがそこで一つになるのであるが、この方法として「阿字」が与へられる。それは行者本有の菩提心にして、同時に正しく所観の本尊仏身である。息障品に、不動を祈つて心の散乱を防いだ上で、「阿字為ニ我体ニ可レ持ニ心阿字門ニ」といはるゝ所以である。

次に阿字は大日たるとゝもに一切であるので、これを旋転して他の諸尊を示す、所謂転字輪曼荼羅を説くのが転字輪曼荼羅行品第八である。大日経はこの転字の方法をひろく応用して次に布字の方法を展開する。三密即三業・仏即衆生の根本義に立ち、仏身たる種子を衆生の身の各処に布置して、これを観ずることを以て成仏の方法とするのが、即ち布字観である。字輪品第十・真実智品第十六・布字品第十七・百字生品第十九はいづれもこの布字観の種々相を説いてゐる。

この大日経所説の胎蔵界法は、金剛界法及び蘇悉地法と相俟って、その目的を達する。そのことは、先にみた通り、円仁が『金疏』『蘇疏』二著によつて示した所であるが（三四九頁）、これをうけて安然は『教時問答』（第五判教を説く十門中の第五たる「蔵」の説明に於て）（三六〇頁）に、

今《ノ》真言宗、雖レ無二文説一拠《テ》レ理《ニ》論《ズレハ》或《ハ》可レ言二一蔵《ト》一謂《ハ》真言秘密蔵《ナリ》、或可レ言二二蔵《ト》一、一《ニハ》金剛界秘密蔵《ナリ》、二《ニハ》胎蔵界秘密蔵《ナリ》、雖レ云《ト》二一真言秘密蔵《ト》一而《モ》就《クカ》二行法儀軌《ノ》別《ニ》一故《ニ》或可レ言二三蔵《ト》一加二蘇悉地秘密蔵《ヲ》一以二十八道一而為二紀綱《ト》一与二前《ノ》両界一少《ク》差別《スルカ》故《ニ》。又阿闍梨印信《ニ》云、是両界部大法《ノ》羽翼也、奉レ勅受二学《シ》両部大法一竟者方《ニ》始《テ》授《ク》レ之、

安然はさらに、この大日・金剛頂・蘇悉地の三に対する成就法として金剛頂瑜祇経を加へて、密教に四秘密蔵ありとする。即ち右の文につゞけて、

或可レ言二四蔵一加二瑜祇秘密蔵《ヲ》一謂《ク》蘇悉地《ニ》行《スルハ》二十八道《ヲ》一雖《モ》レ異《ニ》二両界《ニ》一立《ルコトハ》二三部一同《シ》二胎蔵界《ニ》一実《ニ》是《レ》胎蔵大法《ノ》之悉地求成就法也、今金剛頂瑜祇経《ハ》是《レ》可レ言二両部大法之肝心《ト》一也、以《テノ》レ説《クヲ》二両界阿闍梨位《ノ》行法《ヲ》一故也、

この瑜祇経を加へて、これに台密における重要経典たるの地位を与へたことは、先に安然の項に於てものべた所であるが、その理由は、これを以て胎金両蔵の具体的実践方法と観じた所にあつたのである。然らば、それはいかなる

方法であつたか。安然は右の文にさらにつづけて、その精華・極意の存する所をこゝに提示し吐露する。曰く、

其《ノ》中《ノ》大悲胎蔵頓証八字印明《ノ》即《ハ》是大日経中《ノ》阿闍梨真実品《ノ》印明《ナリ》、而《ルニ》明《スハ》二五部三十七尊《ノ》法《ヲ》一実《ニ》是《レ》金剛界中之悉地成就法也、故《ニ》与二蘇悉地法一相対《シテ》是《ヲ》為《ス》二四蔵《ト》一、

安然が、瑜祇経修行法三巻を書いてゐるが、その目的は、斯経の修行によつて大日・金剛頂・蘇悉地の修行を要約し、最も具体的・実践的且つ簡明な方法を以て、かの諸経の目的たる成仏を実現しようとするにあつた。そのことは、『瑜祇経修行法』第二（天台宗叢書本一一九頁）に、

若有下持二誦余尊真言法一不二成就一者上当レ令三兼持二此経根本真言一、即当三速成二諸真言法一、於二三部中一此経為レ主、加二彼真言一而持二誦之一決定成就、

といへるにも明らかである。

瑜祇経は十二品より成る。その第九、金剛吉祥大成就品に於て、金剛薩埵が仏眼仏母の身を現じて仏眼曼荼羅及び仏眼の根本咒とその功能とを説く（天台宗叢書本一一六頁以下）。安然の『修行法』に於ては、斯経に十四法ありとしてゐるうちの第九に、この大成就品を解釈し、而してその中にさらに三の法を分ち、第一を仏眼法、第二を成就大悲胎蔵八字法（また、金剛吉祥成就一切明法、即金剛吉祥七曜吉祥明、及仏母成就一切明と説明してゐる）。第三を五大虚空蔵法としてゐる。（因みに、後にふれる様に、慈円の抄物に於ては「瑜祇経仏眼品」云々とのべてゐるが、現行大蔵経の瑜祇経には「仏眼品」は存せず、「大成就品」の内容について指示したものと思はれる。慈円もまた、現にこの品名からその建立の道場を「大成就院」と称してゐることはまた後にのべたい）。

(2)次に、この法の相承については、まづ『秘々』に慈円自らその血脈を示して、

此密印相承次第ハ

慈覚大師　長意　玄昭　智淵　明靖　静真　皇慶　院尊　経暹　念覚《一心房》　基好　観性　慈ー

と示して居り『口伝』にも同じ血脈を記してゐる。なほ『秘々』はこの法の授受に関し、伯耆大山寺の別当習禅房基好をめぐつて、観性との間に生じた種々の事情・経緯を伝へてゐる。

以上の(1)(2)によつて、慈円の所謂「胎蔵八字頓証行法」の源泉と由来と伝承の系譜とが凡そ明らかにされた。が、これに関して注目すべきは、上にみた通り、この瑜祇経を加へて台密に新な方法を開拓したのは安然であるが、この『瑜祇経修行法』における仏眼信仰が、慈円の信仰に大きな流として入つてゐること、即ち安然と慈円との思想上の呼応関係が極めて緊密であることである。云ひかへれば、叡山の諸先行思想家のうち、慈円に最も直接的にして強力な思想的影響を及ぼしたのは蓋し安然であることを、こゝで、まづ、注目しておきたい。

かくて、慈円がこの文治六年に観性から受けた法門とその系譜は凡そ明らかになつた。

大悲胎蔵八字真言について、安然は『修行法』第二（天台宗叢書一二〇頁）にその利益を説いて、

爾時仏母金剛吉祥復説下成就大悲胎蔵八字真言王上曰 悪入引尾羅吽欠吽纈利悪短呼若誦二満一千万遍一獲二得大悲胎蔵中一切法一時頓証一云々故知此仏母法成二就一切明一通《シテ》能成二就大悲胎蔵三部《ノ》秘法大金剛界五部秘法一、

即ち八字は、真言中の真言として、これを誦することによつて一切法を一時に頓証する力を有する。その一切法は胎金両部より成り、即ち胎蔵界の三部（仏部、蓮華部、金剛部）と金剛界の五部（蓮華部、金剛部、仏部、宝部、羯磨部）を摂する。

伝教大師が、弘仁九年五月十三日の所謂『六条式』に於て、叡山学生の修学すべき両業として止観業・遮那業を提示したこと、その後とくに遮那業について研鑽に期待する所が多かつたことは先にのべた所である（三四七頁）。

『顕戒論』中（『伝教大師全集』壱　上一二一頁）に、最澄は、この両業について説明するうちに、遮那業に関して、

誠願大日本国天台両業授二菩薩戒一以為二国宝一大悲胎蔵業置二灌頂道場一修二練真言契一常為レ国念誦、

とのべてゐる。とゝもに、一方、空海について真言を学ぶなど、その研究修行につとめ、また弟子円仁にもその研究を指示したのであつた。

大悲胎蔵業は、本来胎蔵界即ち大日経の胎蔵界曼荼羅の法門であつたが、円仁・安然等を通じて胎金両部にわたる台密となり、安然の瑜祇経修行法において簡明な大悲胎蔵八字法として要約せられたのであつた。即ち同じく大悲胎蔵法といふも、最澄のそれとは著しく内容を異にしてゐるのであり、これをうけた慈円は『自行私記』（八深秘）に於て、これを次の様に説明してゐる。

此行法大日経不レ説レ之、瑜祇経仏眼品始雖レ説レ之、猶於二委細秘印一不レ明レ之、只師資口伝也、哀哉々々、慈覚大師十三代師資口伝大日如来三密修行成仏之期在レ近、可レ思レ之、私云、自二大成就品一出修二行此法一之時、仏眼種智其空冥寂如来如実知二見三界之相一無レ有二生死一之故也、即身成仏一生妙覚之直因只可レ在二此行法一深可二信仰一、終焉之時敢不レ可レ廃レ之、

以上、文治六年に慈円が観性より受けた法が仏眼曼陀羅、そしてそれにもとづく大悲胎蔵八字頓証法であつたことを知つた。そしてそのことは、観性の、この文治六年まで即ち観性入滅までの長年の信仰と修行法そのものをも溯つて証するものである。

先に、六波羅時代後期から兼実執政の初期までに、兼実が、或は兼実・慈円両人が、観性の勧奨に応じて仏事供養に精進してきたあとをかなり詳細にあとづけ（八六頁）、そこでの仏事は、如法経と仏眼関係の行事とがその大宗をな

してゐることを見たのであるが、この観性における仏眼信仰を右にてらしつゝ、あらためて少しく検討してみたい。

兼実の日記『玉葉』に、兼実が仏眼信仰の深かつた迹が少からず示されてゐる。そのことについては、先に同日記から関係の箇条をぬいて列挙して、その概略を示した。この信仰の指導について、観性以外の名も少しくみえてゐるが（元暦元年九月十三日の晴暹、文治三年五月四日及び建久二年閏十二月十四日の勝賢、建久二年十月五日の宗厳）、それらはむしろ例外的であり、殆どが観性によるものである。即ち先にあげたものゝ中から、観性によるもののみをあらためてやゝ詳細に跡づけてみると次の通りである。

寿永元年九月十四日　兼実・慈円及び源雅頼の三人が観性の西山草庵に赴いて、如法経供養の後仏眼曼荼羅を拝してゐる。

元暦元年九月十六日　兼実が仏前で不断仏眼念誦を修した。観性が弟子を率ゐて之に列してゐる。

元暦二年一月十三日　兼実は慈円とゝもに仏眼・愛染明王・不動明王・三尊合行の法を修してゐる。

文治元年十一月十五日　仏眼供を行ひ観性がこれに侍した。

文治二年五月十三日　兼実がこの夜から仏眼護摩を修した。

文治三年四月二十六日　兼実が観性に命じて仏眼供を修せしめ、以て徳政を祈つた。

文治三年五月四日　兼実は観性に仰せて仏眼法を修せしめた。兼実はこれにつけて「余深信二此尊（仏眼）一奉レ図二如法之絵像一、祈二天下之安全政道反素一、而始仰二観性一祈念之間、行家（源）伏レ誅、今又此修中義顕（源義経）被レ戮了、仏法之霊効可レ仰可レ信」云々とのべてゐる。

文治五年一月十二日　仏眼護摩を修して、女任子の祈りとした。

文治五年九月二十八日　当時興福寺再興中であり、その為の新彫の仏像の胎内に願文をこめて寺に安置することゝなつた。仏舎利及び経巻などの目六をかいてその趣旨を明らかにした。その中に云ふ。「先年所レ祈仏眼之少種誓（マヽ）願目録同籠之」

建久六年三月二十四日　仏眼等の法を修したが、この時には、慈円が参加してゐる。

この記事を通観しても兼実が仏眼信仰の篤かりし様が想はれるが、このことは恐らくこの信仰に於て、兼実が観性と慈円との間に橋渡しをしたことを思はせる。即ち上にみた如く、慈円が覚快や全玄からの受法以外に、観性よりの受法もあり、そして信仰の深さに於ては後者が中心的な地位を占める結果となつたと考へねばならないのである。以上、慈円三十六歳（三八三頁）までの間にその信仰の中心を占めたと思はれる仏眼信仰について概観したのであるが、同時に、同じこの時機に於ける信仰の他の面について考へねばならぬ。

慈円の信仰生活は真言行法から始まつたこと、および、その間法華の学習と修行とにも熱心であつたことは、先にふれた所である（三二頁）。即ち彼は、早く江文寺に登つて法華に通利したとあるのみならず、その後同経をよみつゞけること少くとも三十年に及んだ（『法花別帖』奥書）。勿論その学習行法の立場は、同書のはじめに、「真言教教相至極ハ愚案之所レ及記二此雙紙一也」と記し、また、「三昧阿闍梨云、奉レ読二法華一之時」云々と記してゐる如く、この『法花別帖』に於ても、密教中心であつたことが知られるが、併しそのことは、止観の立場を除外することを直ちに示すものではない。慈円が止観の研究にも注意と努力とを怠らなかつたことは、『拾玉集』第三冊のはじめにをさめられてゐる「春日百首草」の中の止観の十如是をよんだ十首（二九三九―二九四八）も端的にこれを物語つてをり、また後にその弟子が顕宗と密宗との法を別々についでゐるといふ事実も、これを示すものであらう（『華頂要略』所収「慈鎮和尚被譲進西山宮状案」建暦三年二月慈円草)。後年、浄土宗の流行に際して、それが専修を強調したのを非難して、「真言止観サカリニアリヌベキ時」(『愚管抄』)とのべてゐることもそのことを示してゐることもとよりである。即ち慈円は叡山の遮那業の学生として信仰・学習の世界に出発したのであるが、一方、叡山の強い伝統をうけて(三六三頁)、真言止観双修を志しつゝあつたと観なければならぬ。たゞ密教に比して顕教・止観に関する史料の管見に入るものの少いことは事実である。しかし、主として三昧流の立場に於てではあるが、この期に於ても法華の研究に精進してゐることは、とくに注目される。が、それは便宜上次の時期の信仰との関連に於て扱ふこととする。

この期の信仰として、こゝで次に浄土信仰にふれておかねばならぬ。この信仰に於て、叡山の学匠はその研究と実修とに絶大の努力を致し、叡山を以てこの思想の淵叢たらしめた長い歴史をもつことは、いまあらためて云ふを要しないであらう。

天台宗と浄土思想との結びつきは、とくに天台大師の「止観」に於て、所謂四種三昧の行を以て止観の修習の準備的方法と規定したるに発し、最澄もこれに従って『顕戒論』(上)にその方法を説いてゐる。天台宗の中に開かれた、この浄土思想への通路を利しつゝ円仁は唐の五台山の念仏三昧法を叡山に導入して、所謂不断念仏を伝へ常行堂を以てその道場とした。爾来、念仏は叡山の教学と修行とに於て大きな幅を占め、同時に他宗派における浄土思想に対比しても優越的地歩を維持したのであり、その結果、わが国浄土教思想の中枢を形成するの勢ひを示したのであつた。

かくて、叡山に於ては、円仁以後、浄土信仰の深化に伴ひ、顕・密を問はず、念仏は共通的に仏者の平生の行儀とされ、のみならず、むしろ真の信仰の生命を托するものとされた観がある。叡山の中興者を以て目せられる良源が熱心な西方願生者であつたことは、その著『極楽浄土九品往生義』に知られるが、その信仰の根底は止観におかれてゐる。一方、その著『注本覚讃』は円仁の密教的立場に立ち、「介爾刹那の物」即ち衆生の分段生死の心に金剛界曼荼羅の三十七尊が住むとし、一念実相隔らず、心仏衆生の無差別を説いてゐる。

良源門下の竜象として源信・覚運・覚超らがある。源信は『往生要集』に於て、善導流の念仏を基本として、浄土思想と念仏行法の実践とに画期的な業績をなしとげたことは、先にも説いたところであつた。(三六四頁)また源信としばしば併び称せらるゝ学生覚運も、『念仏宝号』『観心念仏』に於て止観・遮那業と浄土信仰との究極的一致を説く。即ち前者では「寿命無量弥陀仏」と「久遠実成大覚尊」と「自他法界諸衆生共成本師大日尊」を一体として「極楽世界顕密教主大慈大悲阿弥陀仏」を念ずることを以て結んでおり、後者は一心三観の観行と阿弥陀念仏を一体のものとしてとらへようとしてゐる。

叡山教学におけるこの念仏の理論的深化と実践的盛行が、叡山教学の内容の豊富化をもたらすとともに、一方、教学・思想・信仰の煩雑化を結果したであろうことは、先に少しくふれた所である(三六四頁以下)。平安中期以後の叡山教学が、この面に於ていかなる実状にあつたかの一端を示すものとして『朝野群載』(第十六、仏事上)所収永観三年二月一日附の官符がとくに注目される。即ち官符は、延暦寺の元寿を阿闍梨たらしむべし、としてゐるが、その中で次のやうにのべてゐる。即ち元寿は智興から胎蔵金剛両部大法及び諸尊別行儀軌護摩秘法をうけ、倫誉から胎金大法の外に蘇悉地大法を、目下また真言を学び聖典を問ひ、顕教を習ふ、云々と。この趨勢を推し進めるならば学生はやがて限なき法門と限なき聖典抄物とを課せられる外ないのは当然であり、そこに必然に法門・聖教の選択が要求せられざるを得ない。

浄土思想は教学的にも信仰的にも発展の一途を辿り、とくに世間的に大きな思潮となつて、上下をあげてこれに赴き、阿弥陀堂の建立もひとり京都のみならず、地方にも伝播して東北から九州に及ぶ全国的ともいふべき盛況を示したのが、平安時代末における実情であつた。源信の『往生要集』はやがて貴族をはじめ一般の信者にひろく読まれて、阿弥陀信仰をひろめ鼓吹する一の動力となつた。叡山内に於ては、その後をうけて良忍・叡空らを経てやがて源空の出現を迎へるのである。

浄土思想の潮流に棹さしてゐた源空が、浄土宗の独立といふ飛躍をなしとげた原動力が「選択」にあつたことは、以上にみてきた叡山の教学の一般的状況の中で、よく理解されよう。彼の主著『選択集』が成つたのは元久のころ(慈円五十歳)であるにしても、はじめて専修念仏を唱導したのは承安・安元の間(慈円十七―二十二歳)であつた。(『源空上人伝』『浄土決疑抄』、『法然上人行状画図』)。源空は真の実践的な信仰を求めて、難行道たる聖道門をすてて易行道たる浄土門を選び、易行道中正雑二行から正行をえらび、正行中に正業をえらんで、結局称名号を以て正定の業とした(『選択集』)。源空の念仏は叡山の伝統に生れ、『往生要集』からも多くのものを受けながら、内容上に於てはむしろこれを離れる点が多い。『往生要集』が止観との関連が深いのに反し、『選択集』は「偏依善導」をとなへ、「善導観経疏者是西方指南行者目足也」といつてゐるのは、すでに叡山の伝統からの距離を示すものである。

専ら浄土門を採ることによつて聖道門の全体を一挙に捨てたことは、往生・成仏といふ仏教の最高目的を確保しつゝ、而も無限に加重してゆく顕密の学説の重圧からの解放を含意してゐる。専修の立場に立つて真言・止観を突き離すといふ、叡山教学の伝統からみて驚倒に値ひするやうな、一種革命的な放れ業が、慈円と、その成長の時を同じうしてゐたのである。

慈円の身辺には、同じく叡山を母胎としながら、しかも伝統的・革新的な二つの念仏思想が対立・併存してゐたのである。叡山の信仰と思想の伝統の発揚に己が生命と使命とを見出した慈円が念仏思想に於ても伝統的であったことは云ふまでもなく、真言・止観を無みするやうな専修は、慈円の生涯を通じて絶対に容認し得ぬ所であった。先にみた様に（八六頁）寿永二年八月、慈円が法性寺に二十五三昧念仏を修したことは、慈円の念仏が基本的に源信流の衣鉢をうけたものなることを示してゐる。これに対して専修念仏は、全く受けつける余地なく、反対に攻撃の的であったことは、後年の記とは云へ、「建永ノ年、法然房ト云上人アリキ、（中略）念仏宗ヲ立テ専修念仏ト号シテタヾアミダ仏トバカリ申ベキ也、ソレナラヌコト顕密ノツトメハナセソト云事ヲ云イダシテ」（『愚管抄』）と非難し、専修念仏は愚痴のものを喜ばせるに汲々としてゐると嘲り、さらに専修念仏は「真言止観サカリニモアリヌベキ時、順魔ノ教ニシタガイテ得脱スル人ハヨモアラジ」云々と「順魔」として憎んでゐる。

以上、慈円の出家より天台座主第一回就任前まで、それはまた観性入滅までの間に当るのであるが、この承安元年ごろより建久元・二年まで、慈円十七歳から三十六・七歳まで約二十年に於ける信仰の諸相について一瞥したのである。それは一口に云へば、叡山の教学と信仰との最も正統派的な立場を、密教を中核として継承してゐるといふべきであらう。が、慈円の建久元年草した『胎蔵根本極密契』、『胎蔵八字頓証行法口伝』を通してみた、以上の信仰の特色について、最後に『自行私記』所収の慈円自身の発願文を、その全文を掲げて、以上の全体と相照しつゝ、その信仰の全貌を窺ってみよう。

自行私記　（慈円）和尚御次第　外題云八深秘

先発願私頌

我覚本不生　出過言語道　諸過得解脱　遠離於因果　知空等虚空　真如随縁転　変成於万法　　地水

火風空　方円角半月　空輪成其体　白赤黄青黒　千変亦万化　成立一切法　五識即五智　五部亦五仏　五眼五仏性　五乗五導〻（道）等　成三部三句　三身三諦智　三業即三密　類通十三法　惣摂八万蔵　竪徹五種土　横通十方界　牙（互）現亦互融　一成一切成　我等与衆生　本有菩薩身　四眷常随逐　同住亦月蓮　具足上諸法　常自受法楽　背亡此実相　妄執此法楽　顛倒成三道　輪廻於五趣　平等計自他　常住思无常　清浄見苦穢　安楽為苦悩　如此雖妄執　其実不出源　是法住法位　世間相常住　願以此功徳　普及於一切　人法同紹隆　冥薫於一切　一切仏法僧　山王大師等　護法諸善神　常致恭敬心　哀愍加持我　兼知命終時　結誦印真言　無病終此命　速往安楽国　乗弥陀願力　速還於娑婆　必至有縁所　示現神変相　為始此国土　遍遊於六道　乃至未来際　化現无量身　弘通此上乗　広度諸衆生　痴愛故成果　縁理故発心　以此逆順縁　覚時為利門　此願宛法界　即得无生忍　父母及師長　恩所門徒衆　若順若逆者　若定若散輩　引導安楽国　同入（ママ）字門

この発願文は、大観するに三の部より成る。初めから「平等計自他」までは大日経に依拠する密教思想であり、「常住思无常」より「哀愍加持我」までは法華に拠つて居り、以下は浄土信仰に立つてゐる。

第一部　我覚本不生より知空等虚空までの五句は、大日経（入曼荼羅具縁真言品）の引用である。大日経によれば、この五句が夫々地水火風空をさし、而してこの法界は五大所成であり、その千変万化の相である。かくて我等も仏もその本質を同じうし、我等の三業が即ち仏の三密である。我等衆生は即ち本有菩薩身である。しかしそれにも拘はらず、我等は妄執に覆はれてこの真相実際を知らず悟らざるが故に五趣に輪廻し、平等の本質なるを、誤つて自他対立観を執する。常住を無常と執し、清浄を以て苦穢と錯覚する。

第二部　「是法住法位」「世間相常住」は法華経（方便品）の語である。三千の諸法は本来中道実相そのものなる故に、無常と観ぜらるゝ世間相も、実は本来不変の真如に住してゐる、とする。
第三部　「無病終此命」以下は、弥陀の願力により往生浄土及び浄土より娑婆への帰還、いはゆる往相の廻向及び還相の廻向であり、上求下化である。近きより遠きに及ぼし、順逆両縁ともに救ひ、定散ともに安楽国に摂取せんとの願であり、同時に全体の結びともなつてゐる。

顕密を主軸としつゝ、浄土信仰の流れに棹さし、叡山教学の法燈の維持を以て己が任とした慈円の信仰の全貌と、この二十年間に修得し、且つ修行と実践とを以て之を検証しつゝ、一生の信仰と進路とを拓きつゝある姿がよくよみとられる。

慈円の学解の方向と基礎は、こゝにはつきりと定着したのであつたが、最後に、その教学に於てとくに関係の最も密接であつた先学として、安然の名をあげておかねばならぬ。もとより、祖師円仁、或は三昧流の祖良祐等は、法流を代表する名として重要であるが、教学乃至は信仰の特色に即して云へば、慈円は、安然にこれをうけてゐるといふことは、その一生を通じてとくに注目さるゝ事実である。これに止まらず、今後の信仰形成に於てもまた、安然がその最も力づよい手引きとなつたことは、後に見る所である。

(二)　成　熟　期

建久三年、慈円は三十八歳で座主(第一回)の地位についた。この最初の座主就任が、慈円の生涯に新しい一時期を劃することは勿論であり、従来は専ら受業の立場にあった慈円が、この頃から師として弟子の指導者たるの地位にたち始める。とくに授灌頂や道場寺院の董督・草創などの尽力がその中心であり、「大懺法院条々起請事」（慈円五十一歳）「天台勧学講縁起」（五十四歳）等の起草は、彼のさういふ活動と地位とを示す文字である。この期の慈円の教学・信仰をうかゞふべき文献としては、まづ『𑖥𑖰𑖬𑖸』（毘逝）（正治二年頃成立、慈円四十六歳）『法華別私記』（承元三年成立、慈円五十五歳）が中心に置かれる。

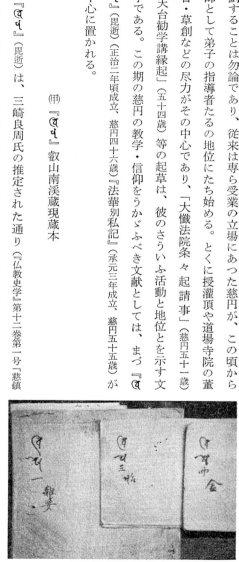

(甲)『𑖥𑖰𑖬𑖸』叡山南渓蔵現蔵本

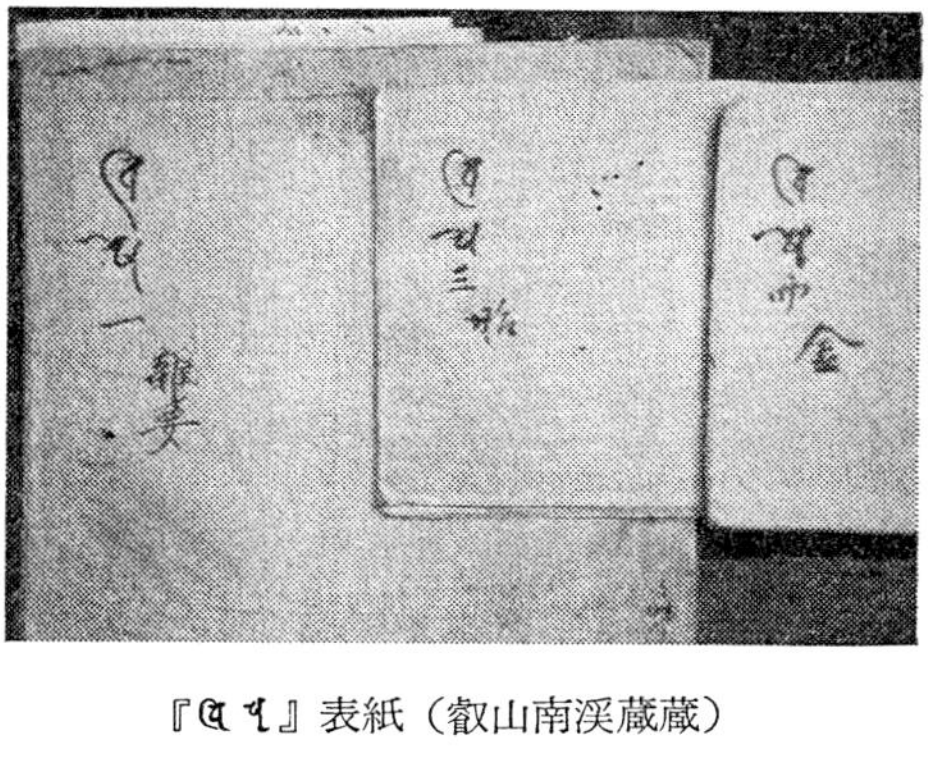

『𑖥𑖰𑖬𑖸』表紙（叡山南渓蔵蔵）

『𑖥𑖰𑖬𑖸』（毘逝）は、三崎良周氏の推定された通り（『仏教史学』第十二巻第一号「慈鎮和尚の密教思想について――吉水蔵の「毘逝」を中心として――」）、abhiṣeka（灌頂）の略bhiṣeであらう。本書の内容はまさに灌頂の儀式・支度を中心としたものである。現在第一冊から第七冊までであるが、第二冊を欠くので、実数六冊を存する。但し第一冊の奥に、「正治二年潤二月記之凡去冬今春之間都合八帖令鈔記了、秘ゝゝ中深秘密也努力〳〵」の文字あり、筆者は慈円と思はれる。本来は八冊のものであったのであらう。

本書はその全巻の大半が、実際に行った灌頂の儀の状況乃至はその支度等に関するものである。先づ第一巻に、「胎金両壇伝法灌頂当時行用次第作法、谷大原以下諸家私記其多、但多《クハ》大概記《ヲ》レ之《シテ》未ニ必委一、深秘、今予取ニ用之一、三昧手記頗分明也、但予始《テ》行ニ灌頂一之時、付ニ彼手記一自《ノ》余秘抄秘決等《ニ》令ニ撿合一之又委細《ナル》手記作レ之了」とのべてゐる。これを具体的に云へば、第一冊には仁平二年十一月十日の覚快法親王の受灌頂の儀を、その師行玄の記したものを写し、また慈円自らの寿永元年十二月六日の灌頂の記録を収めてゐる。これとともに、慈円が灌頂を授けた弟子について次にのべ、建久七年十一月の良尋の儀、同八年十月四日の公全の儀、正治元年の公円、正治二年の恵奘・慈教の儀などに及んでゐる。第二冊を欠いて居るが、第四・五・六・七冊いづれも灌頂についての堂荘厳、その他の儀式の次第、或は列席の讃衆の用心等を記してゐる。とくに第三冊の最後の部分に、次の注目すべき一節がみえてゐる。

元品無明ハ妙覚智断歟等覚智断歟

等覚智之所存ハ等覚智断也、妙覚智之所(断カ)ハ存妙覚智断也、修因向果之前ニハ等覚智断也、従本垂迹之前ニハ妙覚智断也、然者□等覚智ニテ断証スト思テ妙覚之位ニ叶事□歟又我此妙覚智ニテ断□ツルナリケリト可知之也、迷悟之二道ニ必従本垂迹之義相具也、仍内上ニ□之智不加事ハ不可有之、

問(内カ)妙覚智必加レ之、故一切断、或勝利之道ハ令増□也ト昇二上位一之後必知レ之也、以前従因向果之□(面カ)ニテハ以二次第一自二初地初住一我悟ノ深ク成ニ随テ証果□(時カ)全スト思也、其深クナル悟ト云ハ上智ノ智分ノ加護也、悟極リ迷尽テ従本垂迹ノ開悟ハ出来也、仍妙覚智内催之時等覚智外配ト知也、今真言教ノ支分生灌頂即此言也、

約法花心□(論カ)之者迹門ノ心ニテハ等覚智ニテ断也、本門ノ心ニテハ妙覚智断也ト可謂也、然則迹門ハ台蔵従因向果□(以カ)支分生令二灌頂一、

本門ハ金界従本垂迹以二五仏一令二灌頂一、

但台界深行又有二従本垂迹之義一金界修門ニ又有二修因向果之義一私又云、五相成身ハ一切義成就菩薩修因向果也云々

抑問顕宗之人者迹門ハ等覚智断、本門妙覚智断歟、答云未レ聞二此義一可レ然□太以相叶教之深意也、顕宗之人未云

此義、密宗之悟如レ此、可レ信レ之云々、

凡一切諸法ハ因内ニ不レ催果外現《ニスル》事無也、一切衆生心蓮之中有ニ仏性一理、依レ之皆已成仏道《トハ》説也、是則従本垂迹之故也、本覚之都迷出《ヲ》云《ナト》此義也、迷出《テ》輪廻スト云ハ必悟入帰本也、如此ノ顕宗学ニ期成仏之時未レ極ニ其義理一也、

元品無明を断ずるは妙覚智断か、等覚智断か、といふことは、古来、天台宗での重要論題として議論がくりかへされてきてゐる（『天台宗論義二百題』）。灌頂の書にこれを論じてゐるのは、以下にみえるやうに、妙覚智断と等覚智断とを夫々従本垂迹及び修因向果の二に擬定し、胎蔵界の曼荼羅と金剛界の曼荼羅との教へるこの二つの方向が、実は別ものではなく、衆生が修行の一途を向上して悟りに近づくにつれて、従本垂迹の真理を同時に開悟するに到る、といふ密教の教へと同様、元品無明も衆生の内に催す、本有の妙覚智と修行向上によつて生れる等覚智と二にして一なる智によつて断除せられるとする、顕密一致の趣をのべたものである。

同じことをまた法華の上でみれば迹門が等覚智断、本門が妙覚智断に配せられる。また胎蔵の支分生の曼荼羅即ち五字厳身観に対して、金剛界の五相成身観は一切義成就菩薩の修因向果の法門である。

以上、二つの相反する方向が、結局同一に帰する場合の実例をいくつか挙げ、これを結んで「一切諸法は、因、内に催す事なくして、果、外に現ずることなし、一切衆生の心蓮中に仏性の理が存するが故である」と結んでゐる。修（従）因向果と従本垂迹と、相反する二つの方向を以て悟りを説明し、その二が一であるところに悟りの極致の存すとする方法は、安然の『教時問答』第二巻（天台宗叢書本七三頁）に、金胎両部の曼荼羅によつて説く所が、慈円にとつての直接の典拠かと思はれる。即ち、

凡《ツ》真言宗《ノ》曼荼羅義《ニ》略《シテ》有ニ二種一、一者《ハ》従本垂迹《ノ》曼荼羅、是《ハ》一切諸仏《ノ》内証外化之三輪也、釈迦一代亦《モ》摂《ス》ニ此《ノ》中《ニ》一諸宗就

レ此ニ釈ニ種々ノ身ヲ二修因向果曼荼羅ノ、是ハ一切行人従凡入聖之三密也、釈迦ノ所化亦タ摂スニ此ノ中ニ一諸宗就テレ此ニ釈ニ種々ノ行ヲ一、
今者顕密教中並ニ説クニ諸仏内証外化行人修因向果之義ヲ一

この修（従）因向果従果（本）垂迹の法門は、今後慈円の好んで用ふる所で、こゝにも安然との思想上のつながりが見られるが、それらのことはなほ、後のものに徴することが出来る。

右の一文に於て、慈円の思想的立場についてとくに注目されることは、そこに顕・密両面の教学・信仰が共存してゐること、いひかへれば、慈円の学解が本来密教中心であり或は密教の学習から出発してゐることは疑ひないとともに、而もなほ顕教の立場も堅持されて居り、顕密両脚のうへに、調和的に立たうとしてゐる点である。

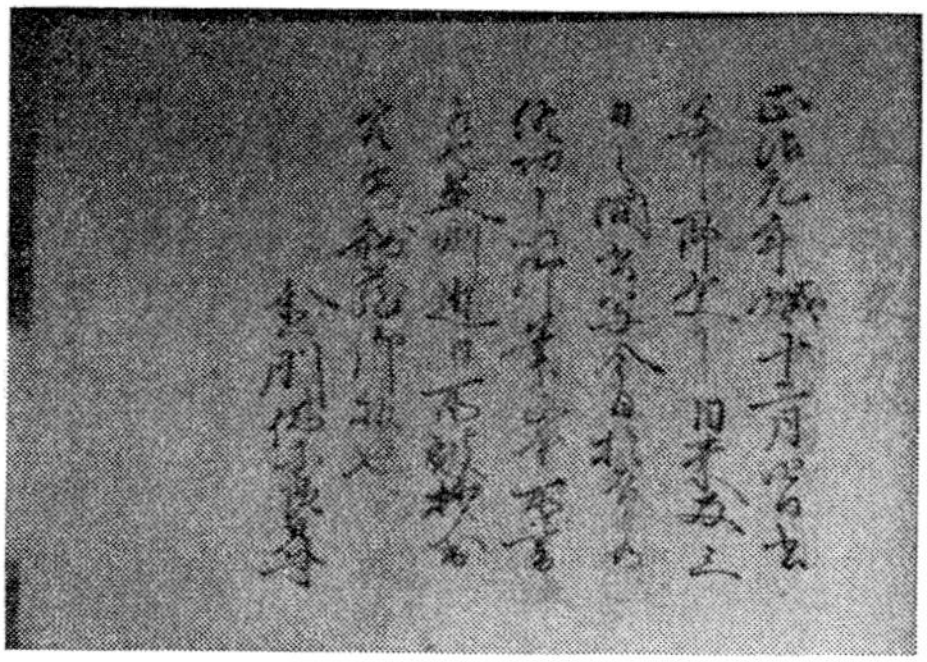

南渓蔵蔵本『』第五冊第一枚
「御筆」は慈円筆の意

元品無明の問題は、本来顕教において論題とされたところである。涅槃経・勝鬘経・法華玄義等の所説にもとづくものであるが、慈円はこれをこゝで胎金曼荼羅の従本垂迹・従因向果の立場から解釈してゐること、しかもまた飜つてこれを法花にあてはめて本門・迹門にこれを当ててゐる。また「顕宗の人」はまだこの法門に詳ならず、「密宗之悟」を信ずべしといひ、最後に「此の如く、顕宗の学に成仏を期する時は、未だその義理を極めざるなり」といふをみればその密教に傾ける程が凡そうかがはれるが、しかも決して顕の立場は失はれてゐないのである。

以上本書の大体を紹介したが、最後に、慈円が本書を伝受し、本書を写し、本書にその信仰を表明してゐるのみならず、これをその資良尋に伝へて書写

せしめてゐることに及んでおかねばならぬ。当時慈円が、己の後継者に擬してゐた愛弟子（兄兼実の子）の教育の上からみて、とくにこの書が慈円にとつて極めて重要な文献であつたといふ事実を、恐らくそこから掬みとつてよいであらう。

第五冊、第一枚に、

正治元年歳次十二月四日書写了、即受了、日来両三日之間書写、今日於二吉水一終功了、以二御筆正本一所二書取一也、是則近日所レ被二抄出一寂要秘蔵御抄也、

金剛仏子良尋

又同冊奥に、

正治元年十二月八日於二吉水一以二御筆正本一書写畢、抑此七帖御抄自二第一離要帖一次第ニ雖レ可二書取一少々不レ被二治定一事在レ之故、随レ給ニ如レ此不二次第一書写了、

金剛仏子良尋

第六冊奥に、

正治元年十二月十一日以二御筆正本一於二吉水一書写了、

交了

金剛仏子良尋

以上は、建久二年三十七歳で天台座主となつた当時の慈円（九七頁）が、師として指導者として立ち現はれた姿を、とくに良尋との関係に於て一見したのである。座主としての、山門の大法秘法の研究と実践とがこれに平行して開始されてゐることは先にみた（九八頁以下）所である。爾後十五、六年間は、慈円の一生に於てはじめて九条家の庇護より

一歩をふみ出して、その世間的活動がひろく世の認むる所となつた時期に当る。それより後に来る数回の座主就任はその頂点を示すものであり、その間、実践的習熟と思索活動とが相提携してその歩を進めてゆく。即ち、さういふ活動と繁忙との間にあつて、一面青春時代に発起した教学学習と思想問題追究の熱情は、不断にもえ続けて一日も廃せられることがなかつた、といふことは忘れられてはならない。先にふれた、二十歳前後に一念発起した法華研究は、のちに承元三年（慈円五十五歳）『法華別帖私』として実を結んで今日に伝存してゐる。が、それが長年の書きつぎであるといふ事実に照しても、社会的実践の間における慈円の関心の程は、充分に察せられる。当時の慈円は、即ち、「仏法興隆」の実践を通じて、叡山数百年間につみ上げられた無数の先輩竜象の教学と信仰との伝統を、体験的に摂取し受容しまた選択し、またこの新に体得したものを現実に適用してゆく機会に遭遇してゐたのである。一口に云へば、叡山の長い伝統を血肉化してゆくところに、この時点に於ける慈円の思想活動の中核があつた。大懺法院の最も主要な行法の一として規定されたものゝ一たる「法花法」と、『法華別帖私』に示されてゐる三昧流の法花法の研究とが、密接につながつてゐるが（四〇五頁）、これまた、慈円の不断の研究と実践との関係の如何を端的に示す一例に数へらるべきである。

(乙)　『法花別帖私』

青蓮院所蔵の本書は、墨付二二二枚、正応三年書写の奥書を有する写本である。以下にみる様に長い間の書きつぎであるが、中にみえる多くの年号のうち、最も新しいものは末尾に近い部分にみえる「承元三年十一月十三日」であり、そして大尾に承元四年十月十四日慈円の弟子成源の書写した趣の注記がみえるので、その成立の時期が推定される（慈円五十五―五十六歳）。

本書は慈円の長年にわたる法花研究の精進の成果であるが、その成立の経緯を見る上に最初に注目されるのは、第一三〇―一三一枚にみえる左の文字である。

予廿一歳春一部八軸暗誦（マヽ）之後、則始二法華行法一既三十一年、于レ今未二退転一二万日ニ過了、毎日誦経一品及卅歳之比於二一部通利一者頗廃亡、然而今年五十一歳憶経三十一年一也、今有二此開悟一非二冥加一哉、可レ信々々、可レ仰々々、南無釈迦牟尼如来又尺迦弥陀一仏之開悟後得二夢告一同所レ信也耳、

即ち第一紙よりこの第一三一紙までは本書の前半をなすのであるが、この部分は慈円二十一歳の春から元久二年五十一歳まで約三十年にわたつて法華の諳誦・読誦・研究に精進しつゞけてきた過程の産物である。二十一歳とは、即ち前述の通り（三二頁）承安四年、師覚快法親王の許しを得て大原江文寺に入つて法華の練行につとめたのが二十歳のことであり、その翌年、再び叡山に戻り無動寺に入つて修行したのが、即ち安元元年二十一歳のときのことであつた。

また、本書には、

已上記甚以殊勝、甚深々々、□□甚深、文治第二歳秋付二此記一、奉レ読二妙経一、九月中旬偈頌真言等書二出之一、勿レ及二外見一努力々々、（第三二―三三枚）

建久二年五月卅日朝巳剋許夢云、（第七六枚）

建二立懺法院一之後為《シテ》二毎年勤《ト》一如法七ケ日夜欲レ令レ修二法花法《ヲ》一、仍元久二年十二月八日始レ之了、（第八五枚）

などの年号が順次にみえ、その書きつぎの様がうかゞはれる。而して前述元久二年以後の後半の部分、即ち一三二―二二二枚までの九一枚もやはり内容上その延長であり、それらの点からみて、本書は実に三十五年の長きにわたる、

慈円の法華研究の一大記念碑にも擬すべきものである。

次に、謂ふ所の法華研究の立場乃至は性格は何処に存するか。この点については、まづはじめに、

凡真言教教相至極愚案之所㆑及、記㆓此雙紙㆒也、雖㆓法花一法義理㆒為㆓秘教三部開悟㆒得㆓此心㆒可㆑見㆑之、（第二九枚）

といひ、さらにこれをうけて、

凡如㆑此儀、皆是先師口決也、三昧深秘口決等皆所㆑見也、（第六二枚）

といふを併せみれば、その法花研究が真言密教の立場に立つものであり、とくに三昧阿闍梨良祐の説を祖述した、師説によるものなることが知られる。

かくて、本書は良祐の法華行法に説き起し、これを山王七社に於て行ずる方法次第をのべて、「三昧阿闍梨云、奉㆑読㆓法華㆒之時、先浄㆓三業㆒、次礼仏真言次勧請偈」以下その方法の詳細にわたつてゐるのであるが、この修法が所謂「法花法」にもとづいてゐることについて、

已上次第於㆓御社㆒（山王七社）修㆓法花法㆒之時欲㆑用㆓此次第㆒、私書㆑之、未曽有書也、（第四七枚）

とのべてゐる。いはゆる法華法は即ち「成就妙法蓮華経王瑜伽観智儀軌」一巻（『大正蔵』密部十九）所説の法によつて修する行法である。それはまづ「一切衆生身中皆有㆓仏性㆒、且如来蔵、一切衆生無㆑非㆓無上菩提法器㆒」（同上五九四頁）、即ち衆生即仏の信仰に住し、「大悲胎蔵大曼荼羅」に入つて身中の業障を滅除、諸の壇を備へ法儀をとゝのへて法華経を供養するのであり、而して諸の願に応じて真言をとなへる。かくすることによつて「能延㆓寿命㆒、能滅㆓夭寿決定悪業㆒、獲㆓得身心軽安㆒、離㆓諸昏沈㆒及治㆓懈怠㆒」（五九六頁）「一切有情沈㆓淪生死苦海㆒、我皆抜済、令㆘一一有情㆒与㆑我無㆖異」「一切障者不㆓敢触悩㆒、心所求速得㆓円満㆒」「三業清浄、洗㆓除一切煩悩罪垢㆒」（五九八頁）等の功徳を受ける、とされる。

法花法はとくに山門に重んぜられる法であり、東・台両密に於て幾多の説や解釈が積み重ねられて多岐にわたつてゐる（『阿娑婆抄』仏教全書第三冊に円仁がこの儀軌を伝へたことを示してをり、皇慶その他の諸師の多くの注釈が列挙されてゐる。同書一一二五―一一二六頁）。慈円がこれをいかに行じ、またそこに如何なる信仰・思想を托してゐるか。この『法花別帖私』は、先にのべた通り、多年にわたる書きつぎであり、時に応じての行法の支度を中心としこれに説明・解説を加へ、それに対して思想・信仰上の裏づけを試みたものを主としてゐるが、その外なほそれと直接思想的には必然的関係の薄い夢想などをも加へてをり、記述の方法は雑駁でないまでも、必しも体系的な叙述を以て終始してゐるとは云ひがたい。かくて、いま、慈円の法華法について、その実際の修法に際していかに扱つたか、及び、それに関連しては彼の信仰思想がいかなる姿をとつてゐるか、の二点について他の資料をも参考しつゝ、考察してみよう。

第一に、法華経の修法、とくに大懺法院における場合、これをいかなる心がまへを以て行じてゐるか。先にも少しくふれた通り、それは日吉の山王を請じて行はれてゐる。それが当時の叡山の実際の方法であつたと思はれる。即ち第四九―五一枚に、修法の時の壇が「山王壇」であり、これに種々の供物を備へること、この壇に三種の広略ある事を次の通りに記してゐる。

山王壇（此名目顕露ニ不可称之）

先備ニ仏供於壇上一　蘺燭　供ニ十五杯一　立ニ銀銭幣帛等一　或不レ立

行疫神　二宮　聖真子　赤山也（祇園当所神住也）　大日　八王子

早尾（聖天）　釈迦・彡　客人　王子宮（諸宿曜等）　十羅刹　十禅師

下八王子（北斗）　大行事（十二天）　三宮

已上図位三箇之差別可在之、

一者深秘《シテ》修二此法一之時只小壇一壇《ヲ》立テテ十二天壇ナトノ由ニテ可レ修レ之、其時ハ十二天北斗等傍ニ図之様也、則毎年大懺法院修之様也、

二者如例如法大法《ニ》如《ニ》二公家御祈一令レ修之時如二常十二天壇聖天壇等一可レ在レ之其時ハ此壇頗不二打任一、然而猶以二別意趣一欲レ修レ之者大行事以下如二本図一也三者此法《ノ》小壇《ニ》加《ノ》供儀ニハアラテ一向ニ只就二此意趣一山王許欲レ奉レ請供者中尊七社之外ニハ小神ヲモ又別天等北斗等ヲモ加供位等不レ可二一定一、只在二行者意楽一也、

即ち、同じく法花法を修するに三種の別あり、毎年大懺法院の行事として規定したものは、その中の深秘のものである。第一は一小壇をたてるだけで他の十二壇をこれに象徴せしむるもの、第二はとくに朝廷・天皇のためにする如法の大法で十二天壇及び聖天壇の全部を具備するもの、第三は最略のもの、山王だけを請じ他は行者の意楽に従ふもの、としてゐる。このことについてはなほ第一九四枚に、

又此山王壇行法次第叶二神慮一哉否、凡冥知見尤以不審、

云々と、疑を存してゐるのが注目される。

また第八五―八六枚にも、懺法院の法花行法の実際にふれて、

建二立懺法院一之後、為《シテ》二毎年勤《ト》一如法七ケ日夜欲レ令レ修二法花法《ヲ》一、仍元久二年十二月八日始レ之了、件法上中下番卅人之中密宗之人高位之輩替々修二大壇護摩壇等《ヲ》一顕宗人為二不断経衆一、予開白此時深思二惟此法《ヲ》一之間日来安立之上行法護摩等行用大略開悟了、凡大略四種之尺之中於二浅略深秘《ニ》一者常《ニ》所知之分際皆有二浅深一也、今稟承之上ニ加二私案《ヲ》一深勤二行右所記一者秘中深秘也、其旨如レ右《ノ》不レ可二相違一今又依二開悟《ニ》一所レ記レ左《ニ》者秘々中深秘也、為恐々々、

慈円はこの大懺法院の法花法に於て、密教の弟子・顕教の弟子をして、夫々前者には護摩を修せしめ、後者は不断読経衆にあて、全体で三十人の僧を修法に列せしめてゐる。

密教にいはゆる、浅略・秘密・深秘・秘々中深秘の四釈が存するが、ここでは懺法院の法花法は、稟承の法に私案を加へて、秘々中の深秘の法を行ずる旨を明らかにしてゐる。

法花法修法の功徳については、先に儀軌によつて一瞥したが、それについて慈円は、具体的に如何なる目標を有してゐたのであるか。本書の中（第九五枚）に、

先結㆓敬愛印㆒誦㆑明□上加㆓太上天皇宝寿長遠句㆒次結㆓鉤召印㆒誦㆑明□上加㆓怨霊邪鬼出離解脱句㆒也、

といへるに徴して、まづ後鳥羽院の宝寿長遠と併せて怨霊、具体的には保元・寿永等の戦乱の犠牲者の幽霊の出離解脱を祈つたことは明らかである。が、これらの点について、慈円の語を弟子が録した『四帖秘決』㈢六二の左の語は、さらに詳細具体的である（『四帖秘決』についてはなほ後に触れる）。

又法花法行法ニ日来思様経ノ□ノ真言トイフモノノアラマホシク覚テ未心得ザリシニ□□比案得ル旨アリ、観音ノ真言ヲ法花経ノ真言ニハ可㆑用事也、而我本尊ナレハト思テ不空羂索ヲ用也、其ニ今一重有興事ヲ隆聖僧都ヵ物語ヲ聞テ思合タリ、東寺ニ二間《フタマ》ノ観音供トテ毎月ニ長者ノ禁中ニ参テ候スル事アンメリ、是ハ弘法大師ノ始天令修給タリケリ其ヲ近代ノ長者等ツヤ〳〵ト何ノ観音トイフ事不習得シテ様々ニ推シテ修㆑之、隆聖得タリ此事ヲ㆒如意輪也云々、聞天之我思様ハ如意輪トイフヲ輪ヲ主上ノ御本尊ト被定ニコソアリケレ、三壇ノ長日御修法ニ如意輪其一也、ナトカハ日来如此ハ不心得ケルソ、金輪聖王ノ御本尊ノ観音ニハ如意輪尤相当レリ、熾盛光ノ法ハ八大丼ノ中ノ観音モ如意輪也、聖徳太子モ如意輪観音也、

仰云、我ハ自昔為天下泰平為万民安穏修《スル》二法花法一奉為《ニハ》国王ノ如意輪真言、執柄ノタメニハ不空羂索ノ咒ヲ念誦シテ修法花法《ヲハ》一也云々、

これによれば、慈円の法花法は観音を本尊とし、その真言を以てその方法とするものであるが、国王の為には如意輪観音、執柄すなはち藤原氏の為には不空羂索観音を本尊とするものであつた。以上によつてこれを見れば、大懺法院に於て法花法を修する目的・趣旨もまた、後鳥羽院の宝寿長遠、これに併せて藤原氏摂関政治の繁栄、そして天下泰平・万民安穏にあつたことが確認されるとともに、その点に於て大熾盛光法とその軌を一にするといふべきである。なほ、この観音は法花経所説の観音なるとゝもに、また密教の蓮花部の蓮花でもあつたことがとくに注目される。そのことは『法花別帖私』第一六五枚に、

又法花ノ真言ト惣ニ経ヲ真言ニナシテ欲レ令レ満者、可レ用二観音真言一也、愚案、開悟定叶二正意一歟、所以者何、先顕教尺之中ニハ観音法花眼目ノ異名也《ト》云々、密宗《ノ》本意ハ妙法蓮花ノ蓮花ハ蓮花部ノ蓮花也、蓮花部者則観音也、仍蓮花経ノ躰ハ可為観音一、凡大日如来尺迦大師或説密教一或説法花一皆是仏々ノ本懐法門之至極也、観音品ニ不説法花事、只観音事許也、依之眼目異名《ノ》《ト》云尺モ出来、行者ニ為令開此悟一如此説給也、

と、顕密の一致相即を説明して居り、叡山の徒として法花を尊重する立場をよく示してゐる。この観音信仰は慈円に於て、とくに注目される所であり、極めて深いものゝあつたことは『愚管抄』巻三に、

観音ノ化身ノ叡山ノ慈恵大師

といひ、

コノ日本国観音ノ利生方便ハ聖徳太子ヨリハジメテ、大織冠・菅丞相・慈恵大僧正カクノゴトクノミ侍ルコトヲ

フカク思シル人ナシ、

などの語のみえるにも知られるが、この観音も恐らく如意輪観音であり、而してその信仰の根拠は法花法のそれにもとづくことが想はれる。而してそのことは『拾玉集』所収の一首、

般若台におさめをきてし法花経も　夢とのよりそうつつにはこし　（二九七六）

も、夢どの即ち聖徳太子より授けられた法花経であり、即ち如意輪観音と法花経がみられるのも同じく右の信仰にもとづくものである。即ち、

修行門ニハ以二薩埵ヲ一為レ本、利生躰ニハ以二観音一為レ躰、是則重々ノ本有ノ功徳皆以一同之入レ密ニ修行ス、非二小ケ縁ノ一付レ顕開悟ス眼前人界ノ利生也、依レ之先日本国聖徳太子救世観音也、如意輪我山ニハ又慈恵大僧正観音也六十余国一切霊所以観音為本尊、（第一七三枚）

とあるに照せば、まさに符節を合するものがある。これらによつて考へれば、法花法の思想と行法とが、慈円の信仰に於て如何に根の深いものであるかが思はれる。

以上、この『法花別帖私』が大懺法院の、とくに法花法の信仰の根拠を示すものであり、それと表裏の関係にある著作であることが明らかになつたが、第二に、これに関連して本書にあらはれてゐる彼の信仰の根本に、少しく溯つてみたい。

先に（三三頁以下）慈円の入信の経過を考ふるに際して、それが密教に出発してゐることを一見し、而してそれは三昧阿闍梨良祐の法脈、いはゆる三昧流なることを知つた。良祐は大原僧都長宴の正嫡であり、長宴は平安時代末における台密の総帥を以て目せられる皇慶門下の高足である。長宴は多くの著を以て台密史上の巨然たる地位を占めた大

徳であり（『台密血脈譜』『阿娑婆抄』『明匠略伝』）、その所説はやがて資良祐の名を通じて、三昧流として栄えたのであつた。彼の多くの著作中、とくに十二年間師皇慶の下にあつてその口決を筆録した『四十帖決』十五巻は、台密の精髄を要約したものであり、その皇慶の語はやがて長宴・良祐の思想であり、即ち該書は三昧流の眼目を蔵するものとみて誤りないであらう。即ち、慈円の信仰の出発点は、近くはこの辺に求めらるべきであると思はれるので、いまこれを背景としつゝ、慈円の著を考へてゆきたいと思ふ。

まづ、密教とは何か、而してその特色はどこに存するか、『四十帖決』にいふ。

師曰、凡顕密《ノ》二教《ハ》是一也、顕教《ニハ》分㆓別諸法《ノ》相性《ヲ》㆒密教《ニハ》其《ノ》可㆑修方法《ヲ》説《ル》也、以㆓浅事《ヲ》㆒顕㆓深理《ヲ》㆒也、即是為㆓速証之道㆒也、（『四十帖決』、大正蔵経八二五頁）

第一に、顕密一致相即の立場を基礎とする。第二に、顕教は諸法の相をそれぞれに説明するものであるが、密教はそれに応じて、これを実践し実現する方法を説くものである。云ひかへれば、簡単な実践方法で深い仏理を現実化するものであり、従つて最もすみやかな方法、即ちその窮極の目的としての悟りをひらいて成仏を実現する方法である、とされる。然らば、その方法とは何をさすか。

真言《ト》名者《ハ》真《ハ》謂㆓真諦㆒、言《ハ》謂㆓俗諦㆒、即真俗二部也、真《ハ》謂㆓言語道断心行所滅真理㆒也、此真如理《ノ》中《ニハ》不㆑可㆑有㆓言説㆒、今為㆓衆生《ノ》㆒故真理中《ヨリ》仮言説出《ス》、故云㆓真言㆒、即仏《ハ》依㆑真出㆑言、衆生《ハ》依㆑言入《ル》㆑真也、（同九五四頁）

密教の密教たるは真言による。真言とは何か。真は真諦のこと、真理の実態、真理そのものである。言は俗諦、人間世界の事柄である。真言とは仏の世界と人間の世界とを意味する。この真はいはゆる言語道断・心行所滅の世界、即ち言葉にあらはし難く心でとらへ難い世界である。この世界は言葉に載せがたいが衆生の為に姑く言説に出すので、これを真言といふ。即ち仏は真理に即して言を出すのであり、衆生は、直下に真理に参ずることは不可能なので、言葉を手がかりにして仏の世界につながるのである、とする。かくて、密教の特色はこの、仏と衆生との間を直接かつ具体的につなぐ有力な方法として真言に存するとされることは、こゝにも明白である。

次に真言、即ち仏と衆生との間をつなぐ有力な方法が存することは、本来、仏と衆生との本質的同一、即ち衆生即仏といふ事実にもとづく。

凡一切功徳法門《ハ》悉《ク》行者《ノ》心中無始理具之法門也、若不《レト》二修行一在纏中不レ顕、修二行之一者開顕《スルコト》無レ疑、故一切之行法等、我心《カ》中所具之法門《ヲ》行《ヒ》顕《ス》也、故法《ニ》易レ成験易レ成耳、如二天台観心釈《ノ》一一切功徳法門約二心法一観レ之、真言《ニハ》約二第八識一具《ル》二一切法門《ヲ》一耳、即是浄菩提心《ノ》之月輪也、一切《ノ》染浄《ノ》諸法内外万殊皆悉第八識之所変耳云々、（『四十帖決』九四九頁）

仏は既証の衆生であり、衆生は未悟の仏である。衆生即仏といふ真理を二つの面から説明するものが、即ち金・胎両部の曼荼羅に外ならぬ。

師曰、金界《ハ》是自証究竟成道《ノ》時《ノ》説也、其曼荼羅《ハ》即成道《ノ》相也、故云従本垂迹曼荼羅也、胎界《ハ》是成道《ノ》後《ニ》為二行者《ノ》一説二修行方軌一故云二従因向果曼荼羅一也、胎蔵金剛両部《ノ》法《ハ》是法華経《ノ》本迹二門《ノ》意也、胎蔵迹門即理界也、金剛《ハ》本門即智界也、理界智界《ノ》名《ハ》依二法花《ノ》本迹二門《ニ》一也、故法花《ノ》軌《ハ》即兼二両界《ノ》意一也、是則本迹二門《ノ》意也已上師説也今案《ニ》迹門《ノ》中《ニハ》説二開三顕一一聞レ之三根《ノ》声聞破二無明惑一顕二中道理《ヲ》一也、故迹門中《ニ》多《ク》詮レ理也、本門中《ニハ》説二如来寿命海《ヲ》一為レ旨、即是報身《ノ》恵命也、故本門多智也又云可勘之（『四十帖決』八六八頁）

金・胎両部曼荼羅における修因向果・従本垂迹の配当、凡仏一体観、性得・修得一致の信仰に於て、慈円が『法華別帖私』（一二三—一二五）にのべてゐる所とよく一致し、三昧流の徒としての慈円の立場をよくうかゞふことが出来る。

即ち、

問、以二此観万タラ一《ヲ》、為二入三摩地《ト》一常《ノ》行法之義《ニハ》不似一歟、如何、

答、凡入三摩地者《トイハ》本尊行者同躰《ノ》観也、台蔵五輪成身念満足句、金界五相成身観身為本尊、是皆入三摩地也、此成身皆道場観以前《ニ》令入三摩地一也、両部《ノ》軌《ノ》心台《ニハ》四所輪布字百光王等後ニ又在之、金ニハ五相成身之外又別ニ無入三摩地一也、台ハ一往ハ先修因向果行法也、仍五輪之成身ハ先観二性得《ノ》本有之理性《ヲ》一了後《ニ》修得《ノ》布字《ノ》観在《リ》之一但此台ニモ有二従本垂迹之義一、此時《ハ》四所輪布字八印等遍知院之前《ニ》結之一也云云、

金ハ自レ元従本垂迹之行法也、仍念誦前無二別入三摩地一別尊法《ノ》之時、観《シテ》二種子三形一根本印所《ニ》別《ニ》用入三摩地《ヲ》一、是《ハ》行者為《ノ》《メ》所観易《ノ》《スキ》心得二一途《ノ》《ヲ》説用来也、

性得本有の仏性の上に修得の布字観を行ずる、即ち金剛界の五相成身観と胎蔵界の五輪成身観との相即の上に成仏を期する立場が打ち出されてゐる。なほこゝに表明された立場が、即ち三昧流伝統の修行法であることは、良祐の著『三昧流口伝集』下（『大正蔵経』所収）の左の語に徴して明らかである。

安然和尚説、五輪成身、五相成身、是一致也、而来以レ五合レ五、可レ尋レ之、但以二五輪成身一以二五相成身一猶是意同歟、

又五輪成身《ハ》是《レ》因中《ニ》修行之、五相成身《ハ》是正成《スル》二正覚一之時《ニ》行也、

安然以下《ノ》文《ハ》池上《ノ》説大原《ノ》記也、

池上は皇慶、大原は長宴である。即ちこの五輪成身・五相成身両観の一致合行の思想と方法とは、正しく皇慶・長宴・良祐を一貫したものであり、慈円がこれを、この正統に汲んでゐることは明らかである。なほ、こゝに溯つて、

それが安然に発してゐることを注意してゐることは、特に注目すべきである。そのことは更に後に触れるところであるが、上述の安然に依ることを示してゐる点については、こゝでその関係を示しておきたい。

まづ、修因向果・従本垂迹の曼荼羅の説は、安然の基本的立場であり、即ち『教時問答』（天台宗叢書本七三頁）に、

凡真言宗曼荼羅義略有二二種一、一者従本垂迹曼荼羅、是一切諸仏内証外化之三輪也、釈迦一代亦摂二此中一諸宗就レ此釈二種々行一、二者修因向果曼荼羅、是一切行人、従凡入聖之三密也、釈迦所化亦摂二此中一諸宗就レ此釈二種々身一、

とこれを強調してをり、また、五輪成身観については、同じく安然の『瑜祇経修行法』第二巻（同上叢書本一二五頁）に大日経の大悲胎蔵法の一切法一時頓証法即ち八字真言法を説き、

言二八字一者彼（大日経）真実智品中以阿純白布二心中一是如来部以婆布膺下一是蓮華部以レ吽布二眉間一是金剛部以レ阿布二腰以下一是地輪、第一命以レ縛布レ臍是水輪以レ囉布レ心是火輪以レ吽布レ額是風輪、名忿怒以レ佉布レ頂是空輪、同虚空次布字品以二三十二字一布二身三十二処一云々為レ布二此一切処一先以二五字一布二身五処一云々 上三部五輪布字中各有二印契形色一其行法者先以二浄法界種字一覧字焼自身字一阿字従レ頂流二注菩提心水一鑁字令二灰堅固一宮欠二字五輪具足

なほ同書次下に、これをさらに簡明に、

以二覧字一焼二阿字一流二鑁字一了、

と説いてゐる（所謂、以字焼字の法であり、後にまた詳述する）。

以上によってみれば、慈円が皇慶・長宴・良祐を通じて安然から、曼荼羅、従って仏と衆生との関係ならびに凡夫の修行の方法などについて、これをそのまゝに受けとって居り、即ち慈円の教学思想が、基本的に安然にもとづくことはこゝでも極めて明白である。

『法華別帖私』に於ける慈円の教学思想の由来とその様相・特色は、以上によつて凡そ明らかにされた。かくて、本書に於ける帰結、慈円の立場は凡そ次の様に総括されよう。

即ち、その第一八一・一八二枚に、

今大日尺迦乃至普賢観音等ノ如此ノ悟リノ智恵ノ身ト云ハ文殊師利𦬇是也、依レ之在世《ニモ》弥勒問二文殊一除二疑網一以二文殊《ノ》般若智一卅年之間法花機《ヲハ》令二調熟一也、仍一切如来《ノ》覚母《ト》云也、不動尊ハ此世尊《ノ》𦬸心《ノ》所現也、𦬸心《ト》云物《ハ》一切衆生今更非レ可レ発、本有不変《ノ》仏性《ノ》心也、而為二諸魔諸障一被レ妨輪二廻六道四生一也、此魔障《ヲ》除滅《スレハ》自然《ニ》本有𦬸心《ハ》顕得《スル》也、除二滅《スル》此魔一是不動摩訶薩之躰也、大日如来現二此躰質一開二発本有𦬸心一、

大日を本尊とするこの世界の構成、即ち自性輪身としての大日、正法及び教令輪身としての諸仏菩薩、その引導のもとに修行する凡夫衆生、その全体についての構成と関係とが、こゝで簡明に表現されてゐる。先にのべた様に、不動は慈円の若き道快時代の最初の修行の本尊であつた。それは、彼が一生にわたつて回顧する所であるが、こゝでもそれが、人の仏道修行の根本にふれる所以を説いて、菩提心の所現なることを示し、而して菩提心がすべての本であり、「菩提心は一切衆生がいまさら発すべきものではなく、本有不変の仏性そのもの」であるとし、諸仏の衆生引導もそれによつて可能であり、修行とは、要するにこの本有のものを育成する道程に外ならぬことをあらためて強調してゐる。それは敢て珍らしいことではなく、たゞ辺邪即ち中正たり、実相の外にさらに別の法なしとする叡山の伝統（三四五頁）に正に立つものであることを確認したのであるが、慈円の活動を観る場合、とくにあらためて注目さるべきものがそこに存する。『愚管抄』の史観にいふ「道理」の思想の如きもこの問題と深い関連のあるべきことは当然、想定されねばならないのである。

(丙) 『𑖪𑖰𑖭𑖸別』上下について

さきに、同じく慈円の著に『𑖪𑖰𑖭𑖸』(毘逝)と題する著のあることをのべた(三九七頁以下)。本書はこれと題目を同じくするが、但し「別」の字がこれに附記されてゐる。それが先の『𑖪𑖰𑖭𑖸』との区別の為に附せられたのか否か明らかでない、ともかくもこの二本は、本来全然別本であつて、内容上直接の関係は考へられない。但し、次掲の目録にも見える通り、灌頂を中心として議論を展開してゐるので、この題目が附せられたのであらう。

本書は青蓮院に現蔵されてゐる上下二巻に分れてをり、大尾、即ち下巻の末に、

金剛仏子前大僧正天台座主法務大僧正(マヽ)法印大和尚位慈━記

の署名あり、内容に徴するに、正に慈円の著として疑ふべくもない。成立年代については、下巻にはこれを直接推すべき手がかりがないが、上巻奥に、

承元三年己巳六月於二西山草庵一書之了、本所レ記之本甚狼藉也、大略如二反古一、仍聊以書二改之一也、永納二函底一勿レ令二外人披見一之、何況書写哉、不レ可レ伝二此雙紙於二人一、付法之一両可二許覧一歟、

とある。承元三年(慈円五十五歳)には、まさに前大僧正(大僧正であつたのは建仁三年即ち四十九歳の二月から六月まで)前天台座主(第

『𑖪𑖰𑖭𑖸別』表紙)青蓮院蔵)

二回、建仁二年、四十八歳の七月に辞す）であり、建暦二年（五十八歳）正月にまた座主となつてゐるので、これらの官歴からみて、本書が、閑地にあつた承元のころに成つてゐるとすることは、年代的には妥当である。この承元三年のころは閑暇と思索の時であつたことは先にみた（一七一頁）所であり、その点からも、この著をこの期に帰することは、むしろ極めて適当であると考へられる。

本書の内容について一瞥すると、まづ上巻の目録として、

灌頂大事
瑜祇経行法
蘇悉地根本印
延命入三摩地
三部大日此事ハ譲別帖不委
四種万タラ
彸（マヽ）　已上此帖ニ所被載之篇目也、

下巻の目録は、

延命入三摩地
四種万タラ
蘇悉地印　　　　已上委細

三部大日　梗概

但□此帖被《ニ》載事之篇目也、

と記されてゐる。即ち上下巻同じ問題を扱つた、一貫した内容であることが知られる。が、第一巻の末部には、目録にはみえないが、「建仁三年夢之記」がをさめられてゐる。この部分が、全体の中でいかなる意味をもつてゐるかについては、後に考へることゝする。

まづ、灌頂は仏子が法を学んで仏位に昇るための大儀である。顕教を以て云へば四十二位の昇位ののちに無明を断ずるのである。前述の通り、天台宗の古来の問題として、無明を断ずるのは等覚智断か妙覚智断かは、本書も開巻第一に論ずる所であるが、灌頂もこれと同じ意味をもちつゝ、本書は「顕教之面ハ有レ義無レ証」即ち顕教は理の面を論ずるのみ、これに対して密教の灌頂法として大日経等の諸経論には、その極説とともに具体的な方法が詳かであるとする。灌頂の儀式は、文字通り弟子の頂に水を灌ぐことを意味する。然らば、その真意は何処にあるか。本書はこれを説明していふ。

凡以レ灌《ヲ》二一渧水《ヲ》於頂上《ニ》一称《ニ》密教至極灌頂《ト》一秘教之本懐在レ之云々、浅智人不レ得《ニ》其意《ヲ》一又不レ信也、悲哉、□可知一以《ニ》出過語言道之𑖀𑖽水《ヲ》一灌《ニ》我覚本不生之𑖀灰《ニ》一諸道得解脱之火遠《ニ》離於因果之風《ニ》一萠《ニ》仏牙於虚空一証《ト》二《云コトヲ》　究竟之仏果《ヲ》一是当教之至極也、勿レ致《ニ》疑網《ヲ》一浅智仰可レ信《テ》之深智習可レ悟《テ》之、

灌頂の意義は煩悩をやきつくして生じた灰の上に仏の智水をそゝいで、衆生をしてその本有の仏性を顕現・自覚せしむるにある。いはゆる以字焼字である。即ち本書はさらに右に語をついで、これに説明を加へていふ。

重《テ》委論之《ヲ》一𑖀字《ノ》方壇《ハ》大地也、真俗二諦依正二法浄土穢土界内界外併無レ不レ出《ニ》生此𑖀字《ヨリ》一此𑖀字之中《ニ》有《ニ》𑖀𑖽 [illegible] [illegible] 之四

字一此𑖨智火出レ自二𑖨字之中一還焼𑖨字ヲ以字焼字ト云是也、俗諦有漏之迷状ノ万法ヲ悉焼尽訖レハ𑖨字同躰出世無漏ノ灰ニ成訖、此灰上ニ以二𑖪字智水一灌レ之、解脱之風扇二空界一之時、究竟成仏ノ種子忽以令二生長一也、

そして、これを基本として人間と宇宙とが成立し、真俗すべてがこの本質を具有することを以て以上を結んで、

凡浅近眼前之事法迷而不レ覚レ之ヲ、悟ル者皆深奥也、水火之二大先成二世界一時、有情非情草木為ニレ之存カス、昼夜四季依レ之現ス、火者日也、水者月也、日ハ昼也、月ハ夜也、夏ハ火也、冬ハ水也、春秋互成二余気ヲ一、是如三仏身与二无明一、因レ之大日経ニハ始終以二五輪一金剛薩埵与二大日如来一之問答給也、悟二此心一之時、一切万法三千大千依正二法無シレ非二眞言教ニ一ト開悟スル也、此教ノ々相、只在二此灌頂事法一者歟、雖二浅智之人一、習二学此旨趣一之時、争令レ編二𑖪水之灌頂一哉、

こゝに、大日経にもとづく世界観・仏法観が要約されてをり、同時に慈円の信仰の核心を知ることが出来る。灌頂はこの仏教の一切を含むものであり、同時にその精粋をなすものに外ならなかつたのである。

以上の信仰は、次に、もとより大日経の所説の五輪成身法にもとづくものであるが、しかし慈円において、それは単に大日経のみによつて行はれ得るものではない。その実践法を具体的に説明するものとして、さきに、安然の拓いた道に遵つて、本書は次に「瑜祇経行法」「蘇悉地根本印」の二章を設ける。

先にふれた通り、安然は『瑜祇経修行法』三巻を著はし（三八四頁）、とくに成就大悲胎蔵法をといた（三八七頁）。慈円が、早くこの法をうけてこれを奉じてゐることも、既に触れたところであつたが、これを受けて本書にもこれを次の如くに要約してゐる、

今教ニハ以三瑜祇経与二別行経一為二至スル極ト一也、瑜祇経ハ両部肝心也、毗盧サナ別行経ハ蘇悉地肝心也、両部肝心トイハ者瑜祇経ノ仏眼大成就品ニ説ク二成身ノ行法ヲ一

なほ別行経は、とくに慈円の注目したところで彼にとつて重要な意味をもつことについては、後段で詳述する。

次に「延命入三摩地」は父母所生の身を以て、三昧を証することによつて、普賢延命の本誓たる寿命無量の所求を成ずることを説く。

前述の灌頂を、さらにくりかへし説明して、

灌頂大旨者先以二嚫字智火一焼二弟子身分有漏業煩悩苦果一依身悉焼尽、只有二本有菩提種子一、（中略）是則以二父母所生身一登二大覚朗然位一乍レ在二生死海中一証二転依菩提一也、理即受職灌頂也、理即成仏也、真実成仏也、理性融通之故也、

と、真言の功徳によつて父母所生の身のまゝで三昧に入り大覚の位に住することを明し、同時に、この煩悩をやきつくすのは、即ち大日の化身としての降三世とし、

先作二降三世一者、先入二忿怒三摩地一焼二尽無始已来煩悩業苦一只残二菩提心一、

かくて煩悩尽きて菩提心の顕はるゝや、この降三世は変じて普賢延命と化し、

此降三世又変成二延命一、

となり、而してこの「延命成就普賢」がその所願を成就する。

即変二作延命菩薩身一訖、彼初後三形持二左右手一三十七尊具足之身一切諸尊円満之体《ニ》行者身口意成就訖、一乗冲旨寿命無量《ノ》所求立所《ニ》成就訖《ヌト》可レ観也、

これは胎蔵界の五輪成身観であるが、また金剛界の五相成身観を説いて、

次金剛界五相成身是則金剛薩埵受二諸仏加持一観二我心一之時得二月輪之躰一訖云々、今此月輪《ハ》大日如来報身之智恵之

躰相ヲ行者ノ心中ニ備ヘ訖、以レ之為ニ其本一、

胎蔵界の五輪成身観、金剛界の五相成身観、いづれも父母所生の肉身を捨てずしてたゞちに大日如来の三昧耶形となり、即ち相好円満の仏身を成ずる方法であり、即ち成仏の捷径である。こゝに慈円ののべてゐる所においてはとくに前者、五輪観、その以字焼字の法門を最も力説してをり、即ちこの成身の法が慈円の究極の修法であつたと思はれる。そのことは、この書に力説してゐるだけでなく、また慈円の歌集に（『拾玉集』第三冊、「略秘贈答和歌百首」）、

三悪の家にはなにかかへる《かくるイ》へき　いてにし物を五相成身　（三六四〇）

かならすよ夜半の煙と身をはなせ　以字焼字の法のむくひに以之為遺戒　（三六四一）

と詠まれてゐることゝ併せみると、慈円の信仰と修行との中心が、この書に説かれてゐるこの胎蔵・金剛両部の法に存したであらうことを想はしめる。右の「かならすよ」の一首の下に「以レ之為ニ遺戒一」と記したのが慈円であつたかどうか、必しも詳かでないが、ともかくこれを遺言としたとされてゐることは、慈円にとつてのこれらの法門の重大さを想はしむるものがある（右の二首の歌の詠出年次は明記されてゐないが、右の「略秘贈答和歌百首」の中に「あひかたきのりにあふみの山たかみ、みたひきにける身をいかにせん——三六七九——の一首が存する。この「三度来にける」は第三度の天台座主をさすと考へられるが、慈円が第三度目に座主に補せられたのは建暦二年、五十八歳の時である。従つて右の詠がこの年以後、恐らく五十八、九歳のものと観て大きな誤りはないであらう）。

次に、最後の項目「四種万タラ」に於て、慈円の仏教観が総括されてゐる。四種曼陀羅は云ふまでもなく「大万タラ」「三昧耶万タラ」「法万タラ」「羯磨万タラ」であるが、こゝではまづその個々についての一般的説明を与へて、曼荼羅は真言宗の極意を示したもの、すなはち秘教の本意、一宗の至極、三部の深意とし、以て「依レ迷而悟」ることを

をしへたものとして、

以二迷之愛染婬欲一知《リ》二悟之部母成就《ヲ》一也、此迷之心之執着《スル》様《ニ》悟之愛欲《ニ》人可二執着一也、不レ然者於二仏道一熾盛心難レ発也、喩《ヘハ》小児若年之人妄想之興宴鞠小弓乃至囲碁雙六等《ニ》心《ヲ》入《テ》如下令二遊戯一之心《ノ》上内外典書籍学問之道《ニ》心《ヲ》入《レ》仏法アソヒトテ修二講莚供養妓楽一常就二修法会一致二論義決訳《(マヽ)》一如レ此心誠入《テ》レ心《ニ》令二沙汰一之時《ハ》必於二其道《ニ》一分《ニハ》令二通達一也、仍迷之熾盛心《ニテ》又可レ知二悟之熾盛一也、心《ト》出世《ノ》修行門《ノ》様《ヲハ》無始法爾《ニ》令二造置一也、今真言教《ノ》深意如レ此聞二是等之教一人全不レ悟二此意一不レ習二此法一、

とのべてゐるが、要するに、世俗的なるもののすべて仏意に出で、大日の所現たることを具体的に示す万タラは、即ち妄想や「仏法アソヒ」への執着力が即ち仏道の精進の原動力たるを教へるものとするものに外ならない。かくて、

今真言教深意如レ此、聞二是等之教一人全不レ悟二此意一不レ習二此法一、

といへるは、世人の万タラ解釈の不充分なるを指摘したものなるべく、而して以上の全体を結んで、

仏界《ノ》煩悩《ハ》非二凡夫煩悩一也、

といつてゐる。

以上で、本書の内容・趣旨を瞥見したが、なほ本書に於て注目すべき項目として、最後に、上巻の最後の部分をなす「建仁三年六月廿二日暁夢云」の文字ではじまる、慈円の夢想記に言及ばねばならぬ。こゝにこの記を入れたのは、一方からすれば少しく違和感を免れない。即ち夢想記は以下のべるやうに、当時の宮廷及び政治に関することを内容とするものであり、その限り、世間的なものであつて、当時の教学関係の抄物の一般的形態に対しては破格といふ外はない。しかしその夢の解釈の仕方よりいへば、本書の全体に展開してゐる、この時点に於ける慈円の思想・教学の

立場に立つてゐる。その点に於て、こゝには何等違和感はない。たゞ上下巻の間に慈円自身がこれを挿入したのか否かは、一応問題たり得よう。

先に示した通り、それは建仁三年六月二十二日の夢想であるが、その途中に、「同四年正月一日於宇治小川房記之」とあり、その末尾の奥書は前掲通り「承元三年己巳六月於西山草庵書之了」云々とあるによつて、夢想の時期、それ以来のそれに関する思索の時期の大体が知られる。

この「夢之記」は、すでに赤松俊秀氏が「夢之記について」なる論文（同氏『鎌倉仏教の研究』に収む）において、その全文を紹介されるとゝもに、詳細な注解を加へてゐられる。青蓮院はこの『[illegible]別』の一部としての「夢之記」の外に、同じ夢之記だけをうつした別本をも蔵してゐる。赤松氏の拠られた本文が何れであつたかは詳かでない。が、紹介された本文にはいくらかの誤植かとも思はれる節もあり、旁〻いさゝか私見を加へてみたいと思ふ。

この記は三の部分より成る。初めて夢想のあつた直後にこれを書き付けた建仁三年六月附のものを第一とし、同四年正月の追記を第二、承元三年六月の「聊以書改之」と自注してゐる部分を第三部とする。

第一部。「建仁三年六月廿二日暁夢云、国王御宝物神璽宝剣神璽《ノ》玉女也、此玉女《ハ》妻后之躰也、王入自性清浄《ノ》玉女躰令交会給《ヘハ》能所共《ニ》無罪歟、此故神璽者清浄之玉也夢想之中《ニ》覚知之訖」。以上が夢想である。この夢について「夢覚歟未覚歟之間、此事《ヲ》様々《ニ》思連也《ト》」と色々に思ひを馳せたのであつた（こゝで注目されることは、それが、いかなる線に沿つて考へられたのか、という点であるが、云ふまでもなく、この頃慈円のうちに熟しつゝあつた仏眼信仰に即してであつたのである。そのことは、次下に慈円のこの夢に加へてゐる解釈で明らかであり、またこの夢が本書の中に書込まれてゐる所以があると想はれるのである）。

神劔と神璽とから不動刀と羂印とを思ひ浮べた（吉水蔵の写本ではいづれも「不鈎印」に近い字体が用ゐられてゐるが、これは不動印の転写による字の崩れかと思はれる。といふのは、以下の文に「不動明王者此大日如来教令輪身也、此明王印之十四根本印トテ多カル中ニ、成弁諸事印用ニ刀鞘印一也、是則今剣璽之義ニ相当歟」とある。所謂不動の十四根本印は『阿娑婆抄』（百十七）に立印軌（金剛手光明灌頂経最勝立印聖無動尊大威怒王念誦儀軌法品）を引いて「根本等十四印」をあげてゐる。この十四印は本文の下文にも「此明王印之十四根本印トテ多カル中ニ成弁諸事印ニ用刀鞘印也」とみえてゐるのである）。

神劔・神璽の関係を刀と鞘の関係に移し、またそれにもとづいて不動尊を想ひ、国王を不動尊とし妻后を仏眼仏母とする――それが慈円の次下の解釈である。即ち、

不動尊可レ為レ王也、本主歟、又思惟云、神璽者仏眼部母の玉女也、金輪聖王者一字金輪也、此金輪仏頂又仏眼ニ交会シタマフ義歟、

といつてゐるのは、夢からの慈円の連想が漸次拡大してゆく姿である。即ち、刀鞘印から不動を想ひ、これを国王に擬する。この国王としての不動が、さらに一字金輪に移つてゆく、といふのは、金輪は世間に於て人中の尊、即ち国王に擬せられるからである（このことについて、慈円も、下文に「此金輪者人界王ハ以ニ金輪王一為レ本、依レ之仏界ニ借ニ此義一」と記してゐる）。この金輪に対して妻后は仏眼である。即ち仏眼は仏眼仏母とされ、一切を出生する源である。この両者の結合によつて一切が成就する。仏眼法を修するときの仏眼曼荼羅を説いて、安然の『瑜祇経修行法』（大成就品）は「応画ニ三会八葉蓮華一中画ニ我身一当ニ於我前一葉蓮葉ノ上ニ画ニ一切仏頂輪王一、手持ニ八幅金剛宝輪一」とのべ、一切仏頂輪王即ち金輪の三昧耶形が八幅宝輪たることをのべてゐる。慈円はこの「修行法」の所説にもとづいて、上文につづいて、夢の意味をさらに次の如くに敷衍する。

此宝劔則金輪聖王也、依レ之仏眼法壇ノ置ニ智劔一歟、輪ノ八幅ニハ劔ヲ入八出也、此劔璽ハ天下一□ノ成就也、仏法王

法ノ成就シテ理国利民王者ノ宝物也、

仏眼曼荼羅の金輪と仏眼との関係は仏法王法の相即、理国利民にまでひろがる。この関係をさらに推し進めて、我国の政治の基本たる天照大神にまで溯り、大神を大日如来に擬し、而して大日の利生として王位の安固と国土の平穏を結論する。即ち「夢之記」は、上文をうけて、まづ、

内侍所ハ又神鏡ト云、此両種ノ中ヨリ王生給、天子也、是則天照大神ノ御体也、是則大日如来也、

と天照・大日の相即を説き、続いて大日如来が利生のために一字金輪の形を現ずる。一方国王は自ら大日所変の金輪に擬して、即位の儀式にはその印、即ち智拳印を結び給ふと伝ふとさへ云ひ、さらに重ねてこの大日を詳説して、この大日は金剛界の大日であり、その従本垂迹の姿が金輪であり、その教令輪身が即ち不動明王である、この不動の多くの根本印のうちに、諸事を成弁する印として用ゐられるのが刀鞘印であると説き、

是則今劔璽之義相当歟、仍仏眼金輪不動三尊ハ令レ成ニ就王位一令レ成ニ就国土一本（尊カ）主也ト次第重々ニ夢中覚前ニ令ニ相続テ一案連訖、

と結んでゐる。なほ以上の様な夢の解釈をのべたのちに、「其後又重加レ案之」として、「胎蔵大日ハ是仏眼歟、金界大日是金輪也」云々として、教学上の反省をつゞけてゐることを示し、そして、

此覚知之後披ニ見教時義一之処台蔵大日亦名ニ仏眼一云々、不可説也、感悦余レ身事歟、

とつけ加へてゐる。先の仏眼中心の思索が安然の『瑜祇経修行法』に依拠してゐることも、一見明らかなところであるが、さらにこゝではつきり安然の『教時義』の名をあげてをり、慈円の思想がその源を直接に安然に汲んでゐることが実証されてゐる。

夢之記の第二部は、次の「後日重思惟」にはじまる。慈円はこの夢に感激したのみならず、その感激を自己一身に止めて置くことが出来ず、「夢記」を書いて後鳥羽院の叡覧に供へた。上皇はこれを見られたが、その際、摂政良経も侍坐してゐた（赤松氏本は「其座令仰殿下給」となつてゐるが、「仰」は蓋し本書に従つて「候」を正しとすべきであらう）。其後、良経のもとより神鏡劔璽の勘文ならびに日本紀第一巻即ち神代巻を贈られた。慈円はこゝではじめて日本紀をよんだのであり、

「神璽為ㇾ玉之由」――即ち所謂「神璽」とは玉であることを知つたのである。

こゝで叙述は寿永の乱の神器喪失の問題にうつる。即ち乱後、内侍所は無事上洛したが、神劔は海没して了つた。神璽は海上に浮んだのをみた所、二つの懸子にそれぞれ四つづつ八つの珠であつた、このことは夢想と符合してゐる、

といつてゐる。

以上が第二部の趣旨であるが、そこに次の第三部における、慈円独自の神劔解釈の伏線がひそんでゐるといつてよい。

第二部は第一部の翌年の成立であるが、第二部と第三部との間には六年の日子があり、この間（慈円五十―五十六歳）には、大きな思索の進展推移がとくに注目される。その承元三年における奥書に、

本所ㇾ記之本甚狼藉也、大略如㆓反古㆒、仍聊以書㆓改之㆒也、

といつてゐるのは、単に筆蹟のかきなほしだけの問題に止らず、思索の進展の、これに伴ふもののあつたことを暗示してゐる。即ち奥書に、

於西山草庵書之了、

とことわつてゐるのは、彼が公職を辞して西山の草庵に閑居してゐた間のことであり、この承元三年が、とくに思索

にさゝげられた期間に属することは、先に推測した所である（一七四頁、一九六頁）。

第三部は冒頭に第一部にのべた解釈を、重ねて次の通りに整理してゐる。

後日重思惟、此事□大日如来金輪王《ト》不動明王《ト》両部《ヲ》令レ現給《テ》金輪王□□□□一切《ノ》国王《ノ》身也、不動明王也□《ハ》安鎮家国□□云々帝王内□(内裏)夜臣《ヲト、》ニ刀鞘《ノ》印之義ヲ相兼タリ、昼夜君《ニ》奉《ヲ》二守護一□御坐給也、然則□(両カ)部大日之中《ヨリ》或神鏡或神璽或宝劔或帝王或妻后了(マヽ)此等理国利民利生方便身《ヲ》悉令二出生一給也、随二時運之興廃一賢愚之王之器量《モ》妻后善悪《モ》貴賤《モ》令二出現一給也、是皆法爾、深可二思量一矣、

これは、慈円の信仰を要約したものとして極めて重要な意味をもつ。国王も妻后も、皇位のしるしとしての神鏡・神璽・宝劔も、すべて大日の所現であり利生方便である。それが時運の興廃によつて種々の姿をとる、王の賢愚、妻后の善悪もそれに基づく、とされる。帝王の夜のおとゞも大日の教令輪身たる不動明王に守護されてゐる。それらの理によつて人民と国土の安全も護られる――慈円のいはゆる王法仏法の相即の立場の原理がかなり具体的に示されたものとしては、他に類例をみないのである。

第三部の最初のこの語は、慈円の内証でありその基本である。以下、これに対する論難にこたへつゝこれを敷衍してゆく。

（問答の一）

問　宝劔は不動であり、神璽は仏眼である、といふかの夢想は、もと経文にもとづき、これに人師の解釈を加へたもので、その大綱は義理が貫通してゐて納得し得るが、その中で内侍所は大日如来で、金輪は帝王だとする擬定は、どういふことであるか、重ねて説明が承りたい。

答　凡そ真言の奥義・大意を心得てゐるものは、自然智・無師智を生じておのづから事理に通達するものである。この奥義に不信を懐くものには、詞をつくしても効なく、却て謗法の罪を招くことになる。真言宗は義理に於ても教相に於ても円満周匝なるもので、法華にいふ諸法実相をつくしてゐる。人はこの理に了達しないでもこれを信ずることが大切であり、これを信ずるものには必ず勝れた利益が与へられる。これ以上に説明を加へようとすることは、その機でないものゝ為に法を誤り犯すものであり、冥顕の咎をうける恐れがある。凡そこの三ケ宝物（三種神器）については、昔の賢主智臣の時とちがひ末代の今日に於ては、その重要さが認識されなくなつてゐる。また帝王が即位の時、智拳印を結ぶといふことは大江匡房卿のかいたものがあるが、その後の即位に於てはそれは用ゐられなくなつてゐる。凡そこれらの、世間のこと、出世間のことは、その人を得て行はれその人を得ざれば行はれない、これまた法爾の運の然らしむる所である、これらについてこれ以上の言説は頗る憚がある。

（問答の二）

問　重ねて問ふ、才学ある御答をいたゞいたが、これによつて判ずれば、今は人を得た時代と思はれる。意味深い夢想を得たこともそのしるしであらう。そこでさらに御説明がうかゞひたい。

答　すべてのもとは一仏一切の悟りである。まづ、謂ふ所の大日は、胎界か金界か、女身か男身か、この問題から話をはじめよう。理を示すのは胎、事を示すのは金、事理倶密を示すこの両部はたゞ一身である。このことは、神道もこれを示してゐる。即ち、伊勢大神は女神である。日本記（マヽ）はこれを教へてゐる。然るに朝廷は毎年男服を神宮に上つてゐる。大神の男・女については甚だ迷はざるをえない。が、浅智の人に対して強いてこれを説明するならば、仏には本来男女の別は存せず、随縁赴機、即ち時に従ひ事に応じて夫々の姿をとる、無作の身である。悟の十界も迷の十界も大日の変作であり、三部の諸尊また然り。これを衆生界についてみるに、金界の大日が金輪でありやがて帝王となる、また宝劔となる。胎の大日が仏眼であり、即ち后妃となる。また神璽である。この帝王の本地の大日は神鏡であり天照大神である。これは両部大日より出生したものである。また国家を鎮めるのは不動明王のはたらきによる。それは君の身を護るとゝもに理国撫民攘災招福に当る。かくの如きが即ち真言教相の信仰である、と。

以上、問答を以て夢をめぐつての解釈と信仰告白ををへた後に、あらためて三種神器の歴史、それについての感慨と新たな意味づけがつづく。鏡・璽が何回か火難に遭うた過去をかへりみつゝ、とくに今度寿永の乱に神劔が遂に海没してかへらなかつたことを熟視して、これに次の様な解釈を下した。

於二宝剣一者終以没二海底一不レ求二得之一失了也、而其後武士大将軍進二止日本国一任レ意令レ補二諸国地頭一、不レ叶二帝王進止一但聊蒙二帝王之免一　勅定補之由云々、宝劔没二海底一之後任二其徳於人将一歟、聖人在レ世者定開二悟由来一思二慮興廃一歟、悲哉々々、如レ此等発智併□会二入毘盧遮那秘蔵海中一而已、

宝剣の海没について、これに代つて武家幕府が出現して、公家の御護としての役目を引きうけることゝなつた、といふ武家観は、のちの『愚管抄』に力説される所であり、その史観を支へる柱の一となつてゐる。さういふ思想が、寿永以後徐々にめばえつゝあつたと思はれるが、この承元三年の夢想、それにつゞく思索活動は、彼の史観形成の上にも、極めて重要な過程をなしてゐることが、こゝによく示されてゐる。

以上、夢の記の概観ををへるに当つて、我々は、重ねて、この時点における慈円の思想の根底をなすものを、ここで確認しておく必要がある。即ち、いはゆる法爾の思想である。この世のすべてを大日の所現とし、法爾常住とする。

さまさまにわくるかたちもまことには　一仏のさとりにそなる　（二九三八）

とも詠じてゐる様に、慈円にとつてはすべてが一である。それは時・空を超へて常に円満完全を本質として「法爾之功徳、悉令二具足一」とされるものである。そしてその上に浮ぶ変化、千態万様の現象は、不断にこの本質への復帰をめざして動いてゐる。人の歴史もまたこの過程に外ならぬ、としてゐる。とゝもに、この実相を知ることこそ仏道であり、たえずこの仏道を弁へた人、「聖人」の出現を期待してゐたのである。「聖人在レ世者、定開二悟由来一」といひ（「夢之記」）、また「智フカキヒトハコノコトハリノアサヤカナルヲヒシト心ヘ」るであらう（『愚管抄』）とは、末悟の世を前にしての彼の絶えざる嘆声であつた。

神劔の喪失、それを裏づけるものとしての慈円の武家観は、それ自体極めて独自のものであるが、なほそれが後の『愚管抄』の著作に於ていかなる役割を果したか、また当時の時勢と思想とに照していかなる意味をもつたか、などの点については、後の詳説にゆづる。こゝでは、この思想の生れた源泉と、それがはつきりした形をとつた時機とを確認し得たのである。

（三）　円　熟　期

（甲）　毘盧遮那別行経私記

慈円の信仰告白として『𑖪𑖰𑖭𑖸別』従つて「夢之記」に、時代的にも、思想内容的にも密接してゐるものに『毘盧遮那別行経私記』一巻がある。

〔註〕別行経ならびに慈円の『別行経私記』については、多賀稿「慈円著『毘盧遮那別行経私記』について」(『日本学士院紀要』第一九巻第一号所収)参照。

別行経は、三昧流に於て、夙に注目する所である。筆者の見た範囲の諸本には、吉水蔵、南渓蔵等に承暦・永保・元永等の書写或は伝授などの年紀のみえる本が存する(それが、本来はるかに溯った安然以来の伝統に、恐らく、つながるものであることは、後に見る所である)。その流をくんだ慈円も、早くから斯経に接してゐる迹がみえる。先にふれた慈円の「伝受日記」には、文治四年五月四日(慈円三十四歳)の伝受を記して居り、しかも吉水蔵現蔵の別行経の奥書は正に同日伝受の文字をのこしてゐる。その後、慈円はつねにこれに親炙したと想はれる。承元二年(慈円五十四歳)五月四日、弟子公円にこれを授けてゐる(同上本奥書)。また『別行経抄』(『日本大蔵経』所収)の奥書によれば、承久四年二月のころ(慈円六十六歳)にも道覚親王以下の弟子に授けてゐるのである。

三昧流に於て、従つて慈円に於て、この経をかくも重視するとすれば、それは抑ゝ如何なるものとしてであらうか。別行経は、具名を「清浄法身毗盧遮那心地法門成就一切陀羅尼三種悉地」といふ(『大正蔵』)。『阿娑縛抄』第三十六(仏教全書本第二冊、五七七頁)には、「清浄毗盧遮那三種悉地経一巻 後題云毘盧遮那別行経」と云つてゐる。「別行経」と別称せられた由来及び意味については、筆者は知る所がない。

本経の説く所は、蘇悉地経の説く三種の悉地(上品・中品・下品)についての陀羅尼である。即ち、法身毗盧遮那如来が、蓮花蔵世界に於て百千億の化身釈迦牟尼仏のために、心地神咒・緒勲咒・天厨神咒及び防護咒の四の真言を説く。それは仏道に専精修学する能はず、心身放逸なるもの、悪趣に輪廻して出期なきものの為に説かれた調伏・防護の法である。第一の心地神咒は去魔の法であり、これを誦持するものは一切種智を得て諸の魔をしてその力を失はしむる。

第二の緒勲咒は持咒が中絶した時にその功を緒ぐの意。先に誦してゐた咒が何等かの事情で中断したとき、この緒勲神咒を誦すること一千八遍して、また以前の願を発すれば、不退の行に異ることなき功課を得る。第三の天厨神咒は、悉地（成就）を求むる人が、深山曠野等にあつて粮食乏しきとき、これを誦持すれば諸天が上妙の食を贈る、これを食すれば自然に悉地を成ずといふ。第四の防護咒は、持咒の人、もし安からざることあるとき、これを誦すれば金剛蔵王菩薩が眷属を遣して之を防護すといふ。

覚千の『自在金剛集』に、

別行経ハ蘇悉地ノ秘奥ナリ、コレニ別行経抄並ニ私記アリ、瑜祇経ニ就テ五大院ノ修行法世ニ称疏ト是桂林内証決等ノ書アリ、

とのべて、別行経と蘇悉地経との関係を簡略に示してゐるのは、蓋し右の別行経所説にもとづくものである。とゝもに、こゝに別行経に『抄』と『私記』とが存する、といつてゐるのは注目に値する。即ち『抄』は、今日『日本大蔵経』に収められるもの、これは慈鎮の作とされてゐるが、厳密には然らず、慈鎮の語を引用せるものである。『金剛集』の所謂『私記』は、即ちいま吾々の説く所のものであらうか。更に『金剛集』は、別行経が安然の『修行法』に採られてゐることに言及んでゐるが、これは、先にもふれた安然の『金剛峯楼閣一切瑜祇修行法』（『大正蔵』二二二八、天台宗叢書本一一九頁）の第二における左の解釈を指してゐる。

又云、『若有下持二誦余尊真言一不中成就上者、当レ令三兼持二此経根本真言一（中略）而持中誦之上決定成就云々』、而下経不レ出二根本真言一別有二毗盧遮那別行経一出二蘇悉地真言及功課真言幷三種悉地法一云々、

『　』は即ち円仁の蘇悉地疏の引用である（巻上、請問品第一）。円仁はこれを釈して、「此経根本真言威徳、既勝二諸余

教法真言一故令下彼等不二成就一者速得中成就上也」とのべてゐるのみである（『蘇悉地経疏』仏教全書本二五五頁）。これに対して、この『修行法』は、蘇悉地経が、次下の文に根本真言を具体的に示してゐない、と指摘し、これを別に毗盧遮那別行経に見出すとしてゐるのである。これらの経の間にかくの如き本質的な連鎖関係が存するとの安然の解釈が、安然の創意に出づるや否やはともかくも、蘇悉地経が瑜祇経を通じ而して別行経を俟つてその方法と目的とが完成し完結する、といふ体系が安然に於て示されてゐるのであり、慈円の別行経への関与が正にこの線に沿つたものであつたことは、以下にのべる所によつて明らかになるであらう。

以上、三昧流乃至は慈円における別行経の一般的関係、さかのぼつて、台密におけるその位置について一瞥したので、次に慈円の『別行経私記』について考察しよう。

『毗盧遮那別行経私記』一巻は叡山文庫の現蔵本（滋賀四七）であるが、管見の関する限り類本・異本等の存在を知らない。

奥書としては、元文三年書写の趣を記したものの外は存せず、本書の作者は明文がないが、その内容に徴するに、これを慈円の作と断ずるに躊躇するを要しない。即ち、『本朝台祖撰述密部書目』に慈鎮の著として『別行経抄』をあげてゐる。が『日本大蔵経』所収の同書を検するに、中に「慈鎮和尚御説云」などの引用文あり、この『抄』自身が慈円の作でないこと、及び別に斯経に関する慈円の著の存することが推知せられることは先述の通りである。

本書に就いて見るに、まづ次の語が、作者の地位環境を示すものとして、我々の目を惹く。

此咒当世伝聞、東寺三井之輩一切不レ知レ之、此経名字猶不レ聞レ之、山門ニモ法流之外無三伝受之人一歟、

即ち、作者の山門の人たるは明らかであり、しかも「法流之外無三伝受之人二」といへるは、上述したところに照し

て、山門諸流中、三昧流なるを思はせるに足る。次に、末尾近く、次の語がある。

承元四年二月廿七日夜、於燈下書之、今之愚案畢、此夜夢云、上皇与二仏子一互成二夫妻之儀一、其寵頗過分之趣也、夢之中今経ノ抄記若叶二正意一歟、夢之間巨細不レ能二委記一、併皆成就相也、一々事々心地咒之三種悉地真言法符合之由覚悟而驚畢、欣感銘レ肝歟、仍聊以記レ之、

上皇と自分とが互に夫婦になつたといふ夢といひ、その事を事もなげにのべてゐる点といひ、その地位・境遇を想はしめ、夢にしても、常人の及びがたいものがある。承元四年（慈円五十六歳）のころの上皇は後鳥羽院であるが、以上の点を併せ考へて、この「仏子」を慈円に擬するに何の抵抗をも感じない（右引用文にのべてゐる「夢」は、或は前述の建仁三年から承元三年六月に到る夢及び夢之記と関係があるかと考へることも可能であるが、断定はなほ姑くさし控へておきたい）。なほ慈円の口訣を弟子慈賢の筆記した『四帖秘決』(四)に、「承元四年三月二日於二西山往生院一被レ授二快雅阿闍梨於別行経一、同聴祐真慈賢等也、重受也」とあるに徴すれば、恰もこの頃、慈円が別行経に深い関心を払ひつゝあつた様がうかがはれる。旁〻上述の「仏子」を以て積極的に慈円と断じ得るであらう。

慈円は、遅くとも三十四歳にしてこの経に接してをり、而してその後、その研究をつゞけてきたと推察されるが、その二十年後のこの五十四歳の時点に於て、その解釈を示した『私記』をかいてゐることは、この長い別行経研究に於て信仰の基礎を固め、その信念を確立したことを物語つてゐる。慈円の今日にのこした文字は極めて多いが、管見の関する限り、特に一の経についての註釈乃至は解釈を示した著述をのこしてゐるのは、前述の『法花私記』以外、この別行経に関するものゝみである。それは、恐らく偶然の伝存を意味する以上に、慈円が深く別行経を重視した事実を示すものと考へたい。そのことはまた、この『私記』の述作の趣旨乃至は精神の側からも、これを積極的に察知

しうべきが如くである。

『私記』は、別行経の解釈とはいへ、文々句々の註釈ではない。それは別行経における重要な問題を採択し、その解釈を示す問答の形式を採つてゐる。而してその全体を通じて、その中核をなす問題は、別行経の真言の中の最も主要な「心地咒法」に関してである。詳言すれば、この咒法が、諸法中の最勝のもので、他の諸経の説く咒法を以て成就しえないことをも成就する法験をもつ、究極の法であることを力説する所に、『私記』の本旨が存し、而してこの法が東寺にも三井寺にも知らるる所なき叡山独自の法門たるの主張が、これに伴つてゐる。『私記』本来の大旨は凡そ以上に尽きるといふことが出来るが、なほこの主張に必然的に派生する諸問題が扱はれることは当然である。たとへば、この密教の極説ともいふべき法でありながら、それが山門の一法流（具体的には、三昧流をさすに外ならない）の外、伝授の人がないといふのは仏法本来の精神に背くものであるといふ如きである。

要するに、本書は数十年間の別行経の読誦研究の結果、そこに仏法の、即ち密教の究極の立場の存するを見出しえたことを確信した慈円が、この自己の獲得した仏法の本旨極説をこゝに確認するとともに、これに対して恐らく提起さるべき批判と反論とを挙げ、また疑問を設けて、これを一々説明・解説し論破する、護教的色彩の濃いものである。別行経の所説が慈円の信仰に深く根づいてゐたものであつたことは、これを以てしても明瞭である。

慈円が、とくに別行経の註釈を書いて、そこに仏教の極説の存することを強調してゐることが、慈円の信仰・教学の全体に於ていかなる意味を持ち、それがいかなる位置を占めてゐるか。我々はこゝでしばらくこの問題を注視しなければならない。が、そのことについて、まづ慈円寂後遠くないと思はれるころ、叡山内に於て試みられてゐる、この問題についての次の解釈の存することに、一瞥を投じておかねばならない。

『大正蔵経』（第七十六巻）にも収めらるゝ『渓嵐拾葉集』は、叡山の古説を多く蒐め伝へたものであり、その成立は鎌倉時代末に属するとされる。編者としては京都元応寺開山伝信和尚興円か、或は同二世慈威和尚恵鎮が擬せられてゐる（平泉澄氏「渓嵐拾葉集と中世の宗教思想」『史学雑誌』第三七編六号）。その第十九巻に「別行経事」と題する次の一節がある。

一、別行経抄事　三昧流義云、慈鎮和尚造此経《ノ》抄縁起云、真言教《ノ》抄《ヲ》作《ル》事自浅至深也、所以《ニ》大日経《ノ》義釈《ハ》一行和尚造之、金剛頂経疏《ハ》覚師造之、瑜祇経疏《ハ》五大院造之、毘盧遮那経疏予造之、師云大日経因分理法門《ナル》故一行和尚先造疏也、唐土《ノ》諸師悉秘之、次金剛頂経《ハ》異朝人師釈《ヲ》不レ儲、故覚大師初此経疏《ヲ》造給《ヒ》次瑜祇経《ハ》密秘最極《ナル》故《ニ》天竺震旦人師釈義不儲、五大院初《テ》瑜祇修行法三巻造給也、次別行経《ハ》別時異時《ノ》秘密法此経《ニ》明《ス》、三国師諸秘蔵《ノ》釈義不儲、慈鎮和尚此経抄《ヲ》造給《ヘリ》故自浅至深也云々、又云、東寺流《ハ》大悲壇真言師也、天台流成就壇《ノ》真言師也、今別行経者成就壇《ノ》至極《ヲ》説、以尊勝三種悉地印明最極秘事《ト》習故也、例如大悲壇先天台迹門秘密壇者無作本覚内証明《カ》故、天台本門《ノ》実修実証《ノ》法門也、成就壇者天台観心修証《ノ》法門云々、

或は、この一文は自らいふごとく、慈円その人の記でもあり得るのであり、もし然りとすれば、さらに注目すべきである。謂ふ所は、慈円が、台密の伝統に立つとゝもに、そこに樹立した彼自身の教判である。大日経に発し金剛頂経を加へ、その実践法としての蘇悉地経、これらを受けて、これを実修するための瑜祇経修行法へと、最澄（空海）・円仁・安然と伝統してきた台密、その修法の完成を教へるものとして『別行経』の存することも、安然が『修行法』に提示した所であった。この安然の意を受け、さらにその精神を発揮すべく『別行経私記』を書き、その真実の法験をたゝへ、その絶対性を説き、それに対する異説・批判を却けつゝ、その立場を堅持しようとしたのである。一口に云へば、慈円が、その長い教学の研究と修行の実践とを通じて到達し確立した信仰の核心であった。これを、信仰の

発展の過程に即してみれば、早く修行時代に接触した観性から伝へられた仏眼信仰に源を発し、大悲胎蔵法、その方法論としての胎蔵八字頓証行法、胎蔵界の五輪成身観、金剛界の五相成身観等の研鑽と行法がそれであり、而して、それらはいづれも、面受の師以外、またとくに台密の大成者安然の思想に直接的につながるものであつた。即ち、仏眼仏母・仏眼曼荼羅・大悲胎蔵法以下の上述の諸法門は、殆ど安然の『瑜祇経修行法』に体系的に説かるゝ所である。安然との関係の一端については、上来の叙述に於ても随時触れてきた所であるが、それらの関係の詳説については、なほ、『別行経私記』後に成立し、同じく慈円の信仰の到達点の指標とも見られる慈円の著『本尊縁起』を併せ見た後に触れることゝする。

(乙)『本尊縁起』

吉水蔵現蔵の『本尊縁起』一巻は、起草者の署名もなく起草の年紀も明記されてゐない。が、内容よりみて、慈円の自草たること疑ひなく、また成立年代も承久元年に在ることは動かない。起草者が、自分が出家してから仏道に心を注ぎ、いま七旬に達したといひ、太上天皇十一歳の時から御持僧たること、いままさに三十年、といつてゐること、その他諸々の記述は、慈円以外の人物に宛てるを得ないのである。

この『本尊縁起』は、これまで見てきた慈円の教学・信仰の発展過程の上に於ても、また貴族出身の一人として、さらに叡山出身の高僧として、世間的に活躍したその長い経歴に於ても、さらにはまた今後の前途に対するその姿勢をみる上にも、要するに世・出世につけて、慈円一生の思想と活動とを考へる上に極めて重要な文字を多く含んでゐるので、左に全文を掲げることゝする。而も、承久元年の成立といふことは、前述した通り(二二八頁)、院と慈円との関係に変調を生ぜんとし、慈円一生の動向に於て重大な転回点に際会してゐるといふ面からとくに深い注目が要求されるのである。

夫仏眼者以瑜祇経《ノ》大成就品可本書(マヽ)、此経者金剛智三蔵所訳也、此尊者是胎蔵界《ノ》大日也、教時義五大院曰、胎《ノ》大日亦名《タハ》仏眼《ト》一文此万タラ有《ニ》三層《ノ》蓮花一初重前葉《ノノニ》安金輪王一此一字金輪者又金剛界大日也、即余《ノ》七葉《ニ》廻七曜一次八大菩薩次八大明王是則仏部蓮華部金剛部也、以此経二□両部《ノ》肝心則蘇悉地《ノ》妙成就也、凡秘教肝要之万陀羅一切摂在之大輪壇□広論《レハ》以虚空一為二所依一□観以二己心一為二道場一己心者法界也、法界之己心(マヽ)也、以二此惣之配立一有《リ》二其別之開悟一深行《ノ》阿闍梨之前《ニ》更無不審歟、以七曜一安内院一其心尤甚深也、是五大之精也、諸仏之用也□□(出外カ)之時日五行星形現天一、此時令(今カ)行□即本尊之身也、相剋者為相生《ノ》一也、故還令二修因向果一此善行有《ニ》二魔障一此魔障者彼相剋之魔也、以此相尅魔入従其光照レ地、相剋《レハ》者悪也、相生《スレハ》善也、相剋者従本垂迹、相生者従因向果、以二相尅《ノ》悪一成二善悪不二之趣一此時令本垂迹之観之時、魔界速蕩《ケテ》障碍忽除《ニコル》也、大日真言者即誦五智一切《ノ》功徳也、外用者即内証々々者即外用存此真言(実カ)之義一之時、依二師説一修二此秘法一之間不用別蘤燭供□大概得此心一訖、其上《ニ》可レ有二四種尺(浅略深秘秘中深秘秘々中深秘)其心甚《タ》深《シ》其議(マヽ)甚広只以行□智解可消息之真言行行法《ニハ》四種万タラノ観以之可レ為レ本、而今、就二此仏眼《ノ》成身観《ニ》一深所悟四種万タラ也、其心不可説也、加レ之瑜祇経《ノ》諸品《ノ》印明立《テ》次第《ヲ》一画《ク》結誦秘教之肝心一、何事如之哉、故知此万タラ定二行法《ノ》本尊《ニ》一而已、観大八葉三層之蓮花三八□五之諸尊三部又三部無レ残《モ》教法無二□□衆一《モ》真言亦真言、慈悲《モ》具足《セリ》、忿怒《モ》具足《セリ》、成就一切明唯在二此本尊《ニ》一愚□(丹カ)之至奉任冥衆之智見也、此外撰《ニミテ》取十一尊一以閻浮檀金奉治鋳三(之カ)大日尺迦薬師阿弥陀弥勒普賢文殊観音地蔵不動毗沙門等也、此一々《ノ》諸尊所悟之義理、先一生(マヽ)可レ述レ之、先大日者是一仏也、次諸尊者是一切仏也、就此一切仏一先釈尊《ノ》一代利生方便之本意以レ之□顕所二覚知一之本尊也、不変真如一仏之大日也、以二此□(大)日為真言教主、真言教主者斯宗義従本垂迹之教也、論従本垂迹之義理之□其本大日者即真言教□(而歟)顕教尺尊全無異也、然無人于悟、此義今応仏者此大日如来以八相成道之化儀出世説法也、代々時如此今此行者尺尊之遺法也、此本尊者為□(深カ)法界受諸教於法身如来以五大卉為聴衆八葉四菩薩加金剛蔵也、此是利生方便之一段也、故就釈尊一代可充知其心根源(マヽ)如此発願在之、仍取釈尊於一仏可知諸尊於一代、大日者尺尊也、此尺尊者薬師如来也、説法智者□部阿弥陀之智也、為説法智之故以弥陀為真仏此仏是妙観察智也、経一切仏為説諸法智也、弥勒者、補処当来一代教主也、故三世之如来三世之利益也、過去尺尊現在薬師未来弥勒□法之声塵也、此五□(仏)亦当五方如来云々今薬師為現在仏其心難述、但伝教大師手自彫刻此如来□(安)置我山本尊以此仏印明悟其本意也、尺尊仮名字於薬師播利生於滅後ゝゝ者当時也、故為現在是非惣之仏教、唯滅後無仏之間利生□(縁カ)熟方便也、以秘教捜仏意之時、私立三世之利生為現在之如来只是一門之□(異カ)途也、旬加(マヽ)惣相之疑難耳、遂□覚王之宮願□(深カ源カ)法界之道場法身之妙理浄穢土之草木、一代教主入滅于祇林教□□(証カ説カ)身常住于鷲峯遺身薬師之良薬訪医術於行者声塵弥陀之智水灌流於諸号(疏カ)(?)三会斎席当来三浄土顕瑜伽之文証於大日無戒比丘今生穢土熱(熟カ)真言之勝利於本尊次曰菩薩者一菩薩也、以普賢行願為行者成身、故名諸仏長子於菩薩道之時者、為修因向果、論仏道之時従本垂迹也、此長子、以文殊□為師、故以文殊曰尺尊九□祖師云々又称諸仏覚母□其四也、観音経曰、於□畏□難之中能施無畏、是故此娑婆世界皆号之為施無畏者文此観音者弥陀身也、故理趣尺云、在浄土号弥陀在穢土称観音云々、今薬師如来荏仏而□(由カ)之観音亦荏菩薩、由之此観音法花経也、因之遺法衆生薬師観音仏力達一期之化導也、是以尋日本国霊所只薬師与観音也、不可尋外、先我山□大師伝教之自刻薬師仏中堂慈覚大師者造立観音置楞厳弘法大師東寺金堂本尊同亦薬師如来也、又云聖徳太子観音也、慈恵大師観音《モ》也、大織冠観音也、菅丞相観音《モ》也、皆備二如レ此義相一之故也、今其利生亦純熟之故也、此薬師者可知尺尊《ノ》同身《ナリト》、此観音之可知妙法《ノ》同体重当知之二《ヲ》一代教主《ノ》滅後《ニ》鑒見《テ》衆生□(機)根替名隠形一利益衆生□(者)也、少□一仏一切仏道理易□易得者歟、一字《ノ》真言者《トイハ》一切《ノ》真言之中《ニ》其心□□(秀逸カ)也、故尺尊《ノ》日当隠此相好変身為此咒文得《テ》如此等心披覧一代聖教之時、広《ク》説《キ》狭説在説尽《ニ》説伝《テ》説《ク》、雖有此差別一其至極《ハ》唯一仏也、一教也、以差別《ノ》文言顕二義理正説一也、摂二在《スル》其義《ヲ》一者即此仏眼万タラ也、行位菩薩仏眼八□(王カ)子大三法羯等以口伝□可聞之一載文言不可説也、其外地蔵菩薩者《トイハ》以如来地如来蔵《ノ》功徳法門《ヲ》鑒《ミテ》滅後之衆生界《ヲ》二副(制カ)珍重利生一也、利生方便之道必以所取二之一途一成就化度利生也、以三譬喩二可レ知レ之、以三道理二可レ悟レ之、先其道理者《トイハ》、薬師者《ハ》治《ス》十悪之病一観音《ハ》顕《ス》□難之無畏一以此利生二為一途二而亦以地蔵菩薩二送浄土之道一也、其道之悟者如来也、如来蔵也、但一々諸尊《ニ》猶□□広之功徳能一是計衆□(生カ)之□感一也、限一途知利□□本意一其道理必然也、□由(マヽ)□四菩薩一而已譬喩□□□所用二之飲食《ニ》有二多種一未必用一喰一只随機根二用之、乃至得病之良薬一亦復如是、以此惣之譬喩一各可宛足我智解《ニ》一歟、因茲速《ニ》入《レテ》長子之行願《ヲハ》於発心《ニ》一欲開覚母之智解《ヲ》於凡聖《ニ》一然則支分生之実道《ハ》入妙覚之道法住之彼岸《ハ》到涅槃之峯宿縁《ハ》世尊陀ラ尼之功用、善因《ハ》娑婆施無畏之利益切利之付属、前仏後仏之中間晨朝之入定《ハ》今世後世之引導歟、次不動明王者密教降魔也、毗沙門天王者顕教之降魔也、法華経云、爾時毗沙門天王護世者文或云、仏法護持者、大日経息障品云、障者?自心生、随順苦慳悋、可除彼因故、念此菩提心、善除妄分別従心之所生、臆念芥□□行者離諸過、常当意□□□□不動摩訶薩、由結彼□命□能除諸障□文□□□深《ク》観《シテ》除無始障一□□□近彼仏法魔《ノ》一毗沙門□四天之天王不動尊深法界之明王、火生三昧ハ従本垂迹之三摩地有財城主修《ハ》因向果之大依、善哉々々、降魔之色質《ハ》菩提心之躰□(仏カ)障破於本有之智剣二天王之誓願《ハ》護世者之文□《ハ》護持於利生之宝棒《ニ》一彼此之諸□者在行者之己心《ニ》一本源《ハ》皆我覚本不生之理、現当之発願者寄《ヨス》聖衆之弘誓《ニ》一末流《ハ》是出過語言道之智、兼又視水火之成就於方壇之中聴□(窓カ)風之助成於月輪之間ニ今已行者ニ之発心□(超カ起カ)自秘教利生之無弐任功ヲ行業ニ亦幸用真《開カ》言之仏道今□(蓋カ)於妄計之苦域ヲ乎、任上件観念用十一尊一曼タラ也、今小僧出家受戒之後、容身於仏道懸心於教法今□□及七旬心身不堪行法ニ□□□之利生如此可足于一座□□□法ニ歟、当世末代之□□□(恵カ)量就中少僧国□□□上天皇自十一歳御元服之時今令四十宝算給也、卅季奉護持玉躰今上陛下催践祚之聖運給之時非不奉（践祚御運小僧加一言亦成）就結深《キ》宿縁ヲ東宮御□兼日覚知之臨御産剋限祈精之母后中宮職外戚左大臣已下小僧之親族春宮大夫公経又左大臣舅也、東将若公彼左相国胤子也、各所萠之宿運不傾而保百年長久正治《メタマハ、》七道者王法不可失堕仏法亦可興隆人民百姓可安堵《ス》群臣百僚可安穏《ナル》此凡夫之本懐者彼諸尊之本誓也、故奉対此本尊ニ供養恭敬尊重讃嘆利生之懇念広大也、雖過《タリト》小僧之涯分ニ末代之理乱《ハ》難知之《ヲ》争無《カラム》中興之発願、深聞《ククニ》内典外典之教誡唯限《レリ》道理之二字ニ、重顧今生来□□本懐ヲ偏復道理之□□一期七旬之思惟、終《ヒニ》□□□三世十方之三宝必垂慈悲矣、抑小僧誓願云、於此本尊者小僧一期之後本尊知見《シテ》伝領機縁ヲ可属其人ニ不可付□□(師跡カ)ニ可付施主也、其施主者可治天下之仁也国主与執柄将軍与執権以正法可治国之仁以其人可為其機縁也、所以者何今奉治鋳此諸尊之本意一向ニ求一天四海之安穏泰平之故ヲ也、本尊界会薬師観音不動多門大日仏眼知見証明哀愍納受仏子卑懐《ヲヘ》給、

全文二七七〇字に及ぶこの一文の趣旨は抑ゝ何に存するか。初めに瑜祇経大成就品所説の仏眼曼陀羅を概説し、この外に十一尊を選びとつて閻浮檀金を以て鋳造す、といひ、半ば以後終りに近い部分に「十一尊一曼陀羅」を用ゐて利生を祈るといふ意味の語がみえてゐる。即ちこの一文がこの本尊と曼陀羅とにさゝげられたものなることは明らかである。然らば『本尊縁起』の題目を、恐らく初めから存したものとし、正しくこの一篇全体の題目として起草者の標記したものであつたとしてよいであらう。とすればそれはいづこの本尊・曼陀羅であつたのか。これを奉安すべき

堂舎の名は見えてゐないが、これが慈円の起草に成る、彼自身の信仰と行法の勤行とに関するものなること、及び、以前に彼の草した「大懺法院条々起請事」(二五七頁)と対比して、本尊ならびに行法の精神に於て極めて相近きことよりみて、やはり大懺法院のものなることを疑ふことは出来ないと思はれる。

先の大懺法院の起請に於て、十五尊の本尊を挙げ、而してその中の四尊と他の十一尊とに分つて供養すべきことを規定してゐる(二五九頁)。この『本尊縁起』に於ても十一尊としてゐることは、右の建永元年の起請を想起せしめる。この点もまた本『縁起』が蓋し大懺法院の本尊に関するものなることを、推察せしむるに足るであらう。但しかの起請とこの縁起とに於て、十一尊に少しく出入あり、全同ではない。この『縁起』では右の本文に記した通りであるが前者の十一尊に於ては、『縁起』の十一尊中の「観音」を千手・十一面の二尊とし、一方、大日を欠いてゐる(前者の十五尊の中にもともと大日は見えない)。この二つの十一尊が同じ堂の本尊であることが誤ないとすれば、右の違ひは何を意味するか。また、承久元年、即ち建永元年の起請後十三年目に本尊について再び記してゐるのは、前者が図絵であるに対し、この度のは鋳造仏であること、及び仏眼曼陀羅を加へたといふ差異によるのであらうか。

いくつかの疑問は残るものの本『縁起』が、恐らく大懺法院の本尊十一体を鋳造したるに因んで、あらためてこの承久元年といふ時点に於て、大懺法院にこの本尊を奉安礼拝し供養勤行する趣旨と精神とを新たに明らかにしたものと考へてよいであらう。

次に、然らばこの『縁起』が説く所の、本尊たる仏・菩薩・諸天などの本誓乃至は利生、およびそれを礼拝供養する行者の態度等は、いかなる立場、いかなる思想に立つてゐるのであらうか。この思想内容について、とくに注目されるのは、こゝでも安然を踏襲してゐることであつて、端的に云へば、この縁起の思想的根幹は安然に存する。とくに『教時問答』(『教時義』)及び『瑜祇経修行法』の二著に依拠してゐることは、一見して看取される所である。その冒頭に、まづ「夫仏眼者以瑜祇経大成就品可本書(マヽ)」と書き出し、ついで「教時義五大院曰胎大日ノ亦タハ名二仏眼一」と安然を引用してゐる(但し『教時義』即ち『教時問答』の中のいづこにあるか、この語の所在を、筆者は未だ見出し得ない)。また十一尊を釈するうち、観音を釈する中にいふ「一仏一切仏道理」は、明らかに『教時問答』における安然の教判、即ち四一教判に拠つたものである。なほ、その説相は、全体として仏眼曼陀羅によつてをり、仏と衆生との関係を従本垂迹・従因向果の二の方向に於て説明してゐることも、これが明らかに『教時問答』及び『修行法』の二書にもとづいたものであることを示してゐる。即ち、慈円の大懺法院に十一尊を安置礼拝供養する行事は、安然の四一教判に則つてゐるのであり、「大日者是一仏也、次諸尊者是一切仏也」といふ如く、すべてを大日一仏に摂め、また大日が諸尊として化現して夫々の利生を示すといふ関係を、具体化したに外ならない。従つてこゝでも仏の一般的・総体的な立場と、各尊夫々の本誓と、両方から観て、仏の功徳に「惣」「別」の二を立て「以二此惣之配立一有リ二其別之開悟一」と説明してゐる。従つてまづ、十一尊夫々の利生利益を説いて衆生の救済を夫々の面から明らかにしたのち、最後にこれを総括して、

今奉レ治二鋳此諸尊一之本意、一向求ニ二天四海之安穏泰平ヲ一之故也、

と結んで、この仏事の究極的な意味・目的を明らかにしてゐるのである。

以上に於て、この仏事の趣旨・目的、およびその思想的源泉乃至は拠所はほゞ明らかになつたが、我々は、次に進んでこの行法と思想とが、慈円にとつて何であつたか、詳言すれば、この時点に於ける慈円のこの思想と実践とが、慈円の生涯において持つ位置と意味と価値とについて考へなければならぬ。而して、それについては、この『本尊縁起』のみならず、先に挙げた『毗盧遮那別行経私記』をも、これと一連のものとして一括して考へるべきであると思はれ

る。といふのは、この両者は、同じく安然の前掲の両著を思想的典拠としてゐる。とくに直接には、『瑜祇経修行法』の所説にもとづく、同じ立場に立つ思想であるからである。と同時に、それが上来観てきた所の慈円の教学と、その教学の長年にわたる薫習・実践によつて醞醸され、定着してきた、慈円の思想とが、一貫した発展のあとを示しつゝ、こゝに一つの大きな流れの中に朝宗したものであつたのであり、いひかへれば、この二著、中でも『本尊縁起』は、この慈円の長年にわたる、即ち一生を通じての思想的遍歴と思索的練磨との、一終着駅たるの地位を占めてゐると観られるのである。かゝる点よりみれば、これを一口に云つて、この二篇が慈円の信仰・教学・思想の精華を要約してゐるといつて差支ないほど、それは慈円の思想に重要な地位を占めてをり、これに拠らずしては慈円の思想の全貌に触れえない、と思はれるのである。その長文をいとはず、敢て『縁起』の全文を挿んだ最大の理由も、こゝに存したのである。

『本尊縁起』は、三の部分に大別される。

第一。冒頭から「愚□（丹）之至奉任冥衆之知見也」まで（五六八字）は、仏眼曼陀羅を説き、それに対する慈円の解釈と信仰とをのべてゐる。

第二。右につぐ部分で、「此外撰取十一尊」以下「用十一尊一曼タラ也」まで（一七二六字）は『縁起』の紙幅の大部分を占める。十一尊夫々の利生を説く。

第三。以下終まで（四七六字）。出家以後、とくに後鳥羽天皇宝算十一以後の、天皇の御持僧としての四十年の間の己が境涯、その間における自己の本懐と信仰とを明し、又、政治上の今後の展望をのべて全文をとぢてゐる。

第一の部は、「夫仏眼者以二瑜祇経大成就品一可レ本」と書き出して、仏眼曼陀羅を説いてゐる。それは、今まで屢〻

ふれた通り、安然の『瑜祇経修行法』第二の「金剛吉祥大成就品説」に拠つてこれを要約してゐることは、両書の対比によつて一目瞭然である。

『修行法』は金剛薩埵の、一切如来の前の説法として、㈠仏眼法、㈡成就大悲胎蔵八字法、㈢五大虚空蔵法、の三の法を説く。『本尊縁起』の最初の「第一」の部は、右の修行法の㈠と㈡を合糅したものを中心としてゐる。この部に於て、第一に注目を要することは、仏眼曼陀羅に於いて、慈円がその仏法観・宇宙観・人生観を表明し、この三を一として把握してゐる点であり、そこに長年の仏教研鑽と人生経験の契合、云ひかへれば、一種の「悟り」を示してゐる点である。即ち冒頭に仏眼をあげ、仏眼曼陀羅が胎・金両部の大日の所現であり、同時に仏眼を説く瑜祇経が、大日経・金剛頂経両部の実践法たる蘇悉地経に対して、さらにその具体的方法を説く所以なるを指摘し、かくて、この経乃至は曼陀羅にこそ宇宙人生森羅万象の一切が説き明かされるとして次の通りにのべてゐる。

凡秘教肝要之万陀羅一切摂在之大輪壇□広論レバ以虚空為所依ニ□観以己心為道場、己心者法界也、法界之己心(マヽ)也、以此惣之配立ニ有リ其別之開悟、深行阿闍梨之前ニ更無不審歟、

己心即ち法界であり、法界即ち己心に外ならぬ。そこに広略の差があつても仏法の理の行はるる世界たるに些の差異はない、とする。慈円が、この理を解する「深行の阿闍梨」を以て自ら任じてゐたのか否か、文面では明らかでないにしても、これまでの長年の仏法の研鑽と実践修行との経歴・精進に照して考ふるとき、我々はここに、彼の思想生活の一頂点を想定し得るとしたい。そのことは、『縁起』が右の文をうけて、これを説明して、曼陀羅のもつ二つの面たる従本垂迹・修因向果の相対する方向を示し、それが、夫々相尅・相生の作用であり、相尅は悪、相生は善であるが、相尅・相生相侯つて、善悪不二の理を現ずといつてゐるに照して、右の想定の必ずしも無理ならぬことが想は

れよう。このことについて思ひ合されるのは、先に（一七三頁以下）承元のころの山中閑居の時の心境、とくにその時点の和歌を最も手近な手がかりとして想察した慈円の境地についてである。そこでは、世と出世との対立、煩悩と菩提とのへだたりをめぐつて、慈円が長年の苦悶・格闘の末に、これを超えた煩悩即菩提・善悪不二の境地を洞開してこのころ一種の悟の法味を味はひつゝあつた、としたのであるが、いま、『縁起』に見ゆる右の語は、同じ境地を教学的な側に於て表現したものとすることが許されよう。

かくて、本『縁起』の第一部の主要部分をなす仏眼曼陀羅に関する説明は、宇宙・法界と個人とを貫いてはたらく理法としての仏法を、瑜祇経によつて説いたものであるが、この第一部の終りを左の通りに結んでゐる。

瑜祇経《ノ》諸品《ノ》印明立《テ》、次第二画《ヲ》結《ク》誦秘教之肝心何事如之哉、故知此万タラ定行法本尊《ノ》一而已《ニ》、観大八葉三層之蓮花三八□五之諸尊三部又三部無残《モ》教法無□□衆《モ》二真言亦真言慈悲具足《モ》《セリ》忿怒具足《モ》《セリ》成就一切明、唯在此本尊、

即ち、仏眼曼陀羅が、すべての教法、すべての真言をのこりなく具足してゐるのであり、「成就一切明」即ち一切を成就する真言をも具足してゐるとするのである。が、この「成就一切明」は、『修行法』の仏眼法の第二の項目に於て説くところである（天台宗叢書本一一九頁）。即ち、

此品中所レ謂成就一切明者《ト》、如二蘇悉地経説一若有下異部真言通《ハ》能成《シテ》二就《ク》諸真言一者上、三部真言《ノ》各能成二就《トモ》当部所説一非レ通二余部一（中略）若有下持二誦余尊真言法一不二成就一者上当レ令三兼持二此経根本真言一、即当三速成二諸真言法一於二三部中一此経為レ主、加二彼真言一、而持二誦之一決定成就云々而下経中《ノ》不レ出二根本真言一、別有毘盧舎那別行経一出二蘇悉地真言及功課《ノ》真言并三種悉地法云云、（これは先に四三一頁にも引く所である）

と、安然はこの『修行法』の中に、前掲の『別行経』を引いて、これを蘇悉地の根本真言と位置づけてゐるのであり、

慈円が『別行経』に注目し、これを重視し、而して遂に註釈を著はすまでに研究し信仰したのも、蓋し安然のこの解釈に出発してゐると思はれる。而して、これと平行して大日経・金剛頂経、その具体的な修行の方法論たる真言を説いたものとして蘇悉地経・瑜祇経をあげ、而してさらにそれらの欠を補足する根本真言をもつ『別行経』を以て、密教の体系を完結する、とする慈円の教判（四三五頁）も、当然、そこに成立したものでなければならない。

次に、かの観性より伝受した大悲胎蔵八字頓証法が、同じく『修行法』にもとづくことは、先に（三八八頁）にのべたが、なほ安然はこの法について、『教時問答』（天台宗叢書一四九頁）に、

大悲胎蔵之中、養二育法界有情ノ一法界有情心胎中ノ開二発大日如来大悲胎蔵一名為二大悲胎蔵界ト一也、

とのべて、それは、衆生の心中に大日如来の大悲によつて衆生本有の菩提心を開発して、これを長養して成仏を実現するものと説明してゐるが、この成仏を実現せんが為に唱へる真言が、即ち八字真言であり、これを一千万遍誦し満すことによつて頓証を成就し得るとする。所謂八字は अ（阿）字以下、八字を身体の八処に布置する観法であり（三八五頁）、又、同じく大日経所説の五輪観即ち以字焼字の観法も『修行法』㈡にみえてゐることは、前にのべた通りである（四一三頁）。即ち、慈円が早く観性に従つて仏眼信仰をうけ（九〇頁）、さらに進んで仏眼法に説く成仏の観法「胎蔵八字頓証法」を学んだ（三八八頁）のであつた。爾来三十年後に草したこの『本尊縁起』は、即ちこの法の信仰を深め、これを拡充しこれを験証しつゝ、勇猛精進たゞ一すぢにこの道を進んで来た慈円の思念と献身とのおのづからなる成果に外ならないのであり、即ち、これを以て、彼の教学の完成・思想の円熟と断ずるに憚らないのである。

『縁起』の第一部に示した仏の功徳の諸相を詳細に説くものとして、次の第二部が展開される。大日が一仏であり、諸尊はそれにもとづく一切仏である。十一尊はこの一切仏のいはゞ代表として選び取つたものに外ならず、その一一

の仏の利生が、こゝで詳細にのべられる。

この第一、第二の部で仏道の信仰、その理想、修行の方法、そして即身成仏の悟りがのべられる。即ち、慈円の仏教信仰の全貌が与へられてゐる。第三部は即ちこの仏教信仰に活きてきた慈円の、環境と経歴と活動とをかへりみてゐる。即ち後鳥羽天皇宝算十一のときから、御側に侍して御持僧としての祈禱に精誠を致し、今年宝算四十に達せられるまでの深い縁の存したことをのべ、而して今や、仲恭天皇の御即位、母后も外戚左大臣も自己の一族、春宮大夫の西園寺公経は左大臣道家の舅に当る。そのことは即ち「人民百姓安堵、群臣百僚可安堵」といふ要請にこたへるものとしてこの政治を謳歌し、そしてそれは専ら右の十一の本尊、即ち仏眼の功徳による、としてゐる。

以上によつて、『毗盧庶那別行経私記』、殊に『本尊縁起』の大要が明らかになると同時に、それが慈円にとつていかなる意味をもつか、云ひかへれば、それが慈円の思想の発展の上に於て、いかに重大な意味をもつかがほゞ明らかとなつた。この点に照して考ふるとき、『縁起』の結末の左の語は、この慈円の思想を要約するものとして、とくに注目しておく必要を感ずるのである。

故奉対此本尊ニ一供養恭致尊重讃歎一利生之懇念広大也、雖過タリト小僧之涯分ニ一末代之理乱ハ難知之ヲ一争無カラム中興之発願、深聞クニ内典外典之教誡一唯限レリ道理之二字ニ一、重顧今生来□□本懐ヲ一偏復道理之□□一期七旬之思惟、終ヒニ□□□三世十方之三宝必垂慈悲矣、

この一節が『縁起』を結節するものとすれば、この一節全体を要約する語として、「道理」の語が注目される。慈円の思想に於て、「道理」の語が注目の中心におかれてをり、たとへば『愚管抄』の思想の骨格をなすと一般に認められてゐるやうであるが、右の慈円の語は、この思想が何に由来し、如何なる意味をもつかを考へる資料として、重要であ

る。即ち直接的には「内典外典之教誡」といふ一般的なものとして「道理之二字」を点出してゐるのである。文字通りにこれを解すれば、「道理」の二字は敢て仏教のみによらず、外典にも拠つてをり、要するに先人のすでに教へたところ、人々の普ねく認めるところといふ、極めて広汎な意味をもつとせねばならない。「道理」のことは、なほ別の面よりも考ふる必要があるが、ともかくも、この「道理」を以てこれを結んでゐることは、道理の思想、乃至はその確信の到達の頂点を示すものであり、しかもそれが承久元年、即ち恰も『愚管抄』執筆のその年に当つてゐることも見のがされてはならないであらう。

筆者の目にふれた限り、慈円の教学上に於て、体系的なものとしては、これを以て最後とする。これ以後、慈円の草したものは、先にあげた通り幾多の数に達するが、それらはいづれも承久役に関連し、或は政治を中心とする、主として世間的なものであり、或は道場再興・仏事興行などに捧げられたもの即ち時々の必要にこたへたものであつて、体系的な思想の表白といふ面に於て、特に見るべきものも見当らぬやうに思はれる。

承久元年、慈円、世寿正に六十五歳、法臈五十三。十三歳の出家後二十五歳まで江文寺・無動寺等にての修行、ことに二十二歳から二十四歳までの千日の入堂修行を中心とする修行体験期は、即ち宗祖規定（『六条式』）による聞思の十二年の籠山に当るのであり、爾後二十六歳の交衆の決意、而して翌二十七歳の改名、二十八歳の受灌頂等の段階を践んでより、約四十年の歳月を閲してゐる。その間、所学の顕密の教法の思索と実修を重ね、とくに密教に於て研鑽する所深く、三部伝法阿闍梨としてやがて御持僧・天台座主の顕職に到り、政教両界の重きに任じてひろく僧俗の識者と交はつた。世出世にわたる四十年の生活と体験とを通じて、慈円が辿り来つた思想の遍歴を巨細に知るには、以上にあげ来つた史料は余りにも貧弱であるが、現在の管見に於ては、これ以上に出ることの出来ぬのを遺憾とするのである。たゞその限りに於て、慈円の思想の帰趨を窺ふならば、この齢すでに六十五歳の承久元年の信仰表白を以てこれに当てることは、その生涯に照して考ふるとき、著しく不当でないと信じたいのである。

慈円の教学的立場を以上の様に考へることが許されるならば、その叡山教学における地位は、安然の立場を最も強くうけたものと考へることが出来やう。安然と慈円との教学的連繫については、以上にみたところによれば、他の叡山の諸師との間にみられぬ強力且つ直接的なものがあり、慈円の最も深く、憑拠した所であつた。詳言すれば、安然の教学の体系的継承の上に、その思想的成果の精粋を薬籠中のものとした所に、慈円の立場の特色があつた。密教の教判に於て大日経・金剛頂経・蘇悉地経の教旨にもとづき、その教を発揮する具体的方法を瑜祇経・別行経にもとめ、そこに密教の究極の理論と即身成仏の実践法を見出すといふ慈円の密教についての教判は、むしろ基本的に安然の組織した所であつた。慈円が早く若年のころ観性から受けた大悲胎蔵法・胎蔵八字頓証法・仏眼曼陀羅はいづれも安然の『修行法』に教示したものであり、その伝流をうけたものに外ならず、大日の五輪成身、金剛頂の五相成身法等、慈円の即身成仏の方法として研究と修行とに心力をつくしたものも、直接的には同じく『修行法』に於ける教学的研鑽に源をくむものであつた。

以上の様に考へるとき、先に説き及んだ、貞応三年正月に天王寺の聖徳太子及び日吉社十禅師にささげた告文(二三三頁)の後序にみえる左の語は注目に値ひする。即ち貞応三年正月右の告文を草し、これを太子や日吉社にささげたのち、慈円は三月十六日、日吉社に近い倭荘の宿所に病の身をよせてゐたとき、弟子俊範を寄木入道といふものゝ許に遣して病を占はせたところ、大事なし云々の返事をもたらした。これについて慈円は、

深有覚悟之旨、一仏一切仏之悟、年来卑下凡智未瑩其悟、今取一仏之日、可取有縁仏神歟、次神明者一切仏菩薩明王天等萬廷?、不限一尊、摂多尊於一社入一社多尊歟、

云々と書いてゐる。謂ふ所の「一仏一切仏」は、いふまでもなく安然の教判の骨格をなすものである。上来見来つたところと併せ見て、慈円平素の思考が、常にこの一仏一切仏の思想に立つてゐる趣が、偶〻この病の占に対する解釈に於てもよみとられることは興味深い。

〔註〕なほ、安然と慈円との思想的なつながりの上で注目されるのは、慈円が、安然の『普通菩薩戒義広釈』をも、恐らく熟読信奉してゐたかと思はれることである。『愚管抄』第三、花山天皇御出家のことにつき、厳久僧都が天皇に出家をすゝめまゐらせた語のうちに、「菩薩戒コソセンニテハ候へ、ヤブレドモナヲタモツニナリ候ゾカシ、サレバコソ、受法ハアレド捨法ハナシトハ申候ヘバ」云々とのべたとある。この語の典拠は、『広釈』の大乗戒を讃する語「有二受法一終無二破法一」「一受永固終不二犯失一」によつたものと思はれ、この面でも二人の間の親近関係を想定してよいかと思はれる。勿論、この表現及び思想は、ひとり『広釈』のみのものではなく、叡山の戒をいふものゝ常談といふべきであるが、しかも『広釈』が、最もひろくよまれたことは疑ひなく、『広釈』を通しての安然と慈円のつながりも、当然、注目を集めるに値する。

むすび

以上を通観するとき、吾々は慈円の思想を識ることは謂ふ所の「道理」を識ることに外ならない、と断ずることが出来よう。

慈円は、少くとも寿永・文治のころの観性との接触、文治二年二月の『胎蔵八字頓証行法口伝』執筆の前後から、仏眼の信仰の研究を以てその生涯を貫いてきたのであり、承久元年起草の『本尊縁起』に、前後三十年に亘るこの研鑽について、これを要約して「深聞二内典外典之教誡一唯限レリ二道理之二字一ニ」と結論してゐる。内典外典すべての教説の示す認識の原理を「道理」として把握・表現してゐる。右の『本尊縁記』起草の翌年、『愚管抄』の筆を執つて、「道理」の推移を以て歴史の本質たることを提唱してゐることも、その立場をよく示すものである。

こゝに成立した「道理」は、然らばいかなる性格を有するのであらうか。

天台宗は本来、空・仮・中の相即を基本とする。『円頓止観』がこの諸法実相観を簡明に表明してゐることは、先にもふれた所である（三四六―三四七頁）また、凡聖一如とする本覚思想への傾向も、早く最澄にあらはれ（三四五頁、なほ田村芳朗氏『鎌倉新仏教思想の研究』三八三頁以下参照）、恐らく空海の思想的影響のもとに、円仁・円珍以来、それは著しい発展をとげて、台密の根幹をなした。安然に到って、一即一切・一切即一といひ、一仏一時が三世十方一切仏教を摂すとし、またこの凡聖一如を修因向果・従本垂迹の曼荼羅に示した。同時に即身成仏の実現の方法としての胎蔵界の五輪成身、金剛界の五相成身の法、真言の功徳によつて、凡夫の煩悩をやきつくし、仏の智水を以て洗ひ浄める嚩字観、以字焼字の法を伝へた。安然の思想に直接且つ最も多くのものを掬んだ慈円がこれらの観法に力をつくしたことは、先に観た通りである。而してさらに同じく安然の『瑜祇経修行法』所説の八字頓証法を信仰の中核に据えたことは、慈円が叡山伝統の本覚思想に依拠して、即身成仏を信ずる、叡山教学の正統的継受者の一人であつたことを示すものである。

最澄以来、天台宗に孕まれ、とくに台密の発展を通じて発展しつゞけた本覚思想は、平安末期に於て、その教学一般の基本となつた。仏法の本来の目的が成仏にある以上、衆生本来仏であるならば、これを何等かの方法で、事実の上に実現することに、仏教の全体が集中さるべきは当然である。上にその一部を挙げたやうな諸々の成仏の方法が、くりかへし提唱され累積されて行つた所以である。従つて今後の天台宗の発展はこれを出発点とし、この問題に一歩を進めて、真にこれを解決せんとするところに、その問題の本質があつた。いはゆる鎌倉の新仏教とよばれる諸宗がそこに発足してゐるのであるが、中に於てこの間の消息をとくに明瞭に示してゐるのは道元であつた。道元が叡山に出家して学んだとき、その疑団の中心がどこにあつたかを『建撕記』は伝へて、

宗家ノ大事、法門ノ大綱、本来本法性、天然自性身、此理ヲ顕密ノ両宗ニテモ不落居、大イニ疑滞アリテ三井寺ノ公胤僧正ノ所エ参シ問イ給様ハ、如来自法身法性ナラハ諸仏為甚麼更発心シテ修二行三菩提ノ道一

と云ひ、同様の趣は『正法眼蔵弁道話』にも法華宗・華厳宗ともに大乗の究竟なり、とくに、

真言宗のごときは毗盧遮那如来したしく金剛薩埵につたへて師資みだりならず、その談ずるむね即心（身）是仏、是心（身）作仏といふて多劫の修行をふることなく、一座に五仏の正覚をとなふ、

仏法の極妙といふべし、

としてゐるが、しかし仏法は「修行の真偽」により「真実の道人」によつて修行すべく、「ことばのたくみ」にかゝはり、「文字をかぞふる学者」に導かれては、成ずることが出来ないとして、「是身作仏」などは語句の遊戯に終る立場として警戒してゐるのである。

慈円の生れ活躍した時代は、いはゆる鎌倉新仏教の諸宗派が口火を切り、簇生した時代であつた。前にみた通り慈円の教学上の一主著ともみるべき『𑖀𑖤𑖰別』の問題の中心は「入三摩地」であつた（四一九頁以下）。「入三摩地」が「本尊行者同躰ノ観也」とは、慈円自身の説明である（『法花別帖』）。即ち本覚思想であり、その方法を真言教に求めるといふところに、『𑖀𑖤𑖰別』全篇の趣旨がある。が、慈円自身の教学形成は、本覚思想といふ基本的立場に於ては同じ地盤に立ちつゝ、その修行過程については、この新しい思潮、活潑な宗教活動を知らざるものゝ如く、たゞ「真言・止観」の枠内に止まり、依然として、これを以て究極とした。新しい諸宗、とくに道元の立場との対比は、この対照を最も明瞭に際立たせるものであつたが、一方浄土信仰の発展に対しても、関係は、本質的に同一であつた。慈円の身近に最も早く生れた新宗派たる浄土宗に対しても、積極的関心を示してゐない。比叡山の中、彼の足もとから法然源空が大胆な選択の立場を明らかにして専修念仏の第一声をあげ、山を下つて京洛に入るや、念仏の声は澎湃として起り、彼の周囲に信者が蝟集したが、このころ、慈円は、後鳥羽天皇の御持僧、天台座主などの高位顕職に在り、また青蓮院の門主として、幅ひろい活動を展開しつゝあつた。思想の母胎を同じうし、時を同じうして同じ京洛を中心に

活動したこの二人の世界は、しかも長い間相背いて、慈円晩年に到つて、兼実を媒として相触れるまで、何等交渉する所がなかつた。慈円よりみれば、この浄土宗の如きは、「不可思議ノ愚癡無智ノ尼入道ニヨロコバレ」る低級なる信仰にすぎず、歯牙にかけるに値しなかつた。のみならず「女犯ヲコノムモ魚鳥ヲ食モ」少しも咎めない無慙な教へとして、蔑まれたのであつた。しかもこの破戒を是認する教へ自体が仏法と見なされるために、仏法の精髄たる「真言止観」が撥無され、この奇怪な教へが仏の教を擬装する「順魔」として人を誑かすことが、慈円にとつて許しがたい事であつた（三九四頁）。

しかし他方、この浄土宗は、源空にとつては「学文をして念の心を悟りて申念仏にも非ず」（『一枚起請文』）いたづらに文字の末に趨つて自己を忘れるものではなく、却て「念仏を信ぜん人はたとひ一代の法を能々学すとも、一文不知の愚どんの身になし」「ちしやのふるまいをせずして只一からに念仏」して、仏力に己を投じ、己の我執・無明をすてゝ仏に帰一せんとする、生命をかけての努力であつた。源空の教に絶対に随順する親鸞がこの道に徹したのも、ひとへに「如来の誓願を信ずる心」（『末燈抄』）を得る為であり、その時に「このこころの定まるを十方諸仏のよろこびて、諸仏とひとしと申なり」とし、文字やことばの上の観念としてゞはなく、事実として人が諸仏と等同であることの実現を期してゐるのであつて、その点に於て道元と同じ問題から同じ方向へ新しい道を求めて行つたと見ることが出来る。

同じく叡山延暦寺に同じ時に同じ教学を受けた慈円と栄西・道元・源空・親鸞とは、同じ宗教的問題・人間的要求に擾き動かされながら、その立場のちがひから夫々の道を選んだ。慈円にとっては、「天台宗トイフ無二無三一代教主、釈迦如来ノ出世本懐」と「至極無雙ノ教門真言宗」（『愚管抄』第三）こそが唯一絶対であることであり、そして今や相ついで生れる新しい思潮との対決といふ試練に対処して、伝統の光が愈々発揮されるとするものであつた。

世中に山てふ山は多かれど　山とは比叡のみ山をそいふ　（一〇八九）

といふ、叡山への傾倒の情は、即ち、かゝる叡山の伝統、そこでのみ、数百年の間に養ひみがき上げられた教学と思想への信奉と崇敬との高まりを示してゐる。左の一首、

わか国にかゝる寺こそ又なけれ　たかきみ山にのこるみのりよ　（一四八九）

さらにはまた、先掲（一四二頁）の、

わか山にのこるともしひあはれなり　きえはてぬさき猶かゝけはや　（五三四九）

などもまた、同じ宗教的な心情を確認させるに充分である。「のこるともし火」「のこる御法」といふ詞づかひは、慈円の思想が、専ら伝統的権威にのみ依拠を求めてゐたことを、おのづから語るものとするも、必ずしも語句の末に奔る曲解とのみは云ひ得ないであらう。

我々はこゝに、慈円の「道理」の性格と、教学史上の地位とを、併せて一瞥することが出来た。くりかへして云ふならば、それは、彼が伝統的な真言・止観の教へによつて、諸法実相観と本覚思想とに立ち、現象即実在、衆生即仏陀を具体的・客観的真理として受けとめてゐるのである。それが宇宙・人生の真理であり、その限り普遍的な納得が期待される。そこに彼が、この思想を「道理」をいふ語で表現した所以も存する。

かくしてこの「道理」に於ては、現実は究極的に理想に必然的につながつてゐるのであり、衆生は最後的には仏の済度を予定されてゐるのであつて、その限り、一の楽観説に外ならない。例へば『愚管抄』に於ける日本史観も、種々の悲観的観点を累ねつゝ、しかも最後には楽観的な見通しに立つてゐるのは論理の必然であつた。本書の附録（第七）に日本史を七段階に区分して、その間の道理の衰退を論じて、最後に、「サレバ今ハ道理トイフモノハナキニヤ」

と悲観的な結論を出しつゝ、次にまた、「昔ヨリナリユク世ヲ見ルニ、スタレハテヽ又ヲコルベキ時ニアイアタリタリ」といふ現実に直面してゐるといふ類は、むしろその常套的な議論である。畢竟「法門ノ十如是ノ中ニモ如是本末究竟等ト申コト也、カナラズ昔今ハカヘリアイテ、ヤウハ昔イマナレバカハルヤウナレドモ、同スヂニカヘリテモタフル事ニテ侍也」といふ如く、先人のすでに道破したものにこそ不変の真理が存する、とされるのであつた。

以上に於て慈円が、叡山の思想・教学に対して、批判者・革新者ではなく、むしろ正統的継承者・祖述者を以て目せらるべきを知り、併せて「道理」の因由を明らかにしたのである。

慈円の世間的活動如何は、先に概観したが、なほ、右の観点から、その意味を再吟味してみたい。

九条家の一員としてこの世に生を享けた慈円にとつて、最大の政治問題として先づ与へられたのは、摂籙家たる九条家の執政、それに支へられての日本の政治の繁栄の永続の要請であつた。そして慈円自身の一生の活動と関心とは畢竟この与へられた課題に忠実に注がれたのであり、彼はその極めて真摯な全面的受容者・肯定者として立向つたのであつて、これらの点に対しても批判的なものは片鱗も示されてゐない。

かくしてたとへば『愚管抄』に於ても、第一の課題はこの問題であり、そしてそれに終始してゐる。日本の政治について、「コノ日本国ハ初ヨリ王胤ホカヘウツルコトナシ、臣下ノ家又定メヲカレヌ、ソノマヽニテイカナル事イデクレドモ、ケフマデタガハズ」（『愚管抄』第七）といふ姿に、日本の政治の理想をまづ見出す。日本の歴史は、この理想への絶えざる回帰の運動としてとらへられる。皇祖と藤原氏の祖神との「同侍二殿内一能為二防護一ト御一諾」（『愚管抄』第三）ありしによつて、鎌足以来の藤原氏の執政が実現・永続する。良房・道長以来の摂籙家の確立・成長・発展のあとをうけてこれを伸長することが日本史のあるべき姿とされる。慈円にとつては、兄兼実におけると同様、直接的には道長を頂点とする摂籙政治が政治の理想的な型として追慕される。それについで武家政治が出現するが、これもまた畢竟して、この摂籙政治の理想実現の新時代に於ける現象として、理想のうちに摂取され、武家政治肯定もその限りに於てなされる。と同時に、この新時代の摂籙政治は、新たに起つた近衛・九条両家の対立という局面に於て、九条家の手によつてのみ理想への復帰が可能とされる。武家政治を排除しようとする後鳥羽院政と、九条頼経の将軍就職に反対する近衛家とを、いづれも道理に反するものとし、九条家による摂籙政治を主張する。彼が何故に後鳥羽院から離れ、またいかに近衛家を呪ひ、その死に到るまで九条家の執政に執念をもやしたかは、先に見た所である。

抑ゝ新しい武家政治の出現と発展とは、当時の政治に於て、当時の公家政治家にとつて、最も重要な歴史的課題であつたことは、言を俟たない。然るに、今日に伝はる文字に関する限り、彼等公家政治家がこの問題に対して積極的に発言した迹を見ないのである。これに如何に対処すべきか、公・武の関係をいかに調整し、政治の中に武家政治の座席をいかに設定すべきか、の問題について、ともかくも積極的に提唱した、殆ど唯一の人物は慈円であり、その功は専ら『愚管抄』の一書に帰することが出来よう。慈円は伝統的政治形態、即ち公家政治・摂関政治の絶対的信奉者であつたことは云ふまでもないが、しかも同時に、決して単なる硬直した頑固者流に非ず、「サテモ〳〵コノ世ノカハリノ継目ニ生レアイテ世ノ中ノ目ノマヘニカハリヌル事ヲ、カクケザ〳〵ト見侍ル事コソ、世ニアハレニモアサマシクモヲボユレ」(『愚管抄』第七)の感慨にも示さるゝ如く、時勢の変化を深く認識する思想的弾力性を有した点に於て、当時の公家社会中、一頭地を抜いた識者であつた。彼は専門の政治家を誨へ、これを導きうべき、すぐれた政治哲学者であつたとすべきである。目前の好悪・利害を超えて現実を達観する目を備へてゐた。「三世不了達之人、只一往眼前事はかりを思人の真実ニ天下ヲ執権する事ハ凡不候也」（「被遣西園寺大相国状」『門葉記』）とする慈円にとつては、憎むべき武士、恐るべき武士は、また愛すべき恃むべき武士であり、醜い現実を超えて理想の面からこれを眺め直す力を備へてゐたのである。それは同じく公家貴族の出身でありながら、当時の公家政治家と慈円との間に於て、識見と思索力との対照を示す最も顕著な例であつて、これを一般的に云へば、当時の公家貴族・政治家たちが、自己の判断を超えた政治的大事や困難に面したとき、彼等はただこれを宗廟や氏神の神慮に任せて、以て事態の正しい解決の最後に到来するを信ずる、という祈願を以て満足するのみであつた。治承四年五月、以仁王の挙兵を聞き、足許から崩れるやうな世の騒擾におびえた右大臣藤原兼実は、種々憂慮思案を累ねたが、その揚句は、

愚意案之、我国之安否只在二于此時一歟、伊勢太神宮正八幡宮春日大明神定有二神慮之御計一歟、（『玉葉』同十六日）

といひ、同じく五月二十三日、南都の大衆の蜂起入京の噂をきいては、

南都大衆来廿六日可二入京一之由風聞、凡世間之事非二直也事一歟、不レ過之者只仰二天道一憑二神明一信二三宝一凝二謹慎一許歟、（同、同日）

同様の例は兼実にとどまらず、公家の日記等にくりかへし見受けられる所であつて、いづれも祖神等の加護をただ期待するが、祈願に行き止まるのみであつて、思想的にそれ以上の進展・開拓への努力のあとは見られないのである。『愚管抄』における日本の歴史、日本の政治、それが大神宮・氏神の計劃と約諾とにもとづいて展開するとする構想は、右にみた政治家たちの信念と地盤を同じくすることは明らかであり、『愚管抄』がその延長線上に書かれてゐることも一目瞭然であるが、しかも慈円に於ては、同じ大神宮や藤氏の氏神の御計らひが、単に抽象的に観念されてゐるのではなく、却て具体的な現実として打ち出されてゐる。公家政治家たちの観念的な行き詰りを打開してこれに満足

を与へつゝ、新しい道を提示したのである。この点よりみれば、慈円の「道理」の思考はたえず継起してくる新しい現実に対して常に創造的に対応しうる、弾力性を備へた伝統的精神と解しうべく、その限り、高く評価さるべきものをもつてゐる。

しかしながら、この「道理」の基本的にもつべき深い意義も、その現実的な適用の仕方に於て、本来の意義が喪はれて行つたことは惜しまれる。慈円が具体的に「道理」といふとき、その多くはこの語によつて彼が期待したであらうやうな、万人の普遍的納得を得べきものではなく、畢竟して「九条家の道理」に外ならぬ結果となつてゐる。新興武家政権に、政治の座を分つことが道理とされるについて、当時は九条家の執政を必須としたといふ現実は理解しうるにしても、凡そ執政は九条家たるべく、それ以外では天下の泰平が期せられぬ、とする如き口吻は道理にも神意にも叶はぬことは、敢て識者を俟たずして明らかである。

以上「道理」の思想について、慈円の政治史観をめぐつて一瞥を投じたのであるが、なほ次に、当時の社会や思潮を背景として、その占める地位と特色とについて聊か敷衍してみたい。

『愚管抄』における慈円の歴史観は、武士の問題から出発して、世界的・宇宙的観点にまでひろがつて、その中の日本として観てゐることを先に見た（二七七頁以下）。その点からみても、歴史を人間の歴史としてとらへて居ることが知られる。『愚管抄』の史観は、一口にいへば「王臣万民」（『愚管抄』第七）の関係を中心とするのであり、そのことについて慈円は、これを次の様に詳説して、

世ト申ト人ト申トハ二ノ物ニテハナキ也、世トハ人ヲ申也、ソノ人ニトリテ世トイハルヽ方ハ、ヲホヤケ道理ト

テ国ノマツリゴトニカヽリテ、善悪ヲサダムルヲ世トハ申也、人ト申ハ世ノマツリゴトニモノゾマズ、スベテ一切ノ諸人ノ家ノ内マデヲヲダシクアハレム方ノマツリゴトヲ、又、人トハ申也、其人ノ中ニ国王ヨリハジメテアヤシノ民マデ侍ゾカシ、（同）

としてゐる。

顕貴と卑賤、公人と私人の対照をあげて、人間の世界とその活動の全体を示し、それを通して、歴史をまづ人間の歴史としてとらへてゐる。

慈円は、先にもみた様に、源空の新しい専修念仏を斥けた時、その理由の一として、この新宗が「不可思議ノ愚癡無智ノ尼入道ニヨロコバレ」て弘まつたにすぎぬと、低い階級への軽侮を露骨に示してゐる。が、他方、同じ『愚管抄』に、「道理」の思想はさういふ人々の理解をも期待するものなることをのべて、「愚癡無智ノ人ニモ物ノ道理ヲ心ノソコニシラセントテ仮名ニカキツクル」としてゐる。

君をいはふ心の底をたつぬれは　まつしき民をなつるなりけり　（八〇一）

の前掲（一六六頁）の一首が、世間的差別観のうちにある君民的関係と、仏法の祈りの前に平等なる人間的関係との両面を示してゐる。

慈円のこの立場が、本来、叡山開創の最澄の精神にその根源を求め得ることは、先に指摘したことであつた（一六三—一六五頁）。が、そこでは、両者の類似を対比したに止まり、それ以上に及ばなかつた。が、この二つをたゞ短絡して同一視することを以てしては、慈円の立場と真意との特色を見失ふことゝならざるをえない。我々は、少しく溯つて、最澄以来のこの精神が、いかなる経路と由来とを以て慈円とつながるとすることが出来るか、に少しく紙幅をつひやしたい。

人間平等の思想は最澄の天台宗開宗の精神に於て最も重要な柱の一であつた。天台宗は即ち「妙法一乗真実教」であり、一切が等しく救はれる大乗教であつて、奴隷といへども勿論これに洩れるものでないことが宣言せられてゐるのである(三四五頁)。

叡山の根本精神が一乗主義、平等の救済の理想の大旆をかゝげてきたことは既に明らかであるが、然らばそれは如何にして実現され実践せられたか。問題の中心はむしろそこにこそ存するのである。

わが国の仏教は、まづ朝廷・政府を通して受容せられ、その保護と奨励のもとに国民の間に弘められた。その結果は、政府の仏教統制が当然厳しいと同時に、保護の手も充分にのばされた。律令は中央政府の僧侶乃至は寺院統制機関として僧綱制度を定め、これを以て宗教行政の中核とした。宮廷・貴族の世界と寺院・僧侶との二つの別々の世界が、僧綱を接点として相接し、共存したのである。こゝに貴族は政治的に僧界を統御しつゝ、他方精神の最後的依拠をこゝに求め僧侶・寺院はその統制に服し、その世間的な支持と保護とに於て貴族に依拠しつゝ、その精神的な指導者としてこれに臨んだのであつた。

かくて平安初期の天台・真言二宗の開宗、これに伴ふ寺院開創の承認、戒壇建立の許可、年分度者制の確立、それらを含めて寺院草創と経営のための諸経費乃至は寺領等について、政府の絶大な保護が必要であつた。寺院は、それらの許可と保護とを要請した政府に対し、その統制に服し、法制を遵守し、進んで鎮護国家を以て立教の精神とし、国家の為の人物養成の大目的をかゝげ、王法仏法一如の唱導を強調した。最澄が叡山草創に当つて学業の方針を定めた、学生式の内容と表現とが、厳密にその線に沿つてゐるのは当然である。かくてこれらの寺は、政府・官僚・貴族との関係を先づ深め且つ強化せられ、時に一つの世界なるかの如き観を呈するまでに密接してくることは、むしろ自然の成行であつた。が、そのことが、実をいへば僧界が、貴族以外の世界を閑却するといふ一面を含み、僧界にとつての大きな問題を胚胎してゐたのである。

かゝる趨勢に於て、叡山は如何なる途を辿つたであらうか。最澄の延暦寺草創の理想と精神が、こゝに学ぶ学生をして「檀を諸方に行じて有待の身を蔽ひて以て業をして不退ならし」むるとゝもに、「草庵を房となし、竹葉を座となし、生を軽んじ法を重んじ、令法久住、守護国家」を目ざして修行すべきを求めたのであつた。が、この理想の実現を托せられた「学生」の動向の大勢は、必ずしもこれに沿ふものではなかつた。

平等を根本精神とするにしても、寺院の中が、現実には上下差別の世界たることは免れないこと勿論である。寺の正客は学生であるが、同じく学生の間にも地位・身分・能力に上下あり、生活に厚薄の差が存する。学生の道をのぼりつめて、大寺の長者たり別当たり座主たるに到れば、いはゞ位人臣を極めたものであり、なほ学生の「出世」の場所として僧綱の世界も開かれてゐる。徳行あつて徒衆を伏し得るもの、法勢を張持して傾弛せざらしむるものは、衆僧中より簡抜せられて僧綱に任ぜられ、即ち政府の機関に属せしめられるのは政治の方針であり規定である。彼等は身分は僧侶といへども官僚に属し、それにふさはしい待遇が与へられる。『延喜式』(玄蕃寮)はこの点について、

凡僧正従僧五人、沙弥四人童子八人、大少僧都各従僧四人、沙弥三人童子六人、律師各従僧三人、沙弥二人童子四人、

と規定してゐる。

学生・僧綱の道をのぼりつめて諸大寺の長者・座主となり、また大僧正に到つたとき、殆ど摂関・太政大臣にも比

すべき待遇が彼をまちうけてゐる。関白頼通の子、前大僧正覚円は、天台座主、三井寺長吏を経てゐるが、彼が永長元年二月二十日、牛車宣を得て参内したときの豪奢華麗な姿(一〇七頁所引『中右記』)は、大寺の学生たる身分が国家・朝廷によつて如何に手あつい待遇につながり得るかの一例を示すものであり、而して学生の多くにとつて、それが第一の魅力であり、そこに将来の望みを託せんとするは、むしろ避けがたい所である。元慶三年閏十月十五日の権僧正遍昭の奏表には、むしろ公然と「夫求二官爵一楽二栄耀一者人之心也、理之然也」とのべてゐるごとく(『三代実録』)、これを叡山の学生について考へても、その全体的傾向より云へば、その多くは下を向くより上を向いてゐたと断ずることは、決して無稽ではないであらう。

寺院の上層部が貴族社会と同一化し、学生の目が多くそこに注がれるといふ大勢の中にあつて、併しながら、やがて批判と反省とが生れてくる。元来、批判力にすぐれた学生であるだけに、一度目ざめると、学生に世間的に約束された栄達への道をすてて、専ら菩提の道を求めようとする要求も熾烈であつた。叡山は、一方に於て、貴族との結合を強め貴族出身者が山内の高い地位を占めて、貴族と「高僧」との癒着も強靭であり、とくに右大臣藤原師輔の子尋禅が摂籙家出身の最初の座主となつたことを手はじめとして、その傾向は時とともに強められたが、それと平行して、学生たちの間に目ざめたこの新しい傾向は、もはや個々人の立場をこえて、一の勢ひをなすに到つた。平安時代初期以来、最澄・円仁・円珍などの個々の高僧の「伝記」がかゝれたに対し、平安時代中期以後には個々人の伝記よりも、むしろ多数の僧侶の伝記をあつめ、その個人たちの中に、一つの一貫したものをさぐり出す「往生伝」が踵をついで生れてきたことは、とくに注目される所である。この「往生伝」の讃美してゐるのは、高僧伝の伝へる僧侶の社会的業績や名声ではなくして、反対に人しれぬ行動、ひそやかな善行もしくは仏道修行とそれに伴ふ求道的精神そのものであつた。

阿闍梨叡実は「学二法門一通二俗典一」じた学生であつたが、菩提の外、求むるところがなかつた。「依レ不レ思二今生之事一上無二天子一下無二方伯一」といふ絶対的平等観に立つて、万人に対して一視同仁であつた。円融天皇の御不予に召されてゆく途中で病者を見て、車を下りて看病し、「無縁病者尤所レ難レ忍也」と云つて、つひに宮中に赴かなかつた。沙門日円は「天台の学徒」であつたが、「行発二菩提心一隠二身於巌谷一」したのであつた（『続本朝往生伝』）。権律師明実は久しく中堂に詣でて、その顕密の行業は人の知る所であつた。沙門仁慶は法華読誦・真言受習を以て知られてゐた。が、彼等の求むる所はともに往生であり、世外であつた（『拾遺往生伝』）。阿闍梨真教は首楞厳院の学徒で顕密の学に長じてゐたが、念仏に専注して黒谷にかくれ、黒谷上人とよばれた。上人勢縁は台嶺に登つて学んだが、昼は師主の騎用の馬を飼ひ、夜は顕密を学び、多年苦学して一日も懈ることがなかつた（『後拾遺往生伝』）。永覚は叡山に登つて修学し頗る義理を弁へる所あり、忽ち発心して永く余事を抛つてたゞ念仏を修し、洛中に念仏を勧めて歩き、智行具足・道心堅固を以て世に称せられた（『三外往生伝』）。無動寺の僧珍西は多年修学の後、道心を発して永く名声を離れたといふ（『本朝新修往生伝』）。以上は、平安朝に生れた多くの往生伝に見ゆる所であるが、かくの如きは、もとより今にして初めて然るものではない。凡そ僧侶あり、学生ある以上、常に存する態度であるにちがひない。たゞ問題は、それが個々のものに止らず、一の大きな社会的な流となり、世人の側より注目される所の一の潮流をなした所に存するのである。

学生がその特権的地位を自ら拒み、自らこれを抛棄して、真に道を求め、自利即利他の道に専念するとき、これまでの貴族のためのものであつた仏教が、新しい人間の為の仏教として生れかはる。学生は長い間の歴史的体験を通じて、深く人間の本質的平等観、仏の前における人間的差別の虚妄を学び、こゝに新しい人間観を以て武装した新鋭として、社会の先頭に立つに到つたのである。

後白河法皇御撰の『梁塵秘抄』には、とくに平安朝後期を中心とする新しい歌謡たる今様が多く集められてをり、とくに仏教関係のものゝ多いことが目を惹くのであるが、次の様な数首はこの時代の仏教信仰の特色にふれるものとして、就中、注目されるのである。

○仏も昔は人なりき　我等もつひには仏なり　三身仏性具せる身と　知らさりけるこそあはれなれ

○常の心の蓮には　三身仏性おはします　垢つききたなき身なれとも　仏になるとそ説いたまふ

凡仏一如の思想そのものは、もとより経論の常談であるが、しかもその教へその信仰が、かゝる歌謡として作られうたはれた所に、仏教思想の滲透の実態がうかゞはれ、経典の文字の教へをあらためて己の身の上に実感してゐることが見られる。

○真言教のめてたさは　蓬窓宮殿へたてなし　君をも民をもおしなへて　大日如来とといたまふ

の一首も、生活の実感にうらづけられたものとして、具体的・現実的なものと見れば、軽々に看過しえない。現実に宮廷の生活を体験する機会をもつた僧が同時にまた蓬窓を訪れ乃至はこゝに住する、そういふ両極を実際に経験しつつ、そのいづれをもへだてなしと実感し、君主も一庶民も大日と認識してそれに徹することは、理論の武器を持つてゐた学生たる僧侶にのみ可能な独自の境地であつた。これらの歌謡の成立も、さういふ現実のうらづけの上に生れたものなることは当然想定さるべきである。

経論の文字にもとづいて、歌謡にうたはれた、さういふ実感に生きた人々の、頂点に立つた一人が即ち慈円であつた。慈円に宮殿の生活の美しさ端麗さを楽しみ、その高雅をたゝへた歌の少くないことは先にみた通りである（一〇八頁以下）が、一方、人も訪ひ来ぬ山荘に自然を友とする孤独寂莫の日々をうたひ、その体験と思索のあとを吐露した詠は、ことに彼が本領を示すものとも云ふべきものがあつた（一七五・二一四頁）。即ち、貴族として自ら恃み自ら重んずる所は、一生を通じて貫いたことは勿論であるが、その青年時代以来の長い宗教修行の現実は、むしろ庶民的なものとの密着を強めてゐたのであり、その結果、慈円をして貴族に対するに劣らぬ関心と理解とを庶民に対して懐かしめることゝなつたことは、彼を識る上に最も注目すべきことである。すべての人間を仏子として、人間としてのみ把握する仏の教への真理を、四百年の叡山の思想の歴史を基に、五十年にわたる現実の体験を以て味得した慈円が、名もなき民衆を如何なる姿に於てとらへ、如何にこれを迎へたであらうか。

「蓬窓宮殿へだてなし」とうたつた時人の声に応ずるかのごとく、宮殿の美しさを詠じたに対応して慈円は、歌の世界に民衆の生活を掬ひ上げ、そこに深い感慨を催してゐる。それはその題材に於ても観照に於ても、当時の歌人たちの追随を許さぬ慈円独自の世界であり、むしろ独壇場であつたとさへ云つてよい。

　町くたりよろほひ行きて世を見れば　物のことはりみなしられけり　（二六〇五）

慈円の眼には、庶民の日常生活の交錯する世界そのものが「道理」を悟るべき直接のよすがであり、むしろ「道理」そのものであつたのである。

　になひもつさ《う本》《ゝ》さきのいれこまち足駄　よをゆくみちの物とこそ見れ　（二六〇七）

　たれならむ目をしのこひてたてる人　ひとの世□□□《わしる本》《わたるイ》道のほとりに　（二六〇八）

名もなき民の路傍に働く姿、或はそゞろあるきする姿、別にとりたてゝいふこともない庶民の一挙一動も、慈円の眼にふれるとき、何等か人生の深い問題につなげられるが如くである。

しつのめも大道ゐつゝにゆふすゝみ　ふるかたひらのあしあらひして　（二五四〇）

しつのおかふけゆくやみのかとすゝみ　このもしからぬまとゐなりけり　（一八五一）

は、たゞ日々の営みに忙しい男女の様子を写したものに過ぎないとも思はれるが、

大和路や□《解カ》文をしのふ瓜の夫は　つを《マヽ》のみひきてあせそなかるる　（二五三九）

奈良よりときこゆるうりをやまとちや　いかてもち夫にすこしゆるさむ　（二五三五）

は、恐らく奈良から、名物の瓜を贈られた時の実感であらうか。卑賤の人の夫々の心に立ち入り、相手の心を以て己が心としようとする作者平生の心づかひがあふれてゐる。

春の野にふこ手にかけて行くしつの　たゝなとやらむ物あはれなる　（二三九六）

おほ原のすみをいたゝくしつのめは　ははきはかりやなさけなるらん　（二五七五）

それもいさつめにあ井《藍》しむ物はりの　しは《井本》しとりおくたすきすかたよ　（二五八八）

賤の男賤の女の、たゞ何となき挙措・動作・行装などのわづかな生活の断面に、深い情緒を見出して我々に見せてくれる手際、その片鱗を通して一人一人を活き活きと描写する手腕の非凡なるは云ふまでもなく、慈円が、庶民の一人一人をその個性に於て、夫々の生命に於てとらへようとする、平生の心の用意のほども偲ばれるのである。

まつしきはたかとかなれや物をもたは　人にのみこそとらせたき身の　（二五九三）

こゝに「貧しき」は、自己か、他者か、歌意はいづれともとれる。慈円が自ら貧しいと思つたことがあるかどうか、これも明らかでない。それはともかく、「まつしさ」に正面から面を向けてゐることも、彼の庶民感覚の一端にあげられよう。

「まつしき民」に祈りをさゝげる、といふ慈円の意識も、単なる言葉でないこと、実感をこめてのべてゐることは、以上に於て疑ひない。しかし、その反面、以上全体を通観して見落しえないのは、その庶民への共感が、やはり貴族の立場を離れてゐないといふことである。すなはち上掲の庶民の姿は、いづれも上から見下し、外からながめてゐる、それだけに観念的なるを免れず、同情と同感とを以て臨んでゐるが、それ以上ではない。それは、仏教の学習と修行を通じて、彼を生んだ貴族の社会の人々の及びもつかない大きな世界を開拓してはゐたが、基本的にはなほ貴族的な限界のもとにおかれてゐることが注目される。

慈円に於ける庶民的なものが、最高の貴族を出自とし、叡山の学生出身の立場に対応するものとして考へるとき、地方豪族出身であるが、同じ叡山学生の出である源空、やゝおくれて活躍した京都の下級貴族出といはれ、叡山の堂僧であつたとされる親鸞――この、時代的に相近く、個人的関係で接触し、或は結ばれてゐると伝へられる三人の庶民観は、極めて興味深い対照をなしてゐることは注目されてよい。

慈円が、庶民を一面に於て理解する姿勢を示しつゝも、単なる温情的・同情的傍観者として、芸術的な眼で彼等を鳥瞰しながら、常に一定の距離を彼等庶民から保つてゐたに対して、源空は直接庶民の間に入り、これと親しく手をとりあつて信仰と修行の生活を共にし、学解を忘れ、智者のふるまひを捨離して彼等と一心同躰となることに、事実上、最高の法悦を見出した。が、一方、招かれれば、貴族の社会に交はり、その邸第に出入することも辞せず、そしてさういふ機会にも、実際めぐりあつてゐる。こゝになほ、貴顕と深い不可分の関係に結ばれてきた、長い叡山学生の歴史の余力が、いまなほ彼のうちに力づよく伝はつてゐるのが知られる。が、親鸞に到ると、事情は著しく変つてくる。

親鸞は、日野家即ち下級貴族の出身といはれるが、叡山での地位は学生でなく、堂僧であつたといふ（恵信尼文書）。

苟も貴族出といふに、何故に学生でなかつたかの事情も詳かならず、堂僧の性格如何の問題も明確でないが（山田文昭氏『親鸞とその教団』、松野純孝氏『親鸞』、赤松俊秀氏『親鸞』）、学解に於ては学生に准じながら、堂僧の名は、彼等が生活上、堂に結びつけられてゐたこと、堂衆との間の距離の近かつたかを想はせる（多賀稿「貴族と僧侶」『仏教史研究』第五号）。親鸞が生涯にわたり、生活の全面に於て、あくまで庶民的であつて貴族とのつながりが毫もないことは、或はこの想像を助けるものである。のみならず、周知の『教行信証』の後序は、従来もの言はなかつた庶民の側に立つて、その為に代弁する趣のあつたことを思はせるに充分であり、そのことは、右の想定を殆ど確定すべきものをもつてゐると思はれるのである。

太上天皇諱尊成今上諱為仁聖暦承元丁卯歳仲春上旬之候　主上臣下背レ法違レ義、成レ忿結レ怨、因レ茲真宗興隆ノ大祖源空法師幷門徒数輩不レ考二罪科一猥坐二死罪一或改二僧儀一賜二姓名ヲ一処二遠流ニ一予其一也、爾者、已非レ僧非レ俗是故以二禿子一為スレ姓ト空師幷弟子等坐二諸方辺州一経二五年居諸一

主上・臣下が法に背き義に違うた。その為に師と門徒が罪科の糾明もなしに死罪以下の罰に遭つた、といふ如き、天皇と政府・官僚とに対して正面から仮借容赦なく痛烈な非難・抗議の語を浴せてゐるが、このことは従来殆ど前例を見出すのに苦しむ所である。わづかの一例であるが、見のがしがたい一例である。それは、たとへば学生の世界には見出しがたいもの、むしろ、生れ得なかつたものであり、それ以下の堂衆等の感情を背景としてのみ、よく理解しうべき発言である。これを広くみれば、それは従来言辞に表現する由なく、筆をもつことも出来なかつた階層の感懐と感情とが、歴史上初めて表現手段を得て、社会の水準上に姿をあらはし、はじめて社会的・政治的な力とならうとする兆しを示したものと考へることが出来る。政治権力から切りはなされ、これまでの長い歴史を通じて潜在的にこ

れに対立・対抗の地位におかれてきた民衆的感情が、かかる形で漸く、わづかながら文字の表現の上にも、陽の目を見るに到つた最初のものとして、親鸞の「後序」のこの発言は、歴史的重大性が認めらるべきである。そしてそれが恰も承久役と時を同じうしてゐることは、特に注目せられる。

もとより、慈円といへども、承久役に際して、後鳥羽院を非難して、「君之積悪至極而宗廟成㆑瞋歟」とまで極言してゐる（二九一・三一九頁）が、それは、「上皇御帰洛」を冀ふ慈円の衷情にもつゞくものであつて、親鸞の場合と同日に談ずることは出来ない。

慈円と親鸞との交渉、とくにその師資関係を中心とする事情は、親鸞側に史料の片鱗ともいふべきものが存するだけであつて、慈円側史料には、その匂ひも感ぜられないといふのが史料における現状である。親鸞の伝記『本願寺親鸞聖人伝絵』は、この点を次のやうに伝へてゐる。

（親鸞は）皇太后宮大進有範の子也、しかあれは朝廷に仕て霜雪をも戴き射山に趍て栄花をも発くへかりし人なれとも興法の因うちに萠し、利生の縁ほかに催しによりて九歳の春比、阿伯従三位範綱卿 于時従四位上前若狭守 後白河上皇近臣聖人養父 前大僧正 慈円慈鎮和尚是也 法性寺殿御息月輪殿長兄 の貴房へ相具したてまつりて鬢髪を剃除したまひき、範宴少納言公と号す、

この記述にはいろいろ問題や誤りがある。「従三位範綱卿」は親鸞の伯（叔）父であるとされるが、この「従三位」は疑はしい。このころの『公卿補任』に見えぬ点からするも、それは如何なものか。後白河院の近臣だといふことは、『玉葉』建久三年三月十五日条に、後白河院御葬送に際して御棺を舁いた人数の一人に「範綱法師」の名のみえるのが、これに該当すると考へて不適当でないであらうが、然りとすれば、この人物はこの時すでに出家してゐるので、この点からみても後に三位になつたとは考へ難い。次に慈円に註して月輪関白の長兄としてゐることの誤りは云ふまでも

ない。さらに、治承五年の春といへば、慈円がまだ道快と称してゐた二十七歳の壮年で、師七宮覚快法親王の指導のもとにあり、青蓮院門跡の一員ではあつたが、勿論門主ではない。「慈円」と改名したのはこの年の十一月であり（四七頁）、灌頂をうけたのは翌寿永元年十二月である（五七頁）。若き未灌頂の道快の房で得度することは、必ずしも不自然ではないであらうが、先にふれたやうに、このころ道快が後輩の世話乃至指導に当つてゐたことを思はせる史料は毫も存しない。記述の不正確を考慮に入れるとき、むしろこの記事の史料的確実性そのものが、問題とさるべきである。

しかし、親鸞が慈円に入室したか否かの穿鑿はしばらく措いて、殆ど時代を同じうして世に出で、踵を接して活動したこの叡山の二僧の世界は、全く別ものであり、著しい対照をなしたことは、もとより当然であるが、しかもその対照は、互に各ゝの特色を照し出すのみならず、また時代の推移の重要な一面を象徴するものとして、深い興味を催さずにはゐない。一系の皇位を護る一系の摂籙家の政治の絶対性に祖神の誓を見出し、武士や庶民などの新しいものをその中に摂取しつゝ、飽くまで伝統の維持と展開との中に「道理」を信ぜんとする貴族主義と、殆ど無始以来の長い長い抑圧の歴史から漸く起ち上つた庶民の長く押し殺されてきた感情を代表して、権力者に正面から立向つた庶民精神。この交錯する二つの世界の夫々の代表者が、師弟の関係に結ばれたと考へられたところに、またうつりゆく時代そのものゝ姿と、紛乱極りないこの時代の思想とがよく映し出されてゐる。それは「コノ世ノ継目ニ生レ」たことを敏感に感じとつて、世が「目ノマヘニカハリヌル事」を「ケザケザト見」た慈円の感慨も遙かに超える深さと規模とをもつてゐたのである。

附　慈円の為人について

慈円はいかなる人物であり、いかなる性格の人であつたか。彼の業績を理解する以上の困難を含むと思はれるこの問題に、いま的確な答を与へることは、もとより不可能であるが、この点について、当時の人々、生前彼に親炙した人々、同時代の識者たちの彼について得た印象が若干伝へられてゐるのは、我々にとつて何等かこの問題への憶測の手がかりとなるであろう。

第一に藤原定家は夙に九条家の庇護を蒙り、とくに和歌の道に於て早く慈円に親しみ（『拾玉集』『拾遺愚草』）、やがて後鳥羽院のもとに相ならんで新古今の代表的作者の列に加はつたことは、周知の通りである。こゝに到るまでにたえず歌道を共にしてゐたことは云ふまでもなく、六百番歌合、千五百番歌合などがその代表的なものであつたことも和歌史上著名のことである。東大寺上棟御幸の時をはじめ、文治・建久の間、二人の間の事あるごとに交された十首・二十首の連作の贈答は、寿永の乱からよみがへる京の平和のいぶきにも比すべきものがある（『拾玉集』）。日常の交渉においても密接で、慈円の一生を通じて定家はつねにその傘下にあり、「吉水僧正」を定家が訪ねる記事は『明月記』にも吾々の目を惹くのであり、要之、慈円の平生に最も近い一人であり、そして、とくに歌を通してこれをよく識る人として、定家の慈円評は傾聴に値するものがあるであらう。『明月記』（慈円は嘉禄元年九月二十五日寂であるが、現行刊本安貞元年四月十日条に収められてゐる）では次のやうに述べられてゐる。

（上略）夜前戌時前大僧正慈円遂遷化今年七十一云々三塔識物由者（マヽ）、悲泣如レ喪二父母一云々、傍家又成二歓（歎哀カ）喜一歟、法性寺禅閤之最末息、後法性寺禅閤之一腹、長二于台嶺之密宗一、其行法勇猛精進也、（中略）今月朔之比忽作二祈願之偈一、示二付三塔之浄侶一、被レ祈二速疾遷化事一、（中略）後聞正念無二違乱一、自他唱二釈迦宝号一、状首（マヽ）西面臥給、（下略）

叡山三塔の識者が挙つてその死を悼むこと父母を喪ふが如しといふ聞書は、偶々その人物の宏博を以て聞えてゐたことを示すものであらうか。またその行法の勇猛精進の評語もまた、その人物の豪邁の趣を思はせるものがある。しかし、同じく『明月記』寛喜元年六月二十九日の左の文字は、慈円に親昵した定家が、人々の評判ではなく、進んで自らの胸襟を開いたものとしてさらに傾聴に値ひしよう。

（平光盛の歿したのに対し、定家が加へた評語として）年来嗜学之志頗不レ似二時儀一、但所存又頗背二時輩一、承久貞応之比、近習奏者於レ事無二其誉一被レ処二盧胡一妻又有二巫覡之所行一、敬神忌穢事不レ似二例人一其得失毀誉雖二異非儀不レ弁二黒白一北院御室（守覚法親王）吉水大僧正殊褒誉給、是又抜群之賢者、有レ所二見給一歟、

「抜群之賢者」が、蓋し定家の慈円に関する第一の印象である。定家のこの指摘は今日の我々としても、直接に首肯し得る所である。慈円は歌人として知られてきてゐること、今さら云ふまでもないが、しかもその詠歌に於て発想や表現が著しく理智的であり明晰である。そのことは、先にしばしば見た所である。

心あればこころなしとそ思しる　うれしき物はこころなりけり　（三六四九）

の一首は先にも見た所であるが、この「心」の解剖をうたつた一連の詠の例によつても、絶えず俊敏に活動して隅から隅まで照し出す、その心のはたらきが看取せられる。後鳥羽院が慈円の詠を評して「むねとめつらしき様を好まれき」（『後鳥羽院御口伝』）と云はれた。所謂「めづらしき様」は、一般「歌人」の世界からみて格外れのものと評せられたのであるが、慈円の詠が新古今の世界に於て、情趣的であるよりも理智に勝ち明晰を顕著な特色とすることは、衆目

の見る所であつたのであらう。

『本朝文集』（第六十六）は菅原為長作の「舎利報恩記」（『門葉記抄』にも収む）及び「逆修功徳願文」（『願文集』四所収）の二文をさめてゐる。前者は、吉水が慈円の退老の地であるが、慈円がこゝに大懺法院・熾盛光堂をたてゝ顕密の道場として、後鳥羽院の宝寿長遠を奉祈してゐることをのべてゐる。このことは、為長が平生慈円に深い関心と接触とをもつてゐたことを示してゐるが、次の逆修願文には、進んで慈円の人物を評する左の文字を残してゐる。

重請、北院二品大王者、官途之挙、世途之恩、歴劫難レ報、吉水前大僧正者、知レ人之心、過レ人之故、重レ我異レ他、于レ朝于レ夕、恋レ之慕レ之、

人を知るの心、人に過ぐといふも、抜群の賢者といふも、語異にして意相近きものであり、むしろ、慈円に最も親しく、常にこれを上位者として仰いでゐた定家・為長両人の感懐は、符節を合するが如きものがあるとすべきであらう。

慈円を讃する当時の声として、この二人の外に、これをさらに超えるものに、上来しばしば参照・引用した、神田本『慈鎮和尚伝』のそれがある。本書の成立事情の詳細は、これを具体的に詳らかにするを得ないが、本文末尾に、

本師釈尊入滅之昔、阿難結集一代之聖教、先師和尚即世之今、遺弟讃二歎一生之行状一、仍不レ加二華詞一、聊所レ述二実録一也、

とあるによつて、慈円の資にその材を徴して編纂したことがわかる。筆者の明らかでないのも遺憾であるが、ともかくも、その記述のうちに、慈円の資乃至は筆録者の感情が反映してゐることは明らかである（本書の解説として『史林』第七巻第三号所収、所蔵者神田喜一郎氏の「旧鈔本慈鎮和尚伝」がある）。本書の記述内容が正確着実にして、史料として多く憑拠さ

るべきものであることは、上述のうちにも屢々触れた所であるが、本書のいま一つの特色は、慈円の人物業績に対して筆録者が随所に己の感情を示してゐることであり、そしてその感情は、惜しみなき讃歎の語となつてゐることである。

抑大和尚位者、釈門之姫霍霊山之嶺岫也、万乗君王為二護持之尊師一、普天貴賤為二調御之生身一、僧壇之猛将也、振二智劒一以伏二魔界一、仏庭之直臣也、懸二慧鏡一以照二人間一、都瀉二法瓶水一更挙二道樹英一増レ花加レ厲青二於藍一、涼二於水一、憶二其権化一匪二直也人一、

といへるは、総論的にその人物の博大高邁を謳ふものであるが、それは、慈円が、自他宗の竜象と広く相交はり深く相契して、衆の仰ぐところであつた実状をのべて、

彼南北之杞梓顕密之珪璋也、併靡二和尚之徳風一、悉結二随順之芳縁一、礼曰、善待レ門者如レ撞レ鐘、叩レ之以少者則少鳴、叩レ之以大者大鳴、

と評してゐるのと相応じてゐる。而して、仏法興隆の業、鎮護国家の祈り、いづれもこれにふさはしく、また和歌に於ても或は文珠の化身とし、また古の人丸・遍昭と肩をならべると評するなど、讃詞殆ど到らざるなき有様である。

以上、今日に残る同時代人の印象は、共通してその人物の雄大豪邁の面を強調し、同時にその聡明慧智を仰いでゐる。これらの語は、その史料的根拠に照しても大に参考しうるところであり、評者の単なる主観以上に客観的なものにつながると考へられることは、先にも触れた通りである。しかし同時に、偶々のこされた讃詞のみに目をうばはれることは、その全面を識る所以でもなく、やゝもすれば公平をも欠くであらう。圧倒的な力を周囲に及ぼす底の人物に対しては、如何なる形を以てしても、批評的・反論的言辞は挙げにくく、従つて残りにくいことは、古今同一轍で

ある。

慈円の足跡を追求する吾々にとつて、慈円側以外の史料に慈円の姿を積極的に見出す機会はおのづから少く、その姿をその中に注視することもやゝもすれば閑却しがちである。筆者の知れる限り、その側からみた慈円の姿の徴証を見出すことは出来ない。たゞ慈円の資が二人まで慈円にそむいてゐる、といふ事実は、以上にみた様な性格に必然に伴ひやすい、何等か高圧的な性格を、或は指し示すものとも疑はれよう。即ち先にのべた所であるが、建仁二年七月（慈円四十八歳）、実兄兼実息、即ち慈円の甥にしてその弟子である良尋が慈円の許を逐電して、結局、行方をくらましてゐる。良尋は建久七年（慈円四十二歳）慈円によつて灌頂を授けられて以来、その教導をうけ、門跡も譲られ（正治元年八月、慈円四十五歳）、諸寺の検校などにも補せられ、秘教も授けられ、一面、慈円の推重と優遇とを得たやうであつたが（前述、一三四頁）、他面、平素から軋轢が絶えなかつたらしく、「日来師弟相郤、於レ事諠譁」と定家は云つてゐる。定家がこれらの事情を知つたのは、平生慈円を訪ねてゐたので直接にその状況を見てゐた為らしく、上の語に続けて、「此間乍二同宿一不二差出一、不二謁申給一、遂以如レ此云々」といつてゐる意味は、慈円を訪ねてみると、慈円と良尋とは、平生同じ建物で生活してゐるのに、お互に顔を合さないといふにあるらしい（『明月記』建仁二年七月三日）。死者に口なく、敗北者には弁疏の途がないので、吾々は良尋の立場や云ひ分を知らず、事柄は批判の限りでないが、もし慈円が圧力を加ふる所があつたとすれば、他人の場合よりも叔父甥の関係に於ける方が風当りが強く、それだけに堪へられぬ事情もあつたであらう。一方、真性に対する関係についても、事情多く不明であるが、建仁二年七月、良尋の事件の前後に慈円は俄かに座主を辞した（『明月記』同八日条）。そして弟子実全法印を座主後継者に推した。それによつて、当時天皇及び院の御持僧であつた宮僧正真性の切望を却けたのであつた。それはみな前座主慈円の方寸に出たので、それについて権門は皆賄賂を受けた――「前座主結構給、又諸権門皆受㆓其賂㆒云々」（『明月記』同九日）といふ噂であつた。その噂はある叡山僧の定家にもたらしたもので、当時の権力者であつた内大臣源通親には革子二合、同じく卿三品局には革子一合、それから山の法師には米を贈与した、といふことであつた。かくて、真性は泣いて訴へたけれども、遂に力及ばなかつたのである、と『明月記』は記してゐる。こゝでも慈円と真性との関係の詳細は明らかでないので、これ以上論評することは危険であるが、元来、真性は梶井門跡の徒であつたのが、この後慈円の弟子となつたのであり、のち天台座主となり、また四天王寺別当となつたが、慈円の許にあること十年にして、建保二年七月（慈円六十歳）また青蓮院をあとに、慈円の許を去つてゐる。「依㆓師資不和㆒也」と『華頂要略』は注してゐる（一三八頁以下）。以上いづれの場合についても、慈円の強い性格、その意志・意向は必ず押し通すといふ牢固な核心が、その根底にあつたと考へることも、強ち無理ではないと思はれる。

　慈円の身辺を直接伝ふる文字から直接にその為人を徴すべきもの、必ずしも多からず、我々はこの方向に向つて、これ以上進むことは殆ど不可能といふべきである。たゞ、慈円一代に交はつた先輩・同僚・後輩、乃至は彼の育成指導のもとにおかれた人物が極めて多かつたこと、多くの人々の注目を惹いたことは疑ふを要しない。神田本『慈鎮和尚伝』は、後白河・後鳥羽院が慈円を召されまたその松門に臨幸ありしこと、摂籙をはじめ一門三台九卿の人々が、その法会を貴りその禅房をたづねて合力して善根を助けたこと、王公卿士以下の公家貴族の、その門に遊ぶものの迹を絶たなかつたことを強調してゐる。その一端については、既に上に述ぶる所があつたが、『伝』はまた、僧界に於て、これに親炙した自門他門の人物について主な名をあげてゐる。

　他門の僧侶にして交りを訂した人々に、興福寺の雅縁・信憲・円玄・定玄・覚遍（以上別当）・円経、東寺の延杲・

印性・成宝・親厳・定豪・真恵・厳海（一長者）・実任・成賢・賢海たち、園城寺の公胤・覚朝（長吏）・行舜・明弁・公縁等の南北の碩学巨匠の名を示してゐる。慈円の語録たる『四帖秘決』（吉水蔵）には、これらの人々と会談してゐることも見えてをり（同書四ノ五六、四ノ九六には覚朝、四ノ六四によれば成賢と面晤してゐる。九九頁）、『伝』の云ふ所は、蓋し大綱に於て誤りないものと認められよう。自門の僧侶としては、道覚・弁雅・実全・真性・公円・良快・慈賢・慈源（以上、座主）、実円・円長・公修・仁慶・快雅・聖増・良禅・成源・印円等をあげてゐる。これらは『伝』を俟つまでもなく、慈円の身辺に親しい人々であることは、慈円側の他の史料によつて立証し得る所で

	諱	本名	父	灌頂年月日	慈円年齢
1	良尋		藤原兼実	建久七・一一・一五	42
2	公全	豪円	藤原実国	建久八・一〇・四	43
3	公円		藤原実房	正治元・一一・二七	45
4	恵弉			正治二・一・二四	46
5	慈賢	慈教	源頼兼	正治二・一・二四	46
6	仁慶		藤原基房	建仁元・三・一九	47
7	真性		以仁王	建仁三・八・七	49
8	祐真			元久元・四・一六	50
9	良快		藤原兼実	承元二・一〇・一六	54
10	聖増			建暦元・一二・一六	57
11	公恵		藤原実房	建暦元・一二・一六	57
12	慶深	道祐	藤原兼房	建暦二・一一・一七	58
13	実意		藤原公経	建保六・一一・一二	64
14	道覚		後鳥羽上皇	建保六・一二・二	64

ある。而して、とくに慈円の指導のもとにあつた弟子の主な名十四人については、一一その名をあげて「連々授㆓灌頂㆒十四人也」と記してゐる。いまそれら十四人について、灌頂の年月に従つてこれを列挙してみると、上の表の通りになる。

なほ建仁元年二月十八日の天台座主還補のとき日吉大宮拝殿で法華五種行を修したことをのべて、その時の伴僧として、実全・実円・仁慶・良尋・証真・覚什・円能・聖覚已下僧綱有職二十三人があつたと記してゐる。これらの僧

もまた、平生慈円に侍してゐたことは、諸史料の一致して示すところである（このうち、証真と関係の深かつたことは、多賀稿「宝池房証真について」『戦乱と人物』所収参照）。

要之、以上列挙した人々をはじめ、多くの自他宗の、また上﨟・下﨟の僧が、公私にわたつて常に慈円を囲繞してゐたこと、そしてその依嘱・教導・要請・命令のもとに、彼をめぐつて活動したことは、疑ひなき所、云ひかへれば、彼の身辺は多数の僚友・伴侶・侍者の出入によつて賑やかであつたことを想定して、多く誤らないであらう。

慈円とその周囲の人々との関係を、凡そ以上の様に想像するとき、とくに注目すべきは、その率ゐた弟子たちとの関係である。慈円の、上にのべた事業、とくに所謂仏法興隆の事業は、勿論多くの僧侶の協力を得てなし遂げたのであり、ことに有力な弟子との緊密な関係がその中心であつたことは当然である。承元四年の道覚親王（朝仁親王）への門跡領等の譲状に、宮御成長後の処置を増円・慈賢・豪円等に托したとき、これらの弟子を「朝夕召仕之輩」として親愛・信倚の情を示してゐるのをみても師資間の関係は想望することが出来る（一六八頁）。慈賢をことさら愛し、常住その身辺におき、またその指導と待遇とに深く配慮したと思はれること（二四四・三四〇頁）は、先にみた所である。慈円の性格が強烈乃至は強靱といふに近いと想はれるものがあつたゞけに、その弟子愛護と配慮にもまた、一方ならぬものの想像されるは当然であり、それらがまた弟子にとつて、師への愛着とも魅力ともなり、感情的な心のかよひの基底ともなつたことゝ思はれる。がそれらの配慮が、また一面に於て、師の弟子操縦法につながる場合も当然あつたであらう。『伝』の伝ふるところによれば、慈円は臨終の備へとして銅銭十万枚を用意してゐる。その貨幣価値が何ほどのものであるか明らかでないが、ともかくも容易ならぬ額であらう（三四一頁）。一生の間に、いつのまにかこれだけを貯へて、最後の最後まで弟子を手離さないための具体的手段としたのである。ともかくも平生の深慮をみるべきである。

数多い慈円の詠歌に、富や黄金がよまれてゐるとしても、別にとりたてゝいふ程のことではないが、しかし、次のやうな歌のあることは、右のことゝも考へ併せて、彼を考ふる上にやはり忘れられないことであり、軽々に看過されないことでもあらう。

宝とてあたなる物をつみをくや　われにしられぬ命なるらん　(三四六四)

歌意は、財宝乃至はこれを蓄積しようとする心、それのもつ力が、自分の生命、自分の心と、微妙な関係がある、といふにあるのであらうか。財宝が(仏道よりみて)空しきものであるといふことを知りながら、これを積まんとする心の矛盾に関するものであらう。承元三年即ち五十五歳の詠である。

をさめおくちちのこかねもみにそひて　きなるはたへとならはこそあらめ　(六八八)

文治三年、三十三歳の「厭離百首」(『拾玉集』第一冊)のうちの一首である。財宝は貯へても畢竟して外物であつて、真に己の心身とは関係なきもの、黄金の仏の如く、身をかゞやかすに足らぬものとの趣旨であらうか。前のをも含めて、歌意の趣旨が定かでない点があるが、ともかくも、慈円が富といふものに注目して、歌にもよみ込んでその力を積極的に認めてゐるといふ点は、特筆に値ひしよう。

慈円が、一般的に、経済的手腕に於てすぐれてゐたことは疑ひない。その活動の一一を具体的に実証することは困難であるが、青蓮院門跡が、慈円の一代の間にその大をなしたことは事実であり、それは所謂仏法興隆事業の一面をなすものであつたであらう。承元二年二月(慈円五十四歳)に草した「天台勧学講縁起」は、慈円がこの講のためにその資縁の獲得に努力した様を示してゐる(なほ『拾玉集』第五冊にも同講のための藤島荘のことが見える)。建永二年(承元元年、五十三歳)起草の「大懺法院条々起請事」の半ばは、その経済面で占められてゐる。而してその説明は詳細・周到・具体的である。この「縁起」の文を、「然則公家必知二食仏法根源一、勿レ令レ籠二恵命之衣粮一、僧徒併奉レ祈二王家之泰平一、不レ令レ断二如来之福田一」と結んでゐることも慈円のさういふ関心の強さを示すものである。承元四年（五十六歳）草した譲状、所謂「慈鎮和尚被譲進西山宮状案」（『華頂要略』五十五）をみれば、当時の門跡領がいかに広大なものであるかが具体的に知られる。これは慈円が、師覚快寂後相続したのに順次加増しつゝ成長して、こゝまで来たものである（そのことは慈円が全玄からうけた「桂林院大僧正門跡譲給領」や「観性法橋旧跡」なる「西山往生院」や、頼朝の寄進による「藤島庄」などの、中に加はれるによつて明らかである）。青蓮院門跡が大をなしたのは、慈円からであることは疑ひなく、それが先にのべた仏法興隆の事業の重要な一端をなすものであつたことは、言を俟たない。

慈円著作等一覧

慈円の起草に係る文書・著作・抄物乃至その語録の類は今日知られてゐるものも極めて多い。中にあつて管見に入つたものをこゝに掲げるのであるが、なほ今後の発見に俟つものが数多く予想される。

㈠ 成立年代の明らかなもの

番号	題名	成立年代	慈円年齢	所蔵者・出典	刊本
1	伝法灌頂記	寿永元年十一月	28	南渓蔵・門葉記	
2	伝受日記	嘉応—文治四年	15-34	門葉記	『大日本史料』五ノ二
3	護摩抄	養和二年八月	28	南渓蔵	
4	大乗院供養記	文治五年八月	35	門葉記	
5	胎蔵八字頓証行法口伝	文治六年二月	36	南渓蔵	
6	秘々（胎蔵根本極密契）	文治六年二月	36	南渓蔵	『日本仏教』第二号
7	自行私記（八深秘）	文治六年十一月	36	南渓蔵	『歴史地理』九〇ノ一 『大日本史料』四ノ一〇
8	大懺法院条々起請事	建永元年	52	門葉記	
9	五悔講次第	承元元年十月以後	53	門葉記	
10	天台勧学講縁起	承元二年二月	54	門葉記	
11	法華別私記	承元三年十一月	55	吉水蔵	
12	毗盧遮那別行経私記	承元四年二月	56	叡山文庫	『日本学士院紀要』一九ノ一
13	[illegible]別	承元四年	56	吉水蔵	

14	西山宮宛譲状案	建暦三年四月	59	京都大学	
15	尊勝陀羅尼供養現行記	建保元年十二月	59	門葉記	『大日本史料』四ノ一二
16	本尊縁起	承久元年	65	吉水蔵	『金沢文庫研究』一二ノ七
17	右大将毘沙門供養巻数案	承久元年十一月	65	吉水蔵	『歴史地理』八四ノ一
18	毘沙門八字文殊表白	承久元—三年	65-67	曼殊院	
19	被遣西園寺大相国状	承久元—二年	65-66	門葉記	
20	道家願文	承久三年三月	67	里見常造氏、高野辰之所蔵文書	『鎌倉仏教の研究』
21	願文（断簡）	承久三年	67	慶応大学図書館	
22	日吉社告文	承久三年五月	67	門葉記	
23	良快宛譲状	承久三年八月	67	門葉記・華頂要略	
24	願文（断簡）	承久三年閏十月	67	史料編纂所	
25	願文（断簡）	承久四年二月	68	史料編纂所	
26	山王啓白	貞応元年	68	東京国立博物館	『大日本史料』五ノ二・『鎌倉仏教の研究』
27	道覚親王宛譲状	貞応元年五月	68	華頂要略・門葉記	
28	願文 大懺法院再興事	貞応二年	69	伏見宮御記録	
29	願文 大宮十禅師表白	貞応二年	69	勝野隆信氏	
30	聖徳太子願文	貞応三年正月	70	吉水蔵	『鎌倉仏教の研究』
31	春日表白	貞応三年八月	70	曼殊院	
32	新礼拝講記	元仁元年十二月	70	門葉記	『大日本史料』五ノ二
33	山王敬白	嘉禄元年七月	71	土橋嘉兵衛氏	『鎌倉仏教の研究』

(二) 成立年代未詳のもの

1	自伝案（断簡）「一期思惟」ト仮題			吉水蔵	『歴史地理』八四ノ一

2	大法秘法写			伏見宮御記録	『大日本史料』五ノ二
3	舎利報恩講次第			門葉記	
4	十五尊釈			門葉記	
5	毎日可被守時刻次第			吉水蔵	『大日本史料』五ノ二
6	九品歌消息			陽明文庫	『大日本史料』五ノ二
7	勧学講由来記			門葉記抄	『国学院雑誌』明治四十一年・『愚管抄評釈』
8	皇太子五段歎徳			四天王寺	『聖徳太子御伝』・『金沢文庫研究』一七ノ一一
9	護摩雙林寺 三昧流奥書			南溪蔵	『史学雑誌』七〇ノ八
10	消息			吉水蔵	日本古典文学大系『愚管抄』
	(三) 語録				
1	四帖秘決	建保二年頃	60	吉水蔵	
	(四) 著書・歌集				
1	愚管抄				国史大系・日本古典文学大系・大日本文庫・岩波文庫・『愚管抄評釈』
2	拾玉集				『国歌大観』・『国歌大系』・『私歌集』・『校本拾玉集』
	(五) 伝記類				
1	慈鎮和尚伝			神田喜一郎氏	『大日本史料』五ノ二
2	慈鎮和尚伝			吉水蔵	『大日本史料』五ノ二
3	青蓮院門流事			南溪蔵	『金沢文庫研究』一三ノ七

4	台密受法次第三昧		明徳院

〔註〕一、「消息」は一括して掲げたが、とくに注意すべきものは別出した。
一、備考欄の著書の著者は次の通りである。
『鎌倉仏教の研究』―赤松俊秀　『愚管抄評釈』―中島悦次

㈠ 成立年代の明らかなもの

1 伝法灌頂記（本文五三頁参照）

寿永元年十一月二十三日以来、慈円が桂林房全玄から灌頂を受けたこと、及び観性がこの儀を扶けてゐること、十二月六日に無事そのことを完了したことを記してゐる。

2 伝受日記

嘉応元年慈円十五歳の時から約十年の間に伝受した聖経の学習目録である。師の名は見えぬが、覚快法親王・全玄かと思はれる。

3 護摩抄

巻首に「養和二年八月　慈円」とあり、わが慈円のものとすれば最も早い著作であるが、まだ充分に研究する機をえてゐない。

4 大乗院供養記（本文一〇二頁参照）

兄兼実を扶けて無動寺に大乗院を創建した由来・経緯・趣旨、その供養の状況等を伝へる。

5　胎蔵八字頓証行法口伝　（本文三八四頁参照）

文治六年に慈円が京の西方の、西山に赴いて観性からうけた仏眼法の秘法。その全文と慈覚大師以来の血脈とは附録参照。

6　秘々（胎蔵根本極密契）（本文三八三頁参照）

内容は**5**の「行法口伝」と大同小異で、蓋し同じ受法についての別本であらう。

7　自行私記　（本文三九四頁参照）

右の**5**・**6**の受法の後間もない六ケ月後における慈円の信仰をのべたもの。

8　大懺法院条々起請事　（本文一五〇・一五七頁参照）

祈禱の道場として大懺法院を建立するに当つて、その精神と趣旨とを明らかにし、その行法をとゝのへ、兼ねてその経営の方針等を規定したもの。とくに後鳥羽院との間柄がその中核をなす。

9　五悔講次第　（本文一三六・四〇〇頁参照）

兼実の子良尋は慈円の資として入室したが、何故か相合はず、良尋は逐電してその終る所つひに不明であつた。慈円が良尋の為に講を行つてその菩提を弔つたときの記である。

10　天台勧学講縁起　（本文一三八頁参照）

先に兼実と協力して草創した無動寺大乗院を学問の道場に活用することゝし、慈円は、叡山の碩学・学生を集めて講莚を開かしめた。その為に公式の援助を仰いでその資をとゝのへるとゝもに、自ら筆をとつてその法規を定めた。

即ちこの「起請七ケ条」となつたのであり、教学内容等を定め、成績に応じて公請に抜擢する等の方法で学問奨励につとめてゐる。

11　法華別私記　（本文四〇二頁参照）

慈円は若年のころからとくに法華研究に力を注いでゐるが、その努力が凝つて本書をなした。本書は、二十歳以前からの法華研究をはじめて五十五歳承元三年までの研鑽を、自らまとめたものである。その研究は顕密にわたるが、本書は三昧阿闍梨良祐の説に主として依拠した密教の立場に立つてゐる。とゝもに大懺法院の行法に重要な地位を占める法華法と深い関係があると思はれる。

12　毗盧遮那別行経私記　（本文四二九頁参照）

密教の根本としての大日経・金剛頂経、その肝心を発揮した蘇悉地経、そして瑜祇経、の系列に於て発展してきた、慈覚・安然以来の台密の伝統をうけて、これを最後的に完全な法とするものとしての別行経によつて密教の秘義が示されるとする。慈円の教判を示す別行経の註釈である。

13　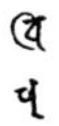別

本書もまた蘇悉地経・瑜祇経・毘盧遮那別行経によつて仏眼信仰をとく。仏眼尊は瑜祇経の仏眼曼荼羅に於て説かれ、この曼荼羅に宇宙のすべての理が示される。

本書はまた慈円が、建仁三―承元四年（四十九―五十六歳）のころに見た夢の記録「夢之記」を含む。この夢もまた仏眼信仰に立つてをり、本書にとつて内的関連の深い部分をなすと考へられる。

14　西山宮宛譲状案　（本文一五一・一六八頁参照）

大懺法院完成後、承元四年十月附で寺院、勧学講等の附属の所領、仏具本尊その他をふくめ、門跡を親王に譲る旨を記してゐる。なほ建暦三年二月附でこの承元の譲状を添へ、門跡相伝領も一々にこれを記し、これを弟子たちに託して宮御成人の後、これらに仰合されて領知せらるべきを定めてゐる。

15　尊勝陀羅尼現行記　（本文二〇一頁参照）

建暦三年十二月、慈円は後鳥羽院の御命を奉じて、延命滅罪生善の法を修して亡者の菩提に資した。この時、慈円はとくに自ら「尊勝陀羅尼供養表白」をかいて仏にさゝげた。長年の戦乱の亡卒の怨霊が世の平和を妨げ、また地震などの天変地異が人々を不安に陥れるに対し、上下の息災延命、世の泰平を祈つたのである。

16　本尊縁起　（本文四三七頁に全文を引く）

内容は前後の二部に分つことが出来る、前半は仏眼信仰を説き、後半は後鳥羽院の護持僧としての経歴と経験とを述べる。

前半では瑜祇経所説の仏眼信仰を通じて、この大宇宙・大世界も人間もともに曼荼羅であるとする悟りを説く。即ち仏眼の信仰によつて娑婆即寂光土、仏陀即人間たるの悟りである。後半は後鳥羽院の護持僧として宝算十一のときから側近に侍して今宝算四十に達せられといふ深い縁あり、また仲恭天皇の御即位、一族の左大臣道家や春宮大夫藤原公経も政局に当り、人民安堵・群臣百官安穏と謳歌してゐる。かくて、世間・出世の両方面をとき、そこに一貫した道を「唯限道理之二字」と「道理」に要約してゐることが注目される。

17　右大将毘沙門供養巻数案　（本文二三六頁参照）

右大将は西園寺公経である。公経は建保五年右大将を競望したことに端を発し、後鳥羽院の逆鱗にふれて籠居を命ぜられた。公経と相善く政治的にも同じ立場に在った慈円は公経救解のために努力し、毘沙門供を修した。この巻数はこの祈禱の目録を慈円自筆で作成したもの。

18 毘沙門・八字文殊表白 （本文二三〇頁参照）

所見の人々の地位官職などによって建保六年十一月乃至承久元年十一月の間のものなるを知る。毘沙門表白は公経の為に、八字文殊は当時の皇太子（後の仲恭天皇）の為に祈ったもの。

19 被遣西園寺大相国状

承久元・二年のいづれかに属すると思はれる。承久元年ごろ慈円は後鳥羽院の前を辞し院のための祈りも中止した。が院との間の疎隔の後も、公武衝突の危惧と、院の御覦意の願ひとは一層つのつた。一旦院の勅勘を蒙つたが、この頃許されて院に奉仕することになつた西園寺公経は、慈円側の有力者でもあり、即ち、この時期に於ける、院への通路となり得た。慈円はこれを利用して、なほその意のあるところを院の前に披瀝せんとしたのであり、これを依頼したのが即ちこの書状の趣旨であつた。公武兼行こそ神意であることを説いて、この事を院に上申すべきを説いてゐるが、ことに「大神宮鹿島御約諾ハ道理一巻ニ書進了」等の語は『愚管抄』そのものなるかを思はせる。

20 道家願文 （本文二四九頁以下に全文引用）

甥道家に代つて慈円が執筆したもの。皇太子懐成親王は道家の妹立子の所生であり、親王の即位の暁には道家の執政の実現が予想されてゐた。しかし、これに対して何等か反対勢力の策動が想定されたので予めこれを封殺せんとし、祖神に加護を祈つて、以て外戚政治の恙なく実現せんことを期待したのである。

21 願文（断簡） （本文二二二頁参照）

起草年月は記されてゐないが、承久乱直前かと思はれる。戦のさし迫つた時点での興奮・緊張が全体を色づけてゐるのがとくに注目される。「東宮母后左大殿下」云〻とある東宮は懐成親王であり、仲恭天皇としての御即位は承久三年四月二十四日であるから、起草の時期も凡そ推定される。

22　日吉社告文　（本文二三〇・二三三頁参照）

承久三年五月十八日、乱の最中のものである。関東の藤原頼経、その父九条道家、および頼経の補佐としての北条義時、そしてまた後鳥羽院によつて幽せられた公経の無事を祈ることに専注して院の仁慈を願ひ、又、六月十四日東軍が洛中に侵入したこと、公経の無事に一息ついてゐること、等が付記されてゐる。

23　良快宛譲状　（本文二八九頁参照）

乱直後の起草である。慈円はかねて門跡は朝仁（道覚）親王に譲進すべきを定めてゐたが、親王は後鳥羽院の皇子、且は官軍の一方の大将であつた尊長の養君であつたことから籠山せられたので、新たに良快を以て後継者とした。なほ、ここに八月一日附の遺言として、「新宮奉祝之後令蒙冥告事、所記置之書等有数巻雖披見之、如存無弁之人歟、同於仏前可焼亡歟」とある。この「可焼亡」とされた中に『愚管抄』もあつたかと想定する向きもある。

24　願文（断簡）　（本文二九一頁参照）

前闕のため趣旨をとるのが困難であるが、九条家と近衛家との執政の問題をめぐつての祈りであらう。即ち九条家の勢力回復を願ひ、近衛家の非分をとなへて之を呪咀し「在今摂政之夭死翹足可待」とまで云つてゐる。

25　願　文　（本文二九一頁参照）

24の裏書きである。右願文をかいた後、慈円は山王の夢想を蒙り「還者於本人」（法華経）と誨へられた。慈円はそれによつて反省し、家実を呪咀したことを後悔し、呪ひは仏の誡め給ふ所とのべ、この祈りを停止するとのべてゐる。

26 山王啓白（本文二九一頁）

乱の翌年貞応元年、心身の苦悩に沈淪してゐた慈円が、国家と九条家との行末を思うて山王の冥助を祈つたものである。とくに乱前山王からうけた「霊告」について「一は信じ難く、一は仰いで信ず」と云ふ有様で「徒に始中終の思慮に疲る」と歎じてゐる。乱後の出発点を求めつゝあつた慈円の姿をよく映してゐる点で注目される。

27 道覚親王宛譲状（本文三三五頁参照）

先の**23**良快宛譲状に於て、慈円は道覚親王に擬せられてゐた門跡継承を良快に改めることを決した。こゝで乱後四年の嘉禄元年五月に至つて日吉新塔等を親王にゆづり、且つ、良快の後に門跡を嗣がるべきを定めた。

28 願　文（本文二九八頁以下に全文引用）

いはゆる大懺法院再興願文である。大懺法院は承久乱前に焼け、また承久元年以来慈円は後鳥羽院の為の祈禱を停止した。その結果がこの大乱につながった。それは結果からいへば「至極之時節已以無所作」即ち最も大切なときにすべき事をしなかつたことになる。この反省に立つて、慈円は国家の復興、政治の立直しの祈禱にあらためて出発する。それは大懺法院の再建、それに並んで新時代に即応する祈禱の再開である。それはまた叡山の王法仏法の祈禱の歴史の上からも、極めて重大な革新であつた。

29 願　文（断簡）（本文三一六頁に全文引用）

大宮十禅師でよんだと自ら奥書してゐる。内容は公武合体政治を謳歌する前半と、病悩及び病中の過去七十年の回想感慨をのべた後半とに分けられる。

30　聖徳太子願文　（本文三一九頁参照）

慈円自筆本が現存し、内容も豊富多彩である。自己一身の経歴に止らず一生の間に見聞した史実を辿つて精彩に富む。そしてその歴史全体と不可分なものとして己の思想と希望とをのべ、その中心が仲恭天皇の復位、後鳥羽上皇の御帰洛、摂政道家の還補、将軍頼経の成長にあり、これに大きな期待を托してゐる。この前後の多くの願文の祈りを集約したものであり、願文中の王座を占めてゐるといへよう。

31　春日表白　（本文三三七頁に全文を収む）

次第に重りゆく病の床に、死の近づくを覚悟しつゝ、天下の形勢をうれへ最後の祈願を氏神たる春日神社に捧げたもの。今日知られる限り、政治について祈つた最後の祈願である。

32　新礼拝講記　（本文三四〇頁参照）

第二十六代天台座主院源が、山王の大宮の後山の椙の枯れたのを救はんが為に礼拝講を開いた。この伝へに基づいて十禅師権現に新たに礼拝講を行ふこととした。その講の趣旨と方法・目的及びその資糧についての規定等をのべてゐる。

33　山王敬白

慈賢は慈円の第一の愛弟子であつた。慈賢は建久六年慈円の門に入つてこの時すでに三十一年に及んでゐる。願文はこの慈賢の病篤きをきいて深憂のあまり、山王に平愈を祈つてさゝげた願文で、先だつて他界する如き場合にはこれに代つて罰をうけたいとまでのべてゐる。年代の知られてゐる願文中最後のものである。

(二) 成立年代未詳のもの

1 自伝案（断簡）（本文三二頁）

欠落の部分が多いこと、早卒の走り書と思はれることなどで読みにくい。が他の史料にみられぬ重要な伝へ少なからず、慈円の感情に直接触れる思ひのする点から、とくに貴重な資料である。

2 大法秘法写

約五十の修法の目を列挙して後輩に示したもの。これを大法・准大法・秘法・常法などに分類するとともに、山門流以外に醍醐流・東寺流の系統のものをも示してゐる。極めて丁寧な言葉遣ひから推して朝仁親王（道覚親王）の為のものであつたかと思はれる。

3 舎利講次第

舎利講は慈円の最も力を入れた仏事の一で、その一生を通じてこれを行ずること幾度なるを知らず、またこの法席は慈円にとつて歌筵でもあり、終了後は童舞等を楽しむことが普通であつた。

4 十五尊釈（本文三〇四頁参照）

十五尊釈は大懺法院の恒例の勤行であり、同院安置の尺迦以下の十五尊それぞれについて、一定日に月二回づつ供養する法儀である。この一尊一尊に夫々の功徳を讃嘆した供養文をさゝげるのであり、この供養文がこの十五尊釈の中心をなす。この全体の趣旨は怨霊亡卒の追善を通じて天下泰平の祈願をするに在る。

5　毎日可被守時刻次第

一日の学習・休息等の時刻表を示したもの。梵漢和三国の文字練習から仏教学習上の注意をのべてゐる。内容及び言葉遣ひからみて朝仁親王（道覚親王）に注進したものかと思はれる。

6　九品歌消息　（本文三二三頁参照）

現存慈円書状中代表的なものの一である。晩年四天王寺別当として同寺の絵堂の復興につとめた慈円が、同堂に掲げる九品往生人の絵にそへる歌を九人の歌人に求めてゐる。

7　勧学講由来記　（本文一三八頁参照）

『愚管抄』逸文ともいはれる。慈円が勧学講の由来をのべたものであるが、とくに、講と門跡との関係について説いてゐることが注目される。

8　皇太子五段嘆徳

四天王寺では、現在、隔月に二十二日の太子講にこれを読誦讃嘆に用ゐているとのことである。寺伝では慈円作となして居り、それは内容よりみて誤ないと思はれる。全文二一六五字、五段に亘って太子の徳を嘆じその恩を謝する。文中「太上皇近叶寛治天治之貴蹤」とあるは注目すべく、この嘆徳文がこれらの年号と甚だ遠くないことを暗示するかと思はれ、また「太上皇」は或は後鳥羽院ととることも可能である。

9　護摩雙林寺三昧流奥書（断簡）（本文一三五頁）

10　消　息

起草者の名はないが、本文一三六頁の慈円起草の五悔講表白に照しても、慈円のものであることは疑ひない。

吉水蔵は今日多くの消息を蔵してゐる。

(三) 語録

1 四帖秘決 （本文三五・九九頁参照）

慈円の語を数人の弟子が録したもの。全五冊のうち第一冊は目録、第二―五の四冊が本文。多くは短い詞の羅列で全部で四七〇条存する（目録に「都合五百六十箇条」のはりがみがあるが、数へ方のちがひがあるかと思はれる）。目録のはじめに「康楽寺座主互面受于故慈鎮和尚口伝四帖有之」云々とある。康楽寺座主は慈円の愛弟子慈賢である。内容は年代順に整理され、正治から建保まで約十五年間に亘る。慈円の声に接してその信仰に端的に触れる趣がある。

(四) 著書

1 『愚管抄』 （本文二六六頁参照）

2 『拾玉集』 （本文一二五頁参照）

3 慈恵大師講式 （『東京大学史料編纂所報』第八号に解説あり）

慈円が慈恵大師良源を追慕して講を行ふために造つたものと思はれる。建保二年七月に弟子成源をして清書せしめた由、その奥書にみえてゐる。

(五) 伝記類

1 慈鎮和尚伝（本文六〇・一三三・二二四頁参照）

慈円伝として最古のものと思はれ、その寂後遠からぬころ、慈円の遺弟子の直接の見聞に基づいて成つたと記されてゐる。その所伝の正確にして周匝、他の資料にみえない機微に触れてゐることからみても、右の叙述は信ずるに足る。しかも文章は簡潔暢達にして含蓄多く、慈円の伝を知る上に最も貴重である。所蔵者神田喜一郎氏が『史林』（第七巻第三号、大正十一年七月）誌上に詳細に解説してゐられる。

2 慈鎮和尚伝（本文六一頁参照）

年譜的叙述である。記事は正確にして頗る信頼・参考に値すると思はれる。たゞ久寿二年の誕生から殆ど欠落なく記されてゐるのに、晩年の部分、承久元年以後の承久乱前後の記が見えないことは注目される。

3 青蓮院門流事

青蓮院門跡第一祖行玄以下第十二慈深までの歴代の間における、宗の秘書の受持伝流の記録である。夫々の所有の箱の名称と、それらが累積してゆく姿とがよく窺はれるが、慈円についても、その記録・文書、その法流などを知る上の有力な手がかりとなる。

4 台密受法次第三昧（本文五八頁参照）

三昧流受法の状について鎌倉時代中期に叙したものと思はれる。記事は豊富正確にして信頼に値すると思はれ、慈円の受法についても、よくその状をつくす文字が見られて参考するに足る。

附　録

（本文中に収録できなかつた著作のうち次の三を選んで全文をここに掲載することにした）

㈠5「胎蔵八字頓証行法口伝」（南渓蔵蔵本）

和尚御記云文治六年正月廿四日払暁参入西山同二月於静房受法事
仏眼行法最極秘密八字五字等口伝奉受也作法先如法仏殿開之備香花（素有之此供手自被供之）乗縄床先加持香水自身受者等令灑之啓
白（予礼版下辰巳方后）其後則所授之外真言等始之云云
啓白詞以善財因縁有求法之志為不絶仏種被之由也自其下座十九箇之内此密印有二帖其中叡成之流開之被授二帖有之今
一帖明靖正流也恐之政也青蓮院御本取出之予以之受畢
抑基好云結金剛慧印（外縛五古印也加𑖝𑖿𑖨𑖾）誦八字真言之時五大虚空蔵印信結加之金剛界五部五阿闍梨伝法印可思也五古印𑖀𑖪𑖰𑖨𑖮𑖳𑖽𑖏𑖽マテ誦
之五大虚空蔵印之時次第𑖮𑖳𑖽𑖮𑖿𑖨𑖱𑖾𑖀𑖾可誦之大劔印之時𑖀字サキノ五字之中在之仍五古并大劔印両印ニテ𑖀𑖪𑖽𑖨𑖮𑖳𑖽𑖏𑖽一明
ハ誦畢也云々此事密々中深秘也云々仍印信□も八在口五在口如此之事也云々（已上和尚御記如此）
師云薄墨ニテ書ハ□最後授之政也筆もいナヽキ毎事顕其義耳
和尚授此印信事慈祐二人之外無之云々道覚賜印信時無別作法以使者遣ニハ無作法云々御使慈僧都也
愚問云今此行法者是慈覚大師祖（相カ）承歟答然也其血脈如左

慈覚大師—長意—玄昭—智淵—明靖—静真—皇慶

皇慶—頼昭—薬仁—兼慶
皇慶—勝範—定慶—教尊—源暹—延快—増覚—基好
皇慶—院尊—経暹—念覚—基好—観性—慈円—道覚

宝治二年春比授印信於慈源僧正了但翌日被違背了不可改之私注之冥鑒可思之歟

○右の筆者は慈円の資道覚親王、即ち後鳥羽院の皇子朝仁親王、「和尚」は慈円である。「慈祐二人」は蓋し慈賢・祐真であらう。

(一)18〔毗沙門八字文殊表白〕

毗沙門天王者仏子多年為本尊□□修行霊所非無其□又思仏法□□而帰依之志不浅就中仏法者依在南浮此天王此州衆生《ニ》利益□感其住処須弥之半□之甚近《シ》其誓願護世之内祈之憑深而今大施主《ム》事君思国興家□官其志尤深其志可貴当時救済之思尤切□世無為人々□待境祈念之心慇懃□機有為縁之縁□□天誓願之中授官授福護世護人今所求之官□(福)今所祈之人必大悲多聞天仏法護持者豈捨之哉寧背之哉(被)弥末代□世大施主近衛大将共(其カ)可相応更非□抛得末法乱世仏弟子祈信天王尤可慇念全無□遁《道カ》□也若此思惟以懇志叶天意遂他望者為仏法如何為王法如何護世四王之照見護持仏法之本誓

以此行法欲得勝利益此祈願令顕効験

仰願等□□

毗沙門表白

南瞻部州大日本国

奉為　東宮殿下御願円満《ノ》択吉日定良辰修《シテ》護摩三密之秘法満《シ》奉《ル》文殊八字之誓願《ニ》御願趣者　我君《ノ》御聖運在《リ》蒼天全《ク》無《シ》私《シ》

于己心之所念《ニ》吉夢之所告存法《ヲ》爾《ニ》已有《ルコト》誠于仏神之冥助《ニ》之歟爰得《テ》師説云《ク》夢想之所告為吉之早祈《テ》八字文殊殊可得成就云々

因之専勤行此秘法願《ノ》成就《ムト》彼霊告《ヲ》然則善夢吉夢之告依八字三昧以成就除難却難之願祈曼殊師利以円満《セハ》□臨《テ》本尊之万

陀羅思《フニ》御願之作成就《ヲ》八大童子之廻《ル》本□尊《ヲ》如吾君儲君奉《ニルカヒ》副賢臣忠臣七十□天之現曼陀羅如九重七□侍□《ルカ》文官　武官

而今□《テ》仏《ノ》勅二《ニ》而示現《ス》万陀羅皆是為利生方便也承　院宣勤行秘密法亦併為御願成就也爰根本密印契受師伝□《カヲ》手《ニ》祈請善

夢之告同《ク》其聞《ヘ》在《リ》耳《ニ》是以七十天供蠟燭之光明照一天四海之波浪《ヲ》以成就三時火炉□□□余水浮《ハヘテ》射山竜楼之日月《ヲ》如円満

冀本尊界会□□□除災教主在《ハ》独渉《テ》諸部存《シタマヘリ》　今又正在《クリ》□《ニ》修行《スヲ》□必今我秘法《ヲシテ》　成就円満

抑令法久住、、、

文殊八字表白

(二)8〔皇太子五段歎徳〕

敬礼救世観世音

伝燈東方粟散王
従於西方来誕生
開演妙法度衆生
南無上宮皇太子救世大菩薩

方今就二四天王寺聖霊院道場一開二結縁僧侶同一心講肆一謹驚二三宝境界一敬白二十方聖衆一而言、殊讃二歎上宮太子之聖徳一別応レ有二五門相応之発願一、第一不レ用二表白一直述二願念之旨趣一、第二参四者讃二三世益物一、第五明二回向功徳一也、

第壱啓二白発願旨趣一者、今一結諸衆人身難レ受、幸容二身於四天王寺一、仏法難レ遇適聞二法於太子興隆一、故参二詣聖霊院一催二礼拝讃歎之深志一抽二帰依渇仰之懇念一、夫太子聖霊者或西方菩薩之化身、施二無畏於東海一、或南岳大師之再誕呈二聖徳於上宮一、其跡吾朝王子、其本他土菩薩、贈二利生方便之炬於長夜之境一、伝二震旦月支之教於日域之人一、是則漢帝東流夢法王西来猷、爰仏子等迷二二諦之道理一失二一生之行業一、疲二三世之思慮一休二六趣之旧里一又見二世与レ人石投レ水、是非執レ心、人求レ官嫉妬蓄レ胸、無レ信万事悉敗、有レ瞋亦無レ従レ衆、併背二十七之憲章一、但是末代之令レ然也、因レ之仏法已澆薄人法亦如レ無、太子照見之眼無レ乾、救世大悲之涙常潤者歟、然而於二弥陀一唱二名号一於二浄土一欣二極楽一、男女貴賤迷悟賢愚於二此勤一無二懈倦一、是以深法王知二末代我等一卜二当極楽土之勝地一聖徳鑑二濁世衆生一建二転法輪所之伽藍一也、仏子等常徘二徊此砌之有レ縁雖レ思二惟宿善之少レ憑、猶不レ堪二尋常之修学一慭勤二行毎月之講演一供養以二六種供養一、或加二意楽真俗之供養一讃歎以二五段讃歎一、或添二梵唄伽陀之讃歎一、是為下破二妄想顚倒之執一而萌中頂礼懺悔之善上也仍各入二講演之旨趣於此心一用二発願之啓白於其趣一而已、伽陀曰、

弘誓深如海　　歴劫不思議

侍多千億仏　発大清浄願

帰命頂礼上宮法王観自在尊

第弐讃㆓歎過去益物㆒者、本地者是観世音日羅礼拝、阿佐讃歎敬礼救世之詞伝燈東方之文、礼㆑本歎㆑跡、疑殆何残、加之手自秉㆑筆記㆓百済王恋慕之心㆒哉、観音化現縦横之昔、大悲利生弘誓之跡、遠遊㆓五天㆒近聞㆓大唐㆒、達磨和尚東海之勧進衡山修行南岳之在生、或復託㆓生劉氏㆒出㆑家、或則成㆑人㆓高氏㆒入㆑道、文帝斉王于㆑時為㆑君陳周二代発㆓願日本㆒生㆓百済国㆒先渡㆓仏法於此国㆒住㆓天台山㆒、亦弘㆓法華於彼土㆒、漢土数十之化身専過去之功徳也、本地九界之変作非㆓已成之利生㆒哉、日本来誕之前方便之利物如㆑此、震旦化度之古、加行之益物在㆑之、皆是或六歳之時語㆓過去於君臣㆒、或暮年之夜示㆓先身於賢妃㆒悉非㆑聞㆓伝説㆒、誰疑㆓其実㆒哉、仍先帰㆓過去益物㆒可㆑致㆓恭敬之誠㆒、伽陀曰、

具足神通力　広修智方便

十方諸国土　無刹不現身

南無聖徳皇太子救世大菩薩

第三讃㆓歎現在益物㆒者、先王宮之誕生偏如㆓釈迦仏㆒、彼浄飯大王御子、此用明天皇太子、以㆓四天王寺之礼石㆒擬㆓菩提樹下金剛座㆒、釈迦即十九之半夜出㆑城、太子同十九之中冬ニ首服、彼表㆓修因感果之修行㆒、是顕㆓従本垂跡之利生㆒、卜㆓昭陽之宮㆒執㆓政於万機㆒、為㆘以㆓王法㆒興㆗仏法㆖也、善哉伝燈聖徳誕㆓附神之下㆒立㆑幢真人出㆓馬台之前㆒、抑遇㆓父王之葬㆒先誅㆓外道之逆臣㆒、開㆓仏道之塞㆒更有㆓送終之雑事㆒、有㆑心之人必可㆑悟㆓彼深意㆒、仏法之秀㆑世無㆑物㆓于取㆑喩、太子三歳之時遊㆓後園之間㆒松葉万年之貞木云留㆓厳親之耳㆒、桃花一旦之栄物云染㆓母公之心㆒、百丈之巌、千尺之浪、仮㆓譬於親子之礼㆒、立㆓橋於天㆒穿㆓穴於地㆒、儲㆓義於教誡之報㆒、五歳拝礼之容儀、一日千字之習学、六々童子面々同時之問、一

々分別各々意楽之答、親疎聞レ之生二奇異之思一入二住吉浪一之化人者熒惑星、現二南海岸一之光木者沈水香犬鹿之昔讎敵、人魚之今怪異散二不審於傍人一奏二疑悔於王家一、馬子大臣造レ寺設二斎会一、起塔修二仏法一太子微行教二示之一散花供養随二喜之一、或時望二天気一奏二地震一、誡二陰理一施二陽徳一、天皇大悦下二勅於天下一、留二調庸於国一免二租税於民一、或聞二太子之別宮一及二女帝之垂涙一、仍日々入奏、朝々理政騎二于烏駒駃一来レ自二斑鳩宮一、或語二感夢於川勝一遊二未来九重之地一、今之平安城是也、或命二遣唐於妹子一迎二過去八軸之文一、今之焼字経是也、飢人権化之聖、昵而有二和歌之贈答一、丞相大夫之讖リ退而帰二聖徳之得通一、凡在生五拾年不思議非レ一、誰人更得レ載二尽翰墨一重思二現在之結縁一、已及二滅後之済度一、誠是一仏浄土縁也、豈非二多生曠劫之恩一哉、仍各想二像在世一讃歎、恋二慕出世一礼拝、伽陀曰、

具一切功徳　慈眼視衆生

福聚海無量　是故応頂礼

帰命頂礼聖徳太子救世菩薩

第四讃二歎未来益物一者、是滅後当時之利生也、或待二斎会一童質之出二証明一、如二多宝仏全身舎利一、或為二恭敬一俗体之御二院家一、似二優塡王赤栴檀像一、或詣二磯長聖廟一礼二棺槨於墳墓之磐戸一、或開二当寺伽藍一拝二本身之観音之金容一、凡始レ自二安置之仏舎利一見聞触知之仏法無レ非二太子遺恩一、天王法隆寺宝物拝而殖二近因一、法興妙安寺遺跡礼而結二遠縁一、就中当寺者当二西方極楽之東門一開二南無念仏之直道一諧二今世衆生之機縁一授二弥陀念仏之道場一有智無智薄福底下非二此説教一者誰能殖二仏種一哉、於二此教門方便利生一浅而亦深哉、今見二末代悪世衆生一乍レ生二三宝流布之国一全不レ出二三界之火宅一、乍レ栖二一乗修学之窓一更無レ入二一実之要道一、皆無レ智無レ行之故也、而智者因レ学而発、学者従レ智而進、今我与レ人一無二得物一、隔二機感於仏道一求二済度於聖人一、爰一称南無之念仏無レ智而易レ勤、四天西門之往詣無レ行而易レ至、我等涯分修行

非二太子善巧一者因レ何知レ所レ拠、况復深行人難レ棄二此縁一、霊所之参詣歩々之八葉三字之観慧念々之三諦、唯残二仏法之利物於此寺一悟二太子之方便於今時一、誠哉照二仏日於若木之郷一掩二慈雲於扶桑之山一、所以知三世益物有二其深意一、仍各予跪二宝前一須レ悟二夢後一、伽陀曰、

無垢清浄炎　慧日破諸闇
能伏災風火　普明照世間

南無上宮大法王観自在菩薩

第五明二回向功徳一者、先奉レ廻二向太子聖霊一従因之悟斉二普賢位一、顕本之誓同二釈尊之昔一、次祈二一天一及二四海一、上一人遠扇二延暦延喜之古風一、太上皇近叶二寛治天治之貴蹤一、都利二法界一無辺也、総廻二三国一無際也、継二鷲峰之教於竜華一待二雁塔之輪於鶏足一、凡始レ自二一結同心之四衆一至二于七道遠近之兆民一回施法界之月前拾二阿耨菩提之玉一、無非中道之山上翫二一色一香之花一、当極楽土之雲霧者晴二聖徳之遺風一、転法輪所之霜露者消二上宮之恵日一、乃至有頂之雲上無間之炎底無二一闡提之因一有二皆成仏之縁一、仍各ゝ住二于無差平等之深心一可レ唱二礼拝讃歎之伽陀一、頌曰、

我為汝略説　聞名及見身
心念不空過　能滅諸有苦
願以此功徳　普及於一切
我等興衆生　皆共成仏道

帰命頂礼聖徳太子救世大士

著者略歴

明治四十二年　生れる
昭和八年　東京帝国大学文学部国史学科卒業
東京都立多摩高校教諭　宮内庁管理部　大正大学講師　を経て
現　在　国士館大学教授　駒沢大学講師
文学博士

主要編著書

慈円全集（七文書院）
校本拾玉集（吉川弘文館）
玉葉索引（吉川弘文館）
慈円（人物叢書、吉川弘文館）
栄西（人物叢書、同）
源頼政（人物叢書、同）

慈圓の研究

昭和五十五年二月十五日　印刷
昭和五十五年二月二十五日　発行

著　者　多《た》賀《が》宗《むね》隼《はや》
発行者　吉川圭三
印刷者　白井良治
発行所　株式会社　吉川弘文館
郵便番号一一三
東京都文京区本郷七丁目二番八号
電話（八一三）九一五一（代表）
振替口座東京〇―二四四番

（明和印刷・誠製本）

慈圓の研究（オンデマンド版）

Digital Publishing

2017年10月1日　発行

著　者　多賀宗隼《たがむねはや》

発行者　吉川道郎

発行所　株式会社 吉川弘文館

〒113-0033 東京都文京区本郷7丁目2番8号

TEL 03(3813)9151(代表)

URL http://www.yoshikawa-k.co.jp/

印刷・製本　株式会社 デジタルパブリッシングサービス

URL http://www.d-pub.co.jp/

多賀宗隼（1909～1994）

ISBN978-4-642-72551-4